大商务管理系列丛书

住房和城乡建设领域"十四五"热点培训教材

项目大商务创效全过程管理

范志刚　王启存　编著

中国建筑工业出版社

图书在版编目（CIP）数据

项目大商务创效全过程管理/范志刚，王启存编著
.—北京：中国建筑工业出版社，2024.5（2025.2 重印）
（大商务管理系列丛书）
住房和城乡建设领域"十四五"热点培训教材
ISBN 978-7-112-29790-0

Ⅰ.①项⋯ Ⅱ.①范⋯②王⋯ Ⅲ.①工程项目管理
—教材 Ⅳ.①F284

中国国家版本馆 CIP 数据核字（2024）第 082972 号

本书主要讲述建筑企业如何采用技术加商务相结合的方式为项目创造利润。书中既有实践经验总结的创效参考点，还有实际创效案例剖析。造价和技术人员通过阅读，能够提升专业技能、拓展知识面，提高驾驭大型项目技术与商务的能力，最终为项目创效，并打造自身核心竞争力。

读者阅读本书过程中，如发现问题，可与编辑联系，微信号：13683541163，邮箱：5562990@qq.com。

责任编辑：周娟华
责任校对：王　烨

大商务管理系列丛书
住房和城乡建设领域"十四五"热点培训教材

项目大商务创效全过程管理

范志刚　王启存　编著

*

中国建筑工业出版社出版、发行（北京海淀三里河路9号）

各地新华书店、建筑书店经销

北京龙达新润科技有限公司制版

建工社（河北）印刷有限公司印刷

*

开本：787毫米×1092毫米　1/16　印张：17¼　字数：429千字
2024年5月第一版　2025年2月第五次印刷
定价：**88.00**元
ISBN 978-7-112-29790-0
（42863）

新的建筑业市场形势，施工企业需要调整"重关系、轻管理"的思想，不断修炼内功，向精细化管理要效益。图纸设计、施工技术与商务造价相融合，发生"化学反应"而得到的成果，不但可以提高技术总工和商务经理的技能，还对项目创效水平的提升效果显著。这正是本书倡导技术与经济融合创效思想的初衷，也是技术之美的重要体现。

在工程利润相对可观的年代，一些施工企业并不注重经营，更侧重生产。他们普遍认为，项目即使没有经营，也仍然可以交付完成，只要项目完工就能拿到工程款，至于能产生多少利润，并不重视。近几年他们发现项目利润低，甚至还有亏损现象。于是，很多企业管理者提出，必须抓经营、管成本。成本管理的目标是降本增效，也就是对外提高结算额，对内降低人材机的消耗。自从施工企业强调和重视降本增效后，大商务管理这个概念便应运而生。

项目大商务创效全过程管理，纵向贯穿了项目的一次经营（招标投标及合同签订）、二次经营（项目施工）、三次经营（竣工结算）的全过程；横向则囊括了开源与节流两个层面，以终为始，投标就是项目创效的起点。从广义来讲，创效还包含了社会效益，最直接的体现是获得各类奖项，为日后招标投标加分、为承揽工程筑高起点，这是企业获得持久效益的一种保障。

中国有句古话叫"授人以鱼，不如授人以渔"，为了适应现在快节奏的工作状态，"鱼"和"渔"是同时需要的，标本兼治，"鱼"是标，"渔"是本。有了"鱼和渔"，再建立"池塘"，进而搭建知识技能的"江河湖海"体系。

本书列举的签证参考点、施工方案创效参考点、成本节约参考点、图纸会审参考点、图纸深化设计参考点等都是"鱼"。通过阅读本书能够大量积累素材，通过对素材的积累、思考、沉淀，由量变到质变，演化成"渔"。对签证变更案例的剖析、对施工方案设计过程的解读、对分项专题设计施工造价深度融合的展示，是"渔"。这些融合思维方式、问题处理方法、创效要点发掘，训练出了技术总工、商务经理头脑里的创效"AI大模型"。"鱼"给足了原始动能，保证踏上征程；"渔"能够持久发力，保证行稳致远。

本书列举的签证变更案例，旨在透视思维方式、做事方法，并不是放之四海而皆准的真理。能通过案例讲授方法、拓展思路、创新思维，才是本书赋予案例的意义。本书力图通过技术与经济融合创效，让更多施工企业度过行业"寒冬期"，也为技术、造价人员的快速成长助力。

本书第1章由王启存编写，第2~8章由范志刚编写。项目创效在建筑行业仍然是一个探索中的课题，书中的观点与方法难免会出现不足之处，欢迎读者来信来函指正，邮箱是1191200553@qq.com。

目 录

项目大商务创效管理体制

记得几年前，公司承接了一个办公楼施工项目，由于项目的商务经理离职了，交由笔者经手办理此项目的工程结算。此工程的结构并不复杂，但是交给建设方的结算资料质量太差，咨询公司的驻场人员指出很多问题，有些资料缺少证据、有些资料重复签证，同一件事写了两个不同名称签证，甚至有的签证做了三次，导致咨询公司人员不信任这些资料的真实性，要求每份文件都需要给他们解释清楚，并征询建设方驻场人员的意见。在结算过程中，项目经理和技术总工的解释也有差别，尽管此时项目已经竣工，但又重新召集项目经理、技术总工及项目相关人员，多次召开专题会议进行讨论，完美解决了结算问题。

印象最深的一件事是筏形基础后浇带加强的做法，筏板配筋为双层双向，遇后浇带处需另设 1.2m 长的附加钢筋。咨询公司人员在核对工程量时没有考虑此项配筋，但在对照图纸核算时发现此项附加钢筋少算了 50t。虽然图纸设计总说明中有做法详图，但咨询公司人员不愿承认自己建的模型有遗漏，导致建设方与施工方发生了工程量争议，咨询公司人员要求施工方给他们提供此种做法的证据。而建设方的驻场人员对此做法的解释含糊不清，害怕承担责任。咨询公司人员则要求拿到书面证据后才予以结算。

后浇带附加钢筋的问题，本是不该发生的争议。尽管施工图纸中有做法注明，但是因为没有施工现场图片的证据作支撑，也没有在施工方案中体现出此项内容，驻场人员又都没有明确表态，因此咨询公司人员只有采取扣减掉此处工程量的方式来解决。施工方追查钢筋班组的结算单时，发现劳务人工费是按吨计价的，钢筋工长明确表示此部位是按图施工，可以现场实测工程量。

项目部决定邀请建设方、监理方、咨询方共同见证，在现场凿开三处进行工程量确认。事先与建设方人员明确，凿开的部位，如果是施工方未按图施工，损失自行承担，并扣除此部位的工程量；如果施工方按图施工，建设方负责修复，并计入此处工程量。最终凿开三处均为按图施工，咨询方把此处工程量加入结算中。

具体分析此案例，发现该问题是项目部没有遵循规范的操作流程，没有做到统筹管理，没有商务策划牵头人所造成的。若施工方案和技术交底中都有附加钢筋的内容，就不会引起咨询公司人员的质疑；即使咨询公司人员产生合理怀疑，但只要留存了施工现场照片，并且技术总工解释清楚，也不至于采取将施工部位凿开检验的方式来解决问题。

有许多施工企业经常提出项目需要协同管理，需要大商务管理体系，但是没有执行力，落实不到具体的项目上，空喊口号。笔者经过对大量工程结算案例进行分析后认为：商务创效应该从施工方案、图纸会审、设计变更、现场签证、项目策划等多方面进行考虑，并以施工技术和商务管理两条主线为抓手进行落地实施。

复盘此类案例，我们需要考虑项目大商务创效管理体制如何建立？项目各管理岗位之间如何有效协同？确认目标成本后，每个岗位承担多少责任？如何共同完成目标？由此分析，每个成功案例背后都应有一套完整的管理体系，每个创效点背后都有很多人的努力，每个项目都应有好的创效策划和执行体系。

施工方的创效管理不仅是对上游建设方的管理，还包括对下游分供商的管理。项目上的分供商在结算工作中往往发生各种争议，最终需要施工方公司领导出面才能得到解决。这些问题大多是由于分供商合约规划不力以及施工过程管理失控所造成的，但在完工结算时才发现。如何有效地管控并规避这些问题，这就需要从每件事的细则进行分析。例如，主体结构模板班组中的混凝土栏板，其模板支拆任务需要消耗大量人工，分包方往往能将此项人工消耗较大的任务甩掉，这是因为在分包合同中没有约定清楚，施工过程中也没有对此项工作进行充分考虑，但归根结底是在项目管理层面出了问题，不得不说技术总工和商务经理都有一定的责任。

项目大商务创效，首先需要从岗位职责层面解决问题，以搭建好项目管理班子为前提条件，团队协作是关键；其次，是要从做事的技术层面解决问题，想要管好项目，必须有高技术水平的人才，还要有执行力度，才能达成创效目标。

1.1 项目岗位"铁三角"协同管理

项目岗位"铁三角"由项目经理、技术总工、商务经理组成。"铁三角"中，项目经理统揽全局，从战略层面进行管理；技术总工、商务经理是在战术层面进行管理。技术总工负责技术质量管理、协同商务经理等工作；商务经理对合约规划、预结算、开源节流工作负责。"铁三角"管理模式在施工总承包企业的项目管理实践中得到了较好的应用，对于当前 EPC 项目管理也同样适用。项目岗位"铁三角"协同管理模式详见图 1-1。

商务经理主抓商务管理线，技术总工主抓技术质量管理线，职责分工明确，项目基层其他人员跟随"铁三角"的运行，各司其职，配合完成自身岗位任务。在之前的建筑市场，质量、安全和进度一直默认为是项目管理的三要素。但是近几年，投标

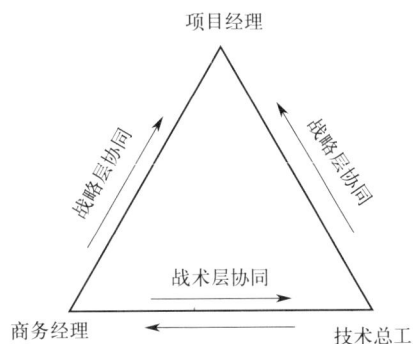

图 1-1 项目岗位"铁三角"协同管理模式

价格竞争日趋激烈，许多项目做下来毛利润率不足 3%，还有一些项目处于亏损状态。因此，在项目绩效考核中又增加了成本指标，形成了以质量、安全、进度和成本为项目管理任务的四大考核指标。

在项目管理过程中，第一手资料（如图纸会审、设计变更、测量记录等）往往都由商务经理和技术总工汇总定稿，形成事实确凿的证据后进行创效。因此，商务经理和技术总工在战术层协同管理显得非常重要。在办理工程结算时，往往因第一手资料存在瑕疵导致容易被建设方找到扣减结算费用的突破口，也正因为第一手资料不够规范，让建设方以证据不完善为由，将理应增加的费用列为争议，最终这些费用基本都无法进入结算。

商务经理和技术总工在战术层面达到有效协同尤为关键。项目施工中，往往存在着商务经理仅局限于对建设方的价款管理，而技术总工仅局限于质量管理，二者均没有为总体创效目标着想，导致出现项目人员的推诿扯皮现象。即使发现问题，都想着"多一事不如少一事"。在这种局面下，项目经理应做好统筹管理，发挥主导作用。

1.1.1　项目岗位"铁三角"的价值

项目"铁三角"岗位是为了促进项目的高效执行和顺利完成施工任务而设立的。项目"铁三角"岗位由项目经理、技术总工和商务经理组成，每个岗位在项目中扮演不同的角色，共同协作，以确保项目能够按时保质完成，确保项目利润。项目"铁三角"岗位明确了每个岗位在项目中的职责，确保各方面的工作都得到关注。项目"铁三角"岗位之间需要紧密协作，共同决策和解决问题。他们代表了项目的不同方面，能够从不同的角度去思考和分析问题，并提供全面的解决方案。

项目进行明确的权责利分配，可以提高工作效率，每个岗位人员都清楚自己的职责范围和工作任务，避免了重复劳动和推诿扯皮，减少了团队成员之间的沟通成本。

📖 案例 1-1：基础混凝土工程量亏损 7%

天津市津南区一个商业中心项目，最高单体 24 层，地下室为负二层，下设桩基础。基础面积约 $4000m^2$，设计为承台梁式筏形基础，桩与桩之间设有高度为 1000mm 的承台梁，筏板钢筋双层双向配置。

混凝土采用小票（送货单）方式结算，供货合同中注明混凝土以称重方式计量，C30 强度等级混凝土按 $2380kg/m^3$ 折算。每车混凝土运到地磅由现场材料员和罐车司机同时测数，放空混凝土罐车后再次测数，计算出混凝土重量后在小票上签字确认，基础混凝土最终浇筑完成后结算材料款。

基础混凝土浇筑完成后，核算出小票中的混凝土工程量共 $4500m^3$，而按照施工图纸则计算出混凝土工程量为 $4200m^3$，这是因为集水坑、电梯井、主楼筏板等构件，在基础内的底标高不同，计算难度大，施工现场管理人员采用估算的方式向采购部报送计划，即边施工边估算剩余浇筑混凝土工程量的方式。经整体分析，现场混凝土浪费不会超过 $50m^3$，而小票核算时却相差 $300m^3$，这一定是供货商的原因造成的。

根据施工现场实测资料分析，混凝土灌注桩的截桩头标高超出设计标高 20mm，绑扎钢筋时又因为承台梁的钢筋十字交错，钢筋骨架标高超过了设计标高，这两方面原因使筏形混凝土厚度超过设计平均厚度 30mm，造成混凝土浪费约 $100m^3$，但还有 $200m^3$ 是混凝土供应亏方造成的。由于基础混凝土已经浇筑完成，无法核实小票中混凝土工程量的真实性，只能按材料员认可的工程量进行结算。

通过此案例分析，控制混凝土材料用量必须事前做好计算。如果商务经理把筏形基础混凝土的总工程量事先计算出来，再从后浇带处分割成较小的控制模块，每次浇筑都进行一次对比分析。一旦发现亏损立刻提出解决方案，此类问题就会得到有效控制。如果技术总工交底到位，截桩头就不会超高，也就不会使钢筋骨架标高超过设计标高，混凝土浇筑厚度就不会超过设计厚度。

混凝土亏损问题反映出商务经理未尽到协同管理的责任，没有做好预案，也没有向项目经理反映亏损问题，只在对供应商结算时才发现，这说明项目岗位"铁三角"的战术层面出现了问题。如果在项目上安装一套智能收料系统，实时采集车辆进出厂时间、车牌号，记录运输重量，并将这些信息自动传输到公司管理平台上，就会减少管理人员的失职。

混凝土浇筑超厚问题也反映出技术总工未尽到协同管理的责任，没有做好技术交底，发现桩头超高问题也没有及时解决，钢筋工绑扎钢筋时发现问题也没有向技术总工反映，这说明项目部的管理层失职，并没有在第一时间解决问题。而技术员、工长都存在失职的情况，钢筋绑扎后已成定局，如拆除钢筋笼则损失很大。因此可见，各岗位人员都明明知道有问题，但就是没有及时整改，最终导致混凝土浪费。

从这个小案例可以看出项目的管理水平，发生问题时不应只追查一个人的责任，而应从全体项目人员中进行分析。分包方、技术员、工长、测量员等都应由技术总工协调，材料员、造价员、分包方、供货方等都应由商务经理协调管理。如果协调时权限不够或能力不足，应由项目经理总体协调。

1.1.2　岗位之间有效协同管理

什么是岗位之间有效协同管理？需依据项目总体目标进行解析。偏离目标的协同管理，就是无效管理。如果目标中的各项要素发生冲突时，需要根据目标分配比例确定各项要素的优先权。例如，质量与成本发生冲突时，可以采取成本优先权，质量达到合格标准即可；质量与进度发生冲突时，可以采取进度优先权，进度影响施工成本，最终丢失的是项目利润；进度与安全发生冲突时，可以采取安全优先权，安全事故会影响最终施工成本。

项目管理目标的五要素是质量、安全、进度、成本和信誉，各要素既相互制约又相互影响，如图 1-2 所示。有许多企业，当安全与成本发生冲突时，先确保成本；当质量与成本发生冲突时，先确保成本；当进度与成本发生冲突时，先确保成本；当信誉与成本发生冲突时，先确保成本。低价中标又想从中获利，工程事故往往就是这样造成的。把目标五要素变成了围绕成本一条线去策划项目，最终越管理越乱，越管理越难。所以，设立目标成本时要考虑各要素的平衡点。

岗位之间有效协同，需要从项目管理目标开始分析。一般情况下，企业会对项目部进行绩效考核，从

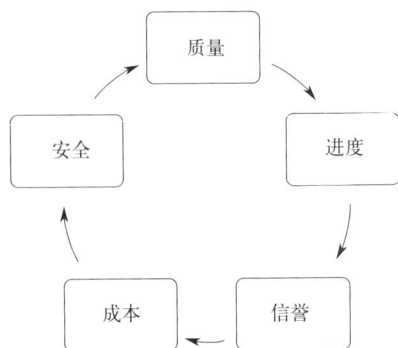

图 1-2　项目管理目标五要素的关系

总造价中扣除税金、管理费、利润，然后"打包"交给项目部，依据最终结算推导出项目是否达到绩效考核标准。"打包"的价格包含了什么内容，公司层面管理人员没有人能说得清楚，项目层面管理人员也没有人能说得清楚，总之就是干了再说，运气好可以完成绩效，运气不好则项目部全体人员一起倒霉。项目管理的目标是什么？这需要各层级管理者深度思考。

根据多数施工企业常规的做法，在确保项目合格的同时，围绕着创效做好一系列管理是非常必要的，这需要对项目技术创效的总体目标进行分解，统一目标、达成共识是关键的一步。

1.1.3　项目目标成本的分配机制

从商务角度来看，如果把项目目标成本向下分解，可以分为基础目标、中级目标、高级目标。基础目标是按照中标价格按要求完成各项内容，例如钢筋工程给了5000t，项目部按照施工图纸按时、按约、按量完成即可；中级目标就涉及创效分析，从技术到组织，如何把工程结算额扩大。例如施工图纸中的地面3∶7灰土垫层为300mm厚，而清单中描述为250mm厚的垫层，在工程结算时需要提供施工方案和现场实际施工厚度，这就需要通过创效策划来完成；高级目标是通过各种创效策划合理增加结算额，例如找到经建设方和监理方在施工过程中确认的现场签证等。

传统的绩效考核是从人的角度考核，痛点是"建的时候轰轰烈烈、考的时候拖拖拉拉、用的时候你好我好"，人力资源和员工都疲沓了，考核就等于扣工资，上上下下都抵触。传统绩效考核往往是相互打分、监督工作时间、考核劳动强度，考核像是走过场，每个人只要按时上下班，遵守纪律就合格。因此，项目上的人都是像算盘上的珠子，拨一拨动一动，当然就达不到中级目标或高级目标，甚至基础目标都达不到。传统绩效考核方式如图1-3所示。

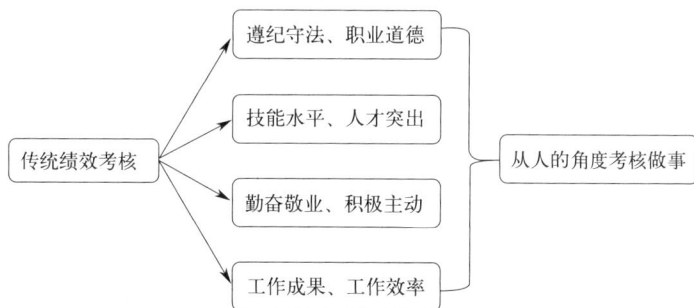

图1-3　传统绩效考核方式

围绕着项目管理五要素考虑，即从质量、安全、进度、成本、信誉中分解目标。例如，技术总工在施工过程中，没有给抹灰班组做好技术交底工作，导致后期出现墙面空鼓的质量问题，竣工验收后又采用零工方式入户维修，最终增加了施工成本。所以说，技术性创效管理是要齐心协力共同完成任务。

从技术性绩效考核进行分析，都要考核项目哪些指标呢？首先要分析项目部的作用和意义。项目部的主要作用是一个执行部门，许多有经验的项目经理都说："我们是项目的终结者。"从开工进场的那一刻就是想着如何顺利竣工，项目部以生产为第一责任。其次要分析项目部的管理水平，减少材料浪费可以节约成本；工程质量一次性合格、减少返工可以节约成本；项目进度按期完成，机械租赁费、物资租赁费、现场管理费等都可以不超计划；现场布局合理，可以避免人力、物资的浪费；抓好项目安全，没有发生安全事故，也就是为按计划完成任务服务。所以，技术性绩效考核应该是从工程质量管理、安全生产文明施工、施工进度、现场布局、材料损耗率、施工现场管理这几大项中确定考核指标。技术性绩效考核方式如图 1-4 所示。

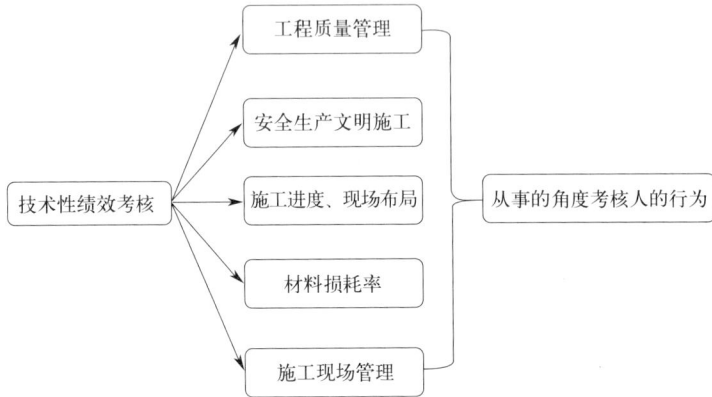

图 1-4　技术性绩效考核方式

想要做好创效管理，常规做法就是通过激励方式达到目标，设置按绩效奖励的方法。一般施工企业都会在项目设置年底奖金，可是每个员工都会认为年底奖金是工资的一部分，项目干得好与不好都要发奖金，因此，项目的奖金多少都与绩效挂钩，绩效评价好的项目部，奖金可以翻倍，这样有利于达成创效目标。

项目绩效评定可分为优良、合格和改进三个等级。原有的奖金按合格计算，评定项目为优良时，奖金按 2 倍计算；评定项目为改进时，按原有奖金的 50% 计算。例如，本项目原有奖金 100 万元，通过考核分析，施工进度评定为优良，其中进度奖占原有奖金的 15%，项目部主要负责进度约 60% 的责任，可计算为（100＋100）×15%×60%＝18 万元。以此类推，如果施工进度评定为改进，可计算为 100/2×15%×60%＝4.5 万元。

在项目管理实践中，责任与利益绑定能起到不错的激励作用，公司层面必须有评定原则和方法，同时项目部所有人需要齐心协力，才能做好创效管理。大商务创效管理说起来容易，做起来比较难，只有项目目标成本分配机制合理，打破部门间壁垒创效才能顺利推进；否则，耗时耗力，以失败告终。

1.2　商务经理的责任分工

项目商务经理的岗位职责在不同企业规定有所不同。一般情况下，根据项目经理、技术总工的协调能力，确定商务经理的工作职责范围。项目经理、技术总工的协调能力较弱时，商务经理承担的职责更多，属于其他岗位的工作也安排给商务经理完成。如果商务经理主动或被动接受，意味着更多"甩锅"的事都要接受。项目管理人员之间的"甩锅"使大家闹得不和谐，工作像皮球一样被踢来踢去，商务经理带着情绪工作，最后极有可能离职或调配到其他项目，工作交接不清楚，工程结算时缺少大量证据资料。商务经理想要解决工作界面问题，就要从本职工作和协同管理工作两方面来考虑。

项目商务经理的本职工作需要从目标推导到任务中，所设定的目标就是创效，创效最终反映在工程结算中。所以，做好结算资料的整理是商务经理的本职工作。从创效的另一方面考虑是降本增效，对企业内部控制线，商务经理要接受公司的任务安排，因此，商务经理本职工作还包含与下游对接的事项。商务经理本职工作分解如图 1-5 所示。

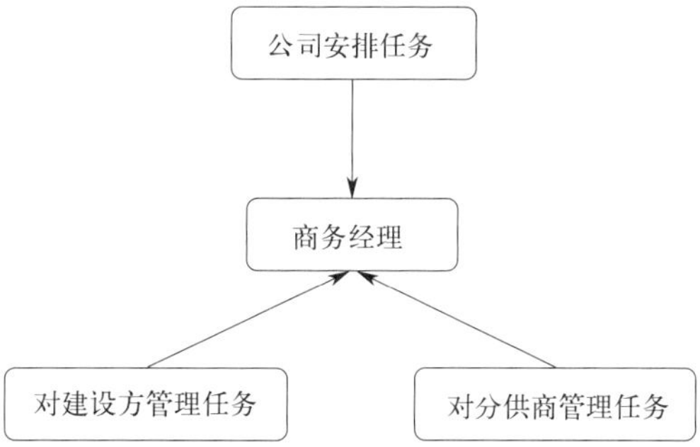

图 1-5　商务经理本职工作分解示意图

在施工实践中，有的商务经理不知道每天应做什么工作，公司、项目经理、建设方、监理和其他领导均给他安排任务，导致其每天忙得不可开交，没有自己的主观思想。一个合格的商务经理应能判断工作的轻重缓急，合理安排工作的优先顺序。

1.2.1　商务经理的本职工作

商务经理对建设方的管理任务，是算量、计价、变更、签证、报产值等，在施工过程中收集资料；对分供商的管理工作，是分包合同、分包计量、零工签证、解决争议等。公司下达的任务有测算、分析、统计、报表、流程管理、考核等，在施工过程中商务经理辅助公司提供数据和对接任务，这是其本职工作。

商务经理的本职工作参考如下：

（1）接受公司对项目部的书面合同及报价交底，并在项目内部对管理人员进行书面合同签订及报价交底工作。

（2）按照施工合同的约定，及时获取建设方应提供的有关商务文件。

（3）负责起草分包招标文件，参与评标、定标工作；负责起草分包合同初稿，参与合同洽谈及签订工作。

（4）负责项目各类合同履约过程中的风险管理，防范纠纷发生，提出争议解决办法的初步意见。

（5）依据施工合同拟定向建设方提出涉及工期、质量、价款、停复工、工程款支付等方面的函件，组织建立各类经济资料台账，如内外往来函件、会议纪要、工程变更、现场签证、协议等。

（6）负责组织收集与整理工程变更、索赔资料，提供索赔证据，编写、审核、递交索赔报告，办理现场经济签证索赔事宜。

（7）负责组织编制、审核及核对工程进度结算，按合同约定的付款节点及时向建设方提交已完工程量报告和付款申请，获得建设方的书面认可。

（8）负责组织编制及审核施工图预算，项目材料需求总计划，周转器材及机械设备总计划，以及材料需求月计划，确保满足正常施工需要；审核材料报表，确保其数据真实、准确。

（9）负责项目成本管理，组织编制、审核项目总成本计划，对目标成本指标进行合理分解，明确成本控制重点、措施和相关责任人，并将审批后的总成本计划向项目部人员交底。

（10）负责组织编制、审核月计划成本、月预算成本、分包结算及有关报表。

（11）负责组织编制及审核成本对比分析，做好盈亏原因分析及控制措施的制定工作。

（12）负责建立项目成本核算台账，定期核算并与所归属的财务部门对账。

（13）负责及时完成竣工结算的编制工作，经公司审核后按合同约定的时间递交建设方，并进行核对、定案工作。

（14）负责项目管理总结的编制和项目兑现考核工作。

1.2.2 商务经理的协同管理工作

商务经理的协同管理工作，是与各岗位之间协同完成一项任务，包括对涉及商务管理的内容进行审核，提出建议、修正、策划、讨论。协同管理涉及的面很广，但是此处可以定义为参与图纸会审、设计变更、施工方案、项目策划等工作，可以理解为协助其他岗位完成任务。

施工方案中所涉及的工期、现场平面布置、周转材料的经济策划，措施费的计取策划等，从商务角度考虑，要为最终工程结算提供依据，协同技术总工按照创效的思路进行编制。例如钢筋马凳在施工方案中应描述规格、尺寸、间距，编制时就需要考虑工程结算核对可能存在的争议，钢筋马凳属于施工图纸之外内容，建设方往往以最小的工程量计取，所以采用施工方案来策划工程结算的争议点，是实现技术措施创效的办法之一。

图纸会审时，商务经理的职责主要是引导设计方，对工程结算有利的内容进行答复，就有利于减少施工成本投入的方向来策划。比如混凝土墙与砌体交接处，砌体墙长度小于100mm是否可以采用混凝土代替，设计方回复："可以。"此回复就为工程结算埋下了争议，如果建设方争辩说，设计并没有明确必须采用混凝土代替砌体的方法，是施工方自作主张的做法，在工程结算时就会产生麻烦。假如不给设计方作出留有争议性的回复，就可以向设计方提问："砌体墙长度小于100mm如何施工"？设计方回复："采用混凝土代替砌体"，此回复在办理工程结算时就有依据，建设方也没有理解偏差。

建设方下发的设计变更，商务经理主要是把控工程结算的增减，要求基层管理人员收集规范证据，在编制变更后的施工方案中把证据固定。例如，建设方给到一份设计变更通知单，内容是关于设备机房开间尺寸变化，考虑到现场已经砌筑完成。如果因尺寸变化需要拆除墙体，商务经理必须与技术总工协作，编写一份拆除墙体的施工方案，并要求建设方签字确认，再把拆除事项的证据固定下来。办理工程结算时，就变成了可增加的费用项目。

商务经理对现场签证文件的协同内容，包括审核签证文稿、提出签证、考虑签证的费用增减、取证策划等。办理现场签证的目的，就是为了增加工程结算额，所以协同内容需要围绕为工程结算提供依据来考虑。例如，在挖基础土方时出现大面积淤泥，商务经理此时就要做好取证策划，需要建设方给出对淤泥的处理意见，然后编写处理方案，等到建设方签字确认做法后再施工。在施工过程中，淤泥尺寸测量结果作为证据，最后办理现场签证。

商务经理在项目策划中的协同管理也非常重要，一般在开工时就涉及整体策划工作，需要由经验丰富的商务经理完成。例如，合同约定主体结构封顶后支付工程款，商务经理需要在工程进度策划中给出意见。采用流水段施工时，考虑最先封顶的楼栋号与最后封顶楼栋号的时间差，以及早收到工程款，就要改变流水段的施工顺序等。

商务经理的协同管理工作参考如下：

（1）协助项目经理组织成本分析会，检查、督导成本控制措施的落实。

（2）参与施工合同与补充协议的起草、评审及洽谈。

（3）参与编制施工合同风险防范措施。

（4）参与公开招标，议标工程的投标成本测算、投标报价编制工作。

（5）制定对项目商务副经理、预算员、成本核算员的培养计划，有步骤地组织实施落地。

（6）参与工程图纸会审，施工组织设计和施工方案的编制、项目策划工作。

（7）参与材料、器材、机械设备采购及租赁的招标及合同评审工作。

（8）参与审核材料报耗、机械租赁、器材租赁费结算，参与项目管理费、水电费、检验试验费等实际成本归集工作。

1.3　技术总工的责任分工

技术总工相当于项目的"军师"。技术总工能够翻译图纸、优化设计、方便施工、节约成本、提高质量、增加收入、缩短工期、保障安全等。

因为他精准策划，方可消除障碍；优质、高效地处理现场问题，不动声色间开源节流，所以他"此时无声胜有声"。因为他知道技术是为需求服务的，不能为项目创造价值的技术只是空谈，所以他要时刻感知市场的变化、需求的变化、技术的更新，持续钻研，永葆进取之心。

一名合格的技术总工，至少有超常的预判能力、超强的处理问题能力，比如技术预判，需要提前发现图纸中的问题，修正设计错误。提前发现能够实现多方共赢的变更，使得施工方便、缩短工期、节约成本、增加收入。提前发现施工的技术重点和难点。发现质量控制点、容易产生质量问题的环节，提前干预。能够预先给评奖提出具体措施。

从上面的叙述可以看出，技术总工的价值往往体现于无形中，在风平浪静之中化解了可能的麻烦。他像是城市优良的地下管线系统、跨海大桥隐藏在海水中的柱墩、海面以下冰山的基座。从管理事项责任划分，可以分为本职工作和协同管理工作。

1.3.1　技术总工的本职工作

技术总工这个岗位，在笔者的原单位经历了职位名称的变化，最初是技术负责人，后来称为主任工程师，在有些企业，称为项目工程师或技术总工。其负责工作的范畴也发生了变化，在 2012 年之前，还没有单独设置商务经理岗位时，这部分工作就是由技术负责人来承担。原来的技术负责人管理着技术员、预算员、质量员和资料员。

技术总工对项目技术质量线整体把控，需要较强的综合能力。除了沟通能力外，其文字能力显得尤为重要。文字能力并不是情感化地写作文，而是综合了很多学科知识的集成品。比如，编制的签证变更申请、给监理方写的工作联系单，都需要综合施工合同、图纸设计、规范规程、政策文件、现场情况和常规做法，甚至基于法律、风险防范等各方面的知识。这些内容在本书的第 3 章设计变更创效管理、第 4 章现场签证创效管理中，都得到了很好的体现。除了这些知识，还要从叙事角度、责任归属及合作共赢的层面去考究切入点、落脚点、逻辑线。这样才能很好地达成项目目标。因此，文字能力只是一种结果的呈现，底层逻辑是技术总工的综合素养。

技术总工在不同企业、不同项目的职责范围会有所不同，为规范项目管理职责，以下技术总工的本职工作范围可供参考：

（1）全面负责技术质量管理工作。

（2）负责施工组织设计、专项方案的编制及交底。

（3）合理设置工期主要控制节点，组织制定总进度计划、阶段性进度计划和月进度计划。

（4）主持策划主动变更。

（5）参加建设方主持的图纸会审、设计交底。

（6）主持对定位放线及楼层测量的验收。

（7）负责重大和疑难技术问题的处理，组织技术攻关。

（8）参加监理方组织的隐蔽工程、分部分项工程验收。

（9）负责对技术资料、材料试化验工作的审查把关；主持编制竣工技术资料。

（10）主持"四新"技术的推广应用、QC 质量控制和工法的编制与实施。

（11）组织技术、质量奖项申报。

（12）主持技术质量事故的处理、申报。

（13）负责项目部质量管理体系的建立和管理工作。

1.3.2　技术总工的协同管理工作

在项目的初始阶段，技术总工要为劳务班组招标、材料招标，提供技术性服务，以便提高招标的精准度。对招标范围的确定，就是分清各班组的施工界面，避免扯皮。对劳务的工期、质量要求，就是要符合施工合同的总工期、质量目标要求。以上列举的内容，都是技术总工比商务经理更有优势的地方，由技术总工来协同支持，也更有利于项目创效管理。

技术总工的协同管理，在项目创效的二次经营阶段，主要体现为对签证的技术支持。比如，应建设方要求需拆除某个房间的墙体。一般来讲，工程变更通知都是从技术总工处经手，他对现场的进度及施工情况也了解得比较全面。可以对造价人员做拆除墙体签证进行指导。如拆除的轴线范围，目前现场的进度，决定了需要拆除哪些已完工内容，对未施工部分是否有影响。拆除的工序都包含哪些，例如施工放线、搭设脚手架、切割交界部位、拆除构件、装垃圾到人力推车、运垃圾至施工电梯处、将垃圾运至场内指定集中堆放点，以及垃圾的外运、消纳等，还需要对拆除下来的物品是否有再利用价值进行说明。上述无论是工作范围、施工工序，还是物品残值的统筹考虑，都是造价员的弱项，需要技术总工的支持。

分工不分家，除了自身的本职工作，还要协同商务经理、安全部门做好相关工作。技术总工的协同工作范围参考如下：

(1) 参与投标工作。

(2) 参与分包、材料设备采购招标文件的编制。

(3) 参与合同及风险管理。

(4) 参与项目签证工作，为竣工结算提供二次经营成果性文件。

(5) 参与实施安全文明工地创建，落实创建目标。

(6) 参与项目部安全、环境管理体系的建立和管理工作。

(7) 参与"双重预防体系"建设相关工作，协助做好危险源的辨识、评价及管控措施的制定工作。

(8) 配合上级进行安全事故的调查分析。

1.4 项目技术创效的总体目标及难点分析

项目技术创效的总体目标应该怎么设置？应该达到什么标准？目标在执行过程中都有哪些难度？这些内容是经常讨论的话题。具体分解，可分为商务策划的创效目标、设计变更的创效目标、现场签证创效的目标、设计施工造价融合创效的目标、施工方案设计创效的目标、技术交底创效的目标。在执行过程中的难点，可分为项目组织协调能力、项目部整体管理水平、施工方企业的管理水平、外部相关单位配合情况、合同条件以及工程对象本身几个方面。

创效的标准在每个企业都有差别，每个项目也有差别。但是，只要与原有的管理模式对比，得到了改进，取得了利润，此创效就是成功的。创效可以借鉴外部企业的优秀做法。在改进的同时，要考虑项目管理能力是否能适应。例如，项目部计划用钢筋绑扎接头改变为焊接接头来创效，每个钢筋接头可以节约 0.8kg 钢筋。但是，参考外部企业改进后，分包方增加了焊接接头的人工费用，要求项目部签证，反而增加了成本，所以创效要全盘考虑，要根据企业性质和项目环境，策划出不同的创效方案。

项目技术创效需要先设立目标，再依据目标逐项分解，然后执行落地，在施工过程中实施，最后复盘总结，形成企业的创效知识库。以下是一个创效案例，可供参考。

📖 案例 1-2：某公建项目创效成果

某公建项目总建筑面积 110217m^2。门诊楼 5 层，建筑高度 24.7m，为框架结构。病房楼 16 层，建筑高度 68m，为框架-剪力墙结构。筏形基础，设有地下人防工程。

合同采用固定综合单价。报价依据：《建设工程工程量清单计价规范》GB 50500—2008、《山东省建设工程费用项目组成及计算规则》(2011 版)、《山东省建设工程工程量清单计价规则》(2011 版)、《山东省建筑工程消耗量定额》(2003 版)。人工费单价：省价人工为建筑、安装、装饰53元/综合工日；市价人工为建筑45元/综合工日、装饰55元/综合工日。

总承包施工范围包括：基础、主体、屋面、楼地面细石混凝土、抹灰、部分乳胶漆、防水、防火门、人防门。总承包范围内工程造价20221万元。

公司接到招标图纸、勘察报告、工程量清单后，结合前期经营获得的有关信息，包括招标方管理模式、周边市场环境调查，考虑项目班子组建和集团对项目的支持，认为该项目技术创效空间较大，决定进行创效策划，实施深度的创效管理。策划的技术创效途径有四个方面：设计变更、现场签证、设计施工造价深度融合、施工方案。该项目技术创效总目标为800万元，占建筑安装造价比例为3.96%。经过策划、实施、纠偏、总结，形成了创效成果。

表1-1中创效收入是针对建设方的预算收入，创效成本是实际核算的成本投入，最终分析出创效的成果。创效成果分析如表1-1~表1-4所示。

设计变更创效成果分析表   表1-1

序号	科目	创效收入(元)	创效成本(元)	创效成果(元)
1	门诊楼一层回填土变更为混凝土	2986654.66	2090699.89	895954.77
2	门诊楼一层变更增设的管沟	284262.45	255836.21	28426.24
3	拉结筋由预埋变更为植筋方式	488483.99	366362.99	122121.00
4	楼梯间和人流通道增加钢筋网片	898152.41	628706.69	269445.72
5	防辐射房间墙体增加钢筋网片	87882.81	61517.96	26364.85
6	抹灰面增设玻纤网	514597.59	308758.55	205839.04
7	地下室顶棚聚苯板保温变更为无机喷涂保温	107200.80	64320.48	42880.32
8	屋面水泥砂浆找平层增设胶浆和玻纤网	600326.64	480261.31	120065.33
9	BAC防水卷材变更为SBS防水卷材	1090264.70	817698.53	272566.17
10	种植屋面普通防水变更为耐根刺防水	771448.73	624873.47	146575.26
11	地下室地面增设φ6@150×150双向钢筋网片	245146.44	183859.83	61286.61
12	地下室增设成品排水沟	113492.16	98738.18	14753.98
13	地下集水坑井盖板由混凝土盖板变更为花纹钢板盖板	29290.00	24896.50	4393.50
14	地下室普通腻子变更为防霉腻子	92879.12	46439.56	46439.56
15	卫生间地面增设水泥砂浆防水保护层	50325.39	47809.12	2516.27
16	外墙涂料变更为真石漆	374104.55	187052.28	187052.27
合计(元)				2446680.89

表1-1中的设计变更创效科目，都是施工方主动型变更类型，是通过对图纸的深度分析，结合施工经验，对比其他工程的做法，提前进行预测。这是技术创效增加收入中可控性较强的部分，也是产生收益较多的部分。原理就是变更后重新批价，跳出原来的低投标报价，获得效益。

对于施工方主动型及各类别变更的产生过程、编制技巧、沟通方法、利益平衡等，后续章节会通过具体案例进行详细介绍。

现场签证创效成果分析表　　　　　表 1-2

序号	科目	创效收入(元)	创效成本(元)	创效成果(元)
1	钢筋马凳	2940960.31	2205720.23	735240.08
2	后浇带附加钢筋 $\phi14$	69120.17	51840.13	17280.04
3	地下室剪力墙的止水螺栓	163773.79	98264.27	65509.52
4	砖胎模砌筑及抹灰	91080.36	72864.29	18216.07
5	剪力墙螺栓眼封堵	103619.20	30098.00	73521.20
6	因超深增加的垂直运输费用	362739.60	10105.55	352634.05
7	因超深增加的降排水费用	273600.00	6401.40	267198.60
8	因超深增加的基坑护坡费用	417416.11	15331.88	402084.23
9	因超深增加的外脚手架费用	50272.00	2920.34	47351.66
10	楼梯间梯段及休息平台缝隙封堵	15770.00	12616.00	3154.00
11	屋面缸砖伸缩缝灌缝	48637.02	34045.91	14591.11
12	车道土方开挖遇石方使用油锤破碎	9276.61	6308.10	2968.51
13	手术室顶板洞口加固	70000.00	21000.00	49000.00
14	增加零星砌筑、抹灰、设备基础、钢筋等	1355684.90	1193002.71	162682.19
15	预制过梁调价差	34082.17	26584.09	7498.08
合计(元)				2218929.34

现场签证的创效,有的可预测,有的不可预测。只需随着工程的进展,敏锐地去发掘。可预测的如钢筋马凳,只要图纸中未注明,根据合同约定需要进行签证办理。有的签证则不能事前预测,如因地基超深引发的垂直运输、基坑支护、降水及脚手架的增加。有的签证会产生"四两拨千斤"的效果,如因地基超深引发的签证,成本的额外支出较小,但收入较高。

施工中,多以敏锐的眼光去发掘这些签证。对于各类型签证的发掘方法、编制要点、沟通技巧,后续章节会通过具体案例进行详细介绍。

设计施工造价融合创效成果分析表　　　　　表 1-3

序号	科目	创效收入(元)	创效成本(元)	创效成果(元)
1	增加收入——桩头防水处理、桩身水泥用量差、调整计量充盈系数	——	——	509879.00
2	节约成本——后浇带优化为膨胀带	——	——	38900.00
3	增收节支——砌体二次结构优化	——	——	48776.00
4	增收节支——钢筋量优化占总量的 1.5%	48133941.00×1.50%	0.00	722009.12
5	防护墙使用硫酸钡砂浆砌筑	504440.42	202664.25	301776.17
6	防护墙使用 4cm 硫酸钡砂浆抹灰	1241029.10	744617.46	496411.64
7	混凝土弧形构件价格调增	21074.25	0.00	21074.25
8	不同混凝土交界面增设钢丝网	7098.11	1200.00	5898.11
9	冬期施工混凝土掺加早强剂、防冻剂	52582.00	36807.40	15774.60

续表

序号	科目	创效收入（元）	创效成本（元）	创效成果（元）
10	混凝土掺加抗裂纤维	695417.50	452021.38	243396.12
11	卫生间陶粒混凝土调价	82046.34	8204.63	73841.71
12	屋面发泡混凝土调价	308907.10	0.00	308907.10
合计（元）				2786643.82

此类型的创效是对图纸的深入研究、施工工艺的熟练掌握、造价的精深造诣深度融合而来。对设计冗余的巧妙利用，如用桩身水泥用量去模糊其混凝土和水泥浆用途的创效，对设计模糊的倾向性解读。对于非常规材料，如硫酸钡砂，从配合比到材料批价，都取得了较高的利润。

对于设计、施工、造价融合创效的方法及过程，后续章节会通过具体分项工程的解析进行详细介绍。

施工方案创效成果分析表   表 1-4

序号	科目	创效收入（元）	创效成本（元）	创效成果（元）
1	租赁费节约——模板盘扣支撑立杆间距由 0.9m 调整为 1.2m 及 1.5m	—		52000.00
2	租赁费节约——电梯井脚手架采用工具式提升架体形式	—		11900.00
3	台班节约——优化大型机械布置，去掉 1 台 QTZ63 塔式起重机	—		270000.00
4	绿色施工——四节（模板周转方案优化、各种余料再利用、水电节约、技术创新、使用工具式可周转的临时设施、降水再利用、使用变频塔式起重机及施工电梯等）措施	—		720000.00
5	小型农用车等代替零工	—		70000.00
合计（元）				1123900.00

此类型的创效是以通过降低成本来增加利润为主要形式。降低成本，是低于常规施工成本，或者是低于市场平均成本。主要途径是对措施项目的技术优化，如对塔式起重机选型和布置的优化、对模板支撑系统的优化、对绿色施工技术的应用，都属于施工方案创效内容。当然，也有通过施工方案作为主要支持性证据来增加结算收入的方面，后续章节都有详细叙述。

施工组织设计、施工方案对于商务的作用，如何具体影响项目成本，后续有专门的章节进行详细介绍。

本项目设定的技术创效目标计划值是 800 万元，实际完成值约 857 万元，超出预期值约 57 万元，对比如表 1-5 所示。

创效目标计划值与实际完成值对比   表 1-5

序号	创效科目	实际完成值（元）	目标计划值（元）	差值（元）
1	设计变更创效	2446680.89	2800000.00	−353319.11
2	现场签证创效	2218929.33	2000000.00	218929.33

序号	创效科目	实际完成值(元)	目标计划值(元)	差值(元)
3	设计施工造价融合创效	2786643.81	2400000.00	386643.81
4	施工方案创效	1123900.00	800000.00	323900.00
	创效合计(元)	8576154.03	8000000.00	576154.03

具体分析，设计变更未按照计划完成，主要是有两项主动变更，在实际执行中未落地。其他几个大项均超过了计划值，主要是现场情况的变化，以及管理人员的配置更优，更加积极、主动，取得了较好的创效结果。

需要说明的是，本案例所述的技术创效成果，不等同于整个项目的利润。项目利润除了上述内容，还来自被动设计变更、工程量差、材料价差调整、各类材料及专业工程批价，以及作为预算本身构成的利润，并通过成本节约措施降低支出等方面。案例所反映的仅是技术创效的结果。

技术创效的总体流程：首先，根据项目调研来分析论证技术创效可行性，决定创效后搭建项目班子，配置创效"铁三角"；其次，进行商务策划，并在施工中执行落实；最后，取得创效成果、复盘总结，形成创效知识库。商务策划技术创效管理流程如图 1-6 所示。

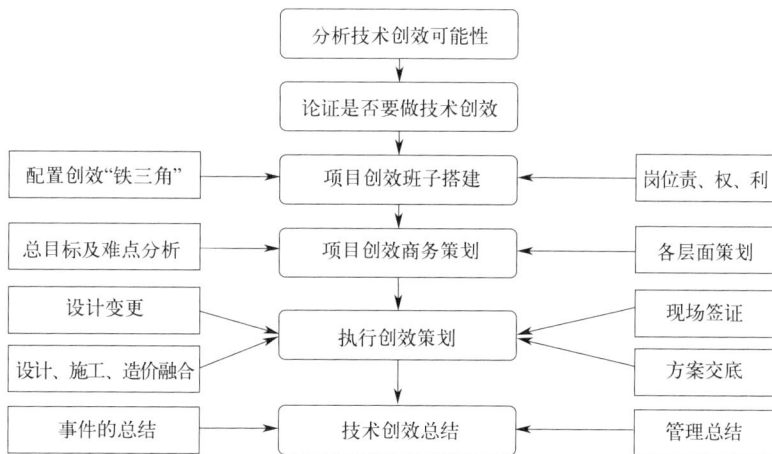

图 1-6　商务策划技术创效管理流程图

通过技术创效这个案例，我们发现，其管理流程依次对应于本书的章节内容：如项目创效班子搭建对应于第 1 章内容；项目创效商务策划对应于第 2 章内容，其中涵盖了项目组织、招采、进度与质量、施工图纸审核、结算、成本及创奖和绿色施工；执行创效策划对应于第 3～7 章内容；技术创效总结对应于第 8 章内容。

需要注意的是：施工方项目创效与建设方利益之间，并非完全是零和博弈。做好策划，实现合作共赢是高阶的目标，是企业永续发展的要义。

1.4.1　项目技术创效的总体目标

项目创效的总体目标可分为质量、安全、工期、创奖、经济效益、社会效益。目标在执行过程中是复杂交织的，有矛盾、有统一。例如，质量与工期两个目标在一般情况下看似是矛盾的存在。但如果采用了适当的新技术，又能够提高质量、加快工期，这就是统一的一面。详细的项目目标又涵盖了组织、合同、招采、进度、图审变更、技术质量、开源节流、创奖、绿色施工、新技术应用、风险、沟通等方面的策划内容。

从商务角度考虑，以工程结算为目标时，创效就是向建设方索要现场签证和工程变更来增加费用，以及减少结算时的争议。通常在结算时，施工方拿不出有效的证据来支撑。即使对于现场实际施工的事项，想要增加结算额，都没有充足的证据做支撑。所以，围绕着施工过程进行取证，也是关键的环节。

结算争议往往发生在施工图纸和中标清单以外的事项中，是在求证的过程中双方发生理解上的分歧而产生的。从大商务全过程管理方面进行考虑，需要做好事前策划。在施工实践中，也有许多管理者把争议的矛头推向不可抗力、第三方原因、政策性问题等。这样的操作会让咨询方认为双方需共同承担责任，导致折中处理或抹掉争议。例如，因为场外交通受到影响，混凝土运输车无法进入施工现场，找建设方相关人员确认事实情况，建设方签字同意采用塔式起重机的倒运方式。这样把不可抗力变成建设方同意，就会减少争议。

大商务全过程管理需要贯穿从前期策划到过程管理，以及工程结算的全过程。前期策划中，可以从施工方案中取证，在施工过程中形成事实。竣工后就可以讲："建设方同意这样做，施工过程中也确实是这么做的，有现场照片，证据充分，应该结算。"形成证据链闭合后，结算争议就会减少很多。"同意这样做"就是建设方签认的施工方案，"确实是这样做的"就是技术交底及各类施工记录。"有现场照片资料"说明在施工过程中拍照留作证据。结算创效总体思路如图1-7所示。

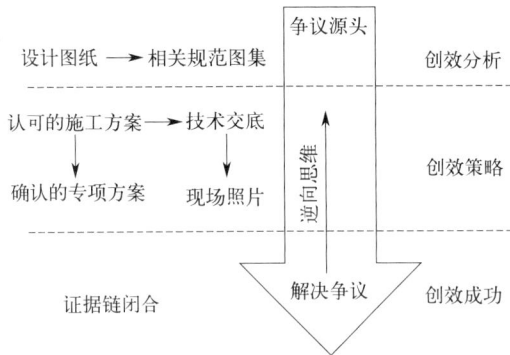

图1-7 结算创效总体思路

从成本管理角度考虑，以降低成本、节约材料及人工为目标时，需要考虑项目组织管理、分供商合约与招采、施工进度与质量、绿色施工、评定国家级奖项等方面。许多人认为，节约人工的创效作用并不是很大。比如说，模板班组节省了人工成本，但是分包合同中，不管怎样优化，综合单价都是不变的。可是，换一种思路来考虑，通过优化节约了人工成本，使分包的争议减少，分包方的利润空间增加。这样，分包结算时也就比较顺利。再进一步思考，长期合作的分包方再次报价时就会考虑此类因素，从而报的价格较低。或者，这些分包商都想与本单位合作，形成买方市场，更容易降低分包成本，这也是人工费创效的积极作用。

总之，不管从商务角度还是从技术角度考虑，创效就是要围绕降本增效开展技术性措施，从已知条件中创造出可观的利润空间。在施工实践中，许多人并不看好技术性创效的方法，通常认为从人际关系入手更有效。可是，近几年市场竞争激烈，工程利润降低，只靠搞关系做到低价中标高价结算的事情几乎不复存在。所以把工作重心放在技术性创效，才是最佳选择。

1. 商务创效策划的目标

从招采、合约、结算层面进行事先策划，以施工合同为纲，进行开源节流的顶层设计，是商务策划的目标。对外，通过对一次经营成果的梳理，找出影响预算收入的关键点，进行重点分析，以期在实施过程中进行有针对性的目标控制。对内，通过对劳务及材料招标的内容梳理，找出影响人工及材料成本的关键要素，以期在实施过程中有的放矢地进行控制。

2. 设计变更创效的目标

设计变更创效的目标是开源，即增加结算收入。在后续章节中，列举了几个主动设计变更的例子，并分析案例为什么要变更、采取什么方式变更、达成了什么样的效果。从理论到现场，如果发生了技术质量问题，技术、造价人员如何处理。设计变更不只是被动的，反向设计、主动变更，才能更好地达成创效目标。优质的设计变更一定是双赢的。作为建设方，可以节约投资额，项目尽早投入使用；作为施工方，可以增加经济效益。

3. 现场签证创效的目标

现场签证的创效目标是开源，即增加结算收入。在后续章节中，列举几个典型签证，我们通过案例可以得到启示：如何发掘隐性的签证，以何种理由说服各方同意。基于此，无时无刻不在提示着：懂设计、精技术、晓造价，对于技术总工发掘现场签证的重要性，对自身价值提升的重要性。

4. 设计、施工、造价融合创效的目标

设计、施工、造价的融合创效，是综合效益，是开源节流的综合运用。在后续章节中，有建筑设计、施工技术、商务造价相融合的典范专题，都是从施工实践出发，深入上游设计、下游造价，融会贯通，进行创效。

5. 施工方案设计创效的目标

优质的施工方案是保障安全、确保质量、工序流畅衔接的重要文件，是创效中节流的重要一环。重要分项工程，如果没有好的方案设计，盲目地施工操作，轻则产生修复成本极高的质量问题，重则发生质量安全事故，造成不可挽回的经济损失。因此，方案设计的创效目标是一种保障，对安全质量的保障。

6. 技术交底商务创效的目标

技术交底中蕴含着很多商务价值。做好技术交底，就是正确地贯彻设计意图、执行施工方案，避免返工等现象，是成本控制的一种保障措施。

1.4.2 项目技术创效的难点分析

1. 项目组织协调能力

注重内部协调，项目创效工作是全员参与的联动行为。如果项目经理组织不力，技术总工、商务经理牵头能力不强，相关人员积极性不高，则可能会"徒有一手好牌，打不出理想效果"。因此，项目内部的组织协调是创效植根的土壤。项目内部不和谐，会极大地增加创效的难度。

外部协调，是与建设方、监理方、咨询方的和谐程度，是创效非常重要的影响因素。如果对建设方分包单位的沟通协调能力弱，造成进度滞后、质量失控，会增加创效的难度。

项目经理要做好内外部协调的统一部署，尤其是对建设方以及对主管部门的关系维护。技术总工对内管理好技术、质量人员，对外协调好设计方、监理方。商务经理对内管理好造价人员，对外协调好咨询方。其他人员负责协调好对口监理人员、分包班组。

2. 项目部整体管理水平

项目部整体的管理水平取决于公司制度、承包模式、责权利分配，以及每位成员的综合素质。较高的项目管理水平，对外就是其履约能力，即达成施工合同约定的质量、工期、造价、奖项等目标，对内就是满足公司的经济责任目标要求。

项目部的整体管理水平，管理人员的知识储备及沟通技能，涉及对成本控制，尤其是对措施费的使用支出很关键。如果没有高水平的施工部署，没有优良的方案设计，没有优质的技术交底，对班组的管理水平差，就会极大地增加创效的难度。同时，还存在着安全方面隐形成本的支出、质量方面返修成本的支出。

3. 施工方的管理水平

施工方的管理水平，即公司的整体管理水平，对项目创效有直接影响，具体表现在三个方面。一是前期的一次经营成果：建设方情况摸底、合同条件谈判、投标报价水平高低，都是一次经营成果的体现。二是公司对项目的管理制度：即责、权、利的分配，比如与项目签订的经济责任协议中的利润率指标，制定得是否合理。三是公司对项目的助力及指导：尤其是对项目策划、二次经营、方案选择等的指导，帮助其选择优质的材料供应商、劳务分包商、专业承包商等。这些都是为三次经营奠定良好基础的至关重要因素。如果公司的一次经营水平较差，对二、三次经营的指导不够，则不会给项目创效助力，反而可能形成对创效的制约。

4. 外部相关单位配合情况

与项目施工方配合的外部单位可分为两大类：第一大类是直接参与项目建设的各责任主体，如建设方、勘察方、设计方、监理方。咨询方虽然在建筑法层面不属于责任主体，但其对工程建设的参与度可归为此类。第二大类是主管部门，如住房和城乡建设厅（局）的质量监督、安全监督、环保监督以及质量检测部门。上述单位都与项目创效有着直接或间接关系。从密切程度和影响力来讲，第一大类影响最大。

建设方的管理水平、制度完善程度，对投资的控制力度，很大程度上影响着创效的实现度。如果建设方水平很高但配合度不佳，则会增加创效的难度。监理方和咨询方，也是同样的情况。比如，监理方对隐蔽工程、检验批的验收尺度，很大程度上影响着施工进度。建设方、设计方对施工方的主动变更，其把控程度直接影响项目的创效。咨询方对签证的审核力度、现场测量的细致程度都直接影响项目的创效。

5. 合同条件的影响

合同条件是创效的一个基因性的存在。如果合同结算条件苛刻、质量目标要求高、工期要求不合理，则会给项目创效带来较大制约。比如，财政投资项目和房地产项目，会有较大的合同条件差异。相对来讲，房地产项目创效的难度更大。举两个例子：一个是财政投资项目，一个是房地产项目，看各自涉及结算的合同条款。为节约篇幅，作了简化处理。

📖 案例 1-3：财政投资项目的合同条件

（1）采用《建设工程工程量清单计价规范》GB 50500—2013 及相关专业计算规范。

（2）定额：采用《山东省建筑工程消耗量定额》SD 01-31-2016 的建筑、安装、市政、园林绿化专业。

（3）山东省价目表：2017 年山东省各专业消耗量定额价目表。

（4）取费：执行《关于印发〈山东省建设工程费用项目组成及计算规则〉的通知》（鲁建标字〔2016〕40 号）。

（5）人工费：执行《关于发布山东省建设工程定额人工单价及定额价目表的通知》（鲁建标字〔2017〕5 号）。

（6）材料价格：执行投标当期市材价信息，未载明的主要材料建设方、监理方、咨询方、施工方共同核实确认。

通过上述分析，财政投资项目执行国标的清单计价、计算规范，配套省消耗量定额。中规中矩，对双方公平合理，实际上套用定额对于施工方是比较有利的。

📖 案例 1-4：房地产项目的合同条件

（1）合同图纸的错、漏、碰、缺产生的费用被视为包含在合同总价中。

（2）措施费：冬雨期施工增加费包含早强剂、抗冻剂及其保温措施。混凝土浇筑过程中涉及模板和脚手架不能拆除的，已在混凝土模板中综合考虑，不再计取相关费用。塔式起重机费用包含但不限于弱地基处理或基础桩、塔基基坑开挖、塔基制作、预埋件、避雷措施、沉降监测等。

（3）防尘网无论覆盖多少次均不再单独计取费用。承包人自建深水井取水，建设方不提供临时用水接驳点。

（4）"价目表"中都没有的材料，按照现金采购价执行。

（5）所有植筋均在砌体清单中综合考虑，不再计取费用。砖胎模综合考虑到模板费用中，不再单独计取。工程量按相应模板计算。钢筋接头及机械连接、止水螺栓，措施筋，以及依据钢筋、模板措施方案要求发生的措施支撑钢筋，不论采取何种支撑形式，综合考虑在单价内。所有的搭接、损耗及钢筋接头、切削和修复、测试及样本在综合单价中综合考虑，不再计取相关费用；因绑扎而增加的箍筋也不计量。

通过上述分析，把施工方有可能签证的各个环节预测到，然后综合到合同价款中。这是比较常见的房地产成本控制方法。对施工方来讲，不如财政投资项目友好。

6. 工程对象本身

建筑结构越复杂、系统越多，往往会更多地增加创效点。大型公共建筑项目如综合医院，创效点会多于普通住宅。因为系统越多、做法越多，给施工方主动变更、反向设计的机会就更多，就给项目创效铺垫了良好的基础条件。

📖 **案例1-5：某综合医院的重点、难点分析**

本工程具有体量大、专业分包多、地质复杂、造型新颖、结构复杂、结构超长等特点。重点、难点分析如下：

（1）测量定位：门诊楼呈扇形，轴线间形成 5.75°～6.9° 的弧度，急诊楼为半圆形结构，体检中心为椭圆形结构。

（2）桩基础：采用喷灌挤压组合桩，工序复杂，施工难度大。

（3）大体积混凝土：病房楼筏板厚度为 1.6m，直线加速器房间墙体最厚处 3m。

（4）深基坑施工：基坑最大深度 9.97m，开挖深度大、施工难度高、土方开挖量大、支护结构形式复杂。采用止水帷幕＋灌注桩＋预应力锚索及钢管桩等形式进行深基坑支护。

（5）型钢柱：混凝土梁与钢柱节点处构造复杂、施工难度高。

（6）高大模板：门诊大厅支模高度为 18.8m。直线加速器房间为超荷的高大模板，混凝土顶板最大厚度为 3m。

（7）消能减震措施：屈曲约束支撑、黏滞阻尼器、耗能连梁，专业性强、安装精度要求高。

（8）超长结构：地下结构整体连接，不设永久缝，尺寸为长 119m×宽 175m，设置多条温度后浇带和沉降后浇带。病房地上设置 2 道宽 350mm 的防震缝。

（9）安装管线：各专业管线错综复杂，桥架、风管及水管需综合考虑、合理布局，其中桥架还包括普通强电桥架、消防动力桥架、综合布线桥架、弱电桥架、电源桥架、广播桥架等；还要考虑与消防及防排烟专业的管道交叉。

（10）专业性较强的设备安装：锅炉房、空调泵房、换热站、消防泵房、净化空调、太阳能等，有别于普通的公共建筑设备安装。另外，医疗专业科室本身专业性强，与其他专业还有很多交叉施工、相互配合。

（11）施工总承包管理：工程科技含量高，专业分包多。钢结构、玻璃幕墙、室外装修、室内精装修、医疗专业科室配套等。要组织好各专业分包分阶段进场，确保工序的有机衔接，并在施工过程中及时协调好各专业分包，对施工总承包单位的管理协调及综合能力提出了较高要求。

对于上述重难点，首先要考虑是否能够从设计层面进行优化。如果不能优化，则要制订专项施工方案，融入开源节流措施，保障安全质量，实现创效目标。

第2章

项目商务策划技术创效管理

商务策划技术创效需要项目岗位"铁三角"紧密配合完成，核心是全员参与、策划先行、强化过程、结果导向。从责任分工的角度来看，项目经理负责全盘统筹，重点做好内部与外部的沟通协调工作；技术总工负责对图纸审核、进度、质量、评奖、绿色施工等方面组织具体策划；商务经理负责对合约、招采、成本、结算等方面组织具体策划。

项目商务策划是指导项目商务管理工作的纲领性文件，分为公司层面和项目层面，本章重点讲述项目层面的管理策划。总体目标是降本增效，以商务视角贯穿项目管理的全过程。

商务策划技术创效是项目部的一次经营，通过技术策划达到工程盈利目标。如果前期没有做好策划，轻则损失利润，重则导致项目停工，甚至发生争议或诉讼。看下面一个项目策划失败的案例。

📖 案例2-1：人工费争议导致项目烂尾

某医院项目建筑面积90000m^2，地下1层，地上病房楼15层、门诊楼4层。项目总投资8.8亿元，其中建筑安装工程造价约5.7亿元。合同中关于人工费的约定："执行鲁建标字〔2017〕5号《关于发布山东省建设工程定额人工单价及定额价目表的通知》，根据鲁建标字〔2016〕39号、鲁建标字〔2016〕40号文件要求，执行新版山东省各专业消耗量定额、山东省建设工程施工机械台班及施工仪器仪表台班费用编制规则、山东省建设工程费用项目组成及计算规则。具体以该单项工程编制施工图预算时，当期新定额的当地人工费及调整标准为准。"

在预结算核对环节，双方对于合同约定的"当地人工费"产生争议。施工方的预算编制，执行的是某市住房和建设局发布的《关于建设工程定额人工市场指导单价的通知》，人工单价为95元/工日；建设方则认为应执行某市财政局发布的《关于财政投资项目人工市场价的通知》，人工单价为45元/工日。工程总工日数量近60万个，造成两者人工费相差3000万元，占建筑安装工程总造价的5.26%。

应执行哪个文件？项目本质上是财政投资毋庸置疑，但建设主管部门无疑是住房和建设局。究竟"当地人工费"应归口于哪个部门？经过多轮谈判，始终无法达成一致，项目至今处于烂尾状态。

从表面上看，这是一个词语引发的争议。实质上，则是施工方没有充分意识到隐藏在合同细节中的风险，没有在合同谈判时锱铢必较，没有把商务策划思维渗透到一次经营阶段，造成失败的后果。

由此发现，在施工前期必须做好合同策划管理。但是考虑项目总体利益，仅从合同层面策划是远远不够的。本章项目策划的内容有：组织策划、合同策划、招标采购策划、进度与质量策划、施工图纸审核策划、结算策划、施工成本控制策划、评定国家优质工程奖策划、绿色施工策划。项目管理人员需要在施工前期投入较多精力进行事前策划，但在实践中很多项目经理的理念是以抓进度、抓安全为重心。因此，想要做好创效策划，需要商务经理和技术总工的全力配合才能实现。

2.1 项目概况及策划创效点分析

拿到一个项目后，要从图纸中搜集基本信息，如建筑面积、层数、功能布局、基础形式、结构类型、主要建筑做法等。从这些信息能够定性地判断施工难度、总工期、技术创效点分布。还要搜集合同中的关键信息，如总造价、质量目标、工期目标、结算条件、价格调整、进度款支付、材料设备供应、索赔争议解决等。通览这些条款后，可以从全盘视角预判项目的风险及商务创效情况。

基于对工程项目的初步调研，再进行项目策划，就不会出现"只见树木不见森林"的情况。掌握好方向，组织技术、造价人员详细研读一次经营成果文件、研究图纸设计方案，结合类似工程经验，吸取各方面、各层次人士意见，就可以作出高瞻远瞩、切实可行、创效有利的项目策划。

为了更直观、深入地讲述商务创效内容，本章部分小节需要以一个具体项目为抓手，例如总承包合同的关注点、招标采购等。项目创效点的分析小节，是全书关于开源节流内容的归属分类。

2.1.1 引用案例的项目概况

山东省某公建项目，总建筑面积 110000m²，总高度 68m，混凝土筏形基础，框架-剪力墙结构，地下二层，地上病房楼 16 层、门诊楼 5 层。采用固定综合单价，执行《建设工程工程量清单计价规范》GB 50500—2013、配套《山东省建筑工程消耗量定额》SD 01-31-2016 计价。

主要建筑做法如下：

1. 地下室防水

基础底板设 2 道 4mm 厚 Ⅱ 型 SBS 卷材防水。

2. 填充墙

内隔墙为加气混凝土砌块墙体，外墙为复合自保温混凝土砌块墙体。

3. 地面

大理石地面，工程部位为公共部位大厅、楼梯间；瓷砖地面，工程部位为办公室、卫生间及部分走廊；PVC 地板，工程部位为病房、诊室及部分走廊；环氧树脂地坪，工程部位为机房、汽车坡道；金刚砂耐磨地坪，工程部位为车库；防静电地板，工程部位为计算机控制室。

4. 内墙面

干挂大理石墙面，工程部位为公共大厅；镶贴陶瓷薄板，工程部位为病房、诊室、走廊部分墙面；镶贴瓷砖，工程部位为卫生间、楼梯间；高档乳胶漆墙面，工程部位为病房、诊室、走廊部分墙面；防霉腻子和乳胶漆，工程部位为地下室墙面。

5. 外墙面

干挂石材、铝单板幕墙、玻璃幕墙，工程部位为除屋面构架层的外立面；真石漆墙面，工程部位为屋面构架层；采用断桥隔热铝合金窗。

6. 顶棚面

瓦楞铝板，工程部位为公共大厅；微孔铝板，工程部位为部分走廊；高晶石膏板，工程部位为诊室、办公室；双层纸面石膏板，工程部位为病房、护士站；高档乳胶漆，工程部位为楼梯间及出屋面房间；防霉腻子和乳胶漆，工程部位为地下室顶棚。

7. 屋面工程

发泡混凝土保温层、1.5mm 厚聚氨酯涂膜及 4mm 厚 SBS 卷材防水，门诊楼屋顶花园为缸砖饰面。

2.1.2　策划创效点分析

从广义来讲，效益分为经济效益和社会效益。经济效益就是利润，能够直观显示在会计账目中。社会效益则是企业业绩和社会形象，它是一种长期的效益。比如，一个项目做得好，得到了建设方、监理方的一致好评。在后续的项目招标投标中，建设方会优先考虑再次合作，会减少很多沟通成本，是间接创效的体现。社会效益还体现在奖项的获得，如国家优质工程奖等。很多招标文件对企业业绩要求很高，有奖项可以加分，提高中标概率。

项目策划创效点的分析，从增加预算收入层面来讲，有图审变更、工程结算等；从控制成本支出层面来讲，有合约招采、进度质量、绿色施工等。项目总体策划创效点分析见图 2-1。

通过对创效目标的分解，可以概算出经济效益。例如，通过对技术组织措施的策划，预计增加预算收入 30 万元；对二次结构的优化，可以预计减少成本支出 12 万元；创效的量化有助于夯实责任，有利于实现公司对项目的管控。

当然，在理论上策划得再完美，在执行过程中可能会遇到人、事件、环境及政策的变化，这些都会影响创效结果。技术总工、商务经理要时刻关注事态的变化，随机应变、调整策略，最终使创效目标落地。

1.劳务班组合同关注点	评定国家优质工程将策划	1.总承包合同关注点
2.总包方材料招采技术要点		2.施工图纸审核策划
3.进度与质量的管理策划		3.工程结算方案策划
4.施工成本控制策划	社会效益	4.设计变更创效管理
5.绿色施工策划		5.现场签证创效管理
6.后浇带融合创效点	经济效益 经济效益	6.桩基础融合创效点
7.砌体工程商务管理要点	节流策划 创效分析 开源策划	7.砌体工程结算争议
8.二次结构施工优化设计		8.构造柱设计难点解析
9.施工成本分析		9.墙面抹灰结算争议及应对措施
10.ALC板墙施工成本总结		10.方案设计创效审核要点
11.高大模板施工方案创效策划		11.施工图深化设计要点
12.技术交底的管理准则		12.工程结算资料收集整理
……		……

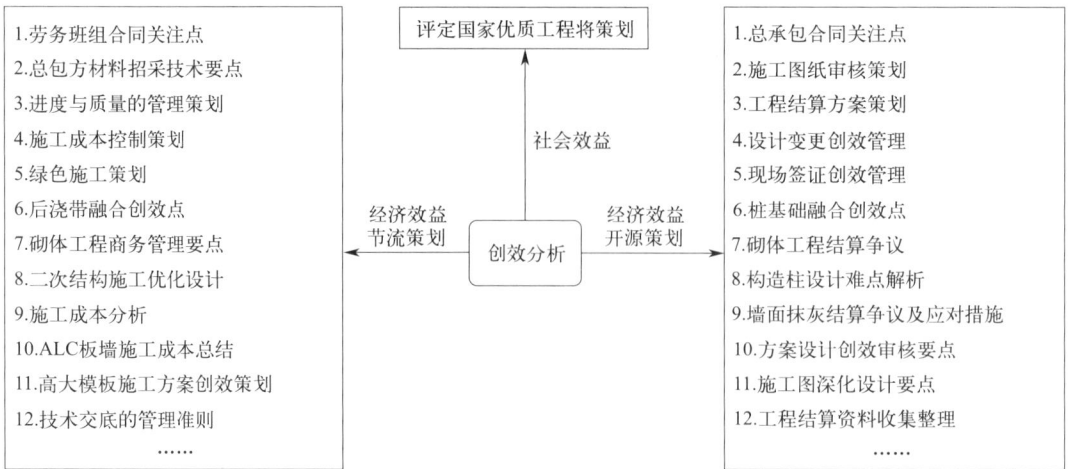

图 2-1　项目总体策划创效点分析

2.2　项目组织与沟通管理策划

项目必须有清晰的组织结构，明确的责权利分配。项目创效"铁三角"领衔的组织，需要配齐基层管理人员，协调配合、行动一致。把创效的思想贯彻到每一位管理人员的工作中，把创效的岗位职责传递给每一位管理人员，再渗透落实到各施工班组。内部协调一致，外部口径统一，发挥各岗位工作人员的主观能动性，这是创效的动力源泉。根据不同参与方的立场、视角，结合自身岗位职责，进行有效的外部沟通。这是创效至关重要的前提条件。

项目经理可以根据项目特点、岗位职责以及个人性格特点，进行创效组织结构设计。比如项目经理下设技术总工和商务经理，由"铁三角"成员具体向下分解任务，本章举例的组织结构形式就是此类型。还可以有另外的组织形式，如项目经理下设生产经理、技术总工，技术总工下设技术组和商务组。好处是生产经理和技术总工是"文武双全"的组合，是项目经理的"左膀右臂"。生产经理征战现场、性格外向擅长沟通，技术总工严谨认真、擅长技术造价。内外协调，现场进度、内业商务高效同步。但是，随着工程体量的增大、结构形式的复杂化、工程利润的降低，单独设置商务经理岗位的需求正日益强烈。出现了项目经理下设技术总工、商务经理、生产经理的模式，这是比较完整的，适用于体量较大项目的组织形式。项目经理总体组织协调，项目班子成员各司其职，专业的人做专业的事，更加高效地为项目创效服务。

2.2.1　项目组织结构设计

项目经理下设技术总工和商务经理，抓住核心的技术流线和商务流线，这是项目创效的核心。技术流线，是技术总工领导技术员、质量员、资料员、试（化）验员，进行日常的技术质量管理，并协同商务流线进行变更签证的办理。商务流线，是商务经理领导预算员、成本统计员进行成本管理，核心价值是开源节流。开源就是增加预算收入，节流就是控制成本支出。商务管理组织结构如图 2-2 所示。

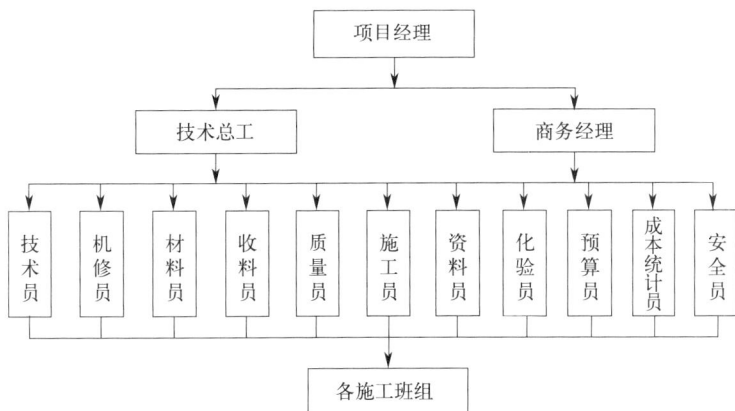

图 2-2　商务管理组织结构图

项目的组织管理，不仅最终落实到各班组，还有各专业分包队伍。无论是大型公共建筑项目，还是房地产开发项目，都可能存在建设方单独发包的情况。这些专业分包的具体施工，不需要总承包方介入，但要将其纳入总承包方管理范畴。例如，对其进度目标的控制性要求，对各类报验程序是否经过总承包方的约定；对其是否提供水、电、垂直运输等服务的约定；对其安全质量目标要符合施工合同的约定等。对专业分包的管理，主要任务在技术总工和生产经理处，一般商务经理只会对用水、用电、垂直运输服务的费用，总承包服务费等进行核算管理；对专业分包使用总承包方的材料、脚手架等的计费事宜进行核算。

2.2.2　项目沟通管理策划

沟通管理分为内部沟通与外部沟通。内部沟通属于施工方自身管理范畴，包含与公司各职能部门的沟通、项目部内部各岗位之间的沟通。本节主要论述对外沟通，涉及的各方面都与项目创效息息相关。正如行军作战，对于不同对手，要使用不同的兵种和战术。

1. 职责分工设计

项目经理负责外部沟通，主责是与建设方在资金、质量、安全和进度方面的沟通。内部沟通工作，依据项目目标责任书、项目部规章制度等采用授权、会议、文件、培训检查等，实现内部部门间、岗位间的关系协调。

技术总工负责外部沟通中的技术质量、设计变更、质量验收，内部沟通中的技术质量、安全和各专业岗位的关系协调。

商务经理主要运用合同及变更资料、法律法规等手段，对外实现与建设方和咨询方的关系协调，对内实现与成本核算等部门的关系协调。

其他管理人员按分工不同，注意收集各自管理范围的沟通信息，并及时反馈给项目经理或技术总工，重大事项需得到指示后再进行处理。

2. 外部沟通策划

在与建设方沟通时，要以施工合同为抓手，建立畅通的信息交流渠道，知晓建设方的目标和要求。制订施工组织设计、方案、进度计划、材料采购计划、大型机械设备租赁计划，并及时与建设方沟通。项目竣工阶段，及时整理好档案资料，提供保修服务，主动处理属于施工方的质量问题。

与监理方沟通时，以监理合同为抓手，与监理方通力合作，建立完善可行的工作制度流程。开工前，提供开工报告及相关资质内容资料，审查通过后开工。提供进场原材料合格证、出厂检验报告。及时见证取样复试，严格执行检验制度。施工过程中出现的质量问题，及时听取监理人员的意见。及时申报签证、批价资料。

与设计方沟通时，利用设计交底及图纸会审的机会，及时与设计人员沟通。现场遇到有技术问题，向设计人员请教。与建筑专业设计人员要多沟通，工程做法中的变更主要与建筑专业人员商定，取得同意后再汇报给建设方，这样变更成功的概率会大幅提升。

与咨询人员及时沟通招标要求、现场做法、报价等内容。为竣工结算奠定良好的基础。竣工结算时，与咨询人员良好沟通，尊重咨询工作，及时提供所需资料。

与施工环境沟通时，及时与现场周边所属的公安、城管、交通、环保、市政、消防、档案等部门取得联系，及时汇报相关情况。与质监、安监部门及时沟通。

3. 会议沟通策划

利用监理例会、专题会、月度年度总结会，与建设方、监理方沟通总结性事项。利用项目部例会，与供应商沟通内部问题。利用现场会，明确现场出现的质量、安全、进度等问题。利用信息技术、监理工作群，及时沟通。

4. 信息沟通策划

从证据收集层面考虑，所有的信息沟通都需要留痕，为日后工程结算及各类纠纷提供有力支持。各方往来的各类文件都需要有收发文签收，签名、日期齐全，正文盖章和骑缝章齐全。这些文件涉及各个方面，如工期、质量、造价、法务等。

2.3 合约细则的管理策划

项目主要管理人员都要参与合同的评估审定。研读合同，接受合同交底，掌握施工方在合同中的优势和劣势，从而控制风险、创造效益。一般经营部门会将前期投标、合同谈判、合同签订过程的要点交底给项目部，同时对建设方的基本情况和特点进行交底。商务部门对投标成本测算、组价过程、措施项目、费用计取、重要分项价格、单项盈亏分析等方面，对项目部交底。技术部门会对投标方案设计与报价关联的内容及危险性较大的分部分项工程（以下简称危大工程）对项目部进行交底。

项目部人员需要对合同的总体目标有明确了解，并对风险点、漏洞点和矛盾点进行梳理，了解双方的权利和义务，从而为在合同履行阶段保证施工方的利益奠定基础。合同中的隐性风险和不平等条款大多在专用条款中，应特别注意，制定好相应对策。

在合约履行过程中，要注意证据收集：月报工程款、气象报告、甲供设备材料清单、材料价格确认单、工程价款变更报告等，这些都是工程结算的组成部分。

2.3.1　施工总承包合同的商务解读

广义的合同文件包含协议书、中标通知书、投标函及其附录、专用合同条款、通用合同条款、技术标准、图纸、已标价工程量清单、附件、其他合同文件、补充条款。对总承包合同理解的深度不够，会给项目创效造成很多阻碍。

📖 案例 2-2：商务经理未吃透合同条款导致项目利润损失

某项目招标文件约定："措施项目清单与计价表"中所填写的报价金额，应全面涵盖招标文件约定的投标人中标后施工、竣工、交付本工程并维修其任何缺陷所需要履行的责任和义务的全部费用。在合同文本中未对措施项目费进行单独说明。商务经理受上一个同类型项目定式思维影响，错误地认为该招标文件意在说明措施费是总价固定的。以至于申报的结算书，都没有对可计量措施清单工程量进行调整，直至结算书盖章后才发现，为时已晚，造成了近 25 万元的损失。

通过以上案例给出的警示：公司层面务必重视合同交底，项目层面务必重视对合同的深入解读。重点关注的事项有：合同价款、承包范围、质量标准、工期要求、双方权利义务、合同价款支付、合同价款调整、工程结算办法、违约责任、保修范围等。下面的例子是一个总承包合同的主要条款，并对相应注意事项进行商务解读。

1. 承包范围

合同原文：需要进行二次深化设计的医院专用工程（具体包括手术室净化、检验中心、供氧吸引系统、供应室、监护室等）、精装修、电梯不在本合同承包范围内。对原图纸范围内的装修标准，建设方有权进行变更，精装修的具体工程范围以建设方精装修图纸的范围为准。

商务解读：不在总承包施工范围的内容，注意与建设方单独发包工程界面划分明确。单独发包项目施工的前置条件需要明确。另外，对原图纸范围的装修标准，建设方留下了变更余地。可以利用此条，提出有利于施工方的创效建议。

2. 质量标准

合同原文：合格，确保国家优质工程奖。

商务解读：项目部提前做好创奖策划，确保国家优质工程奖目标的实现，否则有处罚条款。对建设方单独发包的工程，做好总承包管理，将其纳入创奖体系，取得建设方的支持，并建议建设方在单独发包项目合同中，加入创奖指标，配合总承包方完成评奖，否则进行处罚。

3. 监理方职权范围

合同原文：监理人对工程施工过程中质量、进度、造价、安全生产、文明施工及质量缺陷进行全过程监理。对所签字认可的竣工资料及签证资料及时进行认真核对并现场测定，签字时定性、定量必须准确。具体按照建设方与监理单位签订的《工程监理合同》履行职责。

商务解读：日常办理文件资料的签字，看是否属于监理方的职责范围，否则签字无效。如果监理人员发生变更，要有合法合规手续，否则，其签字无效。要复印监理合同，项目部认真研读，确保其签署资料的有效性。

4. 人员更换

合同原文：如因承包人的原因，更换上述主要人员，需得到建设方批准，并不免除其违约责任，且将处以违约金：更换项目经理（建造师），支付违约金人民币 100 万元/(人·次)；更换技术负责人，支付违约金人民币 50 万元/(人·次)。

商务解读：即便建设方同意更换人员，也要进行处罚。要求项目经理和技术负责人必须保证履职。确保项目班子人员的稳定，需要公司层面给予大力支持。尤其明确项目与公司责、权、利的分配和考核、奖惩机制。

5. 工期要求

合同原文：承包人不能按照约定的竣工日期或工程师同意顺延的工期内竣工的，承包人承担违约责任：每拖延一天承担 20000 元违约金，赔偿造成建设方的实际损失。

商务解读：做好进度策划及保证工期的措施。编制总进度计划、年度、月度计划，关注计划实现的内外部条件，严格执行。收集好非施工方原因延误工期的证据。

进度计划的编制，不仅有进度图表，还要配套相应的人力计划、材料计划、机械设备计划、资金计划等。计划的编制，要充分重视项目全体管理人员的建议，还要邀请各劳务班组、有相似项目经验的人员共同参与。然后征求建设方、监理方的意见与建议，修订后报审，作为合同文件的一部分。

6. 措施费总价固定

合同原文：措施费总价固定（不包括相应的规费和税金）：包括但不限于基坑支护费、混凝土、钢筋混凝土模板及支架、泵送混凝土输送机械费、脚手架费、大型机械设备进出场及安拆费（包括塔式起重机基础部分土石方开挖及回填等）、垂直运输机械及超高增加费、施工排水降水费（包括基坑降水与排水）、二次搬运费、已完工程机设备保护费、夜间施工费、冬雨期施工增加费、建设方供应材料的场内运输费，以及本合同专用条款中约定的由承包人承担的其他措施费用。

商务解读：总价固定的措施费，是在招标文件中明确的、总承包方可知晓范围内的包干。如果施工过程中发生了不在上述范围内的，措施费变化的事件，项目部要收集证据，申报签证或索赔。

7. 总承包配合服务费包干计取

合同原文：总承包配合服务费包干计取（不包括相应的规费和税金）：提供施工现场现有的垂直运输机械、临时设施、施工用水用电、工程整体报验等。本项目消防、通风与空调、弱电、幕墙各项分包项目用电均由承包人负责提供接口、计量，费用由承包人同分包人单独结算。水费由承包人与各分包单位协商确定，不包括在总包服务费内。承包人应计取的总包服务费由建设方向承包人支付。总承包服务费不随工程进度向承包人支付，该项费用于工程竣工验收后 10 日内，一次性向承包人支付，不需承包人认可，以建设方及监理方签字为准。

商务解读：注意提供施工现场现有的垂直运输机械、临时设施，但并没有明确是免费提供。一是正常施工阶段存在的机械设备、临时设施的费用问题；二是在施工方不需要这些机械设备、临时设施时，分包方如果使用，则需单独收费。项目部要灵活掌握，始终保持主动地位。

8. 工程结算

合同原文： 由建设方委托的造价咨询单位审核，根据鲁价费发〔2007〕205号文相关规定，审减值超过5%时，超过5%部分按5%全额由承包人承担，建设方从应付承包人工程款中扣除。

商务解读： 上报结算的调整幅度要注意，不能徒增咨询费用，具体按照结算策划执行。注意几个时间节点：工程竣工验收报告经建设方认可后28d内，向建设方递交竣工结算资料，建设方收到结算资料后28d内进行核实。

9. 其他事项

要注意合同中投标报价人工费情况：综合单价为定额组价，砌体、粗装修人工费偏低，如水泥地面、地砖地面等，与市场价差额较大。需要项目部在施工节点报量时，有意识地提高幅度，为三次经营打基础。或者，通过变更等手段规避亏损。建设方规定了部分材料的暂估价，过程中要重新批价。

2.3.2 劳务班组合同的商务管理

分包合同是分包管理的第一步，不注重分包合同策划，会产生很多成本损失。施工实践中，分包人往往会以合约漏洞为突破口提高单价，请看下面分包人临时加价的案例。

📖 案例2-3：分包合同约定不明确导致分包方临时加价

某医院项目，木工班组合同谈判时，价格只是区分了地下工程和地上工程，未对直线加速器房间单独约定。直到专项施工方案敲定、技术交底完成后，班组负责人才找到总承包方说价格太低。因为该房间的模板支撑系统、墙体加固方式，比常规地下室复杂了很多倍。总承包方认为，班组合约明确，地下工程也包含了直线加速器房间，虽然它是独立存在的，但也属于地下工程。但分包方认为，招标与合同谈判阶段，总承包方没有给到分包方直线加速器房间的详细图纸，未给出专项施工方案。因此，争论停滞了一段时间，总承包方出于工程总体进度考虑进行了让步，以成本加酬金方式，进行直线加速器房间模板工程的分包结算。

通过上述案例表明，分包班组合同要做好策划，提供全部的资料并做出客观说明，让对方尽量充分地了解工程特点，才能使得合同约定更有效、更符合实际，同时能避免成本的无谓流失。

许多分包合同，在项目管理人员都没有搞清楚，具体作业部位及工作内容的情况下，为了赶工期就签了合同，导致边施工边谈判。分包方也正是利用项目不能停工的弱点，采用低价中标高价结算的方法来应对，最终导致总承包方劳务资金管理的计划与实际偏差较大。为减少此类情况的发生，本节编写了劳务合同的组成、劳务承包模式选择、劳务班组合同的商务管理以及各班组合同工作内容策划的要点。

1. 劳务合同组成

正文组成：工程概况与分包范围、合同价款与支付、工期、材料设备供应、质量标准与检验、安全文明施工标准、职业健康安全与环境管理、工程验收与结算、双方权利与义务、违约和争议、合同的生效与终止、合同份数、履约担保、质量保修等。

附件组成：施工作业考勤表、工资结算汇总表、作业队工资结算表、作业队工资发放表、工资发放汇总表、作业队退场审核表、进城务工人员工资支付完毕声明、抵押担保合同、保证合同、劳务与工人劳动合同、进城务工人员工资委托支付协议、安全生产管理协议、环境管理协议书、廉洁合作承诺书等。

2. 劳务承包模式决策

扩大劳务合同风险防范策略：让劳务公司提供加盖工商局印章的工商营业执照复印件，或对劳务公司提供的企业资质、工商营业执照等原始资料拍照，在拍照时注明工程名称。提交劳务公司的转账支票作为履约保证金。给劳务公司出具不可背书的转账支票。

班组承包与扩大劳务分包相比，其短板在于：一是施工队伍数量增多，造成施工界面多，给管理增加难度；二是班组素质参差不齐；三是结算周期短；四是零工数量多，增加成本控制工作量；五是总承包方项目基层管理人员数量有所增加。

同时，必须警惕那些单纯凭价格低进场的班组，他们往往报价时没有多少利润。如果施工过程中稍有不顺或者其他事件的影响，立即就要求提高价格。因此，招标时要考虑留给班组一定的利润空间，让他们有利润，合作才会顺利。这也是招标不能一味地追求低价中标的原因所在。同样的道理也适用于材料招标。如果价格不足以覆盖成本，供应商就会在质量或者服务上减配，或者以货源不足为由断供，造成质量不合格或者停工待料，这都是成本流失的通道。

3. 劳务班组合同的商务管理

对劳务班组的商务管理，要结合施工方案、清单含量分析、单价所含内容，做好班组询价、分析计价规则以及计量单位的折算等工作。明确结算方式、付款节点、安全质量要求，做好成本台账、明确界面划分、留存影像资料，重要事项必须签字确认，注重过程结算、现场收方。

劳务招标阶段要包括全部作业内容，否则徒增合同外价格，完工后扯皮。究其原因还是图纸研究不仔细，现场经验不足。进行劳务结算核对时，项目部应要求分包方以规范表格汇总上报工作量，而不是只报一个总数。这样，能够减轻劳务结算的工作量。常规考虑，在同一分项工程（如模板、混凝土工程），可以引入多个劳务班组采用分区划片的承包方式。这样做有两个好处：一是能够形成竞争关系；二是如果有个别班组停工闹事，也不至于全场都停工。

对容易产生争议的项目提前要做好预测，并在合同中明确。例如，钢筋马凳制作是否包含在钢筋人工费中、混凝土面层收光及养护薄膜材料费是否包含在单价中；二次结构钢筋下料费用、各类螺栓孔及脚手架眼封堵费用、卫生间防水墙面上翻的保护层费用是否包含在单价中；抹灰计算的起点、门窗洞口侧壁工程量、临边洞口防护费用等的归属问题等。

4. 混凝土班组合同价格商务策划要点

混凝土场内运输、吊灌、混凝土浇筑前模板墙根砂浆填塞；混凝土浇筑前楼梯踏步砂浆网设置；梁柱混凝土强度等级不同节点设置砂浆网；场区内塔式起重机基础及设备基础；混凝土浇筑前接槎凿毛；混凝土污染钢筋的清理；浇筑完成后楼层清理；后浇带混凝土接槎的清理、凿毛及浇筑工作；配合其他工序涉及混凝土施工的各项工作；施工区域内的安全文明施工；场内与混凝土施工有关机具、泵管、材料、物资的运输和安装；混凝土养护。

5. 模板班组合同价格商务策划要点

模板场内运输、木模制作、安装、拆除、模板清理、刷隔离剂、拔钉、材料规范集中堆放；木工机械的安装就位及机械维修保养；木模、钢管扣件等拆除后材料按指定地点分类堆放；模板支架的搭设拆除；木工所含的全部电气焊作业，电气焊工必须持证上岗；预埋盒、预留洞口留设；后浇带模板的独立支撑及后期加固封堵；负责胀模、跑模后混凝土的剔凿，并接受项目部的处罚；模板拆除时混凝土的成品保护；施工区域内的安全文明施工；场内机具、材料、物资的运输和安装；木工机械、机具的维修保养；成品模板的修补、修改工作及现场清理；施工场内的材料运输；模板验收前的清理工作；配合其他工序涉及模板施工的各项工作；高大模板区域施工时挂设安全平网。

合同约定的其他事项：不能满足总承包方的施工、质量及工期要求时，有权根据分包方的实际能力随时进行施工作业面的增减调整，来满足总承包方的工期要求；工人外住生活区电费自理；退场前班组将螺栓杆、螺栓帽、步步紧等材料分类堆放，交付给总承包方，在此过程中如因配合问题，造成上级单位与其相关的罚款由分包方承担；模板施工完毕后，需保证施工区域内工完料净场地清，模板、木方、钢管、扣件等周转材料按项目部要求进行整理；按实际工程量结算；组长需提供详细的计算书并结合图纸结算；高度≥3m的模板支撑脚手架需专业架子工搭设。

6. 钢筋班组合同价格商务策划要点

主体结构钢筋的放样、调直、制作、安装、绑扎、校正、保护层垫块的制作、安放，马凳制作、安装等钢筋工程的一切工序；塔式起重机、货梯等设备基础的钢筋加工、安装、绑扎；配合各专业预留洞口钢筋留置、移动、复位和加强；成品钢筋的现场水平、垂直运输，包括必要的二次倒运；施工部位钢筋表层清理、钢筋除锈及防锈保护；检验前的清理、吹风，按图纸、图集自检验收合格后申报监理方、建设方等部门验收时的配合工作，验收过程中钢筋的修理、整改，混凝土浇筑时的钢筋看护；钢筋工程成品保护等所有钢筋工程有关的用工；到场钢筋的配合卸货及整齐分类码放到指定地点，试件取样；余料及短料分类码放回收和加工利用，场地二次倒运的配合用工，废料的指定地点归集；自身使用的施工爬梯及脚手板的清运及保管，简易脚手架的搭设，钢筋工程所涉及的焊接、机械连接工艺；配合其他工序涉及钢筋施工的各项工作；包含扎丝等低值易耗品辅材；退场前，将相关施工内容整理合格后交付给总承包方。此过程中因配合问题，造成上级单位与其相关的罚款由分包方承担。

工程计量条款：钢筋工程量汇总方式按照钢筋下料尺寸，即中心线汇总；各规格钢筋均按图纸设计直径的理论重量计算；板、墙、箍筋、拉结筋的钢筋根数按"四舍五入"计算，结果均为小数取整的方式确认；所有的搭接、损耗及钢筋接头以及搭接区箍筋加密均考虑在单价中，不单独计量；所有马凳制作及安装均考虑在单价中，其他类型的措施筋如双排钢筋垫铁、安装专业加固筋等，均不单独计量；所有套筒材料，均考虑在单价中，其他所有形式的连接如焊接等，均不单独计费；凡应计算建筑面积的，均以结构外边线为准，其余规定执行《建筑工程建筑面积计算规范》GB/T 50353—2013；钢筋班组负责在楼板上预留二次结构的插筋；所有梁下部钢筋按贯通考虑，不按在支座断开锚固计量；仅框架柱、框架梁按抗震构件计算，其余构件均按非抗震构件计算。

7. 架子班组合同价格商务策划要点

外脚手架（含安全通道、依附斜道、独立斜道）搭设、拆除及总承包方要求的脚手架的搭设、调整、维修、拆除，挂平网、立网、钢板网；挂标识牌；卸料平台的搭设、拆除，物料提升机料台的搭设及拆除，各类标语的悬挂，塔式起重机附着处的操作平台搭设与拆除，钢管刷油漆，脚手架各种材料的场内运输、堆放、码垛，在施工过程的非正常损耗由分包方修复赔偿；包含施工范围内的所有用工，以及施工范围或负责区域的文明施工用工；脚手架的施工须满足市安全文明工地的标准；分包方不能满足建设方的质量及工期要求时，总承包方有权根据分包方的实际能力随时进行施工作业面的增减来满足总承包方的要求。脚手架施工完毕后，需要保证施工区域内工完料净场地清。

8. 砌筑班组合同价格商务策划要点

二次结构模板、砌筑及二次结构混凝土浇筑的一切工序，包括场内有关机械、机具（如胶带、钉子、小推车、铁锹及其他手持工具、振捣器等），配合各专业洞口预留、施工洞口后期封堵等；验收过程中二次结构模板、砌筑及混凝土工程的修补、整改，到场材料的卸货及整齐分类码放到指定地点，样品取样；场地二次倒运的配合用工，废料的指定地点归集；负责施工区域的文明施工用工，质量自检、复核、各部门验收、整改，后期二次结构模板、砌筑及二次结构混凝土浇筑收方算量等相关配合工作；须满足市安全文明工地的标准。

9. 防水班组合同价格商务策划要点

图纸涉及的地下室底板防水、地下室外墙防水、地下室顶板工程及屋面防水；防水工程的一切工序，包括场内有关防水工程的一切机械（如喷枪、小推车、扫把等）、辅材（如液化气、底子油等），配合各专业预留洞口防水收口处理及成品保护，以及验收时的配合工作，验收过程中防水的修补、整改，防水保护层浇筑时的防水看护，防水工程成品保护等所有防水工程有关的用工，样品取样；负责施工区域的文明施工用工，质量自检、复核、各部门验收、整改，后期防水工程收方计量等相关配合工作；防水施工须满足市安全文明工地的标准。

班组结算方式：按实际工程量结算，班组长需提供详细计算书并结合图纸结算。附加层不另计，包含在综合单价中。防水工程施工完毕后，需要保证施工区域内工完、料净、场地清。

10. 电焊班组合同价格商务策划要点

包含马凳（板厚大于15cm不含钢筋下料）制作、止水钢板焊接、临边及洞口防护施工、接料平台制作、后浇带遮挡的钢筋骨架制作安装、止水螺杆制作及割除、预埋件制作安装。

11. 植筋班组合同价格商务策划要点

包含打孔、吹洗孔、植筋胶、植筋、自备脚手架，配合拉拔试验并确保合格，否则试验费由班组自行承担；包含分次进场施工、设计变更、零星施工内容。不包含钢筋下料，但负责钢筋自下料点运料至操作点，包含分次分批进退场施工；退场前将相关施工内容整理合格后交付给总承包方，此过程中因配合问题，造成上级单位与其相关的罚款由分包方承担。

12. 屋面班组合同价格商务策划要点

基层清理、找坡层、细石混凝土保护层、挤塑板保温层、屋面缸砖；含施工范围内的所有零星用工；低值易耗材（如薄膜、电线等）、小型机具（如插入式振动器、磨光机、小车、养护水管等）及手持工具（如刮杆、抹子、小桶等）。

13. 地面班组合同价格商务策划要点

清理、拌制砂浆、上料、扫浆、铺钢丝网、收面、收口、收边、边角处理、修补。包含相应的零星抹面、覆薄膜等养护措施、分格缝后切割。阶段作业完工后清理、自检、互检、报验及相关的配合工作。

2.4　招标采购的管理策划

招标采购工作是牵头兵，此链条上的任何一环出现问题，都会对相关环节产生制约，造成工期延误。因此，做好招标采购管理策划尤为关键。

无论是 PPP 模式、EPC 模式，还是施工总承包模式，作为总承包方必须有全局眼光。不仅要掌握自身合同范围内的招标采购，还要了解建设方的采购计划，以方便现场和资料的配合。总承包方是项目施工的主线，其他建设方独立发包的单项工程，都要与总承包方穿插配合。

在招标采购的管理策划中，列全类目、定好时间节点、做好衔接是关键。本节以医院项目为例进行介绍。一是从大局观看项目招标采购工作；二是从单项工程具体的招标采购工作切入，分析对项目进程的影响，对创效的影响；三是对自身土建工程材料招标采购的技术创效要点做举例说明。

另一种特殊的招标采购形式，是财政投资项目包含在总承包清单中的暂估价。分为依法必须招标的项目和不属于依法必须招标的项目。对于依法必须招标的项目，有的是以建设方和总承包方共同作为招标主体，进行联合招标。有的是以总承包方为招标主体，建设方监督招标过程。无论哪种形式，都是以中标价取代暂估价。对于不属于依法必须招标的项目，一般走批价程序，按照合同约定的条款实施即可，此种情况就是以批价结果取代暂估价。暂估价材料设备的招标，无论是材料设备还是专业工程，都需要施工方提前做好策划。

2.4.1　大型公共建筑招标采购整体策划

大型综合医院项目体量大、综合性强、专业度高，施工总承包方深度参与整体项目建设。打好自己的主战场，协助好建设方管理整个项目，双方都受益。咨询服务类招标采购，是一切工作的"排头兵"。其中深化设计工作是咨询服务类的重中之重。深化设计虽然晚于一次设计，但有可能在深化的过程中，出现对一次设计的重大修改。比如，通过对手术室的深化设计，发现原建筑设计的墙体布置不符合要求，原来的水、电、新风系统布置，都需要根据手术室的功能要求做较大调整。又如，通过对大厅精装修的深化设计，发现原来的强电点位不合理。假如深化设计不提前进行，而是施工到该部位时才做，就会造成拆除等浪费。因此，必须将咨询服务类的招标采购优先进行策划。

表2-1是某医院咨询服务类招标采购计划，主要包含四大类型的咨询服务。一是勘察设计类，如岩土勘察及各类设计、深化设计和配套设计等；二是技术咨询类，如地震安全性评价、环境影响评价、可行性评估，以及各类技术咨询服务；三是检测类，如基坑监测、沉降观测等；四是管理及造价咨询类，如项目管理、监理以及工程造价咨询等。咨询服务类招标采购计划详见表2-1。

某医院招标采购计划表（咨询服务类）

表2-1

序号	项目名称	控制价	完成时间
1	勘察设计类		
1.1	岩土勘察服务、建设工程设计		
1.2	专业科室、精装修、幕墙、智能化设计		
1.3	室外景观、综合管网、场地竖向设计		
1.4	防雷、供电线路及变电室设计		
1.5	物流传输、蒸汽管道工程设计		
1.6	勘察、设计文件审查、BIM模型深化设计咨询服务		
2	技术咨询类		
2.1	可行性评估、地震安全性评价、环境影响评价		
2.2	节能评估、雷击风险评估、水资源论证		
2.3	安评、防护评价、绿色建筑设计运行标识服务		
3	检测类		
3.1	环境检测、消防、电气检测		
3.2	桩基检测、基坑监测、楼座沉降观测		
4	管理及造价咨询类		
4.1	项目管理、监理、招标代理、工程造价咨询		

上述工作都是咨询服务类项目，有的是需要在项目实施前须完成的，或者至少在分项工程施工之前完成，如各类设计。有的是在项目实施过程中的伴随服务，如项目管理、监理、部分监测。有的是在项目完成后实施的，如造价咨询、部分检测等。这些服务费用占总投资的比例虽然不高，但其服务内容对总投资有着决定性影响，如设计类、造价咨询类。高水平管理的建设方往往很重视这些知识密集型服务，施工方要有意识地与相关方建立良性沟通，为项目创效铺平道路。

医院项目包含内容众多，有很多分项工程总承包方没有相应资质，或者虽然有资质但不够专业，建设方需要将这些分项单独发包。这些分项工程与总承包施工之间有交叉、配合，只有安排合理、穿插得当，方可保障整体工期目标的实现。一般建设方要求将这些分项的进度、质量、安全、资料归档纳入总承包管理。总承包依据设计图纸和施工经验，对分包方的招标采购提出时间节点建议、总承包管理要求以及技术配合建议等。对于总承包方自身来讲，就是提前介入、事前策划的过程。

表 2-2 是某医院施工类招标采购计划。主要包含以下四类：一是项目前期施工，即总承包方进场之前的工作，如清理场地、围墙等施工；二是总承包施工；三是专业性较强的分项工程，如基坑支护降水、精装修、专业科室、幕墙、医疗配套等施工；四是资源集中类，如热力、燃气、电力、自来水等施工。工程施工类招标采购计划详见表 2-2。

某医院招标采购计划表（工程施工类）　　　　　　　　　　　　表 2-2

序号	项目名称	控制价	完成时间
1	前期场地清理、箱变基础、临时自来水管道安装		
2	围墙粉刷、广告牌制作、自备井工程施工		
3	施工总承包，桩基、基坑支护降水工程施工		
4	景观绿化及道路管网工程施工		
5	幕墙、楼体亮化、精装修、专业科室装修		
6	电梯安装、多联机空调、屋面太阳能安装		
7	智能化、医用气体、气动物流、负压施工		
8	高压配电、发电机安装、高压细水雾灭火系统施工		
9	消毒供应室设备设施及手术器械安装施工		
10	专业科室空调、中央空调节能控制系统施工		
11	室内外标识牌制作及安装		
12	供热、燃气、高可靠供电、有线电视施工		

上述各种类型的施工，在项目实施过程中会涉及多种交叉：有专业交叉、同专业界面交叉、时间交叉、空间交叉。如果策划不周、组织不力、相互影响、推诿扯皮、延误工期、增加成本就会变得很棘手。建设方如果没有大型项目管理经验，就需要总承包方为其通盘考虑，提供智力支持。一是获得建设方的信任；二是能够打造倾向于总承包方为主导的进展格局。总承包方要有意识地参与到招标中，提供相应的服务。

材料设备的招标采购，在项目实践中往往对施工进度产生较大影响，且一般都是滞后的影响。有的材料设备需要进行大量的考察，确定其性能、价格、服务等，例如电梯工程。有的是需要到原材料产地进行确认，方可获取材料的颜色、品质等信息，例如天然石材。有的材料需要交付定金，提前一个月下单排产，例如电缆材料。有的医疗设备使用进口的还需要考虑海运，受政策、天气、社会条件等影响较大。这些状况的存在，都预示着招标工作必须在恰当的时间完成。这就是材料设备招标策划的意义所在。

表 2-3 是某医院材料设备类招标采购计划。主要包含了以下四类：一是医疗设备类，如手术室、ICU 等使用的医疗设备；二是安装系统设备类，如电梯、风机盘管、水泵、配电箱等；三是装饰及景观类，如各类石材等；四是家具及运营设备类，如病床、床头柜等。材料设备采购类招标计划详见表 2-3。

某医院招标采购计划表（材料设备采购类） 表 2-3

序号	项目名称	控制价	完成时间
1	医疗设备类		
1.1	手术室设备、牙科治疗机、发药机及拆包机采购		
1.2	血液透析、医用分子筛制氧、消毒供应室设备采购		
1.3	血透机、B超、心电图、呼吸机、内窥镜采购		
1.4	DSA、DR、X射线、核磁配套设备采购		
1.5	移动式垃圾压缩处理设备采购		
2	安装系统设备类		
2.1	电梯、UPS、配电箱、消防及变频供水设备采购		
2.2	制冷机房设备、风机盘管、新风机组采购		
2.3	空气过滤循环机组、空气处理机组采购		
2.4	步进式热水器、污水处理设备、扬尘设备采购		
3	装修及景观类		
3.1	纤瓷板、精装石材、泰山石、景石、题字石、草坪石、挡车球石采购，花卉采购		
4	家具及运营设备类		
4.1	橱柜、电视机、病床、床头柜、对接车、治疗车、陪护椅、垃圾桶采购		
4.2	医院运营软硬件设备采购		

以上表中所列的材料设备，其进场时间与总承包的施工进度息息相关。如果没有做好策划，未及时进场，就会造成停工待料、工期延误。而实际执行过程中的工期签证往往都很难办理。因此，做好提前的预防，帮助建设方做好材料设备的招标采购策划，就是在保障总承包方自身的进度目标。

2.4.2 大型公共建筑招标采购单项策划

将建设方单独发包项目纳入总承包的项目策划，是总承包策划完整性、有效性和实用性的体现。如果总承包方在这个层面，起到了建设方"军师"的作用，那么再去办理创效方面的诉求，就会顺畅得多。从保障总体工期目标实现的角度，也需要这样做。大型综合医院至少都要参评省级及以上的奖项，这都离不开建设方以及相关分包方的支持。前期的策划、过程中的配合，为后期的奖项评选打下了坚实基础。获奖就是得到了社会效益，是创效的组成部分。这种影响力会反映到后续的招投标活动中，为企业的持久发展谋篇章。某医院项目各专项招标采购工作内容及影响分析见表2-4。

某医院项目各专项招标采购工作内容及影响分析表 表 2-4

序号	单项招标	工作内容	细节事项及影响	完成时间
1	电梯招标	建设方选择品牌、考察、财政局出控制价、定代理、招标	1. 电梯数量、基坑位置及尺寸是否满足要求； 2. 目前机房是否满足要求； 3. 电梯图纸是否标注轨道圈梁布置、呼叫按钮预留位置等	

续表

序号	单项招标	工作内容	细节事项及影响	完成时间
2	装饰装修材料招标	1. 界面:确定精装修范围; 2. 外装:幕墙、真石漆位置、采光顶及雨篷、窗(含内窗套); 3. 内装:石材、地板、吊顶、墙面板材、电梯厅装饰材料、医疗门、医用扶手、防火门、普通门、防护门窗、感应门、防爆门窗、过门石、窗台石、挂号收费窗口等、护士站及导医台、橱柜、栏板栏杆、隔断、卫生间内配套设施、管道包封材料、演示教室内装材料、输液导轨及隔帘导轨及其附件、地坪漆、室外花岗石等; 4. 特殊区域:儿童区、妇产区是否有对颜色、样式的特别装修要求; 5. 屋面饰面:定材料颜色、档次	1. 影响总投资; 2. 此阶段只需确定材料档次、品牌、颜色,为精装修设计提供依据,能够加速设计进程。细节问题,在精装设计过程中会与建设方沟通完善; 3. 精装修做法直接影响土建粗装修的湿作业,如楼地面若采用块料类铺贴,则施工到结构板完成即可;若铺柔性地板,则需要施做细石混凝土基层	
3	设计类招标	1. 财政局出控制价、招标; 2. 精装修、外幕墙、专业科室、配电室、地下餐厅(消防审查)、净化、一体化产房、智能化、高压配电及变配电室设计、污水处理、防雷、室外道路、综合管网、亮化设计;标识显示设计;供电、燃气、供水、热力设计、有线电视设计	1. 基于前期对材料、设备档次定位,以及建设方的意图进行设计; 2. 污物通道流向需院方再次审查图纸是否合理	
4	对精装修设计的特别要求	必须与原建筑的电气点位、风口、喷淋等前期设计,相配套吻合。需要协调前期位置的,提前沟通	精装的早日出图,能够整体协调出吊顶面层终端的布置,使其实用、美观、对称,满足验奖要求	
5	安装工程深化设计	太阳能热水系统、一层门诊大厅低温热水地板辐射供暖系统、净化空调系统、抗震支吊架、医用气体系统、锅炉房设计、厨房燃气、厨房通风、预留检验科、病理科实验操作台局部排风竖井、中心供应消毒排风竖井、MR 液氮管管井等系统	涉及总投资金额及施工、预算的需要	
6	智能化系统设计	系统众多,选出适用的,然后定出档次	涉及部分预留、预埋	
7	专业科室招标	1. 布局功能定稿; 2. 设计、施工招标,出控制价、招标	1. 以免后期进行大量的拆墙甚至装修已完成再拆除; 2. 预先知道结构承载力是否满足设备的要求,以免后期加固	
8	医疗设备招标	1. 如直线加速器、核磁共振设备、X 射线设备、DR 设备、高压氧、锅炉、污水处理设备、柴油发电机、消防泵、生活泵、血液透析用水设备、量子除垢仪、消毒机、密集柜、太平柜、冰库、发药机及拆包机等; 2. 医疗设备需要对接,如医用塔式起重机、呼吸机的位置,对水电的要求等	1. 影响总投资; 2. 为预留及设备基础提供条件; 3. 传染病门诊、病房污水单独收集,放射性污水单独收集,锅炉、供应室废水单独收集并加降温池	
9	安装设备招标	1. 主要安装设备如空调、通风、消防类,定档次考察敲定; 2. 如:冷却塔、热泵机组、空调室外机、净化空调室外机、排烟机、屋顶正压风机等基础、风机盘管、多联机空调设备、水泵、地源热泵、变频供水、制冷机房、扬尘、消防、新风机组、空气过滤循环机组、空气处理机组、污水处理、微型消防站、移动式垃圾压缩处理设备; 3. 人防安装设备	1. 影响总投资; 2. 为专业科室招标提供基础条件; 3. 设备或室外机位置,若结构承载力不满足,提前修改原图纸; 4. 地下室回填之前,完成制冷机房、消防泵房、水泵房、配电室、锅炉房、水处理、柴油发电的设备基础施工	

序号	单项招标	工作内容	细节事项及影响	完成时间
10	设备基础	上述医疗设备、安装设备的基础	有设备型号,对应施做基础。在地下室、屋面较多,个别楼层亦有基础	
11	安装各系统深化设计	净化空调、智能化、医疗气体、气动物流、中水处理、屋面太阳能、多联机及恒温恒湿空调、高压细水雾、亮化、医院管理系统、制氧、供氧吸引、医用气体、蒸汽系统、换热站、中央空调节能控制系统、能耗监测平台	对吊顶标高,尤其是走廊,有直接影响	
12	家具配套	定档次,如窗帘、病床、陪护座椅以及医生护士办公、电视机、对接车、治疗车、护士站、治疗室等橱柜、窗帘隔帘、货架等家具类	影响总投资	

2.4.3 建筑安装材料招标采购技术创效要点

优质的招标采购策划应明确归口管理、科学分工、集中批量采购、加强渠道管理、制定合理采购方案、建立奖惩机制。需要强调的是,低价虽然是成本的节流,但获得优质的服务、及时的供货、可靠的货源,有时候显得尤为重要。即不能一味地追求价格最低,只看到直接的价格降低,而忽视了其他隐形成本的提高,需要综合平衡几方面的要素,获得合理低价。

📖 **案例 2-4:掺加混凝土防冻剂的争议**

某大型综合体工程的混凝土供应商,在未得到项目部通知的情况下,在混凝土中掺入防冻剂。虽然处于冬季,但室外气温并没有影响到混凝土的凝结硬化,项目部也未下达掺入防冻剂的通知。过程中,项目部收料员和技术员也未注意混凝土运输单及配合比通知单的内容。在混凝土结算时,供应商主张防冻剂费用,与项目部产生争议,涉及金额近30万元。而合同也未明确约定该事项,造成扯皮。

以上案例表明,商务管理要事无巨细,稍不留神就会给创效造成阻碍。商务人员要从技术层面了解材料设备的参数、性能,还要从商务合约角度注意可能的争议点。比如,案例中掺加防冻剂的事件,就是在招标采购时没有考虑到,在合同签订时约定不清楚而导致的。

材料采购招标框架内容是:明确产品名称、型号、数量及价款;价格调整方式;交货地点及方式;质量要求、技术标准、供方对质量负责的条件和期限;验收标准、方法及提出异议期限;运输方式、费用负担及包装要求;发票、结算及付款方式;不可抗力;违约责任;解决争议方式;补充条款。

本节叙述了钢筋、混凝土、石材、配电箱,这些常见材料的招标采购。从技术和商务角度考虑,要注意以下内容。

1. 钢筋招标技术创效要点

供方提供钢筋生产厂家的生产许可证或销售许可证、产品合格证、出厂检测报告、质量认证证书(CCC)和质监部门复检报告等。

每批钢材的有效材质证明书等原件，应随货同行及时交到甲方收货人手里，必须确保质保书与钢材批号的对应。每捆包装上必须附有标签，清晰地标明生产厂家、钢材牌号、炉批号、规格、重量等信息。

甲方如发现货物的品种、型号、规格和数量等不符合规定和合同约定的，应自收到货物后 3d 内，向乙方提出异议和处理意见。对产品质量的异议不受该时间限制，随时发现，可随时提出异议和处理意见。乙方在接到甲方异议后，应在 3d 内按照甲方要求负责处理；否则，即视为违约。甲方有权自行处理，造成的损失由乙方自行承担。

单价包含产品装吊、捆扎、运输、中转、仓储等到达交货地点前的所有运杂费、保险费、出库费、利润等一切费用。

2. 商品混凝土招标技术创效要点

除泵送剂以外的所有混凝土外加剂，均以项目部通知为准，否则不予结算。如果发生使用海砂或风化砂的行为，项目部有权拒绝支付货款，并由供方承担因此产生的一切法律后果及经济责任、违约赔偿。合同单价包含材料费、加工费、装卸费、运输费、税金等一切费用。

外加剂应符合国家标准。矿粉、硅粉、粉煤灰等掺合料：国家标准 Ⅱ 级粉煤灰（掺量小于 30%，其他掺量小于 20%）、S95 级矿粉。粉煤灰的使用应符合《用于水泥和混凝土中的粉煤灰》GB/T 1596—2017 的规定。砂、石骨料：中粗砂，5～31.5mm 连续级配碎石，符合国家相关标准。混凝土初凝、终凝时间要求：1h＜初凝时间＜6h，终凝时间为 16～18h。

3. 石材招标技术创效要点

石材的规格和数量为计划数，不作为加工、结算的依据，结算数量以送货验收合格面积（≤加工计划下料单面积）计算，即：送货量＝提料单数量≤所提区域面积×理论损耗率，超出部分买方不予承担。合同有效期内单价不变。

单价包含材料、加工（包含压顶倒角、平面拉丝等）、选料、损耗、六面防腐油性处理、平铺排版、编号标记、打包装车、运输、环保、保险、规费、资源税、风险管理、利润及其他一切费用，买方不再就本合同另行支付其他任何费用。此单价为厚度偏差 2mm 内的单价。厚度偏差每超出 1mm，则单价下调 5%。

花岗石出厂前，卖方必须逐一检查每块石材的外形尺寸、表面平整度、对角线误差、六面处理（防油、防腐、防水处理），并按照买方提供的尺寸图表、编号和封样样品进行试拼，确保无色差，保证出厂石材的合格率达到 100%。

4. 配电箱招标技术创效要点

报价文件中需要说明面板材质、厚度、面板颜色、电气指标、工作环境条件、详细技术指标，以及安全保护措施、功能等。配电箱柜体应使用冷轧钢板制作而成，且冷轧钢板应经过酸洗、磷化处理、静电喷塑，表面应光洁、色泽均匀，不得存在划痕、锈斑、裂纹等缺陷，喷塑厚度等技术指标必须达到国家标准要求。配电箱的箱门除包厢内照明配电箱制作外，其余所有动力、照明配电箱的箱门均应采用冷轧钢板制成，且板材厚度应符合国家和行业现行标准、规范的要求。

所有配电箱均应附相应的一次接线图。此外，凡具有二次接线的动力、照明配电箱，均要求供应商提供完整、性能完备的二次接线原理和二次装配图。中标后，应以经设计院审核后的二次图进行生产制作。

2.5 进度与质量的管理策划

常规来讲，施工进度与工程质量是一种看似矛盾的存在。施工过程中能够平衡好工期、质量、造价之间的关系，是项目部管理水平的重要体现。

进度即效益。进度安排得紧凑合理，对减少固定成本支出有非常大的作用，措施费支出也会减少。如果进度延误，不仅带来上述成本的增加，且伴随着诸多的安全、质量、环保等问题的出现，额外地增加处理问题的成本。如何能找到成本、工期和质量三者的平衡点，是考验项目管理水平的。

质量管理的策划目标是达到合同约定的质量标准，通过质量管理节流：一是尽量避免返工，减少无谓的成本损失；二是减少交工后维保期的费用；三是一次成优，对于参评奖项至关重要。

后期维修费用一般占建筑安装总造价的 $0.5\%\sim1\%$，采取何种措施能够让该比例越来越小，是质量管理策划的目标之一。项目后期维修中反馈的高频问题，就需要在施工过程中引起足够重视，制定有针对性的措施进行预防。

本节重点讲述了总控进度编制要点、工期保障措施、工期风险防范以及质量策划方面的内容。这是项目创效中节流的重要一环。

2.5.1 施工总进度计划编制要点

施工项目的进度层级有：总进度计划、年度进度计划、月进度计划、周进度计划。其中总进度计划是依据合同约定的工期目标，进行控制性部署的计划。内容层面包括了项目所涉及的分部分项工程，时间层面包含里程碑节点。

1. 编制总进度计划要点

（1）总进度计划的编制，根据合同工期要求和工程特点，合理设置工期主要控制节点，包括合同约定节点、主要控制节点、专业工程控制节点、建设方发包工程控制节点等。

（2）总进度计划必须包括建设方发包工程，且一般应设置在关键线路上，开、竣工时间必须明确，过程中做好工序交接记录。阶段性计划中也包含建设方单独发包工程，满足工期主要控制节点要求。

（3）编制总进度计划应充分考虑现场作业平面布置、设备器材及物资供应、劳力供给、交叉作业、气候等易对进度计划产生影响的因素。

2. 里程碑节点控制方案

里程碑是项目完成阶段性工作的标志，是上一阶段的结束、下一阶段的开始，是项目的关键节点。详细的进度计划，均要以里程碑节点控制为主要依据。某医院主要里程碑节点控制见表 2-5。

某医院主要里程碑节点控制表　　　　　　　　　　　表 2-5

序号	里程碑节点名称	节点完成时间
1	施工准备	
2	土方开挖及支护	
3	塔式起重机安装	
4	桩基施工	
5	地下室主体结构	
6	病房楼主体结构第10层	
7	施工电梯安装	
8	病房楼10层以下主体验收	
9	主体结构封顶	
10	装饰装修工程	
11	基本医疗配套工程	
12	室外及配套工程	
13	竣工清理	
14	竣工验收	

　　里程碑节点制定的总体思路，遵循"先地下后地上""先深后浅""先结构后安装""先主后辅""先土建后装饰"的原则，安装随土建穿插施工的原则。在满足施工工艺的前提下，利用一切资源，流水作业，使各项工作有序地展开。

2.5.2　工期保障措施策划

　　保障工期措施要从组织措施、管理措施、技术措施、经济措施、合同措施、资源保障措施这六个方面考虑。

案例 2-5：甲供材的供货时间争议

　　某综合医院项目，配电箱由建设方供货。抹灰分项工程已经开始，但配电箱仍未招标。施工方边抹灰边催促供货，在没有办法的情况下，只好预留了配电箱周边的抹灰位置，待配电箱安装后再完善，需要使玻璃纤维网格布留槎。直到抹灰大面完成时，配电箱才陆续进场。施工方主张增加配电箱周边的零星抹灰费用，建设方并不认可。理由是合同约定凡建设方供货的材料设备，施工方应提前两个月提出采购计划。尤其是配电箱这类非标设备。施工方的确是没有预先提供材料设备计划表，给项目造成的损失自行承担。

　　通过此案例分析，商务策划要贯穿到工期保障措施中，预防可能的成本流失。项目部的材料计划要及时提供给商务经理。商务经理还要从经营的角度考虑，甲供材更需要双方沟通好进场时间。

1. 组织措施策划

　　（1）统一指挥：土建与安装统一由项目经理部指挥，分设安装经理。

　　（2）责任到人：实行栋号长及分区块负责制，负责本区块包括进度在内的全面管理。涉及甲分包的，纳入总承包统一管理。提高责任意识，建立奖惩机制。

（3）明确目标：将总工期目标按照年、季、月、周、天进行分解。对外通过合同管理，对内通过制度管理，来分头实现各自目标。进度计划要附带资金、材料、人员、机械进场计划。

（4）专题会制度：总结前一阶段工期管理的经验教训，提交并协调解决各类问题；根据前期完成情况和其他预测变化情况，调整后期计划并下达部署。

（5）强化外围保障：加强同交通、消防、环保、公安及政府相关职能部门的联系沟通，尽力避免或减少由于外围保障不周对施工造成的干扰，创造良好的施工环境和条件。

（6）轮流安排项目部领导值班：项目经理、生产经理、技术总工驻守现场值班，负责协调处理夜间施工问题，项目部其他人员保持24h的联络畅通。设置夜间施工监督员，对夜间施工巡视，确保夜间施工的工作效率。

2. 管理措施策划

（1）计划编制：依据合同总工期要求编排合理的总进度计划，对人力、机具、材料等诸生产要素及各工种进行计划安排，在空间上按一定的位置，在时间上按先后顺序，在数量上按不同的比例，合理地组织起来。在统一指挥下，有序地进行，确保达到预定目的。总进度控制计划依据总承包方与建设方签订的施工合同，以整个工程为对象，综合考虑各方面情况，对施工过程作出战略性部署，确定主要施工阶段（混凝土结构、机电设备安装调试、装修、验收等）的开始时间、持续时间及关键线路，明确主攻方向。

（2）积极协调解决影响进度的因素：派专人催促设计变更的出图工作；派专人催促暂估价材料招标定价，以及相应的签证批价事宜；对暂估价材料提前两个月报出计划，让建设方有充足的招标定价时间，确保材料及时供应；与地方材料供应商充分沟通，保证材料能够按照计划进场。

（3）劳务班组：优化劳力配置，引入与公司长期合作、成建制劳务公司，确保施工人员的充足并合理分配。根据总进度计划要求，编制分部分项工程进度计划，在工序安排上服从施工总进度计划的要求和规定，确保总目标的实现。

（4）后勤准备：现场配备数量足够的电工，及时配合施工对照明的需要，如移动光源等；在生活区、办公区、生产区的沿途，以及作业面事先架设足够的照明设施；事先做好机械设备的维护保养，防止机械设备在夜间出现故障。

3. 技术措施策划

（1）工序穿插：土建各工序之间利用工作面的特点分层、分段穿插，土建与装修穿插，地上地下同时作业，安装随时跟上。采用流水施工技术，根据工程特点，结合现场条件，科学划分流水段，合理进行工序穿插，能缩短工期。如车库顶板完成后，防水优先进行，封闭车库，进行内部装饰施工。

（2）GPS全球定位及全站仪测量定位技术：空间定位速度快，精度高，可缩短测量的技术间歇。

（3）钢筋滚压直螺纹连接技术：操作简单、质量稳定、能耗小、速度快且不受气候影响。

（4）高效外加剂应用：混凝土中掺入高效外加剂，不仅能有效减少收缩裂缝的产生，而且可以取得微膨胀、减水、缓凝和早强效果。冬期施工时，混凝土掺加早强剂，确保拆模时间。

（5）其他技术措施：采用汽车泵、车载地泵完成混凝土的场内运输，提高劳动生产率。二次深化设计提前到位，如砌体分项工程，明确做法，简化工序；将门窗洞口过梁改为主梁下挂一次现浇、安装管线预留与砌筑同时进行、箱体洞口过梁采用预制等。

4. 经济措施策划

（1）严格落实奖惩制度：按月申报劳务产值，保证工人工资按时发放，稳定作业队伍。这样，即便逢中秋节、秋收等节点，也能保证充足的劳动力。确保不窝工、不缺工。

（2）开展工期竞赛：拿出一定资金作为工期竞赛奖励基金，引入经济奖励机制，结合质量管理情况，奖优罚劣，充分调动全体施工人员的积极性，力保各项工期目标顺利实现。

（3）资金计划及专款专用：施工准备期间，编制项目全过程现金流量表，预测项目的现金流，对资金做到平衡使用，以丰补缺，避免资金的无计划管理。在选择分包商、材料供应商时，提出部分支付的条件，向同意部分支付又相对资金雄厚的合格分包商、供应商进行倾斜。

5. 合同措施策划

在合同中编入进度考核内容。如对班组建立动态结算机制，若达不到项目部要求的进度，按照 85% 进行结算等措施。如达到或者超出预期目标，则进行 1.1 倍的奖励。

6. 资源措施策划

（1）劳动力资源：选择多家劳务班组储备以应对施工中的诸多不确定因素。不因节假日及季节性影响导致人员流失，确保现场作业人员的长期固定性。要求劳务班组根据总承包方的进度计划，保障劳动力供应，编制各工种劳动力平衡计划，细化各阶段的劳动力投入量。

（2）施工机具资源：使用自有大型机械设备，其他设备当地租赁。对所有投入使用的施工机械设备，进场时严格进行性能验收，对不符合要求的设备及时清退。安排专业维护人员对机械实施全天候跟班维护作业，确保其始终处在最佳性能状态。

（3）不断补充更新材料供应商档案。随施工进度不断完善材料需求计划。在保证质量的前提下，按照"就近采购"的原则选择供应商，尽量缩短运输时间，确保短期内完成大宗材料的采购进场；严把材料质量关，避免因材料质量问题而影响工期。

2.5.3　工期风险防范策划

在进度执行过程中，要特别关注非施工方原因导致的工期延误，及时申报签证索赔。不仅关注现场发生的事件，还要关注程序上、内业方面延误工期的事件。下面讲述工期延期签证的办理要点、延期证据收集注意事项，以及开、竣工日期涉及的风险事项。

1. 工期延期签证办理要点

（1）编制要点：实施过程中非施工方原因导致工期延误的，要及时与建设方协商办理工期签证，项目部依据合同、相关协议及时向监理方和建设方报告，并申请办理工期签证。工期签证资料的编写应清晰简练，准确表达工期延误的原因、起止时间和要索赔的工期。

（2）办理步骤：发生工期延误，明确原因。向监理方提出工期顺延申请。主张停窝工损失赔偿，明确具体范围与额度，以及计算标准和计算方式。在出现索赔事由时，在约定期间内及时提出索赔，避免因时效产生不利。

2. 非施工方原因导致的工期延误情形

建设方指定分包单位的工期延误、工程款拨付不及时、因设计变更导致的工期延误、因地质条件不符导致地基处理的延误、建设方供应物资不及时、建设方批价不及时、通用条款约定的不可抗力影响、专用条款中约定的非承包方原因造成的停工、因建设方手续不全、应由建设方解决的问题久拖不办造成工期延误、建设方恶意不进行过程验收及竣工验收等。

3. 延期证据收集要点

（1）证明工期发生变化的资料：建设方未及时取得合法审批手续的材料、拖延提供施工场地、未提供施工图纸、未及时下达开工令、拖延支付工程进度款，使工程中断或进展缓慢。收集监理通知、监理月报、往来函件和签收记录、会议纪要等。

（2）证明工期延误时间的资料：施工组织设计、分部分项工程开始和完成证明文件、停工通知、复工通知、索赔报告及与工期延误相关签证等。

（3）工期延误期间造成经济损失的资料：施工企业工料机的记载文件、材料设备的供应文件、材料设备的认价文件、工人工资的发放文件、对分包方违约金支出、其他可作为工期延误期间的经济损失的文件等。

4. 开、竣工日期关注要点

合同中约定的开工日期一般为固定日期或附加条件的日期，如以规划放线之日起为准或监理下达开工令、现场具备条件之日算起等。但必须注意，这些附加条件在施工方实际施工前，如果未成熟，施工方有权拒绝开工。但一旦实际开工，不管这些附加条件是否成熟，即视为施工方已经放弃自己的权利，开始计算工期。

施工方在合同承担范围内已完工或近于完工时，提前向建设方报送书面验收申请，尽快让其在竣工验收表上签字盖章，以规避施工方的工期违约风险。

2.5.4 质量管理创效策划

质量管理水平高，可以减少施工过程中的返修成本，减少交工后的维修成本。质量管理水平差，会造成很多风险，徒增无效成本。技术质量策划包含了管理策划和分部工程质量策划。

案例 2-6：某工程防水堵漏维修事件

某工程地下室后浇带，在浇筑前未剔凿松动混凝土，加固后浇带的木方未清理干净，造成雨季时节严重渗漏。此时肥槽回填已完成，在数次注浆后仍效果很差。研究后，决定挖开此处肥槽的回填土，剥开卷材防水，在剪力墙后浇带外侧再浇筑 200mm 厚的抗渗混凝土，另行涂刷渗透结晶防水后重新施做卷材防水及保护层，再使用灰土进行分层夯实回填。

从以上案例中分析，必须注重分项工程的质量策划，抓住关键环节，一次把工作做好，防止成本流失。此案例就是后浇带、防水、回填这几个施工环节都有出现纰漏才导致的损失。

1. 管理策划

（1）建立健全质量保证体系，组建优秀的项目管理团队。

（2）注重对设计意图的深入领会，进行高质量的图纸审核、做法优化，有利于一次成优。对于评奖需要的施工做法，而设计未体现的，可以建议建设方加入到图纸中。

（3）进行质量策划。针对关键质量控制点，制定保证措施，预先进行质量交底。对于"高、大、难"及重点施工部位，组织人员进行技术研讨，编制针对性强、可操作性强的专项施工方案，并通过专家论证。

（4）实行"样板引路"制度。二次深化设计到位，做好细部处理。

（5）注重过程控制，严格控制工序质量。确保主体结构的实体质量和装饰装修的观感质量。

（6）结合招标投标文件、图纸会审，基于现场情况，编制施工组织设计，确定重点专项方案。严格工序交接检验。对上道工序的验收，除项目管理人员参加外，其下道工序的班组负责人必须参加，这样可以免去工序间推诿扯皮现象。

（7）注重公司质量部门维修的反馈。竣工后维修工作可以反映出施工过程中容易出现质量问题的点，在日后的管理中加以重视。分析这些常见的维修点，是由于设计缺陷还是施工原因造成的，总结反思，统计分析维修成本。

（8）工程竣工后，有的建设方不但经常以质量不合格为由拒付工程款，而且还提出相应的质量索赔。而在工程竣工验收表中五方签字认可后，工程竣工验收合格立即成立。建设方应按合同约定付款，仍有质量瑕疵的，属于保修范畴，不能以此作为拒付款项的理由。

2. 分部工程质量策划点

以下内容都是实际工程的经验教训总结。这些施工策划及注意要点，都有可能对施工质量和后期返修产生重大影响，也就是技术上常称的"质量控制点"。这些关键点：一是来自现场的直接反馈；二是后期维修的情况反馈；三是从设计源头出发进行判断，哪些是影响质量的关键因素；四是知道怎么做，能从工艺本身节省费用，而不是偷工减料。

1）地基与基础质量策划点

（1）大体积混凝土裂缝控制措施：采用低水化热水泥、抗裂纤维混凝土、分段分层施工，用面层蓄水加毛毡湿养护的方式有效避免裂纹的产生。在施工完成的 2～3d，温升最快，可达 80℃左右；3d 以后，至未来 8～10d，温度逐渐下降。

（2）后浇带施工时间：后浇带静置时间一到，立即安排封闭。做好防水、尽快回填、确定施工电梯等垂直运输设备位置，这样可避免将垂直运输设备设置在基坑内。提前安排后浇带的基层凿毛清理。仔细检查快易收口网封堵情况，及时加固封堵缝隙开口，以免混凝土胀模，因为后期难以清理且浪费工料。

（3）人防部位施工：筏形混凝土施工时，人防区后浇带内部的拉钩不要先安装，等后浇带浇筑前对内部清理完成后设置拉钩，方便施工；位于通车道上的封堵门框位置，控制好地坎及侧门框的整体标高及平整度，预留 30～50mm 待与地面面层一起施工；门框的安装标高控制在 20mm 的偏差范围，避免因门体自重大，长时间开启时下坠变形。

（4）肥槽回填：卷材外侧直接粘贴挤塑聚苯板的做法，回填时防水卷材不可避免地会下坠、拉扯，卷材搭接位置容易开裂，留下渗漏隐患，所以控制搭接长度及焊接质量较为重要。回填若能大面积分层进行，效果更好；如果卷材的外侧要求抹灰再粘贴挤塑聚苯板，要紧凑施工，缩短抹灰外漏时间。因为立面卷材面层抹灰，其开裂、空鼓、脱落的情况很容易发生。

（5）出外墙管道位置：管道下部的回填土尽量夯实到位，顶部的回填夯实需绕开管道进行。此处扰动造成渗水的可能性很大，管道安装完成后，要按照要求封堵密实，避免雨水倒灌。

2）主体结构质量策划点

（1）钢筋保护层：主体结构验收，保护层厚度是必检项目，浇筑过程中踩踏钢筋，马凳倾斜移位，标高控制不当导致浇筑超厚，对检测造成不利影响。

（2）电梯机房预留洞：电梯机房内周边墙体（剪力墙、填充墙）需要留设放置工字梁的洞口，位置及大小均需要求电梯厂家提前确定，以方便结构施工时直接预留。电梯机房的结构板高度、结构板留洞、吊钩梁位置、墙面留洞及二次结构施工，电梯井道内壁是否在同一立面，轨道圈梁的设置位置、高度、强度等要求，以上均需要提前确定电梯品牌型号后才能顺利进行施工。

（3）型钢混凝土柱中钢柱抗剪键位置，在承台施工时预留下卧，可以留得大一些，方便微调校正；框架柱钢筋插筋时，比原设计位置外扩 3～5mm，以便钢柱底板顺利下落；底板浇筑完成即下落钢柱；把钢柱位置和垂直度校正后再灌浆。灌浆一般采用 C40 强度等级的无收缩高强灌浆料。

型钢柱翼缘板的套筒，出厂前就要焊好。型钢柱腹板的穿钢筋洞、穿洞加劲板、固定梁纵筋的加劲肋要在出厂前焊好。与腹板垂直的梁筋，优先选择通过留洞穿腹板。与翼缘板垂直的梁筋，优先选择套筒。

钢柱验收阶段，由专业代班人员陪同总承包方人员和监理方人员共同验收，有问题立即整改。

3）二次结构质量策划点

（1）卫生间四周墙体结构坎台：图纸一般要求与一次结构同时浇筑。实际操作中，一是很难保证其位置准确；二是会出现胀模现象。还是在二次结构阶段施工，位置准确、成型效果好。

（2）构造柱与粉煤灰砖使用的变通：靠外墙窗宽度大于 2.1m 窗垛及大于 1.5m 的内门两侧砌体，按照图集要求应该做成构造柱，而这一项将会增加很多的复杂工程量，耽误进度，尽量采用粉煤灰砖砌筑。

（3）二次结构均采用细石混凝土：一般图纸设计采用普通混凝土，需要利用图纸会审进行变更。细石混凝土成型效果好。

（4）消防箱位置：为节约空间，填充墙上的消防箱一般采用隐式。由于墙体厚度与消防箱厚度基本一致，造成消防箱的光滑背面直接抹灰，操作难度较大。可以挂设钢筋网片喷浆分层施工，双层网质量更好，但要申请办理签证或者在图纸会审中明确，并提前与暖通、电气、消防专业做好墙体留洞对接，避免墙洞遗漏返工，提前做好过梁的预制。

4）装饰装修质量策划点

（1）细石地面浇筑过程，必须控制好门扇开启范围内地面的标高及平整度，宁低勿高，浇筑时房间的面层标高整体压低 5mm，为后续面层如自流平粘贴橡胶或者 PVC 面层留出足够空间。

（2）加强机房层、设备间内部墙地面的施工质量（标准不能低于正常房间），因为此类房间设备管道多，施工难度相对较大，验收或者评奖检查的频率都很高。不加强此类房间管理，则后期维修的费用会很高。

（3）空调机房、净化机房等容易泄水漏水的房间，建筑图中一般并不显示地漏，但在水电图纸中有显示。施工地面前与安装专业对接，对于存在地漏的房间，地面施工适当放坡，设备安装完成后，类似冷凝水等泄水的管道最好引至地漏处，做到集中规则排水。

（4）抹灰高度：抹灰高度需要提前确定，一般按照吊顶高度要求进行抹灰。为满足风量及噪声要求，排风井、排烟井外侧井壁抹灰要到梁板底。医院存在部分房间，如 CT、DR、DSA 等房间是要求防辐射的。墙地面做法中均需要掺加硫酸钡砂防辐射材料，而且标高控制要求也严于其他房间。防辐射房间抹灰高度，要求必须抹到梁板底，抹灰厚度为 40～50mm，过程质量控制必须严格，确保厚度。

（5）吊顶施工：在结构顶板上打孔，固定膨胀螺杆是先行工序，这一工序会可能会破坏板内预埋管及板上的防水层。打孔时，要避开楼板内的预埋线管。预防措施是电气专业可在楼板上标记出管线的位置走向，也可在结构施工时，在模板上使用油漆画出管线位置走向，拆模后便能在板底留下印记。在有防水房间或者屋面的底部打孔必须设置钻杆的长度定位，以免超长穿透防水层。

（6）地面施工前，对于配电室、水泵房、消防泵房等房间，设备基础多，需要提前确定基础位置及尺寸，浇筑前对接水电安装专业，做好预留、预埋，模板安装做到方正、顺直，边角振捣到位，基础面层直接压光收面到位，减少不必要的抹灰（重型设备很容易将面层抹灰损坏，需进行二次维修）。面层刷漆美化。

尽量避免地下车库面层裂纹产生，确保大面观感质量。地下车库面层一般采用金刚砂或者环氧树脂自流平地坪漆做法，面层开裂影响观感质量。调整好地面上层防裂网片位置、均匀振捣、二次收面、湿养护、分隔缝及时设置、饰面层施工前基层处理等都需要严格把关。由于车道坡度大，行车量大，摩擦力度大，太过光滑而不利于行车。所以，车道地面的面层耐磨防滑，很有必要设置。

5）屋面及防水质量策划点

（1）屋面设备基础：设备的型号决定基础的类型及高度，结构封顶前，提前确定设备基础可加快屋面施工进度。

（2）屋面防水等级高，维保周期长，一旦发生漏水，维修困难。因此增加防水效果检验尤为重要，加大屋面的蓄水深度及蓄水时间，放水后对焊缝处检验（薄弱处会有气泡冒出），做到全检。

（3）屋面广场砖分隔缝不建议采用沥青砂浆，时间长会失去弹性而粉化脱落，可直接采用质量好的沥青油膏、结构胶，但造价相对较高。

（4）非上人屋面分隔缝，建议在细石混凝土面层完成后，放线切割填塞沥青油膏，或者面层施工时预留出来分格，后期填塞沥青油膏并使用 150～200mm 宽卷材满粘贴，做到美观。

（5）屋面施工过程会与外墙饰面工序产生交叉，要合理安排找平层、防水层、保护层及面层施工的顺序及时间，尽可能加快整体进度，尤其是雨季，防水层不可长时间敞口，也不可长期裸露。

2.6 施工图纸审核策划

某大型综合医院的病房楼项目，其外墙上设计有 200 多根钢筋混凝土构造柱。这种设计形式，对于施工方来讲，极大地增加了人材机消耗，构造柱上下楼层的通线难度也非常大，并且外脚手架的伴随时间长、租赁费用高。针对此类情况，技术总工在图纸审核阶段提前发现了此问题，通过有效的沟通，最终将构造柱批量取消，使用幕墙的铝合金柱来替代，同时优化了窗的分格。这种做法既没有增加项目投资、优化了外立面，又减少了施工方的成本流失。这个共赢的结果说明，施工图纸审核策划的重要性。

设计阶段是建设方投资控制的关键环节，往往通过设计方案招标、限额设计、价值工程、加强图审、严控变更等手段进行管理。例如，某大型开发商有自己的设计优化团队，专门以限额设计为核心，紧卡设计规范边缘，检查设计院对各种经济指标的落实情况。施工方如果遇到管理水平高的建设方，就要更加集中精力，做好施工图纸的审核策划。

普通的房地产开发项目，相对于公共建筑项目，图纸审核的难度较小。因为住宅项目设计的标准化程度高，尤其是全国性地产公司，模块化设计已经非常成熟。再者，住宅项目无论体量还是功能要求，抑或建筑布局、结构形式等，其复杂程度都小于大型综合体。

本节首先讲述了施工图纸审核的通用参考要点，适用于大多数的房地产开发与公共建筑项目。然后，讲述了大型公共建筑的图纸深化设计审核要点，对于单项设计需要关注的点做了详细介绍。最后，讲述了大型公共建筑精装修需要注意的图纸审核要点。本章节列举的这些参考要点与设计、施工、造价相关，与项目创效的开源措施直接关联。

2.6.1 施工图纸审核通用要点

施工图纸审查的范围：建筑总平面图、建筑施工图、结构施工图，以及精装修、幕墙与外窗、电气、暖通、给水排水、智能化、景观、小市政各专业的施工图；特殊功能房间的深化设计图纸，如医院的各专业科室，手术室、ICU、静脉配置中心、中心供应室、病理科、检验科、影像科、血库等。

施工图纸审查的顺序：先审查建筑总平面图，从规划定位层面入手。先概略后精细，如先核对平、立、剖面图，再核对轴线、标高、标注是否一致。先整体再局部，先看整体平面图，再看局部的大样图、节点详图、图集引用等。先建筑后结构，搞清建筑功能及使用特点，再核对结构设计是否满足需求。先主体结构后装饰装修。先一般后特殊，如医院的病房、诊室属于一般，而专业科室则为特殊。

图纸审核不细致、不深入，轻则造成局部的返工，重则造成系统性错误，损失不可估量。在很多项目管理中，往往是边看图边施工，发现问题时损失已经无法挽回。下面列举一个经济损失案例。

案例 2-7：施工图纸未审核导致成本流失

某大型写字楼项目，在施工至砌体阶段时，技术人员才发现图纸中有 8 处柱网轴线存在重大错误：在±0.000 以下，结构柱网与结构梁板的柱网相符合，但结构柱网与建筑柱网不符，结构柱网每隔 1 个向北偏差 10cm。在±0.000 以上，结构柱网与结构梁板的柱网不相符。结构柱网与建筑柱网也不相符，结构柱网每隔 1 个向北偏差 10cm。由于该建筑结构布局呈弧形，结果就是造成砌筑墙体时房间不方正，墙与柱有错台。后经建设方、设计方、施工方共同研究决定，以结构图所示柱网为准，砌筑以先保证房间方正为准，出现的走廊墙体与框架柱错台问题，利用装修进行调整。这样解决，额外增加了装修成本，最终设计方与施工方均受到严重处罚。

此案例给出的警示是认真审核图纸的重要性。作为有经验的施工方，应及早发现图纸问题，否则可能会产生无效的成本支出。要做到图纸说明和正文设计相呼应、土建专业与安装专业相呼应、图纸设计与实际情况相呼应。

施工图纸审查整体性要点如下：

1. 吻合性问题

（1）有设计总分包的，看他们之间的成果是否存在矛盾，再看各专业之间是否吻合。建筑专业图纸是否统领了结构、水暖、电气、通风等其他专业图纸，各图纸的轴线、墙柱布置位置是否一致；同一专业地下和地上各层之间的轴线是否一致。

（2）局部放大的图纸是否与总图吻合，平面图与细部节点大样图是否吻合。立面图、平面图和剖面图是否吻合，尤其关注墙身大样、楼梯间位置楼梯平台标高与楼层标高是否匹配。挑板、空调板、线脚建筑与结构平面、大样图尺寸是否吻合。

（3）引用的图集详图是否与图纸本意吻合，是否与常规做法吻合。

（4）节能、绿建、人防图纸设计是否与普通图纸相吻合。

（5）地下管网位置与施工图位置是否吻合。竖向管井、电梯井道、坑底等平面位置、标高，是否与结构及安装图纸吻合。后浇带位置是否与集水坑、设备用房、承台等冲突。

2. 功能性问题

（1）各房间的功能是否全部标注清楚。如手术室上方是否为净化机房、牙科是否有排水沟、配电间上方是否设计了防水。泵房地面是否有排水沟，有水房间的标高是否比正常地面低，有地暖的结构板是否降板。

（2）防火门位置应用是否正确，门窗开启是否符合要求，栏杆高度是否符合要求。临空处、低窗台等应做防护措施的位置是否到位。

（3）楼梯平台上部及下部过道处的净高和梯段净高是否满足规范要求。楼梯地下与地上转换处防火墙的布局是否合理，楼梯井结构尺寸是否可容纳防火墙。

（4）屋面找坡层材料是否合理、坡度是否正确。屋面出入口有无设置合理的挡水构造。

3. 全面性问题

（1）设计图纸与说明是否齐全，需要二次设计的有哪些单项内容。

（2）节能体系设计是否涵盖了所需要的分部工程。外墙保温是否覆盖全面。

（3）应设计防水、防腐的部位是否都已考虑，如基础、桩头、地下室、水池、水箱、设备用房、施工缝、后浇带、电梯井、集水坑井、人防坑井、外墙、屋面、卫生间、厨房、阳台、露台，尤其关注排水沟、电缆沟、积水坑等的防腐、防水构造。

（4）各系统室内室外连接是否合理，内容是否全面。

（5）防火分区是否覆盖全面，防火等级是否合理。

（6）各装饰做法是否已经覆盖到所有房间，装饰做法本身是否全面。配套的台阶、坡道、散水、花坛、勒脚等的标注是否完整。

（7）抗震等级、抗渗等级、防水等级、防火等级是否覆盖全面。

4. 细部性问题

（1）引用的图集规范是否过期。

（2）设计采用的新型材料本地是否可购买，性价比如何。混凝土强度等级较高、特殊类型的混凝土，当地是否有供应能力和质量保障能力。

（3）对特殊构件的检测要求是否明确。对沉降及变形观测是否有要求。

（4）混凝土强度等级标注是否全面、明确。钢筋接头连接方式是否明确。二次结构布置是否明确。消火栓、配电箱尺寸，安装位置及方式是否明确。

（5）为设备预留的洞口是否标注，对墙、梁、楼板洞口的钢筋加强构造是否明确。幕墙预埋件是在主体结构阶段预埋，还是后期使用化学锚栓。

（6）屋面的女儿墙、檐口、天沟、坡度、坡向、雨水口、分水线、变形缝、楼梯间、水箱间、电梯机房、上人孔等，其详图、平面尺寸及标高是否齐全。检修口、管沟、设备基座尺寸是否明确。

2.6.2 公共建筑图纸深化审核要点

大型公共建筑有如下特点：体量大、系统多、功能复杂。对设计水平的要求很高，需要多部门多专业的交叉核对、协调配合。对于施工方来讲，同样存在类似问题。必须结合一次设计，考虑深化设计，多专业统筹地审核图纸。从技术角度、商务角度、施工角度和材料角度等，多维地透视整个项目的图纸，逐一审核。

1. 功能房间图纸深化

（1）如医院项目涉及净化的房间：手术室、ICU、病理科、静脉配置、血液透析中心、检验中心等。这些房间：一是需要深化设计，从墙体布置开始，到水电布置、精装修要求，再到独立的新风系统，都与常规房间有很大的不同；二是与这些房间有关联的普通房间的管线排布，要注意衔接问题。

（2）影像科通常在地面以下有电缆沟，注意地面标高问题。口腔科一般要求地面有排水沟，看是否遗漏。中心供应室、静配中心等要求地面做防水，看结构板是否已经下卧。消能减震的深化设计，对涉及的房间功能是否有影响。

2. 电梯图纸深化

（1）确定轨道圈梁位置、电梯按钮盒位置及尺寸。对吊钩梁位置。电梯井道内壁是否在同一垂面。

（2）对基坑基础的要求，对机房墙体留洞及封堵要求、吊钩及顶板洞口要求。

（3）对层间门洞位置及尺寸的要求。

（4）扶梯对结构尺寸、标高和预埋件的要求。

（5）电梯的停经楼层。根据各功能房间要求，是否已满足。防止后期再增加停经楼层，甚至增加电梯。

3. 幕墙及窗图纸深化

（1）幕墙与窗、二次结构的位置关系是否合理。

（2）锚板固定位置与二次结构混凝土关系密切。若钢板采用化学锚栓固定，位置更准确。

（3）与墙体保温的位置关系。

（4）窗的深化设计。

（5）钢结构雨篷、钢结构玻璃采光顶、飘板层玻璃格栅、防腐格栅、车道顶盖，采光顶周边的封堵措施要一并设计上，不能漏项。

4. 精装修图纸深化

（1）公共区域、非公共区域、功能房间的界面划分很重要。界面间的细节处理做法要明确。

（2）其他细部做法，要会审全面，避免后期技术核定单太多而引起争议。即使有变，也要以设计变更单形式出具，否则会在结算时产生异议。

（3）涉及墙体布置，与安装专业关系密切。涉及灯口、开关、插座等位置，吊顶标高要综合管线优化布置因素而确定。

（4）内门窗，如医疗门、防火门、普通门、防护门窗、感应门、防爆门窗。

（5）栏板栏杆。如楼梯栏杆、楼梯靠墙扶手、护窗栏杆、屋面栏杆、医用扶手、不锈钢坐便器扶手、不锈钢残疾人洗脸盆专用扶手、无障碍病房坐便器落地U形扶手等。

（6）家具及医疗配套。如窗帘、病床、陪护座椅以及医生护士办公、电视机、对接车、治疗车、护士站和治疗室的橱柜、隔帘、货架等。

5. 配电室、厨房餐厅图纸深化

（1）配电室由电力部门进行深化设计、施工方配合。

（2）涉及墙体布置及洞口位置、尺寸，还有电缆沟设计。

（3）餐厅要注意消防审查。

6. 设备基础图纸深化

（1）复核验算。如楼层、屋面上有重型设备的，需提醒设计方重新复核结构的承载力。

（2）生根位置。确定基础的生根位置、规格尺寸等各类参数。尤其是屋面、地下室等位置。

（3）一般需要做基础的设备：如医院的影像科内所有设备、冷却塔、热泵机组、空调主机、空调室外机、净化空调室外机、排烟机、屋顶正压风机、太阳能、消声静压箱、数字化节能风机。制冷机房、消防泵房、生活水泵房、配电室、柴油机房、高压氧舱、屋顶幕墙造型、桥架、过桥、电梯基坑内墩台等。有的设备基础周边还需要设计排水沟。

（4）加固事件。如果对设备基础考虑不全，后期可能会产生加固楼板事件。

7. 预留洞口类图纸深化

（1）很多大型设备不能拆分，只能整体进入相应的功能房间。这就需要在其行进的路线上做好通道、洞口预留。如医院的冷水机组进口设备不能拆分，只能整体进入，要留好通道及入口。影像科核磁共振 MR 设备、CT 设备及其运输路线上的墙体，以及相应结构板的承载力要复核。配电室的变压器、高低压配电柜入口。柴油机房的入口。高压氧舱入口及顶部。手术室与净化机房之间要有洞口。外窗及幕墙上，要有通风空调的风口外出。油烟井侧墙有设备出口。电梯机房墙体工字钢留洞、顶板留洞。水电井预留钢筋，后浇筑混凝土。地下室集水坑盖板，有污水提升设备用洞口。

（2）医院项目各专业科室均与设备选择关联性很大，只有确定了设备规格型号，很多建筑做法方可进行。例如设备需要的室外室内基础，电缆沟布设，墙上孔洞留设。如影像科（CT、DR、MR）内电缆沟及墙上开洞数量较多，MR 室内的磁共振设备体积大，重量大，不但要考虑设备房间的墙上留洞，还要考虑楼体大门的尺寸。手术室原图纸的结构预留洞较大，可能会与深化设计的图纸留洞冲突。若能提前出具图纸，在一次结构施工阶段便可直接完成，免去后期开洞加固工序。

（3）专业科室施工过程中，开槽走线众多，很容易将防水层破坏，建议此范围内的防水房间由专业科室队伍自行施工。吊顶以上管线众多，穿墙管道更为常见，若管线全部安装完成再去封堵墙上洞口，许多位置根本做不到，但这又是消防验收必检项目。所以，施工过程中要对给水排水、通风空调、消防、强弱电、各专业科室队伍做好交底，并加强检查巡视。每根管道穿墙后都要及时按照封堵要求进行内外侧封堵。

2.6.3 公共建筑精装修图纸审核要点

大型公共建筑的精装修设计，因其功能多而要求较高。较为复杂的建筑，如星级酒店、综合医院、文化展馆等，一是功能要求高；二是对装修材料有特别要求；三是工艺考究。对于参评国家优质工程奖的项目更要注意，以终为始，从评奖的视角去看精装修设计图纸。

1. 方向性问题

（1）外幕墙龙骨固定，采用预埋件还是后置化学锚栓固定。

（2）幕墙与外窗配套出具深化设计图纸，并且施工单位最好为同一家。

（3）屋顶布局外立面真石漆的应用范围。

（4）精装修区与普通装修区范围的设定。

（5）特殊功能房间的建筑布局是否有调整。

（6）各特殊功能房间、功能区是否有对颜色、样式的特别要求。

（7）各房间（顶棚、地面、墙面）的面层做法及档次要求。

（8）楼梯间地面是否全铺石材。

（9）电梯井是否有隔声要求，屋面设备的噪声，有时影响病房楼顶层病人休息。

2. 评奖要求

房间吊顶、墙面、地面的块状材料，对缝成线。吊顶上安装的灯具、风口、烟感、喷淋、强弱电等点位匹配。各井道、机房、设备间等，地面刷地坪漆，顶棚做吊顶。临空玻璃栏板的高度、固定方式符合评奖要求。门诊大厅的立柱较高，如采用石材饰面，需要注意结构安全验算。管线穿越防火卷帘时需有防火封堵措施。生活泵房水箱要有防护措施。消防泵房排水措施要完善。

3. 细节参考点

（1）抹灰。混凝土面（尤其是走廊）必须抹灰，能修正尺寸偏差，尤其涉及弧形结构的情况。

（2）电梯间精装修。不锈钢饰面等做法要求需明确。

（3）走廊吊顶高度。需与安装各类管线排布后的容纳空间，相吻合。

（4）窗帘盒，做法要明确。

（5）墙上线盒。出墙面距离，与装饰面层厚度相关，与是否干挂相关。

（6）防水保护层。卫生间防水层上面，设计一道砂浆保护层，再施做饰块料面层。

（7）串边。地面如采用柔性材料，是否需分颜色串边。

（8）零星石材。过门石、窗台石等，其他零星项目如门套、窗套等。

（9）消防箱。是否为暗装，影响墙体饰面做法。

（10）防雷。幕墙龙骨防雷连接点，与原建筑预留位置问题。

（11）背衬。外立面玻璃幕墙后面的背衬，明确覆盖范围。

（12）堵缝。一些图纸不易发现的缝，使用铝塑板封堵。

（13）门开关范围。各类门的开关范围内，不可有管道或者其他遮挡构件。

（14）包封。各类管道包封位置及做法。

（15）伸缩缝处。顶棚、墙面、地面的装修做法。

2.7　工程结算方案策划

本着"投标即结算"的初衷，就是要把工程结算前置。在制度设计层面，很多省份都有推进过程结算的文件规定。结算前置的好处是可以减轻后期工作量，竣工后只是把过程结算成果汇总并整理即可。每个过程结算，都会暴露当前的争议扯皮事件，这样处理起来时间更近，当事人相对稳定，相关证据也不会灭失。

不管合同是否约定为过程结算，都要把结算准备工作前置，把涉及结算的相关资料、物证、影像由专人收集完整，不打无准备之仗。从项目投标开始直到竣工结算完成，这与项目创效的时间相一致。

狭义的结算书包含了结算递交表、编制说明、结算书正文、工程建模文件、工程量计算底稿、签证单、批价单、奖惩单、甲供材料单等。广义的结算书除了上述文件外，还有外部的资料。诸如，设计类文件、施工类文件、会议类文件以及手续类文件。策划时考虑到文件的重要性，在施工过程中不断收集，为结算做好准备。

本节讲述了竣工结算申报之前的策划，以及结算申报时各分部分项的注意要点，并列举一个具体项目的结算策划案例。

2.7.1 工程结算申报策划

工程结算策划贯穿了项目一次经营、二次经营、三次经营的全过程，即从投标就是结算准备的开始。

1. 一次经营阶段

分析投标文件、建设方资信情况；确定投标报价策略；投标报价；工程中标；要点是市场调查、不平衡报价等。从工程开工后即进行结算资料的收集，直至完成竣工结算编制。

2. 二次经营阶段

洽谈合同、明确结算方式和时间；进行合同交底；投标报价的量价对比；分析研究合同、现场情况；发掘创效点；创造变更、签证机会；收集过程资料、及时办理变更、认价、签证工作；按照节点向建设方申报并办理完成收入确认。

3. 三次经营阶段

预结算主管部门组织结算会审、会签、结算策划；编制竣工结算初稿会审、会签；结算策划小组审批；形成结算报告；向建设方递交；办理结算；结算定案；资料存档。

要点是敲定项目成本，设定结算目标，要具有前瞻性、措施到位、具有可操作性。对可能引起争议的部分要提前预测，并考虑应对策略，准备相应资料。

4. 结算编制审核要点

（1）工程结算书内容的全面性、准确性、技巧性以及有关政策文件执行的正确性。由多人编制的，进行自检、互检、交接检，实行多层面把关。

（2）检查计价方式是否符合合同约定，工程量计算是否准确。工程量方面可以利用单项抽查、折合建筑面积指标、各指标间的勾连关系等审核方法。

（3）清单项目人、材、机换算及计算方式是否准确。

（4）检查工程量调整是否有依据，是否符合招标文件要求、投标承诺和合同约定，预留工程量是否合理，签证、索赔、批价是否计入，图审、变更、往来文件的量是否计入。

（5）检查清单项目综合单价调整是否有依据，材料价格是否与报价相符，价格调整是否有依据。

（6）检查措施费用调整是否有依据，计费基数、取费标准、计算程序是否正确。

5. 注重对比

申报的结算不论量、价、费，都要全方位、合理最大化地调增，调增幅度的基准就是保底产值。下面是一个费率招标的医院项目预结算申报案例。

📖 **案例2-8：PPP项目预结算报送策划**

本项目是PPP模式，投资方、总承包方为同一家单位，以费率形式进行建安费的结算。摘录合同结算条款："采用《建设工程工程量清单计价规范》GB 50500—2013 及相关专业计算规范。采用《山东省建筑工程消耗量定额》SD 01-31-2016 中的建筑、安装、市政、园林绿化专业。2017 年各专业价目表。取费按鲁建标字〔2016〕40 号文《关于印发〈山东省建设工程费用项目组成及计算规则〉的通知》。人工费执行鲁建标字〔2017〕5 号文《关于发布山东省建设工程定额人工单价及定额价目表的通知》。"预结算报送策划如表 2-6 所示。

预结算报送策划表 表 2-6

序号	费用类别	科目	结算申报策划	保底结算计划
1	人工费	省工日单价	《山东省住房和城乡建设厅关于调整建设工程定额人工单价及各专业定额价目表的通知》(鲁建标字〔2020〕24 号)	《山东省住房和城乡建设厅关于调整建设工程定额人工单价及各专业定额价目表的通知》(鲁建标字〔2018〕45 号)
		建筑工程	128 元/工日	100 元/工日
		装饰及安装工程	138 元/工日	110 元/工日
		地市价	按照市最新发布	77 元/工日
2	材料费	材料单价	综合测算钢筋和混凝土费用,选最优组合确定为基期价格	编制当期对应的材价信息
3	取费	工程类别	Ⅰ类	Ⅰ类
		环境保护税	按照文件规定费率	按照文件规定费率
		建设项目工伤保险	按照文件规定费率	按照实际收费
		住房公积金	按照文件规定费率	按照文件规定费率
		优质优价费	按照文件规定费率	暂不计
		总承包服务费	只报费率	报费率
		采购保管费	只报费率	报费率
4	专业工程措施费	模板周转	门诊楼按照 1 次消耗,病房楼执行定额	全部执行定额
		模板支撑系统	盘扣脚手架	普通脚手架
		外脚手架	盘扣脚手架及钢板网	普通脚手架及密目网
		泵送	所有混凝土均泵送	二次结构非泵送
		塔式起重机基础	按单独打桩处理	未单独打桩
			最多数量布置图	实际数量布置
5	设计类	基坑支护降水	按照调整后的原版图纸	按照实际做法
		桩基水泥含量	按照有利的设计理论值	按照不利解释的理论值
6	定额套用	定额组价	按照策划文件,最有利套项	按照最保守套项
7	工程量	工程量计算	按照调整后的工程量	按照保底计量数量
8	暂估价	暂估价设置	人防门、减震分项按照市场最大值估计	按照常规批价,保守值估计,参照分包报价
9	编制说明	编制说明	按之前提示文件,对界面及开口性进行说明	
10	降低率	降低率测算取值	用保底产值作为预算收入,进行项目降低率的测算	

按表 2-6 所述，汇总出申报结算额和保底结算额，衡量上浮比例，最终敲定报送的结算值。从申报结算到完成，需要做好策划工作，谈判时应该如何争辩、考虑如何取舍等。采取抓大放小的方法，据理力争。

2.7.2 工程结算申报案例分析

分项工程的结算策划要点，作用是为综合单价组成增加筹码，也能增加工程量，在费率招标的合同条件中显得尤为重要。目前常见的 PPP 模式或 EPC 模式都能得到很好的应用。对于国标清单或者房地产市场化清单的模式，可以利用其发掘签证内容。常见内容和注意事项参考如下：

1. 分部分项工程结算策划

1）土方、降水、基坑支护工程

（1）挖土方的项目特征描述，可为按实际方量，即基坑支护图纸所示范围，而非清单计算规范的直坡。

（2）要了解桩顶的实际标高与设计标高是否有差异，涉及桩间土的范围。理由是防止桩基机械施工造成既有基槽的破坏，需在一定厚度的土层上施工桩基础。基于此，桩间土特征描述不是 0.5m 或 1.2m，而是按照施工方案的更大范围。

（3）对临时汽车坡道的维护、挖土的描述比较重要，后期这部分属于挖坚土，有系数调整。重要的是坡道两侧是需要采取边坡支护措施，也因此增加了基坑支护的工程量。

（4）支护桩本身的充盈系数调整，将泵送费及吊车费计入。

（5）支护桩顶冠梁位置的土方开挖。

（6）桩身钢筋连接费用及吊装钢筋笼费用。

（7）钢筋笼设计若不落底，要采取固定位置的措施。

（8）桩基检测和沉降观测归入项目总投资的工程建设其他费用中。

（9）高压旋喷桩止水帷幕的水泥含量，根据设计进行调整。

（10）凿桩头的长度根据专项方案进行计量；凿除桩头后的渣土外运。

（11）冠梁模板为一次性耗用，混凝土输送采用泵送。

（12）边坡支护喷面的操作脚手架；护坡钢筋网的搭接长度、钢筋网的横向加强筋。

（13）泄水管周边的反滤层做法。

（14）截水墙相关砌筑、抹灰等工序。

（15）排水沟、截水沟、盲沟，其开挖、碎石滤水层、防水等工序。

（16）腰梁中增加工字钢的防锈、防腐工序。

（17）降水井须有封井做法。

（18）打井设备的进出场。

2）基础、主体结构工程

（1）拉结筋为植筋方式。

（2）钢筋马凳、垫铁、固定筋按照方案计量。

（3）墙面抹灰网计入。

（4）卷材防水的损耗率，根据结构形式产生的附加层数量及卷材本身搭接数量计算。

（5）桩头防水的做法根据设计和实际情况而定。

（6）剪力墙水平及竖向施工缝，看设计图纸是否有刷渗透结晶防水做法，要用图纸会审、施工方案载明。

（7）人防墙和挡土墙的对拉螺栓可以单独列预埋铁件项，全部螺栓一次性耗用。

（8）过梁考虑预制方式，包含吊装工序。

（9）钢柱的防腐、防火涂料及探伤要求。

（10）钢筋穿钢柱的细部节点做法。

（11）电梯吊钩、人防门上方吊钩、固定扶梯的铁件，按照预埋铁件套用定额子目。有预埋铁件就有防锈、防火、防腐工序。

（12）主体结构变形缝的处理方式。

（13）地下室外墙保护层较大的，是否配置钢筋网片。

（14）外剪力墙螺栓孔封堵及防水处理、内剪力墙螺栓孔封堵处理。

3）屋面工程

（1）屋面立面防水卷材上翻的固定措施。

（2）水落口处防水处理增加，高低跨落水管下方的水簸箕做法。

（3）出屋面各类管道的墩台和防水处理增加。

（4）屋面蓄水试验。

（5）出车库屋面井道的建筑做法。

4）措施分项工程

（1）大体积混凝土的温控措施。

（2）地下室侧墙防水及保护层施工，在方案中体现不能够利用主体结构的外脚手架，需要另行搭设脚手架。

（3）人防门为成活价，但安装固定门框时，采取的措施要单独计费。

（4）大型机械设备进出场及安拆，台次是否符合施工平面布置图和方案要求。

（5）大型设备基础的挖土方、回填和覆土配重、避雷等内容应单独计费。大型设备基础的拆除。大型设备基础如下方需要桩基础，视情况单独计费。

（6）高大模板支撑系统应另行组价。

（7）要考虑单梁脚手架、地上的挑脚手架、为结构特殊造型部位搭设的特殊支撑架或者操作架，均需单独列项。

（8）节点核心区混凝土强度等级不同时，采取的隔离措施。

（9）基础后浇带侧面使用的金属网。

（10）模板周转次数的认定。

（11）有弧形构件的混凝土、砌体分项的定额调整系数。

（12）为配合工程桩的静载试验，如铺路加固、桩周人工清土或者抗拔桩制作钢筋 U 形构件等。

2. 分项工程结算申报策划分析

举例一个具体工程的分部分项清单，对其结算申报策划内容进行展示，见表 2-7。

工程结算策划细节分析表　　　　　　　　　　　　　　　表 2-7

序号	项目特征	分析策划内容
1	平整场地 名称:平整场地	1. 首层建筑面积,包括车库、车道出口、扶梯出口; 2. 车道设计有顶盖的,按照外墙结构水平投影面积的 1/2 计算建筑面积
2	挖一般土方 1. 名称:挖基础土方; 2. 土壤类别:综合考虑; 3. 弃土运距:自行考虑	1. 收集测绘资料,把石方破碎量包含进去; 2. 看测绘的体积是否包含了楼座之外的道路挖方量
3	回填方 1. 填方材料品种:素土; 2. 填方来源、运距:自行确定; 3. 密实度要求:满足设计要求; 4. 部位:肥槽	目前工程量未去掉底板放大脚、外墙防水及保护墙体积,按设计图示尺寸计算
4	回填方 1. 填方材料品种:素土; 2. 填方来源、运距:自行确定; 3. 密实度要求:满足设计要求; 4. 部位:地下室顶板	1. 回填范围依据建筑总平面图、景观平面图; 2. 顶标高按照铺装图的绝对标高平均值计算; 3. 是否扣除井道、楼梯间、电梯、排水沟等体积,这需要斟酌
5	回填方 1. 名称:室内回填; 2. 填方材料品种:轻骨料混凝土; 3. 填方来源、运距:自行考虑	1. 建筑图说明列表中室内装修做法表的地下车库部分明确:垫层采用 LC7.0 轻骨料混凝土回填至结构筏板,其余有水房间设计采用陶粒混凝土。注意:人防口部房间面层水泥砂浆的基层做法,需图纸会审证明; 2. 斟酌是否扣除电缆沟、排水沟、集水坑、电梯基坑、污水泵房所占的体积
6	竣工清理 名称:竣工清理	注意:凸出屋面的井道、楼梯间、电梯间等计算建筑面积的部位,并入竣工清理的体积
7	圈梁 1. 混凝土强度等级:C25; 2. 部位:基础圈梁	1. 落实基础圈梁使用部位; 2. 有水房间底部坎台,在二次结构固化图中明确
8	设备基础 1. 混凝土种类:商品混凝土; 2. 混凝土强度等级:C20	1. 建筑说明列表中,有消防泵房的设备基础尺寸;在电梯、卫生间、污水泵房详图中出现了污水设备基础尺寸; 2. 考虑是否还有其他的设备基础,如电梯底部等
9	基础梁 1. 混凝土种类:商品混凝土; 2. 混凝土强度等级:C35	基础梁混凝土强度等级 C35、抗渗等级 P8,在结构设计说明中明确了该强度等级,结算时要注意调整
10	矩形柱 1. 混凝土种类:商品混凝土; 2. 混凝土强度等级:C40	1. 正常计算工程量时,应把混凝土柱的高度算至屋面梁底,因为柱不抗渗而梁板抗渗。上报时则梁板体积不扣减柱; 2. 若图纸会审已经把内墙、柱都变为抗渗混凝土,则直接调整差价即可
11	其他构件 1. 混凝土种类:预拌混凝土; 2. 混凝土强度等级:C25; 3. 构件名称:设备间门设 150mm 高,C25 混凝土门槛,尺寸与墙同宽	建筑设计说明中,变电室、消防控制室、消防水泵房、污水泵房门口做 200mm 高,同墙宽,素混凝土门槛
12	构造柱 1. 混凝土种类:商品混凝土; 2. 混凝土强度等级:C25	1. 应为 C30 强度等级混凝土。结构设计说明中明确了构造柱、过梁、圈梁的强度等级; 2. 结构设计说明中有构造柱位置说明

续表

序号	项目特征	分析策划内容
13	直形墙 1. 混凝土种类:商品混凝土; 2. 混凝土强度等级:C35; 3. 部位:混凝土内墙及集水坑反檐	1. 因为要分隔抗渗混凝土与非抗渗混凝土,需要使用钢丝网,并入砌体钢丝网工程量即可; 2. 若内墙混凝土均已变为抗渗混凝土的,则不需要第1条内容。
14	有梁板 1. 混凝土种类:商品混凝土; 2. 混凝土强度等级:C40	抗渗等级应为P8,结构设计说明已经明确
15	其他板 1. 混凝土种类:商品混凝土; 2. 混凝土强度等级:C40	该部位混凝土强度等级C40、抗渗等级P6,车道详图中有说明
16	散水 1. 名称:混凝土散水; 2. 做法:详见图集《建筑工程做法》L13J1 散1	车库周圈暗散水算量时先计入,视图纸会审实现的可能性。图纸和清单理解为只出车库屋面的风井、楼梯间等部位有散水
17	散水 1. 名称:花岗石散水; 2. 做法:详见图集《建设工程做法》L13J1 散6	建筑详图中,扶梯出车库屋面周边明确标注,清单量就是此部位,但出屋面楼梯间周边也有此散水
18	地沟 1. 名称:地沟; 2. 沟截面净空尺寸:详见图纸	两个汽车坡道,每个坡道2条
19	电缆沟 1. 名称:电缆沟; 2. 做法:详见图纸	1. 建筑图中配电室大样中有标注; 2. 需要计算预埋的槽钢、钢板、铁件的工程量; 3. 考虑电梯预埋的钢板,地脚螺栓; 4. 人防结构图中有战时砌筑用的埋件的详图; 5. 电缆沟的米数,按照平面图计算
20	沟道盖板 1. 名称:电缆沟钢盖板; 2. 做法:详见图纸	1. 建筑说明中已明确使用部位; 2. 图纸中标明为800mm宽电缆沟
21	现浇构件钢筋 1. 钢筋种类、规格:各类型号; 2. 其他要求:钢筋接头、连接方式包含在报价中	焦点在于"钢筋连接方式自行考虑,并包含在报价中",搭接长度是否计算
22	现浇构件钢筋 1. 钢筋种类、规格:马凳筋; 2. 其余:详图纸说明	马凳筋信息详见图纸会审及钢筋工程施工方案
23	对拉螺栓增加 1. 名称:对拉螺栓增加; 2. 部位:有防水要求的混凝土墙	1. 部位:外墙、人防墙。《山东省建筑工程消耗量定额》(2016版)第102页第17条解释,设置不可周转使用的对拉螺栓的情况; 2. 计算工程量时,不要忘记人防门框墙的部位
24	砌块墙钢丝网加固 1. 做法:详见图集《加气混凝土砌块墙》L13J3-3 第11~12页; 2. 部位:墙体不同材料交接处	1. 墙体不同材料交接处,如砌体墙与混凝土墙、二次结构与砌体墙、砌体墙开槽处、安装箱体背后等位置,钉挂热镀锌电焊网; 2. 两种材料的墙体交接处,应根据饰面材质在饰面前加钉金属网或在施工中加贴玻璃纤维网格布,防止裂缝; 3. 楼梯间内及四周填充墙、公共走廊四周填充墙除全长设置拉结筋外,采用钢丝网砂浆面层加强,面层材料为1:2.5水泥砂浆20mm厚,内敷16号钢丝网20mm×20mm

序号	项目特征	分析策划内容
25	金属百叶窗 1. 名称:成品铝合金百叶窗; 2. 要求:具体做法详见图纸设计	1. 出屋面井道4个立面,实际2个面装百叶,另外2个面砌筑墙体、抹灰、涂料; 2. 要看图纸的具体使用部位; 3. 防火设计专篇:排风口内置10mm×10mm的防虫鸟铝合金板网,进风口设置粗效尼龙过滤网。建筑图设计说明中:铝合金通风防雨百叶内侧做防鼠网,并内衬竖向$\phi8@100$防护钢筋,抗水平荷载不应低于1kN/m
26	屋面刚性层 1. 名称:地下车库屋面; 2. 做法:详见图纸	要包含车库出入口的顶板屋面,去掉办公用房、风井、楼梯出口、电梯出口的占位,此面积还应该加上车道的上翻梁侧面的面积
27	钢板止水带 止水带材料种类:钢板止水带 厚3mm	部位:后浇带两侧、剪力墙水平施工缝
28	墙面卷材防水 1. 名称:地下室防水侧墙防水层; 2. 做法:刷基层处理剂一道,两道3mm厚改性沥青防水卷材	1. 顶部及底部截止范围以及筏板外伸周边、车道出口外墙、扶梯出口外墙等部位; 2. 出屋面上翻及楼梯间上翻的工程量归入,顶板防水单价会调高
29	墙面涂膜防水 1. 部位:卫生间、泵房; 2. 做法:1.5mm厚聚合物防水涂料	1. 需要注意:高度按照结构净高,而非建筑做法列表中瓷砖的粘贴高度; 2. 消防泵房的建筑标高是否有误需要判断; 3. 消防泵房、污水泵房的墙面要做防水,详见图纸会审
30	楼(地)面涂膜防水 1. 部位:消防泵房、污水泵房、补风机房、排烟机房、配电间; 2. 做法:1.5mm厚合成高分子防水涂料	1. 上翻尺寸先按照300mm计算,待图纸会审后定。申报暂按照清单所给出的工程量; 2. 工程量加入人防结构图纸设计说明:水平施工缝浇筑混凝土前,应将其表面浮浆和杂物清除,然后铺设净浆或涂刷混凝土界面剂、水泥基渗透结晶防水涂料,再铺30~50mm厚的1:1水泥砂浆
31	楼(地)面卷材防水 1. 名称:地下车库顶板防水层; 2. 做法:刷基层处理剂一道,4mm厚SBS改性沥青防水卷材(化学耐根穿刺)+3mm厚高聚物改性沥青防水卷材; 3. 部位:地下车库顶板	出车库屋面的办公用房、楼梯间、风井位置上翻防水,与露出室外地坪以上500mm高的部位,采用抹20mm厚防水砂浆的做法,两部位不冲突
32	砂浆防水(防潮) 1. 防水层做法:25mm厚1:2水泥砂浆加5%防水剂; 2. 部位:电梯坑、集水坑底面、侧面	1. 建筑设计说明中,露出室外地坪以上500mm高的部位,采用抹20mm厚防水砂浆的做法; 2. 施工部位可以加上电缆沟的工程量,但电缆沟的防水砂浆面积已经包含在其项目本身的综合单价中
33	保温隔热墙面 1. 名称:防水保护层; 2. 做法:100mm厚挤塑聚苯板; 3. 部位:防水侧墙等	1. 比外墙防水多出来的是有楼梯间外出部分的内墙、出屋面外墙,需要考虑; 2. 建筑说明列表下方标注:外门窗洞口周边侧墙采用20mm厚岩棉板条保温材料。还应落实图纸中是否有此窗的部位

序号	项目特征	分析策划内容
34	墙面一般抹灰 1. 名称:混合砂浆墙面; 2. 做法:详见图集《建筑工程做法》L13J1 内墙 3; 3. 部位:除块料及石材墙面	1. 从建筑图纸列表说明中可确定的抹灰范围:干挂墙面,内墙 15mm 厚 1:3 水泥砂浆找平;贴砖墙面,内墙 9mm 厚 1:3 水泥砂浆压实找平; 2. 不利之处:上述两项清单特征描述时已说明了引用图集,且在此项清单描述部位:"除块料及石材墙面。"证明编制清单时本意是界限分明的,只是报价中有遗漏; 3. 申报时仍将干挂和贴砖墙面的抹灰加上,另外独立框架柱面抹灰都要加上; 4. 集水坑侧壁和底面的防水砂浆已经在建筑工程清单中计取,此处再计取一遍抹灰; 5. 非人防区域图纸列表中,顶棚选择图集中顶 5 做法:现浇钢筋混凝土板底面清理干净;5mm 厚 1:1:4 水泥石灰砂浆打底;3mm 厚 1:0.5:3 水泥石灰砂浆抹平;表面刷(喷)涂料另选
35	墙面喷刷涂料 1. 名称:丙烯酸涂料踢脚; 2. 部位:车库	1. 建筑设计说明做法表下方标注:踢脚均为 150mm 高; 2. 此处可以扩大范围,即除了块料墙面房间外,均为此踢脚做法; 3. 从目前的建筑图中未发现此做法说明
36	墙面一般抹灰 1. 名称:水泥砂浆外墙抹灰; 2. 做法:15mm 厚 1:3 水泥砂浆找平; 3. 部位:所有外墙面及所有外墙构件	该清单描述应为风井外墙面、楼梯、扶梯面。风井顶盖抹灰已经包含在建筑防水清单中了,此处可以重复计算

2.8　施工成本控制策划

施工成本控制策划贯穿了一次、二次、三次经营的全过程。本节讲述了成本控制策略,从招标投标、合同签订、设计图纸、施工过程、竣工等几个阶段进行成本控制策划,列举了其他几项具体的成本控制措施。

一次经营阶段,从宏观方面来看,投标前需要考察建设方的经济实力及信誉,尽可能地选择利润点高的项目,减少承揽房地产开发类项目。在投标报价时,针对不同的工程,采用不同的报价策略。施工合同签订时,做好优势谈判,在前期为工程结算打下良好的基础。

二次经营阶段,依据投标预算,制定项目总成本计划。充分考察劳力、材料市场,编制出真实、具有指导性的成本降低计划。针对总成本降低计划,有针对性地选择劳务队伍及物资供应商,按照岗位职责落实到项目部每个人进行日常监督管理,制定有针对性的奖惩措施,编制详尽的材料总进度计划。在每个施工阶段完成后进行一次准确、全面的成本分析核算。全员时刻以成本为中心,做好资料收集与办理,促进日常成本管理。在项目实施过程中进行动态成本管理,做到投标预算、施工产值、实际成本三算数据同步对比分析。分包队伍要选择有实力、讲信誉、能够风险共担的合作伙伴,施工过程中项目部与劳务队伍要齐抓共管,本着双赢的目的做好项目管理,不搞以包代管模式。工期风险存在于整个施工过程,要确保物料供应,合理组织施工,做好工期顺延签证,避免风险的进一步扩大。

三次经营阶段,项目管理人员要全力以赴地投入对外竣工结算中,争取在定生死的阶段取得经济效益的最大化。竣工结算项目先做出结算初稿,与实际成本进行对比,制定目标结算额,调整结算书后报建设方审核。

2.8.1 项目准备阶段成本策划

项目准备可以分为招标投标阶段、合同签订阶段、开工前施工设计阶段。招标投标阶段的核心是成本预测能力，这种能力不是一朝一夕养成的。需要经过大量的施工实践，不断地总结、沉淀、分析已有数据，建立知识库。这样，在面对具体的投标项目时，才能"因材施教"，把经验数据具体化到投标项目。有了成本数据，报价则水到渠成。合同签订阶段，则是招标文件中合同格式模板内容的完善。就具体细节进行磋商谈判，这仍然是非常关键的内容。可以提出施工方的合理诉求，有倾向性地针对商务策划内容，进行有的放矢的协商。施工设计阶段，实质是对专项施工方案的一种战略安排。

1. 招标投标阶段

此阶段是成本管理的决策性阶段，要点是内部沟通。需要各岗位的沟通，这个阶段是一个部门牵头、各专业发力、中层把关、高层决策的过程。除却外围因素，施工部署、报价策略一经确定，就已确定了项目成本的"大半壁江山"。如人员配备、机械选型、现场布置、施工方法、周转材料、专业分包、奖项投入、绿色施工、科技创新、内控质量安全、工期安排等方向性问题均已尘埃落定。再如，砂浆选择、土方倒运等细节问题，也会在技术标及报价中体现。技术标与商务标的相辅相成、有机结合成为关键，此阶段的成果性文件为成本预测。

2. 合同签订阶段

此阶段是成本管理的支撑性阶段，要点是外部沟通。这里如果不畅，易得"佝偻病"（因为想从建设方要签证时，直不起腰杆来）。建议拟任商务经理先与技术总工及施工人员充分沟通，再附谈判技巧完成此阶段；否则，会使付出的成本不能有效地对应收入。敏感因素如总承包管理的范围、措施费范围、价款调整的方式方法、签证变更的流程、工期的奖罚等。

3. 施工设计阶段

此阶段是成本管理的决定性阶段，要点是优化设计。如果不畅，易得"常见病"（各种施工不畅，返修都与对图纸理解不透彻有关）。建议项目经理牵头，技术总工组织各专业岗位人员对施工图进行会审，优化设计。

必须牢固树立自主知识产权的施工深化设计意识，培养这种能力，将算与干有机结合。此处的深化设计与设计方的深化设计不同。这是施工方在专项方案层面的深化和优化。

审核的具体内容着重于建筑与结构的适应性，如门窗过梁、墙垛，外围构造柱的施工时间；施工技术环节，如钢筋连接方式、措施筋形式、冬期施工混凝土外加剂、超长混凝土抗裂、大体积混凝土温控措施、高支模加固措施、螺栓孔封堵方法、砌体的各种构造细节、地下坑井做法、预制构件范围；建筑做法方面，如墙体的材料及布置、回填土做法、地下室地面及墙面、超深处理方案、屋面各层次及排水做法、出屋面各构件的构造做法、外墙做法、变形缝构造、屋顶空间利用、小区域台阶护栏做法，与室外景观配套衔接等。结合清单报价，提出既有利于节省施工成本，又能保证质量、让建设方满意的优化设计。这个阶段需要有丰富的施工经验，和评奖做法经验，对合同、图纸、报价、施工技术进行融会贯通。此阶段的成果性文件为详细成本测算。

只有真正做到了这些，再结合优化的施工方案，把"家庭主妇式的节俭"转化为项目管理组织行为，才能科学地谈成本节约问题。

2.8.2 项目施工阶段成本策划

现场施工阶段是成本管理的实施性阶段，要点是执行力。此处如果不畅，易得"慢性病"（前期积累的问题会慢慢腐蚀机体）。建议开发人性，强力执行，厚积薄发，细水长流。分为人、材、机、法、管进行叙述。此阶段的成果性文件是成本分析。

1. 班组模式的成本策划

（1）各班组界面划分清晰。以实用的技术交底辅助合同，来完成其履行义务的范围和标准。如木工班组施工完成后，把周转材料放置什么地方，整理到什么标准。

（2）价格方面，制定基本价格。当进度达到一定要求后，有加价奖励。质量、安全方面出现问题，按照减少后的价格结算。领料节超，制定奖罚规则。

（3）引入班组竞赛模式，分月或分部位进行评价、打分来实施奖惩。

（4）不定期地主动深入班组内部，了解其动态，及时将班组间的矛盾消化掉，避免影响质量和工期。如主体施工期间，木工与钢筋班组之间常因塔式起重机使用问题而产生矛盾。

（5）施工管理人员要具备一专多能的技术管理素质，在施工管理过程中兼岗兼职。合理使用劳动力，根据工程需要随时调节劳动力的人数和工种搭配，尽可能减少待工或待料现象。

（6）零星用工：实行班组制模式下，零工成本一般在 20 元/m^2（建筑面积）。采取以量定工模式进行管理。要求零工记录单有工作量、工人名字、上下午分开，并有相应管理人员的签名。安全文明施工、卫生清理等工作，均可采用此种模式。零工用途五花八门，注意记录、归集和统计分析，总结节约措施。

（7）智能化应用：安全员佩戴记录仪，有摄像功能，并能记录安全员的行动轨迹。公司管理层在手机终端，可以直观地看出安全员的活动轨迹、步数等信息。一是强化对安全员的管理；二是要求安全员对现场安全管理留痕，证明安全员的履职到位。万一发生安全事故，可以作为证据。对安全管理的模式，可复制到对项目零工和零星机械的管理，装上智能收集设备，可以方便地记录、提取信息，更加科学有效地进行非量化工作的管理。

（8）辅以小型机械代替人工：购买二手小型铲车、挖掘机、农用运输车。这些机械在零星回填、垃圾清理、材料倒运、挖沟槽和基底清槽等方面，性价比要优于单纯的使用人工。班组制模式下，小型机械加低值易耗材料的成本一般在 20 元/m^2（建筑面积）左右。

2. 影响人工产能的要素

1）机械配置影响

主体阶段塔式起重机配置数量非常关键，不能视覆盖范围为唯一标准。重要的是工作量问题，各区域的搭配与穿插要合理。

混凝土的输送方式若采用地泵输送，安排在夜间浇筑效果比较好。此时塔式起重机相对空闲，可以帮助泵送吊运软管；而白天塔式起重机忙于吊运钢筋、钢管和木工材料时，无暇顾及混凝土的浇筑。

施工升降机的配置、数量、位置，在砌体、抹灰、地面等部位有交叉时，要考虑上料、施工，以及各工序的交叉作业影响。

2）措施影响

在操作工人同等熟练程度的基础上，使用铝模板效率高于普通木模板。一个 500m^2 左右的标准层，能够提前 0.5～1d 的时间。

3）流水施工

住宅小区多栋楼施工，一个作业班组在两个楼座之间流水为最佳。如果恰好一个小区有3栋楼，则钢筋工、木工，各需要配置两个班组作业。

3. 实体材料管理的成本策划

（1）采购方面通过合同措施进行控制，如商品混凝土的计量方式、各种材料及周转材料的损耗率问题。把好材料采购关，采购人员要按流程办理审批手续，还要进行多方询价，货比三家，选择质量最好且低价的供应商参与竞价。把好材料进场验收关，保证所有的材料设备质量达到合格标准，还要做好保管。班组承包模式下，各班组为了图方便、抢进度，不惜超计划大批领用材料，而这些材料又堆积在现场，因保管条件差，浪费现象时有发生。因此，材料员和保管员一定要把好限额领料关，对施工现场和施工班组勤检查、勤督促，必须做到工完场清。还要注重班组施工过程中的用料情况，在安排施工任务时做好技术交底，避免造成大材小用、好材滥用的浪费现象，尽量做到小材大用和合理利用余材。

（2）限额领料。班组长通过技术人员开具领料数量证明，库管员发料，尤其是周转材料及小五金低值易耗品，并核算该班组累计领料数量。超过施工预算范围的，在合同中明确如何奖罚。

（3）"阿米巴"式管理。如某技术员和材料员，对某栋楼的某种材料的节超，进行入股管理，与项目部签订协议。水电费的管理也可试行此法。按照节超的百分比进行奖惩。

（4）循环利用制度。开发各种材料的再利用方法、制度及程序。以绿色施工中的节材措施为主要参考，以数量化指标为考核依据。必要时可以引进一些设备，在工地间循环使用。如加气块及水泥混凝土垃圾的粉碎铺路、做预制构件。模板边角料再利用，做排水沟盖板、预制过梁模板、挡脚板、踢脚板、楼梯护角等。钢筋余料处理，用于沟盖板钢筋、马凳、S拉钩、构造柱植筋、过梁、柱墙定位筋、加固钢筋等使用。抽取的地下水，当作养护用水、喷洒路面、绿化浇灌、冲厕所、洗车机。这部分以奖励为主，按照一定节约比例进行奖励。所谓创新，并不一定是发明新事物，节约再利用也是一种创新。

（5）其他如加大工程款回收力度，现金购买材料节省成本，属于资金运作问题，不再详述。核心是进度快，成本省。

（6）对于市场上出现的新材料、新工艺、新方法和新设备，要善于比较，勇于尝试。这也是节省成本的一个重要途径。如新型模板、新型墙体加固材料等。

4. 摊销及周转管理的成本策划

（1）模板材的小周转模式。采购价格低廉的产品，最好以在一个工地上一次性有效地耗尽为优。虽然站在公司的角度，实现各工地间的大周转更能节省成本。但现状是材料整理、装车、运输、卸车、再整理的过程，所耗用的人工、运输费及材料损耗巨大，并不能达到理想的大周转节约效果。

（2）水电费。施工现场的水电，按照区域划分为：施工生产区域、工人生活区和管理办公区，一般成本在 $10\sim15$ 元/m^2（建筑面积）。施工用电，主要来自生产区的机械、照明、手持工具，来自生活区的照明、取暖制冷以及食堂，来自办公区的照明、取暖、制冷以及办公设备用电。施工用水，主要来自生产区的搅拌、养护，降尘绿化，厕所冲洗；来自生活区及办公区的卫生间、食堂以及其他生活用水。

施工现场水电费的金额，与几个因素息息相关：是否有大型的桩基施工机械，耗电量巨大。混凝土输送泵是否采用了电泵。从现行的市场情况来看，使用柴油泵的居多。其他用电设备是否采用了变频节能的产品。塔式起重机、施工电梯都有变频型。变频的人货电梯，启停时不会有很强的顿挫感，非常平稳。基坑降水是否进行了回收利用。可采用大型罐体收集地下水，利用变频高压泵将水送到楼层上，作为混凝土养护及降尘使用，以及室外绿化灌溉、厕所冲洗。化验合格的情况下，可以做搅拌砂浆用水。工人生活区的用水电量不可小觑，尤其是夏、冬两季。

小项目的大浪费常常发生于此，必须以治标为手段，达到治本的目的。工人头脑里工地水电免费的思想根深蒂固，要采取技术手段与制度，加之有效的思想教育进行治理。技术手段如采用节能灯具、设置每间房的电表及限时限电措施、节水水龙头、厕所冲洗模式。生活区、办公室、生产区分表计量考核奖惩。分设电表，发现偷电罚款。设置管理人员的"阿米巴"小组，按月或者施工部位对各区耗能情况进行考核。

（3）租赁周转材料的进出场时间。严格把控，按施工方案和进度计划进行考核。一般租赁费成本为 $35\sim40$ 元$/m^2$（建筑面积）。

（4）管理费，一般成本在 $40\sim55$ 元$/m^2$（建筑面积）。提高管理人员自身素质，节约办公费用和经营活动费，达到节流的目的。专人负责办公费用的开支统计。其他费用节超也可制定此法。

5. 大型机械成本策划

根据工程建设项目的工程特点、施工条件、工程量大小以及工期要求，一方面要考虑使用的施工机械是否经济，即以机械使用费的高低为标准；另一方面，也应考虑设备的合理组合。通过提高设备利用率，降低机械设备使用费。项目部提前编制设备器材供应计划，明确具体的安装时间，公司协调解决，确保工程的正常使用。对于自有设备器材，如塔式起重机、人货电梯、外架等，应在满足使用的前提下尽早拆除。

（1）大型机械优化布置。大型机械的租赁费成本一般为 $18\sim25$ 元$/m^2$（建筑面积）。在技术标的基础上优化布置方案，在满足生产的前提下尽量减少机械的数量。严格控制机械的进出场时间，减少机械租赁费用。布置塔式起重机要注意以下几个方面：

①工作性能：塔式起重机的起升高度、起重量、覆盖范围，要满足施工要求；

②工作量：要估算好主体阶段，各工序的塔式起重机用量，决定配置台数；

③附墙距离：超过塔身自由高度，要附墙固定，掌握好塔身与附着点的距离；

④群塔干扰：住宅小区工程的楼座较多，塔式起重机之间要防止相互碰撞；

⑤拆除方便：最后大臂要能够落下来，保证拆除时无障碍；

⑥穿楼板：如果必须穿越楼层，要避开梁的位置，原则上不要穿车库人防区；

⑦塔式起重机基础：不可坐落在未经特殊处理的回填土上；

⑧防护要求：周边如果有高压线等，要搭设竹木防护架，防止触电发生。

（2）提高机械设备利用率。加强机械设备的管理，提高其完好率和利用率，减少机械使用费和维护费，从而降低成本。做好设备管理，主要有设备选择、合理使用和检查维护、保养等。

（3）严格管理司机。司机的作用不仅在于操控机器，对于衍生的相应工作也要负责。如楼下垃圾外运，未倒入指定地点的，一律停运。楼上施工不合格的工序，在管理人员的要求下，停运该工序的材料。

（4）合理设计施工现场的总平面图，避免产生二次搬运。临时设施做到合理布局，尽可能做到少投入多办事，在保证效果的前提下充分利用旧材料、旧设备进行周转使用。项目部自己能完成的，不分包给其他专业施工队。

2.8.3 项目竣工成本分析策划

竣工结算完成后，建立项目数据库，为公司的大数据库提供基础。基础性工作数据统计非常关键，分析整理，做好积淀，进行成本核算与考核。编制项目管理总结，把好的经验、数据有效地用于下个工程的投标及施工中。体现了管理中的 PDCA 循环过程。分项目部、分班组，组织编写各工艺流程中节省成本的方法，从一线操作层面上挖掘成本节约的方法。零星用工、分项工程的测算，取得基础性资料，为班组的价格谈判争取空间。找到典型工程，建立企业数据库，为企业定额的编制提供基础数据。项目管理总结，是这个阶段的成果性文件。

项目管理总结在不同企业有不同的格式要求，内容需要涵盖工程概况、合同管理、成本管理、进度管理、技术质量管理、采购及资源管理、信息管理、沟通管理、风险管理、收尾管理等各个方面的总结。其中，成本管理的总结可以按照如下思路进行编写：先进行技术经济指标分析对比，再进行结算定案值与实际成本之间的对比。本章举例的工程项目，造价仅是总承包方合同范围内容，对比分析如表 2-8 所示。

某公建项目结算定案值与实际值对比分析 表 2-8

定案值			实际值		
经济指标	单位	指标值	经济指标	单位	指标值
工程造价	元	192038155.70	实际成本	元	178403673.34
人工费	元/m²	187.24	人工费	元/m²	338.20
地下钢筋含量	kg/m²	290.97	地下钢筋含量	kg/m²	248.78
地上钢筋含量	kg/m²	61.65	地上钢筋含量	kg/m²	58.01
工程总钢筋含量	kg/m²	96.74	工程总钢筋含量	kg/m²	87.11
混凝土含量	m³/m²	0.672	混凝土含量	m³/m²	0.653
砌筑干混砂浆	t/m²	0.0238	砌筑干混砂浆	t/m²	0.0398
方木、模板费用	元/m²	84.29	方木、模板费用	元/m²	42.85
器材租赁费	元/m²	26.58	器材租赁费	元/m²	32.33
大型机械费	元/m²	47.49	大型机械费	元/m²	22.87
水、电费	元/m²	23.89	水、电费	元/m²	11.91
安全文明施工费	元/m²	46.99	安全文明施工费	元/m²	46.14
项目管理费	元/m²	74.04	项目管理费	元/m²	64.7
内抹灰数量	m²/m²	1.873	内抹灰数量	m²/m²	1.410
砌体数量	m³/m²	0.187	砌体数量	m³/m²	0.180
工程降低率	%	7.1	责任书降低率	%	5
土建单方造价	元/m²	1745.80	成本单方造价	元/m²	1627.30

紧随此表的还有详细的成本分析对比表。由于篇幅限制，我们不具体列出该表格内容。成本分析对比的要义：一是全面性原则，二是稳健性原则，三是同一起跑线原则。全面性原则就是成本的统计归集要全面，涵盖了项目的所有成本支出。项目部要结合公司财务数据，尤其注意分摊费用的归集、转入转出物资的账目理顺。稳健性原则是针对标前成本预测和过程成本分析来讲，要把预算收入做得稳健，不可高估冒进，造成账面形式的"一片大好"，实际则是另外一种结果，误导决策。同一起跑线原则是对比的项目，预算收入和实际成本支出的内容保持一致，如人工费对比中，劳务一般包含了小五金和小机械，就要在预算收入的人工费中包含进这一内容。视具体情况，以对比准确、方便为原则。

成本分析表主要的对比项目更加详细。具体分解可以考虑以下几点：

1. 人工费的对比

人工费可以分解为：主体人工费、装饰人工费、机械费中的人工费、总价措施费中的人工费，以及为对比内容在同一起跑线上而设置的劳务人工费中的小五金、小机械含量、现场零工等费用。

2. 材料费的对比

材料费可以分解为：各种规格型号的钢筋、混凝土、加气混凝土砌块、装饰装修材料、屋面材料、其他零星材料等的费用。模板、木方、租赁器材单独列项。其中，租赁器材的运费注意区分对比。

3. 机械费的对比

机械费可以分解为：塔式起重机、施工电梯、起重机、运输车辆、各种加工机械、振捣及搅拌机械等的费用。注意：机械费中的电费可以分解出来单独进行对比。

4. 管理费及规费的分解对比

按照会计科目的统计进行对比。

5. 专业分包项目的分解对比

按照合同约定的结算值进行差价对比，注意配合费、水电费等的归属问题。

列出上述对比的表格是非常重要的基础性工作，目的是为了分析各类要素盈亏的原因，是管理原因、设计原因、分供商原因，还是建设方等外部原因。在后续施工或后续项目中加以调整。比如，人工费的亏损，有项目自身管理的原因，也有客观的投标报价的人工工日单价比市场价格低的因素。当然，有定额工日与实际工人工作时长的差距。再比如，商品混凝土亏方的原因，可能有商品混凝土搅拌站在客观上量不足的问题，也有可能是坍落度过大的原因，还有可能是泵送堵管而浪费的、泵管本身有遗留，还有可能是支模时构件尺寸大于设计值，或者浇筑过程中胀模，或者最后一车方量报多了，没有估计准确等。还能找出很多原因造成的商品混凝土亏方。按照这个思路分析所有材料、机械要素，就可以看出影响成本最大的因素在哪里，并进行重点管控。

在对2017年某医院项目总结对比中，大项对比结果如下：人工费降低率为－66.99％、材料费降低率为5.52％、机械费降低率为40.58％、管理费降低率为20.22％、专业分包费降低率为27.94％、规费降低率为57.51％，总造价降低率为9.58％。

在上述成本分析后，还可以按照造价形成划分的结果进行对比。比如，对挖土方分项进行一次、二次以及三次经营的成果对比分析，依次可以将项目的所有分项工程进行同样对比。分析得失，以期在后续的经营管理中起到预防作用。

2.9 评定国家优质工程奖策划

获得国家优质工程奖，是企业层面取得社会效益的重要加分项。这对项目经理个人以及项目团队成员，都是业绩的体现。参评国家优质工程奖，从招投标阶段即要开始，贯穿施工过程，直到奖项评审结束。参加国家优质工程奖评审的项目，一定是工程对象适合、设计标准适合、建设方适合。合同谈判阶段，可以视建设方情况加入评奖方面的条款，如奖罚机制、条件支持等。进场后要沟通建设方，组织勘察设计方、监理方商谈评奖的前置条件，分解目标至责任单位，明确完成时间。评奖策划要纳入项目所有参建单位及利益相关方。项目实施过程中严格执行策划内容，定期检查分项目标完成情况，进行后续工作安排，直至评奖结束。

参评国家优质工程奖需要有一定的经济投入。如果运作适当，可以将部分增加做法的费用融入工程结算中。参评奖项的过程，能够提高质量管理水平，减少过程返工费用及交工后的维修费用，这也是隐性成本的节约。如果决定参评奖项，在与班组的合同中约定好奖罚机制，适当调整单价水平，有利于进行过程管理。某医院工程参评国家优质工程奖增加费用统计如表2-9所示。

某医院工程参评国家优质工程奖增加费用统计表 表2-9

工程部位	增加内容做法	单位	数量	单价(元)	金额(元)
楼层	管井内吊顶	m²	450	112	50400
	管井地面与管之间砌筑抹灰挡台	个	350	35	12250
	装修块料对缝造成损耗率增加	m²	6100	18	109800
屋面	屋面缸砖换色带及立面台阶铺贴	m	1850	57	105450
	出屋面风井及基础墩台做弧形线	m	315	35	11025
	屋面落水斗更换	个	55	80	4400
	非上人屋面落水管下方增设水簸箕	个	28	95	2660
	屋面变形缝钢板过桥	m²	195	450	87750
	非上人屋面钢爬梯不锈钢管装饰	m	220	155	34100
地下室	机房地面面层地坪漆及画线	m²	330	60	19800
	地下室柱、墙面防碰撞措施	m	650	125	81250
	地下室墙面防霉涂料	m²	32000	9.5	304000
	地下室坡道造型成型	m²	890	49	43610
沉降观测	沉降观测点重新设置及报告整理	项			45000
修复及保洁	屋面、楼层、地下室修复及保洁	m²	110000	2.5	275000
安装工程	各类管线整理、标识、修复等	m²	110000	1.9	209000
资料	重新理顺工程资料、宣传、视频	m²	110000	1.5	165000
论文	发表论文、成果性文件	项			35000

工程部位	增加内容做法	单位	数量	单价(元)	金额(元)
组织	总承包组织各独立招标单位费用	m²	110000	0.5	55000
顾问会务	会务咨询、顾问等其他费用	m²	110000	1	110000
合计					1760495

指标分析合计:16元/m²(建筑面积)

根据表2-9统计,参评国优奖增加费用16元/m²(建筑面积)。

本节对国家优质工程奖进行了简要的讲述,从评奖的战略策划、战术策划,以及各分部分项工程质量控制点进行策划分析,让商务人员对评奖内容有一定认知,并对增加的费用有所了解。

2.9.1　国家优质工程奖评定方法与注意事项

根据《关于印发〈国家优质工程奖评选办法〉(2020年修订版)的通知》(中施企协字〔2020〕54号),评选国家优质工程奖项目应具备这些条件:建设程序合法、合规,诚信守诺;创优目标明确,创优计划合理,质量管理体系健全;工程设计先进,获得省(部)级优秀工程设计奖;工程质量可靠,按工程类别获得所在地域、所属行业省(部)级最高质量奖;科技创新达到同时期国内先进水平;践行绿色建造理念,节能环保主要经济指标达到同时期国内先进水平;通过竣工验收并投入使用一年以上、四年以内;其中,住宅项目竣工后投入使用满三年,入住率在90%以上;经济效益及社会效益达到同时期国内先进水平。

建筑工程类评选范围:住宅工程建筑面积20万平方米以上;单体公共建筑4万平方米以上,群体公共建筑在6万平方米以上;体育场、体育馆、游泳馆、影剧院分别在30000、5000、3000、2000座以上;广播电视塔350m以上;古建筑修缮、历史遗迹重建单体3000平方米以上,群体2万平方米以上。

国家优质工程是由中国施工企业管理协会组织实施,为国家级质量奖,最高奖为国家优质工程金奖。一般由施工方申报,省建筑业协会推荐。采用综合评价法,总分1000分。一级评价指标有六个方面:工程规模40分、设计水平100分、科技进步100分、绿色建造60分、实体质量600分、综合效益100分。创奖的策划、实施、汇报、评选,均围绕上述六大方面进行。

创国家优质工程奖的注意事项如下:

1. 奖项认识

全面合格、很少缺陷、工艺精湛。质量亮点是工程难点的完美实现,是工艺水平的综合体现,但最重要最本质的亮点是功能、安全和耐久。质量与效益不是矛盾关系,质量差往往是效益流失的通道。

2. 创奖要求

作为主申报方,需要对工程进行全面的策划、总结,提炼;提升工程的特色和亮点。全面策划、科学管理、实现设计、符合规范、落实方案、有效交底、严控工序、工艺统

一、持续改进。

3. 外部配合

将国家优质工程奖的理念、特点，向建设方、勘察设计方、监理方宣贯清楚，取得最大限度的支持与配合。

国家优质工程奖不仅是对实体质量的评奖，也是对工程整体建设品质的综合评价。除实体质量外，其他五项评价内容的得分基本应达到满分。

2.9.2 国家优质工程奖的战略策划

战略策划就是从组织机构、战略目标制定、组织措施几个方面进行规划，作为创奖的统领性、规划性举措。

1. 组织机构

直线制领导的层级：集团公司—分公司—项目部。

公司组建指导组，项目部组建攻克组、质保组、资料组、后勤组。创奖阶段的组织机构需根据公司总体部署及时调整。

指导组：负责统筹指导现场所有工作，为创评"国家优质工程奖"进行整体布局。

攻克组：负责工程建设所涉及的外部交涉及施工方面的难题攻克。

质保组：负责施工过程中的所有安全、进度、质量的组织实施控制。

资料组：负责工程所有奖项参评时所需影像和技术资料的收集、整理工作。

后勤组：负责施工及创奖阶段企业 VI 宣传、材料供给、物资保障等后勤工作。

2. 目标准备

基础性奖项的获得包括：

（1）设计类奖项：确保省级优秀工程设计奖，力争省级工程设计奖一等奖，争取获得国家级设计奖。

（2）科技进步奖：确保获得省级科技一等奖；国家实用新型专利；确保获得省级工法；建筑业十项新技术。

（3）绿色建造：绿色三星级标识；绿色施工科技示范项目。

（4）工程质量奖：山东省泰山杯；QC 成果奖项。

落实这些基础奖项的责任人、实施措施、完成节点等方面的要求。

3. 组织措施

（1）定期召开创优实施会议，对照工程创优策划检查创优的落实情况和实施效果，落实整改措施。参加人员为创优小组、劳务分包负责人和专业分包负责人。

（2）由公司组织联络，不定期邀请历年"国家优质工程奖"检查组评委到项目上进行指导，加强过程沟通，为评奖创造有利条件。

（3）公司职能科室利用季度检查，监督、检查创优实施情况，督促创优的实施。

2.9.3 国家优质工程奖的战术策划

战术策划是验评国优奖的核心关注点，是"看得见、摸得着"的部分。请看下面一个创奖失败导致成本损失的案例。

案例 2-9：项目创奖失败导致损失

某公共建筑项目在主体一次结构完成后，更换了主要项目班子成员，后续人员没有重视评奖，直到公司要求准备评奖时，才发现有巨量工作没有完成。公司组织资源去整改、维修、整理资料，一顿操作下来花费近 100 万元。结果请专家过来一看，根本不具备评奖条件。现场修出来的工程和施工中做出来的工程，内行人一看便知，更有地下室渗漏这个一票否决项；资料不成系统、缺项多，难以弥补。按照合同约定未获得奖项，对施工方罚款 200 万元，前后经济损失达 300 万元。

以上案例给出的警示：评奖工作从公司到项目都要重视，对策划要一以贯之，否则成本流失严重。战术策划就是针对各分部分项工程，展示重要关注点。从这些关注点再出发，引出下一个层级具体质量控制点。

1. 屋面工程

排水组织明晰、有序、顺畅，屋面无渗漏。排气管道、基座，成排成线、布局合理。防水构造、出屋面构件的防水处理和出屋面构件的总体布置、走向、排水节点构造等处理得当。广场砖铺设牢固，节点细致、美观，界格清晰、顺直。

2. 外墙装饰

外墙石材、玻璃及铝单板幕墙，排版合理，表面衔接流畅，曲面过渡自然，胶缝均匀、饱满，"四性"检验合格，造型大气、美观。门窗连接牢固、开启灵活、密封严密，各项性能检测合格。

3. 大厅等公共空间

墙、顶、地面块料排版、色带、拼缝统一协调。大理石地面接缝均匀、表面平整、阴阳角方正顺直。墙面、地面砖缝相通、排列美观、缝隙均匀，分色处交界清晰，套割准确。吊顶下喷淋、烟感、灯具布局合理，成排成线。

4. 卫生间楼梯间

卫生间洁具位置合理，地漏安装规范。器具位置与拼缝协调对称统一，无错缝、乱缝和小半砖现象。楼梯踏步高度一致，防护栏杆顺直、牢固。挡水台美观、实用。涂料饰面色泽均匀、光洁，观感质量上乘。

5. 地下室及各类机房

（1）地下室管线：管线排布合理有序、保温严密、标识清晰，支吊架位置准确、安装牢固。

（2）设备机房：设备布局合理、安装稳固、运行可靠。基座、阀门、仪表成线。设备间地坪漆美观、不锈钢导流槽安装规范。穿墙节点构造，设备基础布置整齐、标高尺寸一致，排水沟槽整齐精细，排水走向清晰。设备操作检查检修通道空间合理、整齐、明亮。

（3）配电室整洁规范、标识清晰，防雷接地系统可靠。高低压配电柜排列整齐，盘面整洁。配电箱布线合理，分线清晰。桥架安装顺直，跨接规范。防雷系统完备、可靠。消防设施配套齐全，疏散指示清晰，联动正常。烟感自动报警灵敏。

6. 电梯工程

电梯运行稳定、召唤有效、平层正确、安全可靠,均通过特种设备检测,定期保养维护。

7. 沉降稳定

最后 100d 沉降速率符合《建筑变形测量规范》JGJ 8—2016 中 0.01～0.04mm/d 的规定。技术资料及时、有效、完整,具有可追溯性。

2.9.4 分部分项质量控制点策划

本小节是针对具体的分部分项工程,对影响创奖的工程质量控制点进行叙述。

1. 地基基础及主体结构工程

混凝土结构构件施工质量及温度收缩变形控制;变形缝、防震缝的设置及盖板构造;吊顶内结构质量,防火封堵及龙骨构造;避难层、转换层、设备层、设备间结构施工质量;砌体与其他结构连接的裂缝控制;钢结构构件,安装节点及螺栓连接、表面涂层、防火涂料等加工安装质量;钢结构支座、锚栓安装轴线、标高偏差、挠度变形控制;压型钢板、钢平台、钢梯、钢栏杆等安装质量;沉降观测及观测点设置;室内外回填土、室外台阶踏步及散水沉降裂缝控制;主体结构与车道等附属工程连接的施工质量。

2. 屋面工程

突出屋面结构的排布设置、排水组织、防水构造及效果,变形缝及女儿墙压顶栏板处理;虹吸雨水口、天沟、天窗防排水等构造措施及效果;爬梯、栏杆等安全措施;雨水口、排气孔、滴水线、雨罩、泛水、过桥、上人孔、台阶等细部构造。

3. 外墙装饰工程

外墙面的色差、空鼓、变形、渗漏、开裂控制。外墙面排布、平整度与垂直度、阴阳角的方正;分格缝、变形缝、滴水、胶缝、嵌缝、不同材料的分色等的细部处理;幕墙与主体结构连接安装质量。幕墙层间防火封堵等防火构造。

4. 室内装饰工程

(1) 墙面:墙面平整度、阴阳角方正、顺直;墙面的排布、块料牢固性及色差;块料间缝宽控制、嵌缝质量以及不同材料交界面等设置。

(2) 顶棚与吊顶:块材排布、墙顶阴角处理、裂缝控制等;吊顶末端设施排布,吊筋、龙骨构造、平整度及变形。

(3) 地面:地面排布、分隔缝设置、高差、色差、缝宽、直线度、镶边、踢脚线;整体地面平整度、空鼓、开裂控制。石材打磨、泛碱、色差控制。

(4) 门窗工程:外门窗位置、开启方向、角度、泄水孔及限位安全措施、窗台坡度、坡向、高度及周边打胶;内门窗位置、开启方向、五金件安装;防火门开启方向;门窗的严密性、牢固性等,以及与周围界面的细部处理;卫生间等涉水房间门下的防潮处理。

(5) 细部:墙面与地面交界处、管道穿墙、穿楼板处、变形缝处、卷帘门等不同颜色、不同材料、不同专业的分界、分格、分色处理;各种设备末端、线盒、插座、开关、灯具、卫生器具、地漏、检查口等布置的协调性。

（6）楼梯间：楼梯栏杆高度、间距、牢固性；踏步高度、宽度、防滑、滴水、挡水、踢脚；楼梯净宽、净高；玻璃栏板的构造及安全措施。

（7）管井、电井及设备房：有排水要求地面排水坡度及防水效果；墙、顶、地面、设备基础及管根精细程度及防火封堵。

（8）涉水房间：块材排布，末端设施与装饰面层的协调性；排水坡度、洗手盆、地漏、支架等处细部控制；通风及防水、防滑效果。

（9）无障碍设施：出入口、卫生间等部位无障碍设施。

2.10　绿色施工策划

绿色施工是对国家节能减排、绿色低碳发展理念的响应。从施工过程这个层面采取一些措施，达到节能、环保、科技创新的目标。

山东省绿色施工的奖项名称为"绿色施工科技项目"，由山东土木建筑学会组织评价，分为立项申报、中期评价和验收评价三个阶段。该学会编制的《山东省绿色施工科技项目评价指标》提到，检查评价要求包含：施工管理、环境保护指标、节材与材料资源利用、节水与水资源利用、节能与能源利用、节地与土地资源保护、人力资源节约与职业健康安全、技术创新与应用。优先列入评价计划之房建工程条件：单体建筑面积 $10000m^2$ 以上，或组团建筑面积 $30000m^2$ 以上，按照绿色建筑一星级及以上要求进行设计的项目。

验收评价申请资料包括：项目验收申请书、中期核查评价报告及整改情况、工程竣工验收文件及资料、项目验收自评表、总结报告及实施记录、相关单位的书面评价意见、绿色建造技术汇总表和推广建议。

验收评价的主要内容：提供的验收评审资料是否完整、齐全，真实、有效；是否完成了申报书中提出的全部内容；主要指标是否达到评价指标要求；对中期评价中提出的意见是否进行了整改；实施过程中研发技术成果的创新性、先进性、成熟程度、应用价值及推广前景。

从商务角度考虑，创建绿色施工科技项目，需要有一定的投入，但也会有一定的成本节约。只要在策划阶段做足功课，最终核算还能节约成本。举例一个已完项目绿色施工经济效益分析，如表 2-10 所示。

一个已完项目绿色施工经济效益分析表　　　　　　　　　　　　表 2-10

序号	项目	目标值		实际值	备注
1	实施绿色施工增加的成本	55 万元	43 万元	材料设备费用：38 万元	所购置的各种设备、环保器具、绿化苗木，投入的其他人工机械费用
				人工＋机械：5 万元	
2	实施绿色施工减少的成本	110 万元	115 万元	节材措施：61 万元	从节水、节地、节能、节材方面节约的成本
				节水措施：8 万元	
				节能措施：19 万元	
				节地措施：9 万元	
				技术创新：18 万元	

续表

序号	项目	目标值	实际值	备注
3	实施绿色施工节约的成本	55万元	72万元	
4	经济效益		0.36%	总造价:20221万元

从表 2-10 中分析,实施绿色施工增加的成本为 43 万元,减少的成本为 115 万元,节约 72 万元,经济效益为 0.36%。

本节着重从与成本节约措施直接相关的"四节"方面论述:节材与材料资源利用措施、节水与水资源利用措施、节能与能源利用措施、节地与土地资源利用措施。

2.10.1　节材与材料资源利用措施

节材与材料资源利用措施,主要从管理制度、材料选择、材料节约、材料再利用以及工具使用方面进行讲述。

《绿色建筑评价标准》GB/T 50378—2019 规定,就地取材≤500km 以内的材料占总量的 90%。施工现场有材料总计划台账,其中包括产地、运距、用量等记录。施工现场机械保养、限额领料、废弃物排放和再生利用等制度健全,并落实到人,做到有据可查、有责可究。

1. 材料选择方面

(1)采购物料时经营部门、材料部门货比三家,做到质优价廉,以降低工程成本;积极物色节能材料。

(2)临时建筑采用可移动的集装箱式板房。

(3)在混凝土中掺入粉煤灰、矿渣、外加剂等新材料,降低混凝土中水泥的用量,混凝土厂家提供产品合格证明。

2. 材料节约方面

(1)根据施工进度、库存情况等合理安排材料的采购、进场时间,减少库存。施工现场材料堆放有序,储存环境适宜,措施得当。保管制度健全,责任落实到位。材料运输工具适宜,装卸方法得当,防止损坏和遗撒。根据现场平面布置情况就近卸载,避免和减少二次搬运。

(2)应用钢筋下料软件,导出钢筋下料单,优化下料方案并经过有经验的翻样师傅进行检查。专业化的加工能够最大限度地避免钢筋废料的产生。

(3)模板使用过程中涂刷隔离剂,确保隔离剂使用率达到 95% 以上,以保证模板的使用寿命,增加模板周转利用次数。模板制作过程中,采取集中制作、分类码放的方式,不随意切割整板。

(4)现场按要求设置 120t 地磅。每次混凝土浇筑时,安排人员进行混凝土罐车过磅(罐车满载过磅,空车再过磅),并以过磅数作为结算数的重要参考。仔细核对混凝土预算方量,做到数据精确,不造成浪费。

(5)砌体施工前,按照设计图纸要求对墙体作出排版图,最大限度地减少废料的产生。

（6）管线综合布置，采用 BIM 技术，制定科学、合理的综合设计方案，指导现场施工。

（7）精装修的公共区域排版定位，运用 BIM 模型深化墙、地面排版，制定详细的材料计划。

（8）大型医疗设备吊装模拟，根据大型医用设备吊装方案及设备尺寸，运用 BIM 模型可视化分析，完成设备吊装三维模拟与精确的洞口预留，减少后期开凿洞口造成的浪费。

3．材料再利用方面

（1）利用废旧木料制作消防箱、预留洞盖板、小型材料框等，施工现场的废旧木胶板等作为楼板后浇带的盖板。

（2）利用每次混凝土浇筑至最后的余料，制作过梁，浇筑临时道路以及机械设备基础等。

（3）利用现场余料制作成砖，用于临时设施，减少浪费。

（4）钢筋下料的短头由专人负责收集，现场设回收池定点存放，并利用短的废旧钢筋焊接马凳；长度大于 2m 的钢筋接长，用于结构受力较小及允许接头部位。

（5）尽量采用原有道路作为施工道路。

（6）编制办公室用纸规章制度，并将打印纸分单、双面分箱收集整理，施工人员统一安装手机 CAD，减少图纸打印。

（7）制定并实施施工场地废弃物管理计划；分类处理现场垃圾，分离可回收利用的施工废弃物，将其再利用。

4．施工现场砌筑及抹灰

采用预拌砂浆，并于现场展示区设置砌体样板间。

5．现场临时建筑、安全防护设施定型化、工具化和标准化

可以减少材料、器材的浪费，节约成本。

2.10.2　节水与水资源利用措施

节水与水资源利用措施，主要从管理制度、节约用水、降水排水再利用方面进行讲述。同各分包单位签订绿色施工责任书，由公司安排专人组织各分包单位讨论、协商用水定额，明确各施工阶段用水指标以及奖罚制度。现场实行用水计量，严格控制各施工阶段的用水量，及时收集资料，建立用水节水统计台账，进行分析、对比，不断优化节水方案，提高节水率。

1．节约用水方面

（1）结合工程及当地环境特点，详细对比分析以往类似工程数据，制定适合本项目的用水定额。

（2）结合工程地势，顺地势布置排水系统，方便排水，合理布置工程供水系统。

（3）生活区、办公区厕所均配备节水型水箱冲水。

（4）临时用水采用分区布置：施工区用水、生活区用水和办公区用水。采用总水表和分区总水表分别计量。按季度和各施工阶段统计水实耗原始数据，进行统计、分析，并采取相应的调整措施。

（5）采取有效的节水措施进行混凝土养护，筏形基础大体积混凝土养护采用薄膜、棉毡覆盖方式，并在混凝土完成面四周砌筑挡水台，采取一次性注水的方式进行保水养护。独立柱混凝土采用包裹塑料薄膜养护，剪力墙采用涂刷养护液的方式进行养护，节约施工用水。

（6）办公区、生活区采用挤压式节水龙头。安排专人负责、定期对现场及用水器具进行检查维修，确保无漏水、渗水情况。

2. 水资源利用方面

（1）基坑降水按计划、有序抽取，并有相应的降水记录。

（2）洗车机周围设有挡水台、排水沟组成的循环用水系统，最大限度地提高水资源的利用率。

（3）日常喷洒路面、绿化浇灌及楼层降尘喷淋，优先使用经沉淀处理的基坑降水和收集的雨水。当上述水源不充足时，再采用传统水源。

（4）施工现场设置雨水收集系统，充分利用夏季多雨的特点，借助有利地势设置雨水收集池。经过沉淀处理后，用于路面洒水降尘及混凝土养护等。

（5）现场的非传统水源经试验室化验，水质试验报告合格的，可用作搅拌用水。

2.10.3 节能与能源利用措施

节能与能源利用措施，主要从管理制度、临时用电、机械设备管理、临时设施耗能、运输等方面进行讲述。编制节能控制措施，包含机具设备汇总表及用电控制台账等。编制用电制度，对施工作业区和生活区、办公区分别设定用电控制指标，严格按照用电指标控制用电量。生活区、办公区和施工区分别装设电表计量，定期收集用电资料，建立用电节电台账。施工现场无国家、行业、地方等明令淘汰的施工设备机具。

1. 临时用电方面

（1）生活区、办公区和施工现场采用节能型设施，如一级能耗空调、一级能耗打印机、太阳能热水器、节能 LED 灯等。

（2）编制临时用电方案，管理制度齐全并落实到位。施工场区分区供电，既保证安全用电，又降低能耗，同时安装计量电箱。

（3）临时用电设施，照明设计满足基本照度的规定，不超过最低照度的 15％。

2. 机械设备及其他用电方面

（1）编制机具汇总表及临时用电管理制度，有效控制机械用电。

（2）对重点设备及时地维护和保养，建立设备技术档案及维护保养记录。

（3）编制重点能耗设备耗能记录，对其进行着重管控。

（4）夏季平均温度较高，淋浴间安装太阳能热水器，既节约能源，又为工人提供方便。

（5）办公、生活和施工现场，采用节能照明灯具的数量为 100％。

2.10.4 节地与土地资源保护措施

节地与土地资源保护措施，主要从施工现场平面布置、节约用地和保护用地方面进行讲述。

对施工现场进行全面细致分析后，绘制地基与基础、主体结构、装饰装修三阶段的施工平面布置图，对现场布置进行动态调控，满足施工、生活和办公的需要，无超出红线范围外的临时用地。

1. 节约用地方面

（1）临时设施的占地面积按照要求布置合理、紧凑，满足环境、安全和文明施工的要求，减少废弃地和死角的产生，无超出红线范围外的临时用地。

（2）施工总平面布置图科学、合理，充分利用场地四周原有围墙、硬化道路。编制详细具体的临时道路施工方案。施工现场内形成环形道路，减少道路占用土地。

（3）采用商品混凝土和预拌砂浆，减少现场湿作业和扬尘现象的发生。

2. 保护用地方面

除部分道路硬化以外，裸露的场地采用软硬化结合的处理方式（如绿化、铺碎石或砂处理），并设置排水沟，防止水土流失，最大限度地保持水土。施工现场生产生活临时设施尽量做到占地面积最小，并满足使用功能的合理性、可行性和舒适性要求。

第3章

设计变更创效管理

工程变更与现场签证往往是"鸳鸯式"的存在，是技术与经济融合创效的经典范式。技术总工与商务经理应知晓此过程中的责任分工，解放思想、创新思路、养成技能，成为"开源"的重要出处。所谓的设计变更创效，是根据施工图纸在"自由裁量"范围内进行变更优化，在不影响工程质量前提下进行变更。

设计变更不仅是被动地接受，施工方主动提出变更才有更多的创效空间。反向设计、主动变更，才能审时度势，达成目标。恰当地从设计要效益，往往能够达到四两拨千斤的效果。本章列举了主动设计变更的例子，并分析为什么要变更？采取什么样的方式变更？达成了什么样的效果？从理论到现场，如果发生了技术质量问题，技术总工如何处理。

某医院项目建筑面积 96000m^2，病房楼 15 层、门诊楼 4 层。病房楼基坑开挖深度 6m，设计说明对降水的要求是：上部结构施工完成四层、室外回填完成后方可停止降水。但施工图纸中没有基坑支护设计，也未载明基坑支护是否另行设计。施工方综合了土方开挖深度、降低地下水对土体的影响、雨水对基坑土体侵蚀、危大工程管理要求、场地狭窄对临时占地的要求等因素，论证了采取基坑支护设计的必要性，经过协商，建设方同意对基坑支护进行设计。

此案例说明了施工方应主动变更，才能获取合理最大化的创效，也证实了设计变更对于项目创效的重要性。施工方提出的诉求：一是提高了自身施工的安全性；二是增加的基坑支护分项，是获得利润的可靠来源；三是由于基坑支护的存在，可以减少基坑壁自然放坡产生的土方开挖量及回填量，抵消部分支护增加的费用；四是增大了施工方现场临时设施的用地面积，方便施工。

实际上本节所有的案例，都不仅仅是一个具体的事件，而是在对案例的分析过程中获得规律性的总结，并形成方法论。我们不厌其烦地列举案例，对不同类型情况进行分析，就是为了由量的聚集引起质的变化。我们希望看到案例的人，在对问题的大量分析中，形成创效"AI大模型"，这就是案例带来的价值。本节列举的几个案例，是技术创效参考要点，也是创效成功的实际案例。

3.1 设计变更标准化管理

下达一份设计变更单后，施工方要立刻判断几个方面的事情：对施工方便的影响、对关联工序和关联专业的影响、对质量安全的影响、对造价的影响，对工期的影响。技术总工要组织商务经理、施工员、技术员、相关班组参与，对设计变更进行讨论。从两方面考虑：一是如果实施这个变更，要采取的策略；二是能否对变更进行优化，既达成建设方和设计方的目标，又有利于施工方，这是比较高层次的要求。

案例3-1：取消地下室剪力墙和框架柱面层抹灰的变更

建设方为了节约成本，考虑地下室剪力墙和框架柱为混凝土面，取消抹灰。施工方对此设计变更的分析如下：

从对施工作业的影响考虑，此变更较为单纯，不涉及交叉施工，对后续施工操作无影响。对关联工序的影响，刮腻子原来以抹灰面为基层，现在以混凝土面为基层。而相关规范对混凝土面和抹灰面尺寸偏差的质量标准不同。并且剪力墙与砌体墙交接处，原来两种墙面都抹灰，墙体砌筑是与剪力墙在同一平面施工完成，现在单方面取消剪力墙面抹灰而砌体面仍然抹灰，就形成了一个错槎。

从对造价的影响考虑，如果以混凝土面为基层进行抹灰，需要增加打磨、石膏找平的工序，增加了施工成本。由于取消的抹灰层不能计入结算，而原清单腻子分项又不含额外增加的基层处理工序。同时，剪力墙与砌体墙接槎部位的处理，又增加了一项成本。一般来说，财政投资类项目套定额，抹灰本身是亏损项，这是施工方变相减少了亏损。

从对质量的影响考虑，取消抹灰层对于施工方来讲，是有利的。减少了抹灰常见质量问题如空鼓、裂缝等，也减少了后期维修的费用。

从对安全的影响考虑，取消抹灰后增加的打磨和石膏找平工序，对于安全管理没有额外增加风险和负担。

从对工期的影响考虑，减少一道工序，对工期是有利的。混凝土面打磨、石膏找补工序的持续时间，少于整体抹灰的持续时间。

通盘考虑了上述内容，就可以把施工方的诉求以工作联系单的形式，有理有据地讲清楚，通过各方讨论博弈，取得创效结果。如果建设方执意要变更，就需要综合考虑费用问题。

通过以上案例可以说明，对于施工方来讲，被动型变更要建立应对机制，建立变更创效的规范制度。简单来讲，就是由技术总工牵头，组织头脑风暴，找出利弊、提出诉求、平衡利益；技术人员编制联系单，预算人员配合提供成本报价信息；资料员申报后跟踪落实，技术总工、商务经理适时出面与各方进行谈判，取得创效结果。

本节包含了工程变更标准化管理流程、设计变更创效的规范制度以及推定性变更管理策划。工程变更的来源可以参考《建设工程施工合同（示范文本）》GF—2017—0201中规定："增加或减少合同中任何工作，或追加额外的工作；取消合同中任何工作，但转由他人实施的工作除外；改变合同中任何工作的质量标准或其他特性；改变工程的基线、标高、位置和尺寸；改变工程的时间安排或实施顺序。"还可以参考《标准施工招标文件》

中的规定："取消合同中任何一项工作，但被取消的工作不能转由建设方或其他人实施；改变合同中任何一项工作的质量或其他特性；改变合同中任何一项工作的施工时间或改变已批准的施工工艺或顺序；为完成工程需要追加的额外工作。"从这些参考规定中认定是否为设计变更，从而在设计变更中创造利润。

3.1.1 设计变更标准化管理流程

一般来讲，设计变更是由设计单位提出的，对已经交付给施工方进行施工的设计资料进行补充、完善、优化，以及根据建设方要求的功能改变，所做出的相应调整。技术洽商是由非设计方（即建设方、施工方、监理方）根据工程情况对已经接收的设计资料，以及非设计原因进行的补充、完善、优化、做法确认以及根据功能改变，所做的相应调整。

变更的文件流向顺序是从上游到下游的。一般情况下，变更是建设方、设计方要求变更，施工方执行即可。交接人是技术总工，由技术总工通知到项目经理、商务经理、工长、分包方，最终交到公司存档。工程变更的一般管理流程如图 3-1 所示。

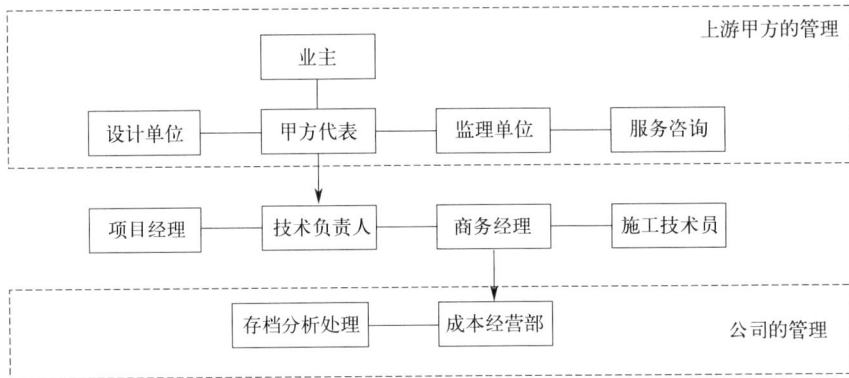

图 3-1　工程变更的一般管理流程

主动变更是施工方发起，是从下游向上游的文件，需要建设方和设计方确认。

1. 设计变更的提出

设计方提出时，发现设计错误、遗漏等，应及时出具设计修改文件。

建设方提出时，是发现设计错误、遗漏，需要改善或改变使用功能等，由建设方提出初步处理意见，由设计方落实。

监理方提出时，是在实施监理活动中，发现设计存在问题或提出合理化建议，向建设方提出初步处理意见，由设计方落实。

施工方提出时，是在施工中发现设计存在问题或提出合理化建议，会同监理方，向建设方提出初步处理意见，由设计方落实。

2. 变更的处理

设计方出具变更，应提出变更申请，并附设计变更通知单，经建设方审批同意后下发执行。

施工方、监理方单位提出的设计变更，采用工作联系单形式提出，经建设方审核后，设计方直接回复或根据需要出具设计变更通知单。

建设方提出的设计变更，可采取会议纪要、函件或通过设计工作联系单的形式向设计方提出，设计方出具正式变更文件。

3.1.2 设计变更创效的规范制度

接到设计变更单后，如何判断变更给项目带来收益或损失？如何规避经济损失风险？应该如何与建设方交涉？可以从变更的影响范围、变更的重要性、变更的复杂性、变更的风险这四点着手考虑。

施工方在被动接受变更的情况下，首先要判断其可实施性，再判断费用和工期的变化。可实施性，包含了施工操作方便与否，安全保障如何，与原有工序衔接是否顺畅等，以及对工期的影响。以上是技术总工考虑的问题，商务经理则要考虑费用的变化。

设计变更遵循以下管理原则：

（1）一单一结原则：施工方收到设计变更在规定时间内，向监理方提交相关预算文件表明经济方面的诉求。

（2）完工确认原则：当变更完成后，施工方需在规定时间内报监理方、建设方签字确认。

（3）原件结算原则：设计变更结算时须有手续完备的、有效的原件作为结算资料。

（4）标准表格原则：使用标准表格载明资料编号、工程名称、发生时间、部位或范围、变更内容、变更前图纸号、变更后图纸号等内容，各方签字盖章、骑缝章齐全。

3.1.3 推定性变更管理策划

施工方主动提出的变更，从这七个方面考虑：一是施工方便，二是质量保证程度高，三是施工安全保障程度高，四是增加预算收入，五是缩短工期，六是节约建设方投资，七是有良好的社会效益及环境效益。当然，不可能一个主动变更将上述内容全部包括，但至少是要包括其中一两条。而纵观上述条目，在本质上都是施工方的创效点。有的是直观表现，如增加预算收入；有的是间接表现，比如施工方便，则意味着能够加快施工速度、缩短工期。而一旦工期缩短，就意味着固定成本的减少，从而间接地增加项目利润。

由于设计存在总分包、设计周期短、设计费用低、优质设计师人均工作量大、有的建设方随意改图等诸多因素，造成图纸质量不高。有些设计师引用的图集内容不明确，进一步加剧了图纸对施工指导性差的状况。这对于技术总工、商务经理而言，应看作是一种创效的机会。

推定性变更的发掘，可以避免无谓的成本流失。推定性变更的要点是：千变万变，手续要完善，否则不能计入竣工结算。就是要特别强调变更手续的合理性、合规性和有效性。这一点同样适用于图纸会审，或者可作为结算证据资料的其他文件资料。

请看下面推定性变更，以此为参考思路：

📖 案例 3-2：普通砌块外墙变为自保温砌块墙体

1. 案例分析

某医院门诊楼应节能审查的整改要求，需将原普通加气块墙体变更为自保温砌块墙体。施工方接到此变更后就要产生两个层面的推定联想：一是变更对关联构件的影响；二是变更材料的采购及成本分析。

2. 创效分析

首要事项是及时地确认现场进度，还有现场备料情况，这是变更引发关联影响的决定性条件。再考虑结构楼板挑檐、框架柱保温方式、墙体面层抹灰、砌筑拉结筋间距、构造柱保温这些因素。

（1）保温砌块的厚度大于普通加气混凝土砌块的厚度，如果要保持室内净空不变，需要保温砌块的外皮局部伸出楼板。一旦伸出就涉及两个问题：一是结构楼板是否增加挑檐，二是与原框架柱的错台问题。其实，还会有一个建筑面积变化的问题。这个关联了建设方报批规模的变化，也涉及了施工方按照建筑面积计费项目的变化。

（2）楼板是否增加挑檐？《自保温混凝土复合砌块墙体应用技术规程》JGJ/T 323—2014 中的第 5.2.3 条规定："……砌体外挑出钢筋混凝土梁的尺寸不宜大于 50mm；当砌体外挑出钢筋混凝土梁的尺寸大于 50mm 时，应通过结构设计计算确认。"通过本条规定能够确认是否结构应增加挑檐。如果增加挑檐，则又产生了植筋，零星的支模、钢筋安装以及混凝土浇筑。此处的模板还需要专门的构造设计方可施工。

（3）框架柱的错台问题可用保温板来解决。保温板又可以分为外贴和与结构一体化FS 板这两种方式来解决。如果采用 FS 一体化保温，又会涉及原框架柱模板是否已经配料完成，是否要办理签证。如果是外贴式保温板，则分包队伍的价格，一定高于大面积墙体和框架柱面都做保温的工况。

（4）构造柱的保温，通过外抹保温砂浆的方式，同大面一起施工，就不会形成错台。

（5）如果外墙与内墙砌块高度模数不同，需要在连接位置增设构造柱。则又产生了植筋等工序。

（6）细节问题还有自保温砌块的塞顶，应采用何种方式，若形成冷热桥如何处理？

（7）变更后的自保温砌块，要考虑是否当地可采购到，设计对自保温砌块的形式、规格是否有明确的规定，选自何种图集何种形式。一是涉及材料价格不同；二是涉及砌块模数对拉结筋间距的影响。就要有倾向性地根据当地情况进行成本分析后，对设计进行渗透性影响。

根据上述联想，理清思路，并结合现场进度，提出施工方费用及工期调整诉求，以及相关的优化建议等，并附专项施工方案报批。

3. 复盘总结

此案例是做了一个开放性的讨论，把涉及的各种可能情况进行了分析。在实操中根据工程具体进度和设计情况，按照此思路进行变更沟通。

推定性变更的联想分为技术联想和经济联想。技术联想分为四个方面：一是对相关联构件的影响；二是对相关联工序的影响，主要体现在是否已备料、是否改变了工艺等；三是能否采用更优的方案代替目前的变更，或者对该变更是否可微调，以更好地适应各方的利益；四是对质量保证、施工安全、绿色环保的影响。经济联想分为三个方面：一是对造价、成本的影响；二是对工期的影响；三是材料采购的经济性问题。

3.2 结构设计变更创效管理

本节有两个结构设计变更案例，都是施工方主动变更的情形。第一个案例是在首层顶部位置挑出一圈结构梁板，作用是作为幕墙龙骨的附着点。此变更主要目的是方便施工，后期采用钢结构代替，通过主动变更取得创效。第二个案例是外墙一圈有 203 根构造柱，此变更主要目的是降低工料费，构造柱分项的收入小于支出，劳务分包价格较高，材料损耗大，通过主动变更取消构造柱来节约成本。

这两个案例的相同点都是主动变更，主动变更的动因都是施工不便和提高经济效益。施工不便的字面意思是按照原设计，施工操作较为复杂；同时，也就意味着除了人工效率低下之外，还可能会带来材料损耗的增加，使工序施工时间增加。

策划主动变更，思路是先搞清楚构件的作用，再考虑代替方案。替代方案的角度一定是方便施工，不增加成本和工期，再就是不能影响结构安全，还要保证建筑物的使用功能。总之，就是在保障结构安全和使用功能的前提下：方便施工、降低成本、缩短工期、提高利润率。如果从建设方角度分析，既降低了建设方投资，还能增加施工方的利润率，这样最容易获取建设方同意。

比如，第一个案例的外挑檐，知道构件的作用是为了固定幕墙龙骨，就需要延伸思考只要能达到固定龙骨的目的，把混凝土构件换成钢构件。而钢构件可以后期施工，再通过理论知识和实践经验，考虑此钢结构由幕墙分包施工的可行性。理顺思路，先沟通结构设计同意取消外挑檐，再沟通幕墙设计增加钢构，然后再沟通建设方实施变更。需要策划者具有结构设计知识、幕墙设计知识、土建施工经验、成本造价知识和沟通技巧，才能平衡出一个完善的方案。

比如，第二个案例的批量取消构造柱，知道构造柱的作用是窗间垛。墙垛设计本身是砌块材料，因结构设计说明是砌体宽度小于 200mm 者，应采用混凝土构造柱。无论是砌体还是构造柱，从建筑功能来讲，就是窗间垛的作用。延伸思考，只要能够实现窗间垛的功能，把部分构造柱换成铝合金柱，从而取消部分窗间垛。需要沟通建筑设计，讨论对立面规划的影响、对节能的影响。沟通幕墙设计，采用铝合金柱代替混凝土构造柱方案的可行性，还要进行两种方案的造价对比。考虑汇报给建设方时的切入角度。

综上，两个案例的出发点是规避施工不便，落脚点是创效。结构创效需要设计知识、施工知识、造价知识，以及掌控全局的能力及沟通能力。这是考验技术总工的综合素养，反映项目部协调沟通水平的"晴雨表"。

3.2.1　结构优化的设计变更创效

结构优化的设计变更，实施起来会有一定难度其原因有两个：一是施工、造价人员对结构设计知识的掌握，与设计师不在一个知识层次上；二是改动结构往往会引起建筑、安装等专业的关联变化。对设计、施工和造价都会有较大影响。

也正因为如此，如果技术总工掌握了此技能，反向设计、主动变更，往往能够取得非常不错的创效结果。这就需要技术人员在成长过程中不断地充电学习，纵向学习，深入本专业知识；横向学习，就同一个知识在不同专业之间寻找差异点和共通点。

案例 3-3：取消一层结构外挑檐板

1. 项目基本情况及策划分析

某医院病房楼共 18 层，整体立面较为规整，只是在 1 层顶有水平凸出外墙周圈近 1m 的出挑梁板（图 3-2）。此出挑结构，只在本层有，作用是固定外造型幕墙龙骨。

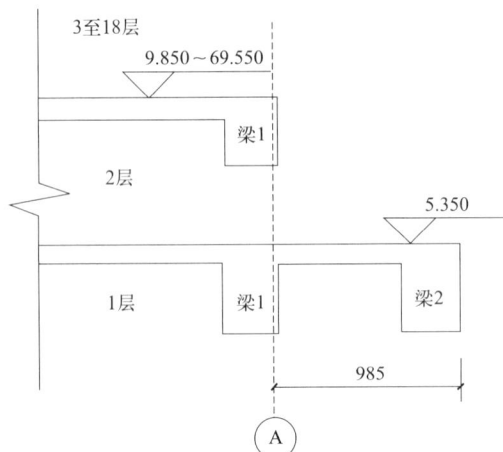

图 3-2 病房楼结构剖面示意图

施工人员看到图纸的本能反应，就是取消结构外挑，换为钢结构。因为这种位置的结构外挑，对施工有如下影响：首先是外脚手架被挡住，阻碍了外墙脚手架的连续性。要么在外挑构件的模板上留洞，要么在此层设置悬挑架。前者施工费事，后者增加悬挑工字钢的长度，都不是好的解决办法；其次，这种结构外挑形式，对于赶工期来讲，是一个"拖后腿"的项目。尤其是模板支撑系统，架体需从地下室底部起底。

2. 分析图纸

从结构图上看，病房楼 5.350m 标高的梁、板结构施工图中，沿外圈有 1m 的挑出结构。但建筑图墙身大样显示，此处采用的是幕墙施作该造型，并无结构出挑。建筑墙身剖面如图 3-3 所示。

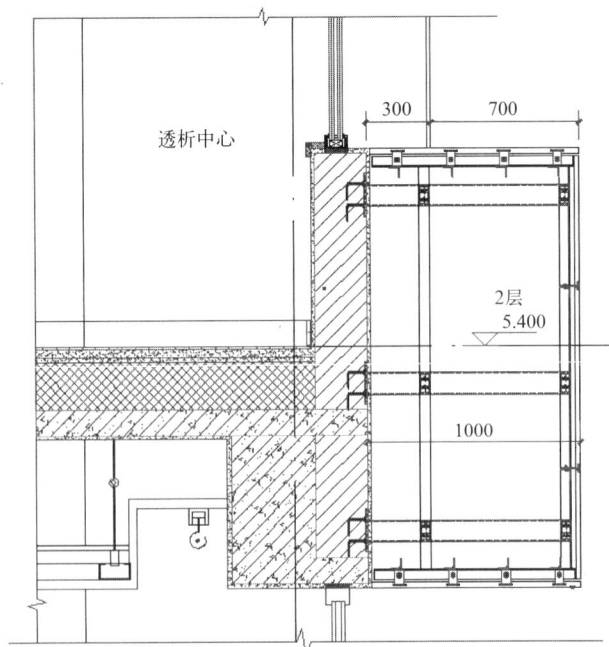

图 3-3 病房楼建筑墙身剖面图

通过上述对图纸的交圈分析，看出结构与建筑专业间不相符。再根据结构出挑的作用，是为幕墙固定支撑点服务的。了解到构件的作用，才能为变更做好铺垫。既然是为幕墙服务，那么顺理成章地就可以由幕墙设计来改做轻钢龙骨。

有了这样的构想，具体还需要原结构设计和幕墙设计的同意。原结构设计需要考虑的问题是，外墙部位的结构梁能否承受石材幕墙施加的侧向荷载。幕墙设计本身没有什么问题，只是增加了一点工作量。幕墙设计需要得到正式的变更通知，才能开启工作。当然，在比较熟悉的情况下，这些工作都是同步展开的，到最后把手续补齐全即可。

3. 沟通设计师给出解决办法

把此问题简要地归纳，与设计师电话沟通，把专业之间的交圈问题也要向设计师进行汇报，结构设计师、建筑设计师都同意此事后，通过图纸会审的形式，将此变更固定下来。

4. 创效复盘

经与建筑、结构设计师沟通，同意将外圈出挑 1m 的结构取消，由幕墙设计师来出具变更图纸。这样，就把总承包的工作交由幕墙分包来做。

这个变更对总承包方的好处是：保证了外脚手架的连续性，不会额外增加工作量。如果结构挑檐不取消：一是很难计取到脚手架额外增加的费用；二是在抢主体结构工期的时候，甩掉这个"费事的尾巴"是一个有利于进度推进的举措。

变更本身就是要有经验反应，需要具备建筑设计、结构设计、幕墙设计的基本知识，以及现场施工的经验。这种经验包括对土建各工序的熟悉，也包括对幕墙工艺的了解。所有要素融合发生了"化学反应"，产生了变更思想与具体思路，经由各专业人员的配合、建设方的支持，形成了有利于施工方、不损害建设方利益的变更。

可见，对技术本身的熟知、对沟通技巧的运用，两者缺一不可。

3.2.2　方案代替设计变更的创效

方案代替设计变更的类型，更需要有较深入的各专业设计知识、丰富的现场施工经验、深厚的造价功底。变更时，联想到一系列可能会引起的问题，对这些问题要有预先的解决方案。这是技术与经济相融合创效的典型应用。

打破固有思维，有勇气、有胆量地去打开局面。可以采用头脑风暴的模式，一是自身的头脑风暴，调动自己的专业知识、实践经验去思考多方案调整的可能性；二是借力他人。一个人的才能与经验毕竟有局限，联合其他专业的人，找到该领域的经验丰富者，甚至与一线工人交流，就有可能把看似平常的问题，找出不同的角度，或者更简约的解决方案。

📖 案例 3-4：批量取消外墙构造柱

1. 项目基本情况及策划分析

某医院病房楼外墙的窗间垛，原建筑图纸设计为 200mm 宽砌块墙，根据结构设计说明：宽度≤200mm 的砌体墙垛，采用 C20 混凝土构造柱施工。

外檐窗标注为 LC1122，即洞口宽度为 1.1m，窗间为 200mm 宽度的加气块墙体。该宽度无法砌筑墙体，没有稳定性，只能改为混凝土构造柱，也符合结构设计说明的要求。

而一旦改为构造柱，则在外墙一圈会产生203根构造柱。病房楼窗间结构平面示意图如图3-4所示。

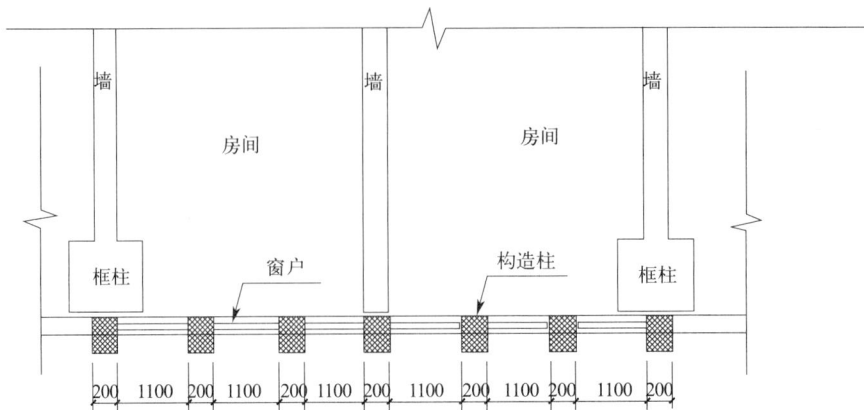

图 3-4　病房楼窗间结构平面示意图

2. 施工难度分析

外墙一圈203根构造柱，对施工有如下影响：工序多、工作量大，从放线、植筋，到钢筋、模板、混凝土的每道工序，都因为其单件量太小，而额外增加人材机的消耗。还要保证上下楼层之间的通线，否则从外立面看，就是楼层的窗左右分布不均，严重影响立面观感效果。还要延长外脚手架的存留时间，增加了租赁费用。

3. 变更设想

为实现更可靠的节能、更优的质量、更快的工期，施工方经综合考虑：将窗间垛优化为与外窗同材质的铝合金型材柱，由幕墙深化设计出具施工图。总承包单位只做900mm高的加气块墙体窗台，窗台中间加设构造柱并做压顶。

此设想的变更有以下好处：

（1）构造柱不伸到顶，只在窗台砌体中伸到压顶位置，施工难度大大降低。施工速度加快，能够尽早地拆除外脚手架，减少租赁费用；同时，减少了额外人材机的消耗。

（2）900mm高的墙体，对于施工安全来讲，是很有保证的。比整层高度的构造柱施工安全风险小。

（3）铝合金的节能效果优于混凝土。

（4）铝合金的施工质量可控性有所提高。

（5）造价方面铝合金更有优势。

4. 造价分析

病房楼外窗间垛采用铝合金柱替代混凝土构造柱造价对比分析见表3-1、表3-2。

单根构造柱造价分析表　　　　　　　　　　　　　　　　表 3-1

序号	施工内容	单位	数量	综合单价	金额（元）
1	混凝土	m³	0.1056	1060.00	111.94
2	模板	m²	1.936	121.80	235.80
3	纵筋	t	12.075	7.18	86.70

续表

序号	施工内容	单位	数量	综合单价	金额(元)
4	箍筋	t	3.714	9.10	33.80
5	植筋	根	4	17.00	68.00
6	外抹灰及保温层	m²	0.814	65.00	52.91
7	内抹灰及涂料	m²	0.814	54.00	43.96
8	真石漆	m²	0.814	95.00	77.33
	合计				710.44

说明:上述综合单价不含措施及规税,构造柱尺寸为 0.2m×0.24m×2.2m

单根铝合金柱造价分析表　　　　表 3-2

序号	施工内容	单位	数量	单价	金额(元)
1	铝合金柱-型材	kg	9.5832	30.00	287.50
2	连接件	块	2	30.00	60.00
3	化学锚栓	支	8	1.60	12.80
4	穿心丝	支	4	1.80	7.20
5	人工	m	2.2	30.00	66.00
6	管理费及利润	%	15		65.03
	合计				498.53

说明:预估的铝合金柱截面尺寸为 200mm×200mm,设计值会比此数小,造价会更少

　　构造柱总工程量为 3572 根,综合单价 710.44 元/根,造价为 2537691.68 元。铝合金柱的工程量为 1273 根,其综合单价 498.53 元/根,造价为 634628.69 元,使用铝合金柱替代混凝土构造柱,造价可节约 190 余万元。另外,铝合金柱在节能环保、质量保证、缩短工期等方面,均具有明显优势。构造柱与铝合金柱数量不一致,是因为变更优化了窗格,使得窗跺数量减少。

　　5. 与建设方及有关部门沟通

　　按照上述技术经济分析,经与建设方沟通,并书面报送工作联系单载明造价、质量、工期、安全等各方面利弊后,建设方同意变更。原建筑设计同意此处理方案,提出的要求是满足节能及防火要求。

　　6. 创效复盘

　　此变更想法的提出,是基于对外墙构造柱施工复杂、严重浪费成本的这个焦点而起。这需要一定的施工、成本经验,并有建筑设计、造价分析的知识和技能,再与建设方、两家设计院进行良好的沟通,才能达成结果。

　　此外,沟通过程还有一个技巧,施工方有了此想法之后,要先与设计院进行沟通,只有技术层面验证通过了,工程造价还不增加,建设方同意变更的概率才会提高。设计院考虑的问题,一是节能、二是立面效果、三才是造价。设计关注的点,本质上就是前两项,造价方面只要建设方同意,他们不会干涉,这就是各方立场的问题。

　　无论与设计沟通,还是与建设方沟通,在有了自己的成熟想法后,还必须深入地了解他们的关注点,并有很好的应对方案来解决他们的关注点。这样,沟通成功率才会有较大

提高。总结来说，一是沟通的顺序要明确，二是沟通的内容要准备充分。这对于造价和技术人员来讲，非常关键，到了后面签证环节，才能顺利签字落地。

3.3 施工工艺变更创效管理

本节的几个变更案例，涉及了施工工艺、材料、做法的改变。变更动因一般来讲初衷都是施工作业不便，进而能够实现创效的目标。提高利润既可以通过增加预算收入，也可通过减少成本支出来实现，理想的情况就是二者兼备。具体到分项工程上，减少成本、加快工期都是节流。如果开源节流不能同时兼顾的情况下，做到其中一项也是达到了创效的目的。

在项目策划过程中如果精细程度足够，就会发现一些可做主动变更的点，施工作业不便就是这样的点。从安全因素方面考虑的，例如直线加速器房间的梁变更为上翻式，会极大地降低模板危大工程安全风险的概率。从止损方面考虑，例如屋面找坡层由水泥珍珠岩变更为发泡混凝土；从增加预算收入、同时也减少施工不便方面考虑的，例如二次结构的埋板变更为植筋的工艺。这些案例都殊途同归，均指向了创效的目标。

不管是从哪个点出发，谨记编制申请单或者与各方沟通时，都要站在为更快、更好地实现整体项目目标上，或者直接站在建设方的立场进行叙事。这个切入的角度非常关键。在论证过程中，拾取证据性强、论点充足的引用对象。建议按照这样的引用顺序：施工合同→图纸设计→地方政策性文件→规范规程→企业标准→习惯性做法→施工经验。本书在每个案例的总结分析、复盘环节都会做这样的解读。一是对工作联系单的分析、对论证点材料的分析、对叙事技巧的分析；二是在复盘环节对沟通顺序和技巧的分析、对办事人员的素质和知识储备的分析。

3.3.1 优化采购资源改变工艺的创效

优化采购资源改变工艺，顾名思义就是把原设计做法中的材料进行替换，进而改变工艺过程或者施工时间顺序。也有可能是针对同一种材料，找到更适合的分供商。人们常常在交易的惯性中，忽略有可能改变的一些事物。例如，习惯在某商场买某种商品，就形成了某种依赖，而不去考虑去其他商场买性价比更优的情形。

在项目施工过程中，会发生很多事件，影响着工程的质量、进度、造价等目标。有的是显性影响，大家都能够想得到、看得到的。有的是隐性影响，需要具有敏锐的视角才能够发现。就像这些问题的解决，总有一些不寻常的路径。如果发散思维，找到了办法解决了问题，会产生很好的效果。这对于项目创效来讲，是一个非常好的途径。

📖 **案例 3-5：直线加速器房间重晶石混凝土变更为普通混凝土**

1. 案例背景

某医院项目放射楼直线加速器房间，结构原设计为重晶石混凝土材料。其侧墙及顶板全部采用密度为 $3.2t/m^3$ 的重晶石混凝土。

2. 创效分析

在投标报价中，顶板重晶石混凝土综合单价为 1616.98 元/m^3，墙体重晶石混凝土综合单价为 1608.09 元/m³。从以往使用重晶石砂浆的成本对比来讲，此报价是有一定利润的。

虽然在账面上对比有利润，但当时的情况是，建设方已经拖期支付工程款很久，施工方垫资较多，欠付下游材料款金额较大。如果再投入大成本购买重晶石混凝土，供应商肯定不会继续垫资供货，但此时又不能从上游拿到回款，就会导致工程停工。因此，设计变更势在必行。

3. 协调内容

工程联系单

致：某市人民医院

事由：关于直线加速器房间结构材料事宜

放射治疗中心直线加速器房间，设计为 3.2t/m³ 的重晶石混凝土，通过对周边地区的市场调研，发现重晶石材料生产少、价格高，且不能保证预期的防辐射效果。询问本市两家最大的商品混凝土站，均不具备配制生产该类型混凝土的能力。与直线加速器厂家沟通，厂方意见是可采用普通混凝土，只要结构尺寸更改加大，达到防辐射评估要求，其可靠性要优于原设计的重晶石混凝土。

鉴于重晶石混凝土造价高，采用普通混凝土能够节约造价 550 万元，加上购买难、防辐射性能不可靠，我方建议采用普通混凝土，并重新进行防辐射验算后确定结构尺寸。

请审批！

4. 结论分析

建设方同意了这个变更请求。施工方实质是无力支付材料款，但是找到的理由还是比较巧妙的。一是本地企业没有生产该品种混凝土的能力，二是为项目节约投资，三是重晶石混凝土性能不可靠。以这三个理由来规避其无力购买重晶石混凝土的真实情况。而使用普通混凝土，此时的供应商还是可以供货的，因为货款远低于重晶石混凝土。

5. 创效复盘

这是一个双赢的结局。一是建设方的确节约了投资，二是缓解了施工方款项压力，也在客观上缓解了建设方欠付工程款的矛盾，从而保证了工程的顺利进行。而建设方同意此变更之所以顺利，除了有效的沟通，还自知其给施工方支付工程款不足的事实。这也是施工方在口头上与建设方沟通过程中，有意无意地表明的一种观点。

3.3.2 优化施工方案改变工艺的创效

优化施工方案改变工艺的创效，还是要从设计端着手，这是第一通道。如果能够通过改变设计，来优化施工方案，则会顺理成章。如果设计端的路径不通，则重新回到施工方案本身的深化设计，开动脑筋、集中力量，突破屏障。

现场遇到的涉及重大安全风险的分项工程，如果硬抗，即加强防御力度，投入更大的人、物、财力去防止风险的发生，是常规途径。但有时需要逆向思维，是不是可以从风险源本身入手，去研究化解重大安全风险的可能，从而采取一般性的防御措施就可以。这样，就减少了额外成本的支出，这是创效中节流的重要体现。

案例3-6：直线加速器房间顶板梁变更为上翻梁

1. 案例背景

某医院项目直线加速器房间的结构顶板，为梁板式结构，梁截面尺寸为4.4m×3.0m，结构顶板厚度1.7m。梁顶与板顶为同一标高，梁底标高比板底标高低1.3m。

2. 创效分析

对于这种严重超荷的高大模板支撑系统，存在着较大的施工安全隐患。梁底与板底不在同一标高，支撑钢管需要截断，高低不一；顶部水平杆，在梁底与板底不能有效地连成一体，侧向稳定性会经受巨大考验；梁下部低于板底部分因其宽度为4.4m，加固非常困难；从现场操作的角度，有了梁底的下凸，给施工人员在下方穿行带来不便。

综上分析，需要进行变更，把梁改为上翻形式。

3. 沟通协调

施工方先与直线加速器厂家沟通，咨询混凝土梁的上翻，对其安装及日后运行是否有影响，厂家答复是没有影响的。这样，就有了非常坚实的变更基础。然后进行重要的一步，沟通防辐射评审专家。如果此变更从防辐射评审专家的建议中给出，权威性更大，建设方更容易接受。

按照程序，医院项目的直线加速器房间设计，原来的建筑设计院只是给出初步图纸，经防辐射评估专家给出评审意见，完善设计后，方可作为正式的施工图纸使用。经过有效沟通，防辐射评估专家同意了施工方的意见。

4. 报送联系单

工程联系单

致：某医院指挥部

直线加速器房间的结构顶板，原设计厚度1.7m、暗梁高度3m，顶板与暗梁的顶标高一致。根据防护评估专家的第二条建议：加速器机房内室顶下凸的主屏蔽部门改为室外上凸。使顶板与暗梁的结构底标高一致，均为－3.800m。暗梁顶标高为－0.800m。即：室内结构底面一平，暗梁做成上翻梁。

我单位也建议按此做法：首先是增大了室内使用空间，其次给设备安装创造了平整的基层条件，再次是优化了屏蔽面，能减少防护材料用量，能提高施工的安全性，并且不增加投资额。

请领导审批！

5. 结论分析

施工方给出的这几点建议都非常中肯到位，只是把自己的诉求放在了其中的一条，出发点是为建设方考虑的角度来提出的。最终，经建设方同意，让设计院修改了图纸。

6. 创效复盘

这是双赢的结果。建设方没有损失，反而是安装设备更加方便、日后运行更加顺畅。施工方规避了重大的施工安全风险。可以看出，沟通步骤、过程非常关键，一环套一环。编写联系单的技巧是站在对方的立场，有利于对方的角度来阐述，最终达到双赢的结果。

3.3.3 为降低成本改变工艺的创效

以降低成本目标改变工艺的创效，原则是维持建筑功能、结构安全、耐久性不变。通过施工方对新技术、新材料、新工艺、新设备的合理运用，优化原设计做法，达到创效目的。降低成本，是指降低了施工方的实际成本，这与建设方同时降低投资额并不矛盾。

建筑设计有很多做法，会引用标准图集。例如，结构设计中关于钢筋的节点构造，可以引用22G101系列图集。这样极大地解放了设计师的生产力，将其主要精力用于创造性的工作，减少重复性工作，对于提高设计效率是一个好方法。然而，很多图集，尤其是建筑做法的图集，更新比较慢，与市场出现的新材料、新工艺脱节。技术总工和商务经理要善于发现此类问题，要对本项目引用的图集进行详细审查，研判其对现场施工、商务造价的影响。

📖 案例3-7：屋面找坡层由水泥珍珠岩变更为发泡混凝土

1. 案例背景

某公建项目，原屋面保温层设计为水泥膨胀珍珠岩，存在着价格倒挂的情况，施工方计划通过变更来扭亏为盈。

原屋面做法如下：

（1）10mm厚铺地砖，干水泥擦缝，每3m×3m留20mm宽缝。

（2）30mm厚1：3水泥砂浆结合层。

（3）隔离层（低强度等级水泥砂浆）一道。

（4）3mm＋3mm厚SBS防水卷材（聚酯胎Ⅱ型）。

（5）刷基层处理剂一道。

（6）20mm厚1：3水泥砂浆找平。

（7）60mm厚阻燃挤塑聚苯板，压缩强度大于250kPa。

（8）20mm厚1：3水泥砂浆找平。

（9）1：6水泥膨胀珍珠岩找坡2%，最薄处40mm。

（10）现浇钢筋混凝土屋面板。

投标珍珠岩的材料价格是140元/m^3，市场价折算后是125元/m^3（因为实际采购都是按包买，所以是折算价格）。表面上看是还有盈余的，但采购回来的珍珠岩是自然蓬松状态，一旦加水和水泥搅拌，2~3m^3的自然体积才能够折合成1m^3的建筑成品，这样就形成材料价格倒挂的状态。

2. 报送联系单

工程联系单

致：某设计公司

屋面找坡层原设计为1：6水泥膨胀珍珠岩，最薄处40mm。此做法存在如下劣势：需在其内部埋设排气管道并伸出屋面层，否则内部潮气会膨胀破坏屋面；设置排气管道后，使得防水卷材遇竖向管道时，形成薄弱环节，增加了渗漏风险；客观地讲，水泥珍珠岩的配比，在现场难以准确把握。而水泥发泡混凝土能够克服珍珠岩弊端的同时，还能增强保温效果。因此，我方建议屋面找坡层采用水泥发泡混凝土，代替水泥膨胀珍珠岩。

请领导审批！

3. 沟通协调

先从设计方面入手，说服设计方，再做建设方的工作。经过有效沟通，设计师同意了施工方的建议，把水泥珍珠岩改为发泡混凝土。

这个联系单把水泥膨胀珍珠岩找坡层的劣势分析得比较到位，但缺点是没有具体提及水泥发泡混凝土的优势，实际上该产品的优势也就是能够克服水泥膨胀珍珠岩的劣势。同意变更后，顺理成章地进行批价工作，按照水泥发泡混凝土的市场价格进行批价，施工方自然是不会亏损，而且还有一定的盈利。

4. 结论分析

建设方同意了此变更做法。

在私下沟通时，施工方计划将原设计保温层的挤塑聚苯板，也用水泥发泡混凝土代替，请设计师通过节能计算确定其厚度，如此一来施工更加方便。后来，建设方负责人嫌变更动作太大，且涉及节能，又要通过节能办的审查为由，拒绝了进一步变更的请求。经过实践检验，水泥发泡混凝土优势明显，不用预埋排气管，也没有在夏季发生膨胀导致屋面隆起的情况，施工速度还非常快。

5. 创效复盘

这个变更是双赢的结果：施工方规避了亏损项，建设方也没有因此增加造价。施工方质量保证程度提高，建设方后期维护成本降低。

施工方变更的出发点一定是基于自身利益的考量，而一旦行动起来，就要权衡各方的利益。对自己有益处，又不损失对方的利益。如果还能让对方也受益，那就是更完美的结果。这里的"益"，不只是经济账。

3.3.4 简化施工工艺的创效

简化施工工艺，就是对原建筑做法或者传统的施工方式的转变。工艺可以简化，但结果必须满足合同约定及规范要求，不影响结构安全和建筑的使用功能，耐久性等指标都不能减弱，这是简化施工工艺的原则。在此背景下，施工方开拓思路，利用较强的技术管理水平，进行工艺的创新、简化，达到创效的目的。

有很多规范、规程上的做法，是在一定的社会生产水平、一定的社会条件下产生的。随着时代的进步、随着建筑业"四新技术"的发展，很多做法已经不适用于当前的施工工况。技术总工要仔细研究图纸设计，对于规范规程的做法，要用怀疑的眼光去看、辩证的思维去考察，发现对项目创效有利影响的因素，进而主动出击，实现创效落地。

📖 **案例 3-8：取消抹灰层中的水泥砂浆护角**

1. 案例背景

某医院项目抹灰工程施工时，监理要求抹灰时做护角，发出的监理通知单依据有两条：一是设计说明"门诊、病房内突出的墙柱及墙角均抹成圆角或防撞护角（参见国标图集《医疗建筑固定设施》07J902-2），防止对病人造成危害"。二是规范要求，《建筑装饰装修工程质量验收标准》GB 50210—2018 中第4.1.8条规定："室内墙面、柱面和门窗洞口的阳角做法应符合设计要求。设计无要求时，应采用不低于 M20 水泥砂浆做护角，其高度不低于 2m，每侧宽度不应小于 50mm。"

2. 创效分析

经过仔细分析发现，图纸设计说明的本意，是病房内角部做成圆形，为了防止直角或尖角对病人造成撞击、刮擦等伤害，属于使用层面保护他人的作用范畴。而装修规范里的要求本意，是为了防止护角被撞击、刮擦等损害，是保证工程质量的范畴。两者用意不同，只是用词一致，被监理归纳在一起。

规范出台的背景分析，是有一定的道理。石灰砂浆做内墙抹灰材料因其有价格优势而被广泛应用，加设阳角部位的水泥护角有一定存在的合理性，毕竟水泥砂浆的强度要比石灰砂浆高。而目前使用的成品砂浆，强度一般都可达到 M10 以上。再单独做一块护角没有加强意义，而且还容易引起下面工作联系单所述的质量问题。接着，又分析本工程的装修设计，墙体表面被块状装修材料覆盖，已经没有必要再做护角。

这样从规范非强制性、装修设计做法、质量问题联想等几个层面的论证，是技术性较强的回复。

3. 报送联系单

工程联系单

致：某市人民医院

事由：关于抹灰护角事宜

《建筑装饰装修工程质量验收标准》GB 50210—2018 中第 4.1.8 条："室内墙面、柱面和门窗洞口的阳角做法应符合设计要求。设计无要求时，应采用不低于 M20 水泥砂浆做护角，其高度不低于 2m，每侧宽度不应小于 50mm。"此规范条文为不带黑体字的非强制性条文，其出台背景是以石灰砂浆为主的抹灰面层，为保护阳角强度而设置。

本工程实际情况是，病房、诊室、走廊均粘贴纤瓷板、瓷砖等块料，有效保护了墙体阳角。经查阅图纸，其他房间凸出的阳角数量极少。另外，如果单独施做该暗护角，会出现如下问题：一是墙面抹灰的玻纤网不能延伸至墙边，形成断裂带，增加抹灰空鼓风险；二是护角与大面抹灰之间，形成了竖向的施工缝，其接槎部位会在后期出现整体裂缝。

鉴于此，建议取消此水泥砂浆护角的做法。

请审批！

4. 创效复盘

最终监理方同意了这个回复，不再执意要求抹灰层做护角。

论证一个技术问题，无非从设计图纸、使用功能、结构安全、规程规范、施工实践、质量保证、成本对比这几个根源点出发来进行。要分析上述每个要素，是否适用于当前的状况，因材施教，灵活做出变通，赢得主动，取得双赢。

3.4　其他构件变更创效管理

直接能够增加利润的主动设计变更，是最直接的发起动因。而这一板块则是商务经验丰富的技术总工的看家本领。笔者在原公司的前十年，技术总工的分内职责就包括商务管理，那时候并没有专门的商务经理岗。这样设置的不足之处是技术总工任务繁重，易在某一时期忽略某个板块的工作，如果是上进心不强学习力较差的个体，会造成样样通、样样松的局面。但对于那些学习能力强、自律自驱型的人，就会获得技术与商务融会贯通的状态。这就为发现创效点奠定坚实基础。当前的项目管理班子配置，一般都有商务经理岗位。这时候是以商务经理为主导，发现利润增加点，或者减少损失的点。再与技术总工协商，如何通过变更等手段实现上述目标。技术总工就需要利用自身优势，寻找化解亏损风险、寻求增加利润的变更切入点。

对设计图纸的理解力强，一眼看透构件的作用，才能够制定能够发挥同样作用的替代方案。有了可替代的基础，再融入商务因素，结合施工合同、投标报价，分析出单项施工内容的盈亏状况。利用现场施工经验，分析替代方案的可行性、经济性和合理性。

例如，本节对地下室顶棚保温材料的变更，就是基于投标报价与专业分包价格存在倒挂的情况。要规避损失，就要变更材料，重新批价，争取把亏损变为盈利，实现二次经营的创效。再例如，把室内回填土变更为混凝土，这个课题的难度会直线上升，因为建设方看到提案时，第一反应就是会增加投资，本能反应就是反对。遇到这种情况，就要改变提出方式，转变思维模式。站在建设方立场考虑，以减少后期维护费用为切入点，项目的全生命周期投资额还是没有增加的角度去叙述。总结的规律就是，一旦目标与相关方发生冲突，就更要谨记叙事角度。搜集强有力的证据支撑，从而达到创效目标。不同单位的人，同一单位的不同职位的人，同一职位不同个性的人，都可能想法不同。而同一个人又有可能此时立场与彼时立场又不同。随着时间的变化、项目的进展，立场有所变化也是正常现象。因此，就要因时因人、一人一策、随时随策，才能够最大限度地取得成功。

3.4.1 以中标单价减少工序的创效

以中标单价减少工序项，本质还是对原建筑设计做法的优化，这种优化的原则一定是不影响建筑的使用功能、耐久性，甚至还会有所提升。在这个过程中可能会引起造价的调增，建设方需要利用价值工程进行决策。当然，如果诉求得到同意，给施工方带来的不仅是直接效益的增加，还会质量更有保证、工期更短等间接效益。

经过大量的施工实践，发现有些图纸设计或者通用规定，会引起较多的质量常见问题。而由于行业惯性的影响，没有统一地进行修改。作为施工方人员，必须对这些问题引起重视，一是减少交工后的维修任务，二是替建设方减少了后期运营的麻烦。总之会减少很多隐性的成本支出。要主动变更这些内容，需要施工方找好叙事角度及沟通顺序。

📖 **案例 3-9：屋面聚苯板保护层由水泥砂浆变更为细石混凝土**

1. 案例背景

某医院项目原屋面保温层上的保护层设计为 20mm 厚水泥砂浆，存在着质量隐患，施工方计划变更为细石混凝土。

原屋面做法如下：

（1）10mm 厚铺地砖，干水泥擦缝，每 3m×3m 留 20mm 宽缝；

（2）30mm 厚 1：3 水泥砂浆结合层；

（3）隔离层（低强度等级水泥砂浆）一道；

（4）3mm＋3mm 厚 SBS 防水卷材（聚酯胎Ⅱ型）；

（5）刷基层处理剂一道；

（6）20mm 厚 1∶3 水泥砂浆找平；

（7）60mm 厚阻燃挤塑聚苯板，压缩强度大于 250kPa；

（8）20mm 厚 1∶3 水泥砂浆找平；

（9）1∶6 水泥膨胀珍珠岩找坡 2％，最薄处 40mm；

（10）现浇钢筋混凝土屋面板。

2. 沟通协调

先从设计方面入手，说服设计，再做建设方工作。经过有效沟通，设计师同意了施工方的建议。在这个建议中，设计院曾经考虑过荷载问题，之后荷载验算通过。

3. 报送联系单

工程联系单

致：某市人民医院

屋面聚苯板保温层上面的保护层原设计为 20mm 厚 1∶3 水泥砂浆找平，此做法存在如下劣势：

该层材料厚度和本身性质因素，结合日常施工经验，砂浆层开裂的可能性极大。该层次既作为保温层的保护层，又是防水层的基层。如果开裂会导致防水层破坏，造成屋面渗漏。因此，我方建议将砂浆层变为 50mm 厚 C20 细石混凝土，内配双向 $\phi4@200mm×200mm$ 钢筋网片。符合常规做法，保证屋面满足设计合理使用年限的要求。

请领导审批！

4. 创效复盘

最终建设方同意了该项变更。

投标报价中有细石混凝土的清单项，不用重新批价。一般来讲，混凝土的利润率要高于砂浆的利润率。这个工程变更的出发点，既是基于利润的考量，又考虑了质量保证的因素。

3.4.2　替换工程量清单的创效

替换工程量清单创效的本质，是对原设计做法的改变，或者对工艺过程的改变，变换的结果足以引起综合单价的变化，在变化中求得利益。"变化"是创效的底层逻辑之一，必须对这种思维方式引起足够重视。

对原建筑做法，从施工角度进行反向设计，是考虑了原做法的作用、替代做法选择、施工便捷、创效有利的原则进行。首先的要求，是不能改变原建筑做法功能，还要优化这个功能，再去融合其他诉求，来完成变更，达到创效目的。

📖 案例 3-10：室内回填由灰土变更为轻骨料混凝土

1. 案例背景

某医院项目门诊楼一层建筑完成面与结构板之间的高差为 600mm，除去 50mm 的地面做法，还有 550mm 的填充层。此填充层起到对结构的抗浮作用，原设计采用的是 2∶8

灰土回填做法。

从投标的综合单价来看，施工方是有盈余的，综合单价为 71.58 元/m³，劳务分包合同价格是 60 元/m³。所以从利润角度看，没有必要进行变更。

2. 创效分析

从施工方便程度、质量保证程度、工期的角度考虑，采用回填土施工有诸多不便，具体如下：

（1）填充层内所分布的给水、排水、雨水、电气管线较多，采用轻骨料混凝土可以起到保护管线的作用。而回填土夯实过程造成管线破坏的可能性极大，且施工顺序是需要回填完成，再进行管线处土方开挖，管线布设完毕后再重新回填。此工序必定增加工期。

（2）墙体已经砌筑完成，分隔成的各类小房间已经形成。在各小房间内进行回填土施工，其工作面受限，尤其边角处压实系数不易保证，进而可能造成地面下沉。

（3）采用轻骨料回填做法既可以保证施工工期、质量，又可以满足设计关于配重方面的要求。

（4）轻骨料投标报价 561.2 元/m³，实际成本价格为 485 元/m³。从利润角度考虑，变更可以实现替换工程量清单项，达到创效目的。

3. 结论复盘

最终，建设方同意了此变更。

施工方有了这个技术性分析之后，先是有策略地沟通了设计方，设计方表示从技术角度分析没有问题，至于造价的增加，只要建设方同意了他们没有意见。有了这个基础，再与建设方进行有效的沟通，主要从功能上、从后期维护的角度来说服建设方。

这个变更实际上只是单方面的对施工方有利的，一是施工方便、保证质量，二是节约了工期，三是增加了利润。缺点就是增加了建设方的投资额。

有很多图纸，尤其是建筑设计，会有很多的可优化的空间。这里的优化，是一个中性词，对于施工方来讲，优化的第一动力来自成本层面。发现某个分项工程存在亏损，第一时间就想到变更，进而重新批价规避损失。再有，就是施工方便、加快工期，节约成本，这是从另一个角度进行的创效。

3.4.3 避让设计埋伏的创效

有些资本方为了更有把握地参与工程，将工作前置到设计层面。直接在设计文件中以明示或暗示的形式，使用资本方供应的材料或者选择他们的专业分包。当然，在局部地区掌握了一定专利技术的情形除外。比如，某工程的桩基设计，采用喷灌挤压组合桩扩大头专利技术。还有消能减震设计，由于这些分项工程专业性很强，厂家或者分包商会提前介入设计，有倾向性地进行设计。

在市场化的进程中，建筑业的各个环节都有可能被经济利益渗透。当然，这都是在不违反法律法规的前提下进行的探讨。而如果有些环节受到经济利益的渗透时，可能会影响到下游环节的利益。施工方处于建筑产业链的下游，就要绷紧这根弦。尤其作为技术总工，要对此类现象有更深刻的洞察。方可保障自身的利益不受损失，甚至以此为契机，为项目创效。

案例 3-11：防水卷材由 BAC 变为 SBS

1. 案例背景

某医院项目原设计屋面防水为 2mm 厚 BAC 双面自粘高分子防水卷材，存在着价格倒挂的情况，施工方想办法进行变更。

2mm 厚合成高分子防水卷材（BAC 自粘），经市场询价其材料费 39 元/m²，而投标报价为 30 元/m²。本工程设计的地下室、车库屋面、楼座屋面均使用此种防水卷材。项目部换班子进场时，地下室已经施工完毕，还有车库屋面、楼座屋面未施工，抓紧研究变更事项。

2. 沟通协调

按照建设方的项目管理制度，施工方不允许私下联系设计院。但此事涉及金额较大，必须从设计入手，说服设计，再做建设方工作。经过有效沟通，设计院同意了施工方的建议。

3. 报送联系单

工程联系单

致：某医院指挥部

事由：关于屋面防水层建筑做法调整的建议

（1）屋面防水层设计做法为：第一道为 1.5mm 厚聚氨酯防水涂料，第二道为 2mm 厚 BAC 双面自粘高分子防水卷材。2mm 厚 BAC 材料，经过地下室墙体使用实践表明，该材料受温度影响变形大，影响防水的粘结性，从而造成防水层脱落，失去防水作用。屋面处于建筑物顶部，直接受室外温度变化的影响，且本地区部分季节早晚温差大，对防水材料的影响较大。

（2）从实验检测性能方面：防水卷材的几项核心指标，诸如纵向拉力、横向拉力、纵向最大拉力时延伸率、横向最大拉力时延伸率等，BAC 比常规使用的自粘 SBS 卷材都要低很多，具体试验数据详见附件（本文略）。

（3）根据大量的施工实践以及对本市建筑屋面做法的调研，屋面防水层普遍做法均为聚氨酯涂料＋自粘 SBS 卷材防水的形式。该做法从原材料性能到施工工艺的可靠性，都经过了多年的实践验证，能达到良好的防水效果。

（4）本工程为重要的公共建筑，设计屋面防水等级为一级，防水层合理使用年限为 15 年。而想要达到这个要求，首先是防水原材料的选择必须可靠，再加上成熟的施工工艺，方可确保达成目标。

（5）自粘 SBS 卷材性能可靠、做法成熟，价格低廉。

综上所述，我方建议将屋面的防水层做法进行调整，由 BAC 改为 SBS。

请审批！

4. 创效分析

从已经施工实践过的地下室防水卷材，表明 BAC 材料受温度影响的变化情况，不适用于本工程屋面；从材料本身的物理实验角度论证物理性能方面 SBS 优于 BAC；从大量施工实践角度，SBS 为普遍应用防水卷材；从本工程建筑物的重要性方面论证，应使用性能更可靠的产品；最后又提出价格优势。

此联系单的内容层次分明，层层递进地论证了变更为 SBS 防水的必要性。之所以没有在价格层面展开叙述，是为了后续批价做了一定的伏笔。因此就没有提及太多价格方面的信息。否则应该再做一个详细的价格对比，就使得此联系单更趋近完整，更能使人信服。

5. 结论复盘

最终，建设方同意了此变更。

这个变更相对来讲是个双赢的结果。施工方规避了亏损项，建设方也没有增加投资；从质量保证程度、后期维护成本方面，对建设方也是有益的。

3.5　处理现场问题的思路

处理现场问题的思路可以按照指导原则、基础信息、优化空间和处理方式四步进行。

指导原则从理论来讲，就是多角度来透视一个问题，可从两方面入手：一是完善基础信息，二是看优化的空间。基础信息就是抓取设计关键信息参数，把一个分项工程中构件的材质、规格型号、构造要求、布设边界等信息搞清楚。如果与其他构件有相关性，则要注意交界处做法，是否有矛盾冲突等情况。优化空间是把基础信息系统性理顺后，看是否有优化的可能。优化的方向就是施工方便快捷、成本较低，有一定的收益。处理方式是从设计、施工和成本三个主要方面，作立体的处理。

做施工当然不是在搞学术研究，但保持学术研究的态度借鉴其中的一些方法，是有必要的。这样做并不是迂腐，而是一种超越。首先，能够保证结构安全、为终身质量责任制保驾护航；其次，要治未病，把图纸问题消化在施工之前，使得施工操作易行，节省工期、减少隐性成本；再次，治病有良方，能够以最小的代价处理现场遇到的问题，减少无谓成本的支出；最后，增加收入。能够利用设计固化二次经营战果，为三次经营提供强大的技术支撑。

3.5.1　正面处理现场问题的思路

正面处理现场发生的问题，就是以问题为导向，分析原因，对症下药，直接给出答案。特点是简单直接、直中要害、高效解决。施工过程中遇到这样的问题很普遍，技术人员不能慌张。要理清思路，运用自己的知识技能、施工经验，从容处理即可。

技术人员入行初期，一般都是这种直线式的思维方式。对准问题，直来直去。有了一定的积累，才会跳出问题看问题，从不同的利益方去看问题，从不同的专业维度去透视问题。思维发散了、思路活跃了、思想解放了，做起来就会更加游刃有余。

案例 3-12：施工现场钢筋级别用错的处理

1. 案例背景

某医院项目病房楼框架柱纵筋设计为 HRB500 钢筋，而现场部分采用了 HRB400 级别钢筋，被监理人员发现。

2. 处理思路

首先保证结构安全，其次要整改方便，二者缺一不可。经过技术总工权衡利弊，采用并筋的处理方式，并验算是否超筋。

3. 验算过程

计算原则：以最大配筋的负二层 KZ1 为例计算

原设计配筋：8Φ25＋32Φ22

加并筋后为：8Φ25＋32×2Φ22

加筋后钢筋截面积：$S_{钢筋}=8×490.9×10^{-6}+32×2×380.1×10^{-6}$

$$=0.0283m^2$$

框架柱截面积：$S_{柱}=1.2×1.2$

$$=1.44m^2$$

配筋率＝$S_{钢筋}/S_{柱}=0.0283/1.44=1.97\%<5\%$

结论：不超筋。

4. 沟通协调

沟通函

致：某监理单位

事由：个别柱钢筋级别混用的处理措施

病房楼负二层③-①轴～③-⑧轴/③-Ⓐ轴～③-Ⓓ轴区域，个别柱纵筋有级别混用情况。

现采取如下措施进行处理：在混用钢筋处，加设并筋一根。加设的钢筋级别为 HRB500，直径较原处钢筋小一规格。详附验算过程。

5. 联系单用词分析

战略层面：这是需要设计师签字的单据，要注意艺术性。把问题范围尽量缩小，但也反映了现实问题。

战术层面：不能给施工方留下过多不利证据，"个别"用词就很有艺术性，"混用"减轻了危害程度。另外，语言简洁、表达意思清晰，让人能够迅速看得懂。大家可以试试，就这个问题，如果你是技术总工，会如何在设计签认单中编写文案，更能清晰地表达并弱化问题。

6. 复盘反思

出现此问题，原因是图纸设计的钢筋级别较多，但从中也能总结出规律。即箍筋、拉筋，剪力墙水平筋为 HRB400 钢筋，其余则为 HRB500 钢筋。通过专项技术交底，包括对钢筋翻样、后台加工、钢筋安装、现场管理人员，进一步加强对图纸设计的认识。

此事件钢筋翻样的是没有问题的，出现问题的是钢筋加工环节，加上绑扎环节又没有注意区分，直接按照加工好的材料绑扎。因此，现场管理人员的仔细核对非常关键。

3.5.2 多维处理现场问题的思路

与正面处理现场问题的思路类似，多维处理问题的方式需要更深入地思考，是否有多种方案来解决问题。如果从施工方的利益出发，解决方案又分为上策、中策和下策。这时，就要根据相关各方的管理水平、各单位负责人的性格特点及知识技能，综合判定使用哪种策略。这就是多维度处理现场问题的思路。

很多问题都并非只有唯一的答案，要跳出"标准答案"这种学生式的思维。很多问题的解决都是多方平衡的结果。因此，技术总工在处理现场问题时，就要大胆假设、小心求证，多思考、多交流。有些问题局限于自身思维，有可能一时间绕不出来，经与不同人交流，通过交流整理思路，可能会产生出灵感，解决办法就会自然而然地跳出来。

📖 案例3-13：节点核心区梁柱混凝土强度等级不同时界面的处理

1. 案例背景

图纸说明："当柱、墙混凝土等级高于梁混凝土一个等级时，梁柱节点处混凝土可随梁混凝土强度等级浇筑。当柱混凝土强度等级高于梁混凝土两个等级时，梁柱节点处混凝土应按柱混凝土强度等级浇筑。此时，应先浇筑柱的高等级混凝土，再浇筑梁的低等级混凝土。也可以同时浇筑，但应特别注意，不应使低等级混凝土扩散到高等级混凝土的结构部位中去，以确保高强度混凝土结构质量。"

《混凝土结构工程施工规范》GB 50666—2011第8.3.8条第2点规定："柱、墙混凝土设计强度比梁、板混凝土设计强度高两个等级及以上时，应在交界区域采取分隔措施；分隔位置应在低强度等级构件中，且距高强度等级构件边缘不应小于500mm。"第8.3.8条第3点规定："宜先浇筑强度等级高的混凝土，后浇筑强度等级低的混凝土。"其条文解释："在高强度等级混凝土与低强度等级混凝土之间采取分隔措施是为了保证混凝土交界面工整清晰，分隔可采用钢丝网板等措施。对于钢筋混凝土结构工程，分隔位置两侧的混凝土虽然分别浇筑，但应保证在一侧混凝土浇筑后的初凝前，完成另一侧混凝土的覆盖。因此，分隔位置不是施工缝，而是临时隔断。"

2. 案例分析

设置分隔位置的初衷，是为了临时隔断，而不是施工缝。但理论与实践之间的确存在着很大的差距。

目前商品混凝土的坍落度很大，一般为180～230mm，在节点处单纯浇筑高强度等级混凝土时，往往会流淌至梁内较远处，造成混凝土的离析，客观上形成了难以处理的施工缝。而这些位置往往是梁端内力大，可能形成塑性铰的部位。若以逐个浇筑各节点的做法：一是造成泵送机械、塔式起重机效率降低；二是等浇筑完成后面的节点，前面节点已过初凝时间，客观上在节点核心区形成了施工缝。

3. 解决方案

方案一：上策。梁柱节点核心区的混凝土随梁板一起浇筑。但前提是请设计师对节点核心区的抗剪与抗竖向承载力进行核算。节点区的混凝土强度可以按提高后的折算强度采用，或者进一步地把这个环节提前至设计阶段。如果是EPC项目则更好，技术总工可以给设计提建议。

方案二：中策。采用梁端水平加腋的方式，加强梁柱核心区的约束。

方案三：下策。严格控制好混凝土的坍落度，先浇筑梁柱节点核心区，后再浇筑其他位置。但需要用橡胶气囊，而不是采用钢丝网进行拦截。结构节点处采用橡胶气囊拦截混凝土做法如图3-5所示。

4. 商务分析

图 3-5　结构节点处采用橡胶气囊拦截混凝土

　　节点核心区外侧的高强度等级混凝土，结算时能否完成计量计费？封堵措施的钢筋网片，能否单独计费，或者计取拦截气囊的费用？这会存在争议：建设方认为是措施费，而施工方认为是实体费用。

第4章

现场签证创效管理

毕飞宇在他的《小说课》一书里是这样点评《红楼梦》的："……不停地给我们读者制造'飞白'……如果我们有足够的想象力，如果我们有足够的记忆力，如果我们有足够的阅读才华，我们就可以将曹雪芹所制造的那些'飞白'串联起来的，这一串联，了不得了，我们很快就会发现，《红楼梦》这本书比我们所读到的还要厚、还要长、还要深、还要大。可以这样说，有另外的一部《红楼梦》就藏在《红楼梦》这本书里头。另一本《红楼梦》正是用'不写之写'的方式去完成的。"如果把现场签证比喻为"不写之写"的《红楼梦》，试问：我们是否有足够的想象力、联想力和知识才华去发掘它们。

"无中生有"在一般的语境里不是一个正面的词汇，而用在发掘项目创效点方面，则是一种要求极高的技能。列举一个项目中的现场签证随意签认，在结算中被咨询方扣减的案例。

案例4-1：按实际施工工作量签证的漏洞

天津市某国有投资建设项目，为综合单价合同，采用清单计价模式按实结算，招标时施工图纸完善，施工方充分考虑了报价因素，措施费用施工方自主报价。工程结算时，其中一项为基础降水排水的签证，签证内容显示现场采用无砂管井降水方法，管井25口，签证人工90天，共2250个工日。

咨询人员要求提供现场照片，审查发现中标清单中管井总数量为320m，按照基础深度5m计算，管井数量应该为64口，实际签证报送25口，与中标清单的差距较大，应该扣减无砂管井的费用。清单中报价为抽水台班，共填报数量为6500个台班，而实际签证的为工日，每天为一个工日计算，抽水台班费用差距也较大，结算核对时发生争议。

咨询人员以现场实际签证工程量为依据，扣除195m无砂管井的工程量，综合单价365元/m，此项减少了约7万元。咨询人员考虑抽水天数折算，每天工作12h，即1.5个台班，$25 \times 90 \times 1.5 = 3375$（台班），综合单价为324元/台班，此项减少了约37万元。

从此案例看，商务经理办理现场签证时，要考虑到该不该签证，签证以后会出现什么后果？技术总工在办理签证时要与商务经理事先沟通，签证的内容不能与创效目标发生冲突，围绕总体目标办理签证才是有效的签证。

案例也反映出项目管理的松散，项目部需要规范性的流程制度，实体分项签证应该怎么处理？措施签证应该怎么处理？公司层面应该对项目部有一个交底。从业务角度看，技术总工和商务经理是第一责任人，必须紧密配合完成工作，及时发现签证漏洞，多维度思考问题可以避免签证的失误。

签证是项目大商务创效的不二法宝。做好签证，需要项目团队具备优良的综合素质、履约能力。签证办理的成败是由多种因素综合影响的，包括但不限于合同条件、工程对象、合作方配合、项目部素质和公司管理等因素。

商务经理、技术总工应具备与自身岗位相匹配的知识技能，拥有一次经营、二次经营的相关专业能力。能融合运用各专业及资源，有良好的语言沟通及文字表达能力。需要对建设方管理人员的职责范围、专业技能、行事风格及行为习惯有全面掌握；更需要对监理方的工作程序、建设方对其授权范围、监理职责范围、专业技能情况、行事风格及行为习惯有全面掌握；也需要对建设方与监理人员是否配合默契等有全面掌握；对咨询人员，同样如此。

签证中所涉及的对外沟通，项目部对外的口径必须一致。施工、技术和造价人员等协调配合，提供准确、可靠的基础资料。技术总工、商务经理密切配合，编制优质的签证单。过程中做到咬定青山不放松，及时跟进办理，做到落袋为安。

办理现场签证时，项目上的管理人员往往以建设方拒签为由，迟迟拿不到签字文件。工程结算时，咨询人员认为不签字的文件不能进入结算，从而导致签证工作以失败告终。建设方拒绝签字时，可以先把证据固定，采取事实陈述的方式，进行沟通协调，在签证事件发生后的周例会上提出来，告知给建设方、监理方，听他们的拒绝签字的理由。虽然不签字，但是要让他们确认是现场实际发生的事件，结算时可以给咨询方作为参考意见，或者找建设方领导谈判。如果在此环节协商达成一致，还可以把签证挽救回来。如果在此环节达不到目的，必要时可以提起仲裁或上诉。办理现场签证的策划总思路如图4-1所示。

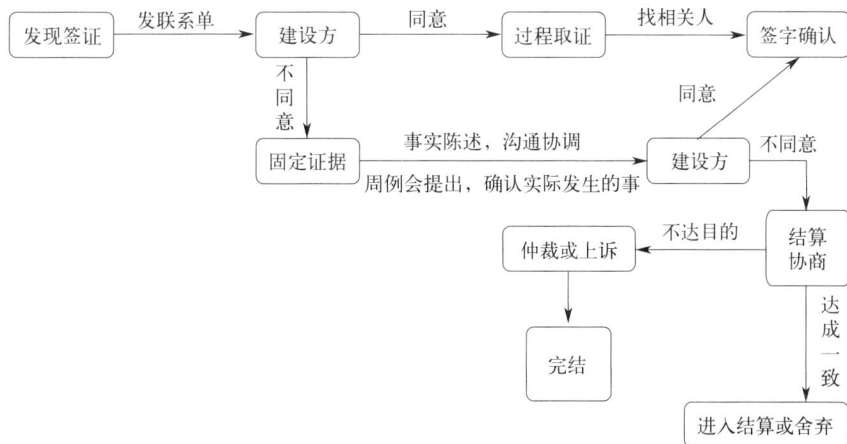

图4-1 办理现场签证的策划总思路

办理签证要掌握时效性，按合同约定的时间进行申报，施工方有专人负责签证的跟踪落实。其他各方对签证的重视程度与施工方不同，因为这与他们的利益无关。技术总工、商务经理务必全程关注、全力争取，有异常情况及时汇报给项目经理。项目部解决不了的问题，及时向公司有关领导汇报，借力公司资源。

办理签证要考虑全面性，签证文件应能经得起日后推敲。签证所涉及的事件、内容、各类计算以及相应的证据要充分、齐全，且各类证据资料能够系统交圈，无相互矛盾或疏漏。资料包括：招标投标及答疑文件、施工合同、设计图纸、图纸会审、设计变更、政策性文件、现场测量勘察记录、气象水文资料、技术核定单、工作联系单、监理通知及回复单、会议纪要、工程影像资料、传真、电子邮件、进度计划、施工记录、隐蔽验收记录、检验试验单、施工日志、经审批的专项施工方案和施工组织设计等。

办理签证要具有前瞻性思维。在准备申请材料和应答策略时，尽量换位思考，预测可能遇到产生质疑的问题，并提前准备好针对性的答案。了解签证要求和申请流程，确保对签证要求和申请流程有充分了解。提前准备所有需要的文件和证明材料，并确保它们的准确性和完整性。这样，可以在被质疑时提供充分的支持和证据。对于可能引起质疑的事项，提前做好解释和阐述的准备。清晰地表达自己的意图和目的，并提供相关证据来支撑自己的观点。

4.1 现场签证的规范格式及办理技巧

有许多企业把会议纪要、工作联系单、技术核定单、现场照片等证据放在结算书中，这显然是不对的。根据清单计价规范要求，这些可以起到间接证明性的文件，被称为辅助证据，间接地证明事实已经存在。如果建设方未签字，这些文件可作为双方在工作中交流过的证据，提供给咨询人员作为参考，从而创造对谈判的有利条件。工程结算书的签证文件涵盖内容如图 4-2 所示。

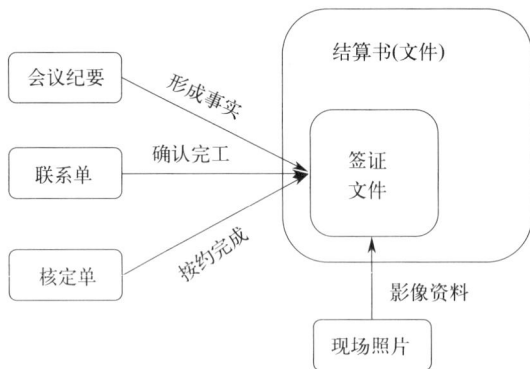

图 4-2　工程结算书的签证文件涵盖内容

现场签证的来源，可以从计价规范的规定和施工实践产生中寻找。《建设工程工程量清单计价规范》GB 50500—2013 第 9.14 条规定："由于施工生产的特殊性，施工过程中往往会出现一些与合同工程或合同约定不一致或未约定的事项，这时就需要发、承包双方用书面形式记录下来。各地对此的称谓不一，如工程签证、施工签证、技术核定单等，本规范将其定义为现场签证。签证有多种情形，一是发包人的口头指令，需要承包人将其提出，由发包人转换成书面签证；二是发包人的书面通知如涉及工程实施，需要承包人就完成此通知需要的人工、材料、机械设备等内容向发包人提出，取得发包人的签证确认。"根据这两条规定可以看出，在结算编制时，结算书中必须是以现场签证的形式出现。

这些会议纪要、联系单、技术核定单、现场照片等资料在结算时可以整理成册，以附件形式提交给咨询方。如果签证文件没有签字，可以在此项签证对应的费用中写明："因建设方代表、监理人员在规定的时间内未答复，依据清单计价规范，视为签证内容已经认可，请参考附件内容。"如果在结算书外没有附件存在，咨询方会以无此项费用为由，删除该价款。所以说，辅助证据也是必要的结算资料。

4.1.1　现场签证标准化管理流程

1. 对外标准化管理流程

（1）现场工程量确认单，只是对现场发生工程数量的计量，是工程签证的有效组成部分；只有经过监理方及建设方签字并盖章的签证，方可作为竣工结算的依据。

（2）工程量确认单必须有承包人项目经理、总监理工程师及建设方签字方可生效。

（3）承包人应在签证事件发生后 7d 内办理工程签证书面手续，逾期建设方将不予办理；签证事件延续时间超过 7d 的，承包人应分段办理相应手续。

2. 对内标准化管理流程

现场签证管理一般流程为发掘签证、收集材料、内容编写、外部口头沟通、内容审核、外部报送签字、归档等环节。如果涉及费用特别巨大的情况，还需要请示公司的意见，以会议讨论方式确定。现场签证办理一般流程如图 4-3 所示。

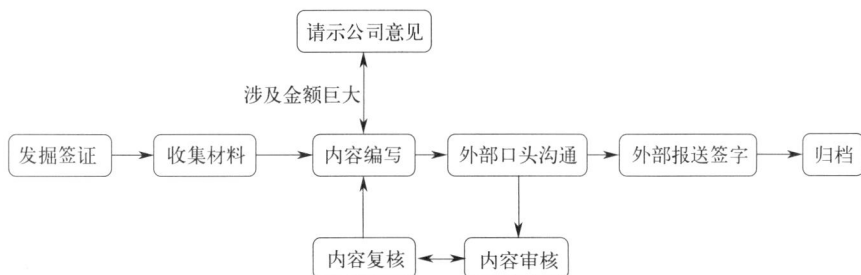

图 4-3　现场签证办理一般流程

1）发掘签证环节

这是提纲挈领的"纲"，是接力赛的第一棒，是考验技术总工和商务经理水平的重要一环。此阶段，必须深度融合施工合同、图纸设计、现场工艺、规范规程、政策文件，才能发现更多、更有价值的隐秘性的签证。

2）收集证据环节

这是实施阶段的开始，由技术和造价人员共同完成，考验的是抓关键点的能力。有三条证据流线：一是设计流线，如图纸设计、图纸会审、设计变更、技术核定单，这是最有效力的流线；二是往来单据，如建设方或监理通知单、工作联系单、洽商单等，这是次之的流线；三是技术标、施工组织设计、施工方案、省市相关规定，这是更次之的流线。这些流线都要围绕现场发生的事件进行收集。

3）沟通各方环节

申报纸质签证单前，要把事件内容简要地与参与审批的各方进行沟通。这样他们收到签证单时，就不会感到很突兀。通常是首先与现场监理沟通，然后是咨询方，最后是建设方。由易到难，前面的沟通结果作为后面沟通的铺垫。

4）编审签证环节

造价人员编制，技术总工或商务经理审核把关。理顺事件，证据闭环。一般站在建设方利益的叙述角度，认可度会更高。

5）申报审批环节

由造价人员递交。因为之前有过口头沟通做基础，再简要地解释一下纸质签证内容，让审批方更快速地理解内容，加速签证流程。在这个过程中，审批难度较高的签证，需要技术总工或商务经理出面，与相关审批人员沟通。最后，使得签证落地。

4.1.2 签证办理过程及管理制度

1. 现场签证的产生过程

（1）现场签证应该如何与建设方交涉？发现签证事项有何奖励机制？签证时要考虑哪些风险？用制度去做事，还是用个人的责任感积极性去推动？这需要在企业和项目中形成具体的制度，并加以适当奖励。因为现场签证的形成是无法用具体的绩效指标来考核的。因此，企业文化、奖励机制都会影响到签证的效果。

（2）从企业管理角度考虑，发现签证是谁的责任？应该让谁去收集证据资料？谁去编写签证？这些都体现在项目的协同管理中。如果项目部管理人员是主动、积极的，签证工作就比较容易推进。项目部管理人员应远离负能量的管理者，多让年轻人冲锋陷阵。当然，要给予奖励，这是使企业良性发展的管理意识。现场签证企业管理角度考虑如图 4-4 所示。

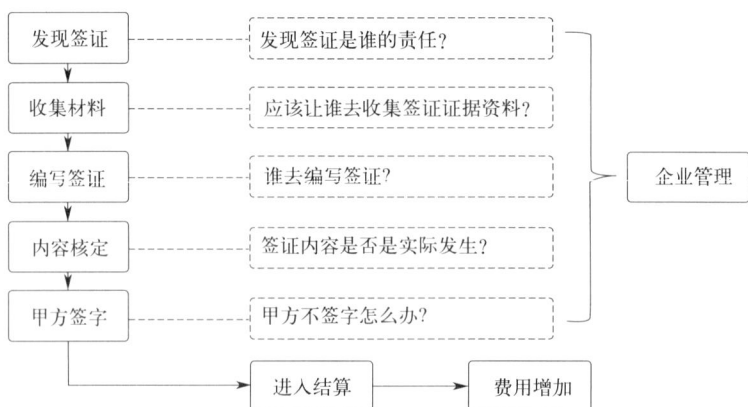

图 4-4　现场签证企业管理角度考虑

（3）办理现场签证的人员往往会从个人风险角度考虑，签证内容是否实际发生？建设方不签字怎么办？这些都是一个经办人要考虑的事项。在施工实践中，项目管理人员有时推卸责任，使得经办人缩手缩脚。比如签证内容与实际不相符，工程结算时建设方拒绝增加费用，经办人就要承担风险。因此，企业应该鼓励办理签证的人，表扬积极主动的人，形成积极主动办签证的企业文化。

（4）办理现场签证的人员从技能水平考虑，需要从业时间和执业资格方面进行评价。签证最可能发生在什么地方？都需要收集哪些材料才会有效？这些都在考验商务经理、技术总工的能力。在施工实践中，只要两人配合默契，大部分签证的办理都会有较好的结果。现场签证从业技能角度考虑如图 4-5 所示。

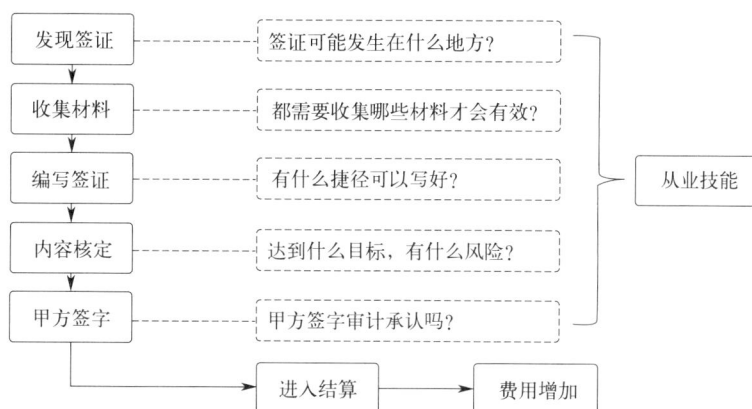

图 4-5　现场签证从业技能角度考虑

2. 现场签证的管理制度参考

（1）项目部签证办理的第一责任人为项目经理，对本项目部签证的办理负主要责任。在开工 15d 以内，由技术总工、商务经理作为主要牵头人，完成签证计划的编制，报公司商务部门审核。签证计划需要结合现场施工进展及变化情况随时更新。

（2）由技术总工负责、商务经理为主要参与人，依据施工合同、设计图纸、签证计划，结合施工组织设计、施工方案、技术交底、图纸会审、地质勘察报告、现场情况、设计变更、招标投标及答疑文件、清单项目特征描述、政策类文件等，进行现场签证的编制。由技术总工发起签证的编制工作，提供现场影像资料。技术总工与商务经理协商后，报项目经理审批定稿。在项目经理的统一协调下，由商务经理负责与建设方相关负责人交涉办理完成。办理完毕的完整签证资料存档。

（3）不得用施工组织设计、施工方案、设计变更、技术交底等事前计划文件代替现场签证，必须以现场签证为载体，将计划文件中的经济事项转为实际施工内容并进行确认，同时还应加入工期索赔等元素。

（4）项目部管理过程中要有证据意识，项目部自行配置硬盘，商务经理负责保管并且监督项目部管理人员每天进行工地现场拍摄，并将照片保存到指定文件夹。竣工后至少保存至结算定案后，并不得少于 1 年，以方便相关人员查阅使用。现场签证统一编号建立台账，作为内部保密文件分类归档。

（5）工程施工期间，公司商务部门负责现场签证的监督管理工作，对项目部实施月度考核或进行不定期、不定形式的抽查。

4.1.3 现场签证的办理技巧

1. 签证的形式及流程技巧

（1）办理现场签证要求事实清楚、照片齐全、内容简要、证据充分、不虚报乱报，并且签证内容是不包括在合同范围内的。让签认的当事人有一个准确无误的判断，能够快速理解签证的事项。事实清楚也就是实际发生的事件，能直接证明已经完成任务，从主观判断就可以确定签证的真相，不需要再去思考、再去求证。文件格式正确、编号日期清楚、讲述内容准确无偏差等，这些要素需要齐全，不能让签认的当事人从字面上挑毛病，要给签认的当事人非常规范的感觉，减少提出问题的概率。签证不能含有虚假内容，施工现场实际发生的证明文件要充分表达工作范围，无遗漏事项，语句无歧义。签认的当事人提不出拒绝理由，这时才可能顺利签字。办理签证的技巧及注意事项如图4-6所示。

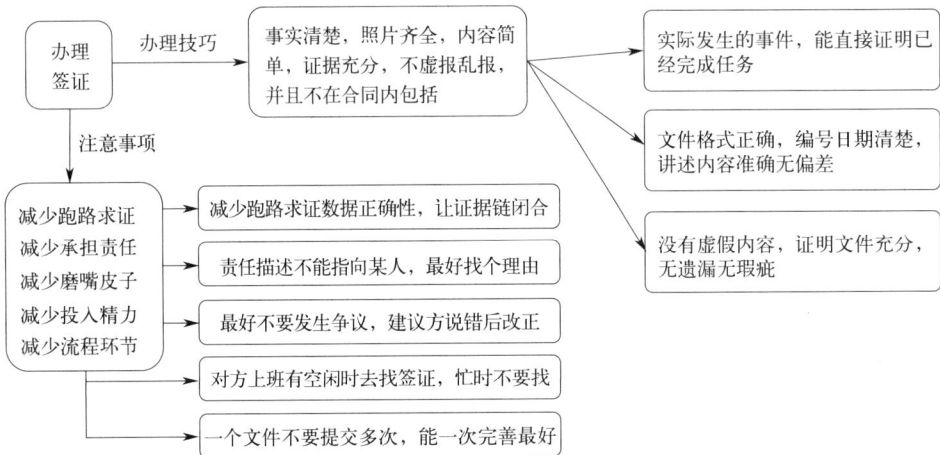

图4-6 办理签证的技巧及注意事项

（2）办理签证还需要注意，让签认的当事人少跑路，去求证数据的正确性，证据链要闭合。如果是因为此签证的内容再去求证现场情况，时间会拖延。关于承担责任的问题，内容描述不能指向某一个人，要找到恰当的叙述角度。例如"某监理要求采用砌筑方式，导致此部位开裂返工。"这样的表述写在签证中会让对方不舒适，若换成这样："图纸中不明确采用砌筑方式，请监理给予认可。"这样一来，监理签字就会变得顺利了。

（3）办理签证还需要注意，不要与建设方发生冲突。递交签证文件时，要考虑签认的当事人是否在忙其他事，要找准时机。所以，在合适的时候递交也是技巧之一。

（4）一个文件不要提交多次，做到一次完善内容。许多签证文件都是修改次数太多，前后内容描述有冲突，签认的当事人感觉变化太大，提出不同的看法，无法顺利签字。

2. 签证的内容编制技巧

（1）签证内容编制的切入点，最可靠的途径是通过设计方来入口：第一效力是设计变更，次高效力是技术核定单，再次效力是图纸会审；第二效力是往来单据，如监理通知单、工作联系单、洽商单等；第三效力是通过施工记录入口：各方参与的现场勘察记录、隐蔽工程验收记录、地基处理记录；第四效力是技术标、施工组织设计、施工方案、技术交底、省市相关规定等；第五效力是影像记录，拍摄的时候最好把建设方、监理方、咨询方人员都拍进去，一般安全帽上都有单位的名字，也使签证更有说服力。

（2）现场签证内容的编写要抓住核心要点，以计入工程结算为目标，文字组织简明扼要，直奔主题。所写内容可以是多方从不同角度考量，比如从技术角度、商务角度、管理角度、生产角度，都应站得住脚，让第三方审核人员能准确理解。

（3）现场签证内容的编写除了需要项目部管理人员的论证，还需要与外部沟通才能确认，因为这涉及监理方和建设方领导是否能够签字同意。沟通时要有顺序，可以从这些经办人的合同权限、职责范围、性格特征、技术强弱等方面考虑，还需要从轻重缓急、规避争议、重复性等方面考虑。比如，因建设方原因需要拆除已经砌筑完成的墙体，就要考虑当事人承担的责任有多少，在场知道此事的人是谁，还要根据事情的轻重缓急来决定，不能拆除完成后才报送。在签证内容中，非必要不提及个人名字。

3. 签证内容体现形式及措辞技巧

（1）体现形式。金额较大的签证，体现量不体现价，直接做测量记录，最多体现工程量。而对于定额套项可能存在较大争议的事项，直接签总价。尽量不要出现零工签证，零工单价较低，要转换为工程量，套定额或清单项执行。

（2）一事一单。及时办理，避免"夜长梦多"。不同时段建设方的心态不同，当时办总比事后办态度要积极些。"一事"的工程量不会太大，避免建设方因为量多、价高而犹豫不决。

（3）措辞技巧。语言简洁确切，条理清楚，逻辑性强，计算准确。描述签证事件发生的经过及其对施工的影响，以及施工方要求签认的事项，包括工程量、工期、费用等。阐明发生签证事件的有效依据，包括法律法规、合同条款、指令、变更函件、各类确认函、会议纪要、施工组织设计等。选择最合适的计算方法计算签证费用。尽量按定额子目的名称编写，以免套用定额出现争议。规避合同、招标投标文件中注明的"不予调整"的字眼。不能出现如"为了保证工期""为了保证质量""为了保障安全"等说法，因为结算核对时会被认为是施工方自行采取的措施，而不计入结算。一般可以有如下措辞代替："应建设方要求""为完善设计做法""受建设方委托"等，这样认可度会更高。拆除类签证需要明确拆下来材料的去向及残值摊销比例，避免结算时受到审核人员的质疑。

4. 签证的沟通技巧

（1）先易后难。同期如有多个签证，采取先易后难的方式，容易达成共识的立刻审批，有难度的再集中精力解决。还可以加入一些理由不充足的签证。这样，建设方在砍掉时占据了心理优势。或者由于你的放弃，而在后面的谈判中获得一定筹码。当然，这要掌握好度，不可随意申报，让建设方形成施工方不够专业且锱铢必较的刻板印象。

（2）沟通顺序。一般情况下，可以先与监理工程师沟通，取得支持后与监理工程师一起说服建设方。而对于批价事项，应该先与咨询人员沟通，取得支持后与咨询人员一起说服建设方。

（3）注意时机。正式场合如会议是建设方占据主势，不便与其沟通。而会前的私下沟通往往会取得预期效果。同时与其他各方的提前沟通也需要做好。这样，开会时施工方提出的诉求就容易通过。总之，就是要提前沟通。

（4）沟通方式。不同角色、不同立场，有不同的思维方式和利益诉求。在交流沟通时要注意区分对象，善于"审时度势"，根据不同对象采取不同的话术及沟通方式，运用恰当的策略和灵活的对话技巧，既达到目的又不伤和气。

5. 签证风险防范技巧

（1）必须确认签证的主体合格。签证主体必须为合同专用条款中约定的人员和部门，且没有超出他们的授权范围。如遇有合同中约定的授权人岗位调动，必须要求建设方以书面形式确定新的授权人，各方签字、盖章、日期齐全。

（2）当建设方故意拖延签证或拒签时，注意保留好相关证据，比如给建设方的发文记录，内容要尽可能详细。也可通过快递的方式邮寄，用以配合相关的法律与合同约定。

（3）对建设方的口头通知，必须及时地予以书面确认。

（4）对设计变更要及时获得有效的书面材料，并向建设方报送设计变更和工程量的增加签证，还应包括工期顺延等内容。

（5）对因建设方延误供货而给施工方造成的经济损失，应及时予以确认。

（6）对建设方指定的分包因质量、工期等原因给施工方造成的经济损失，应及时予以确认。

（7）证据留存。项目部门应留存证据，具体要求可参考表 4-1。

留存证据一览表 表 4-1

序号	证据类型	证据内容
1	项目涉及的全部合同文件	招标文件、招标答疑、合同文本及附件、补充协议，建设方认可的进度计划，各种施工图纸包括图纸修改指令，技术规范等，技术标、报价文件，包括各种工程预算和其他作为报价依据的如环境调查资料、标前会议和澄清会议资料等
2	与各方往来函件	如设计变更记录，技术核定单，工程洽商记录，签证单，各种认可信函、通知，对问题的答复等。数据电文和电话记录应在 24h 内由建设方、监理方签字确认
3	会议纪要	会议纪要需要取得各方的有效签字
4	工程进度计划	施工进度计划和实际施工记录，包括总进度计划、开工后发包方工程部批准的详细进度计划、每月进度修改计划、实际施工进度记录、月进度报表等
5	施工现场的工程文件	如施工记录、施工备忘录、施工日志、工长或施工员的工作日记、监理工程师填写的旁站记录和各种签证等；各种工程统计资料，如周报、月报、年报等
6	影像资料	照片上应注明日期、工程进度、隐蔽工程覆盖前的照片、建设方责任造成返工和工程损坏的照片等
7	气象资料	如果遇到恶劣天气，应做记录，并请建设方签证
8	各种检查验收报告和各种技术鉴定报告	工程水文地质勘探报告、土质分析报告、文物和化石的发现记录、地基承载力实验报告、隐蔽工程验收、材料实验报告、材料设备开箱验收报告、工程验收报告等
9	交接记录	图纸和各种资料交接记录，应注明交接日期，场地平整记录，水、电、道路开通情况等
10	材料批价单及订货单	材料和设备的采购、订货、运输、进场、使用方面的记录、凭证等
11	市场行情资料	包括市场价格、官方的物价指数、工资指数等公布材料
12	结算及相关财务资料	进度结算资料、进度付款资料、发票开具、年度审计报告
13	竣工资料	竣工验收记录表，主要涉及日期问题

续表

序号	证据类型	证据内容
14	各类往来函件收发文记录	标明收发文编号、标题。必要时写明主要内容,取得有效签收人签字
15	相关政策	国家和地方法律、法令、政策文件
16	其他	与签证相关的其他各类资料

4.2 实体分项的现场签证创效

常规的实体分项签证,大多源自设计变更而产生。如本节所述的基础筏板变厚、地下室顶板结构变更,都属于此类型。收到变更后立即明确现场进度,把因为变更产生额外的工序确认清楚。有了这个基础条件,额外增加的实体费用就自然会计算出来,再计算措施费的变化;其他费用按合同约定计取。

很多签证不能仅靠被动的设计变更而来,因为被动型变更的签证,能否创效,可控性不强。由此引发了主动型签证,这是实体签证的进阶技能。主动签证一般来自主动变更,主动变更的核心动因是创效。因此,以结果倒推过程的逆向思维进行变更,把主动变更产生的结果考虑清楚,就会生产出优质的变更。以完善设计做法的名义去提出变更,以建设方的要求或委托来做变更,都归于这种类型。实体分项的现场签证,可以对照表 4-2 所列要点。

实体分项类签证参考要点　　　　　　　　　　　　　　　　　表 4-2

序号	部位	签证参考内容	支持性资料
1	场地平整	确定是人工还是机械	批准的施工方案
2	排水沟	排水沟和集水井含淤泥挖运。污水泵台日计算,注意水泵类型不同价差很大	批准的施工方案和签证单
3	挖土方	挖掘机台数、挖土深度、放坡系数、土壤类别、是否为冻土、干土还是湿土,运土距离及回填土存放地点。充分利用场地高低起伏等特点,选取相对有利的测点,绘制网格图,形成标高差,增加土方结算工程量。对基坑边坡支护与结构基础之间的工作面进行合理策划,编制施工方案并进行审批确认,通过调整工作面的距离来调整工程量	批准的施工方案或签证单
4	回填土	原始地貌标高、夯填方式是人工还是机械;是否外购土方,运距确定;注意天然密实体积、夯填、虚方之间的转换;注明回填土施工与主体施工的关系,确定脚手架高度	批准的施工方案、隐蔽验收记录
5	灰土回填	明确灰土配比,素土来源及运距、运输方式,回填部位及厚度,必要时做剖面图	图纸会审、工作联系单、批准的施工方案
6	基底钎探	如在强夯后的地基上进行挖土或基底钎探,人工、机械有调整系数;钎探记录、钎探点位排布图	施工记录、批准的施工方案
7	桩基	检查桩身长度和设计长度的关系,超灌高度大于设计要求的,需要办理签证,同时按照超灌高度确定桩间土深度	打桩记录、签证单、批准的施工方案
8	回填砂	标明砂的品种,并做砂的材料检测报告	工作联系单、批准的施工方案

序号	部位	签证参考内容	支持性资料
9	基础防水	涂膜防水因非施工方原因超出合同约定涂布率的,视合同约定签证	签证单、批准的施工方案
10	基础剪力墙钢筋的绑扎	是否是一次到车库顶,涉及电渣压力焊或者机械连接	图审记录、批准的施工方案
11	填充墙	墙顶斜砌或者防腐木加细石混凝土做法,门窗洞口两侧砌筑灰砂砖或预制混凝土块	批准的施工方案、隐蔽验收记录
12	构造柱	标明拉结筋的间距、规格、尺寸及上下端均为植筋做法	隐蔽验收记录或图纸会审记录
13	内外墙抹灰	建筑做法与定额配比不同时,在图纸会审中提出	图纸会审记录
14	楼地面与楼梯装饰	地砖、特殊墙砖镶贴时要求通缝,办理签证并画排砖图	批准的施工方案和工作联系单
15	钢筋搭接	梁上钢筋按尺寸9m通长搭接或直螺纹连接,梁底筋一跨一锚	图纸会审或钢筋隐蔽验收记录
16	筛砂用工	现场如果需要筛砂,需办理筛砂用工	签证单
17	梁柱交接处混凝土节点	节点核心区采用高强度等级混凝土,并且明确沿梁板延伸长度,便于计量	图纸会审、隐蔽工程验收记录、混凝土施工方案
18	梁双排筋垫铁	梁双排筋用$\phi25$钢筋,间距为0.5m的垫铁	隐蔽验收记录及签证单
19	界面剂	确定所有混凝土、加气混凝土砌块墙面,涂刷界面剂	图纸会审、批准的施工方案
20	外墙保温	外墙保温板六面刷界面剂,每四层设一道角钢托架、胶粘剂满粘岩棉板、两遍砂浆两遍耐碱网格布	工作联系单和批准的施工方案
21	防水有上翻高度	上翻高度要注明是建筑完成面;墙体防水时应注明门窗洞口的侧面尺寸,是否有外延,尤其卫生间口两侧	图纸会审或隐蔽中注明、批准的施工方案
22	防渗漏补充做法	阴阳角八字、外墙螺栓眼防水、出屋面管道阻水台、滴水线、窗台企口、蓄水试验	批准的施工方案、签证单、隐蔽检查记录
23	栏杆、爬梯等场外制作的构件	与设计做法不同时,办理批价	设计及图集做法与实际做法对比的方案、批价单
24	有吊顶的墙面镶贴块料面层	现场实测工程量时,办理下部埋入地面内,上部割砖或伸入吊顶内高度	工作联系单或批准的施工方案
25	抹灰不同材料交界处加强措施	不同材料交界处、配电箱、配线管后面的玻纤网	图纸会审或隐蔽验收记录、批准的施工方案
26	墙面钉钢丝网	柱、墙、梁与加气混凝土墙交接处钉钢丝网,注明钢丝网的规格、宽度,还包括配线管、配电箱后、临时施工洞口处	图纸会审或隐蔽验收记录、批准的施工方案
27	花岗石、大理石块料面层	有特殊要求时,按规定画出排砖图并办理损耗手续,是否需现场割砖、导角	批准的施工方案、签证单
28	工业厂房的钢结构铁件	地脚螺栓的固定措施费	图纸会审、批准的施工方案
29	设计变更	增加建筑做法,拆除已完构件,改变工艺做法,如二次结构埋板改为植筋等;也包含了完善设计做法类的,如桩头防水处理	设计变更单或者图纸会审记录

序号	部位	签证参考内容	支持性资料
30	建设方的特殊要求	如 3mm＋4mm 的 SBS 防水,建设方要求做成 4mm＋3mm 形式,而产生防水附加层材料厚度的变化等	工作联系单或签证单
31	不可预见情况	如不良地质条件遇到需要爆破的石方,或者拆除原建筑物的基础等	现场测量记录、签证单

通过表 4-2 中可参考的签证机会分析,签证创效需要结合施工组织设计、施工图纸、会议纪要、工作联系单、工程技术资料进行挖掘。这考验了商务经理和技术总工的施工经验,技能水平和责任心。

本节几个实体分项签证的案例,有的属于被动型签证,即由被动型设计变更引发的签证。这种类型签证办理思路就是正向思维,从开始到结束都是以施工流向的发生、发展为主线。这类签证虽然本质上创效并不可控,但好处是只要按部就班地做,就可以办理成功。有的案例属于主动型签证,这类签证源于主动变更,签证只是变更"开出来的花朵",属于水到渠成的运作。重点还是在于如何发掘优质的主动变更,这是创效的基础保障条件。

4.2.1　设计变更引发的推定性签证

设计变更引发的推定性变化,需要引起注意。如某层增加一道单梁,在实体变化的同时,也同时导致了梁模板、脚手架这些措施费的增加。而变更单中,设计师只会载明实体的变化。

由此看出,当接到一份设计变更单时,必须把其中显性和隐性的变化都考虑周全,再结合施工合同约定,有理有据、全面有力地去办理签证。

📖 案例 4-2：基础筏板变厚引发的签证

1. 案例背景

某医院工程设计为桩承台加筏形基础。合同约定措施费总价固定。因检测个别桩基承载力不足,病房楼基础筏板厚度由原设计的 400mm 变为 800mm 厚。接到此变更时,现场进度是清槽及砖胎模砌筑完成,准备浇筑混凝土垫层。

2. 签证依据

设计变更单

由于病房楼 1002 号桩静荷载试验不满足设计要求,结合现场情况及专家意见,并依据扩大检测的高应变检测结果,提出补桩及调整相关筏板尺寸等的工程变更,详见附件。(本文略)

3. 额外工序分析

根据设计变更单,结合现场情况,增加了如下工序:

(1) 人工挖除筏板位置的回填土 680mm。

(2) 使用塔式起重机将挖除的土方外运至基坑边坡处。

(3) 拆除砖胎模,使用塔式起重机将垃圾吊运至基坑之上,翻斗车外运。

(4) 重新砌筑砖胎模。

（5）二次清槽。

4.签证成果文件

现场签证单

2015年5月18日，依据某设计公司出具编号为JC-01变更通知单，病房楼的筏板由400mm变为800mm厚。此时，我单位已按照原设计图纸完成了基槽清理及砖胎模砌筑工作。

按照此变更，我单位需要额外增加以下主要工序：人工挖除筏板位置的回填土；使用塔式起重机将挖除的土方外运至基坑边坡处；拆除砖模，使用塔式起重机将其吊运至基坑外，使用翻斗车外运；重新砌筑砖胎模；二次清槽。其他结构本身变化，按照变更单执行。

上述工作在施工合同约定之外，增加的费用详见附件。（详情略）

　　附件：1.工程变更单（详情略）
　　　　　2.工程报价单（详情略）

5.创效分析

此签证比较客观，关键点在于施工方要把因变更而增加的工序考虑完整。一是需要完成的项目，二是完成这些项目的过程是否为常规工艺。如挖除的土方此时已经无法使用常规的挖掘机和自卸车了，因为已经到了清槽阶段。就要使用人工挖土、塔式起重机配合。而此时又要思考，这单独使用的塔式起重机，是否包含在了以面积计费的垂直运输机械中？还有砖胎模拆除后，场内外运输及垃圾处置消纳问题。

此签证没有考虑对工期的影响。返工、筏板变厚都在关键线路上，需要主张工期滞后影响。另外，引申的一些材料、工序变化可以再深入考虑：筏板变厚即便主筋没有变化，钢筋马凳规格、型号会有所变化，最起码高度一定发生了变化。如果此时施工方已经按照原图纸下料完成，则需要进行签证处理。模板下料也存在这个问题。当然，要结合现场施工情况，有一定的现场事实为支撑，再进行签证处理。

引申内容：如果有正好可以使用建筑垃圾的地方，这些垃圾还可以变废为宝。比如，当初此工程在为桩基试验而在基坑内修路时，就是使用了从外面采购的拆除民房的砖块垃圾。每车装$21m^3$，价格400元/车。挖出来的土方还可以卖给需要回填的工地，如果挖出来很多砂，还可以获得更多收益。破碎的混凝土垃圾可以卖给高速公路或商品混凝土站。因此，项目创效做更多层面的分析，还可以取得一些额外收入。

6.创效复盘

工程内部涉及的有些变更，很多会影响表面的工作。理解并吃透了这些深层次的因素，治理表面上的事情才会显得游刃有余。

4.2.2　设计变更引发的时效性签证

在主体结构施工阶段，实体的设计变更往往都是正向发生的，即设计院发现错误或者由建设方对功能的改变而形成的变更。对于施工方来讲是被动接受，如何在此局面下变被动为主动，就要以实体变更为中心，发散思考其他可以创效的点。如对措施项目变化的扩大化、拆除项目的复杂化、对工期延误的影响以及因为此变更引发的其他调增项目等。

案例 4-3：地下室顶板结构变更引发的签证

1. 案例背景

某医院项目地下室结构顶板在准备浇筑混凝土之前，接到建设方通知，因使用功能变化，要增加梁、板的钢筋。接到变更后，施工方进行了签证工作。

2. 外部沟通

工程联系单

根据某设计公司某年某月某日出具的编号为某某的工程变更单：门诊医技楼地下室顶板（轴线位置：①-⑩轴～①-⑮轴/①-Ｆ轴～①-Ｏ轴）区域，因荷载问题需要在梁、板中间加设钢筋。此时，现场已完成该区域梁及顶板的钢筋绑扎工作。为完成本变更所做的工作已在编号为 20160927 的联系单中叙述，需要增加的费用及工期如下：

（1）拆除梁、板钢筋：执行投标报价相应规格钢筋单价（除主材费）的 2.7 倍，拆除的钢筋主材费按照实际进场单价的 0.5 倍折算。

（2）变更增加的钢筋：结算时执行投标相应的单价，工程量执行变更图纸。

（3）除上述工序费用外，因延误工期而造成固定费用（如模板的支撑架租赁、模板暴晒时间增长而损耗增加、模板正常周转计划被打乱、塔式起重机效率降低、管理费用分摊、混凝土材料上涨风险等）的增加：按照 970 元/d 计算。

（4）因延误工期而造成的合同风险：予以消除或免除。

（5）完成上述工作量延误了关键线路上的工期 3d。

3. 签证成果

按照拆除主材费后钢筋投标综合单价的 2.5 倍计算，其余事项同意申报的要求，另外工期延期 2d。

4. 创效复盘

根据此项签证分析：一是确认变更时现场已经完成的工作；二是全面考虑额外增加的工序过程；三是有理有据的计价方式；四是工期事项。技术和造价人员要注意，但凡涉及变更的问题，都要至少考虑造价与工期两个方面的变化。

4.2.3　设计变更引发工序变化的签证

对一个设计变更项，要系统地看、推演地看。既要看见树木，还要看见森林。通俗地说，如果变更了一个位置，要看对与此处相关联的上下游工序及造价是否有影响。

如屋面上变更增加了众多设备基础，那就不能只考虑增加的设备基础本身。它的上游工序，生根如何进行？它的下游工序，防水如何处理？进而是否对屋面排水通道有影响？要进行纵向和横向的推演。

案例 4-4：防水附加层计量签证

1. 案例背景

某医院项目屋面存在大量设备基础，尤其是太阳能基础众多，增加了大量的防水附加层。

2. 外部沟通

工程联系单

致：某市人民医院

事由：关于病房楼屋面太阳能基础墩防水结算事宜

招标清单中，屋面无设备基础清单项。自2014年4月开始，屋面上陆续增加太阳能、空调风机、空调管道支座、多联机、冷却塔、风冷热泵、幕墙飘篷等设备基础。根据屋面工程相关规范的要求，防水层遇基础墩台等上翻部位，必须先做附加层，然后再进行大面翻包，把基础墩整体包裹严密。

依据上述事实，现场施工情况与招标条件有所变化。即此做法，已超出投标报价对防水分项成本组成的预期，已造成实际施工资源耗用的额外增加。

因此，我方要求太阳能基础墩的防水附加层及包裹层工程量，适用于投标清单屋面防水项综合单价，按实计入工程结算。

请领导确认！

3. 创效分析

此事件的关键点就是，投标阶段总承包方是否知道或者应当知道，屋面中存在大量的设备基础。这直接涉及防水卷材综合单价的组价。显然，本案施工方强调了招标清单中没有大量的设备基础清单项，而并没有说图纸是否存在设备基础。打了一个信息差，如果招标清单没有设备基础，而图纸上有设备基础，这样是否应该调整防水的综合单价？显然是不能的。即便是清单和图纸都不存在设备基础，想在现实中调整防水综合单价也是比较困难的。

中标清单中屋面防水卷材工程量为 $1987m^2$，综合单价为 44.76 元$/m^2$，清单特征描述比较普通，没有特殊注明包含附加层的施工。从报价表中分析，防水卷材含量为正常值，没有看出来投标者考虑了附加层量，更别说大量设备基础的附加层工程量。这是在二次经营过程中，技术总工发现的点而提出的异议。

实际情况是，在建筑及结构图中的确没有标注设备基础。在暖通专业图纸中，是在相应位置标出了设备基础的平面尺寸，但有的只是文字标注，并没有具体参数。

因为投标时间紧张，专业图纸之间的对比，是没有时间和精力去仔细研究的。如果再没有相关的施工经验，投标报价出现的上述情况是可以理解的。这就需要项目在二次经营过程中进行弥补。

4. 签证成果

经过有效沟通，加上建设方没有足够专业的技术人员认真地研究合同、清单，以及各专业图纸之间的关联性，最终同意将太阳能众多设备基础的附加层，计入施工方的结算中。

5. 创效复盘

很多签证都是存在着界限模糊的状况，需要项目部人员悉心研究，运用扎实的理论知识、丰富的实践经验、娴熟的沟通技巧，达成看似没有希望的结果。还可以利用设计方进行确认，比如让设计方回复清楚此部位增加的详细做法。

4.2.4　借助相关规范申请的签证

有很多建筑做法，在设计文件中没标明，而在一些规范、标准，在省市地方性要求中有明确规定。现实施工中，大多也都遵循了地方性规定做法，因为主管部门在质量监督过程中，是要检查这些项目的。

此时，需要施工方把这些图纸外的规定做法，找到合适的理由和切入点纳入图纸会审或签证中，最终达到创效目的。

案例4-5：抹灰中加入玻璃纤维网格布

1. 案例概况

某医院项目的抹灰分项工程，施工方为了防止抹灰面开裂，欲采取加入玻璃纤维网格布的做法。

2. 外部沟通

工程联系单

致：某市人民医院

事由：关于墙体抹灰增加玻纤网做法的建议

按照本工程建筑施工图纸做法：VIP病房为壁纸墙面，诊室、检查室、病房、医护人员用房及相邻走廊其余楼梯间、试验室、办公室等为乳胶漆墙面。地下车库、净化机房、设备机房、水箱间、库房等为腻子墙面。这些房间的抹灰层为水泥石灰膏砂浆和水泥砂浆材料。

其中水泥石灰膏砂浆具体做法为：7mm厚1：0.3：2.5水泥石灰膏砂浆压实赶光；7mm厚1：0.3：3水泥石灰膏砂浆找平扫毛；7mm厚1：1：6水泥石灰膏砂浆打底扫毛或划出纹道。水泥砂浆具体做法为：7mm厚1：2.5水泥砂浆压实赶光；7mm厚1：2.5水泥砂浆找平扫毛；7mm厚1：2.5水泥砂浆打底扫毛或划出纹道。

招标清单亦同上述做法。根据山东省工程质量通病专项治理要求：抹灰砂浆宜掺加聚丙烯抗裂纤维、碳纤维或耐碱玻璃纤维等纤维材料。必要时，可在基层抹灰和面层砂浆之间增加玻纤网。在市场普遍的施工实践中，均采用增加玻纤网的做法。

本工程为本市和山东省的重点民生工程，加之公共建筑的墙体高度及长度均大于普通住宅工程，且加气块材料特性和抹灰材料性质而导致裂缝的可能性非常大。

综上所述，为完善建筑做法，建议在墙体抹灰面层中增加玻纤网。具体施工方法详见内墙抹灰施工方案。（本文略）

请建设方、监理方予以确认。

3. 创效分析

施工方主张的依据主要是省文件的规定，加上市场普遍的施工实践，最后以完善建筑做法为由，加入了玻纤网。而不能强调为了加强工程质量，防止出现裂缝等事由，那样就成了施工方应该自行承担的责任。这种思维方法已经在前面很多案例中得到了实际运用。

4. 创效复盘

建设方同意了此做法，并将此费用计入竣工结算。

在编写正式图纸会审或者技术核定单的时候要注意：玻璃纤维网格布的规格型号、使用范围，必须写清楚，为后续的批价及工程量计算做好铺垫，避免扯皮。而实际在现场使用的范围，则是另外一个问题。

4.3 技术措施的现场签证创效

技术措施的现场签证,可以参考表 4-3 所列要点,结合具体工程的合同条件,分析现场实际情况后进行办理。

技术措施类签证参考要点 表 4-3

序号	部位	签证参考内容	支持性资料
1	外脚手架下混凝土垫层	外脚手架下如有混凝土垫层,需办理签证	批准的施工方案及照片
2	垂直运输机械 (塔式起重机)	画出塔式起重机基础图,包括挖土、基础钢筋、模板、混凝土、铁件、防护墙、回填土、拆除基础等工程量	工作联系单和批准的施工方案
3	垂直运输机械(施工电梯)	画出施工电梯基础图,工序同塔式起重机	工作联系单和批准的施工方案
4	汽车起重机	抢工阶段的汽车起重机台班	工作联系单或签证
5	基础砖模	满堂基础、独立基础、下翻梁砖模的厚度及施工范围,抹灰的配比及厚度,加固钢筋型号、尺寸,绘制加固图	隐蔽验收记录或批准的施工方案
6	外墙脚手架的搭设	双排钢管架注明搭设起点标高、安全网、密目网。型钢悬挑架的起始高度	工作联系单和批准的施工方案
7	单梁脚手架	单、双排钢管架,注明搭设起点	工作联系单和批准的施工方案
8	自升式爬架	爬架的施工时间、架体高度、单组长度及组数	工作联系单和批准的施工方案
9	铝模	铝模批价	批准的施工方案、深化图纸、签证单
10	模板支撑有防水要求	止水螺栓的规格、尺寸、布置形式	批准的模板施工方案
11	内外混凝土墙体螺栓孔	封堵螺栓孔的施工做法	工作联系单及批准的施工方案
12	(依附)独立斜道	(依附)独立斜道的位置、数量及高度	工作联系单和批准的施工方案
13	马凳筋	马凳筋的形式,是否加设通长筋	批准的施工方案、隐蔽验收记录及签证单
14	后浇带防水	钢板止水带的加固、钢丝网的固定方式,是否有附加钢筋等	批准的施工方案、隐蔽验收记录
15	楼梯间贴面砖墙裙	如要求斜贴面砖时,现场需进行切割,画出排砖图、现场拍摄照片	签证单或隐蔽验收记录
16	外墙保温	保温及护角做法、保温线条规格及使用部位	批准的施工方案或隐蔽验收记录
17	基础加深	条形基础、独立基础、承台等深度大于 1m,标明其深度	批准的施工方案或隐蔽验收记录
18	外幕墙	深化设计图纸,能计算出相关内容工程量	深化图纸、批准的施工方案

序号	部位	签证参考内容	支持性资料
19	电梯井内脚手架搭设	电梯井内、外如何搭设脚手架及安全网	工作联系单和批准的施工方案
20	过梁	大于 300mm 的过人洞、安装洞口等，过梁尺寸、配筋、压墙长度	批准的施工方案或签证单
21	筏板钢筋的连接方式	是焊接还是搭接或机械连接	图纸会审或批准的施工方案
22	防水混凝土的差价	混凝土外加剂种类、使用部位、掺量信息	图纸会审、批准的施工方案
23	膨胀带处理	膨胀带设置位置，膨胀带混凝土强度等级、两侧钢丝网规格型号	图纸会审或批准的施工方案
24	混凝土加外加剂	有特殊要求的，明确使用的部位及外加剂规格、型号及掺量	批准的施工方案、技术核定单
25	模板周转次数	根据实际情况办理模板周转次数	签证单、批准的施工方案
26	高大模板	高大模板工程增加的费用	批准的施工方案、签证单
27	块料面层酸洗打蜡	花岗石、大理石等面层，按实际施工部位办理签证	批准的施工方案、签证单
28	大体积混凝土测温系统	温控系统的材料及人工费用	批准的施工方案、签证单
29	外部环境	如场外高压线防护、为创城而在场外做的工作	批准的施工方案、签证单
30	图纸无法反映的工程量	如降水台班、截桩头等	收方单、签证单

如何自主地发现技术措施类的签证？可以从以下几个方面：通用的实际做法，但设计未提及或者表述模糊的；在现场工序已实际发生，但在清单中找不到对应项目的；因相关方的要求造成工序变化而产生的；因设计变更而产生的。

如果是合同中明确可以调整措施费的，则按照实际发生的措施项目进行调整。此时的要点是分析现场发生的每道工序，务必考虑全面，不可丢项。如果施工经验较少，可以参考《房屋建筑与装饰工程工程量计算规范》GB 50854—2013 附录 S 的相关内容。

如果是合同中约定措施费包干项目，此时的要点是透彻理解合同包干的范围，弄清楚目前发生的措施类项目是否在包干范围内，或者以什么样的理由来论证它不在包干范围之内。这是比较困难的一个过程。一般会以完善设计做法，或者说因地质条件变化、地质勘察报告与实际地下情况不符，有经验的施工方无法预测等。

通过本节列举的案例，可以窥见这些技术措施类签证，大多属于主动型签证。需要技术总工、商务经理，以及基层技术、造价人员，通过施工实践，主动横向联想施工合同、图纸设计、商务造价各类知识，并在一个具体工序、一个分项工程上进行聚焦。从不同的角度去透视一个问题，锚定一个点，穷尽所有想象。围绕一个点进行头脑风暴，一个是自身的头脑风暴、一个是技术与商务人员共同的头脑风暴。这样形成的知识、技能矩阵，会让一个问题、一个点被洞察得更清晰、更透彻。这样，深度发掘签证、从何角度切入、编制过程注意什么，如何说服各相关方等问题，也就会水到渠成。

4.3.1　由质量引发的技术措施签证

有些项目设计师在图纸中只做指标性规定，确保工程质量达到预定标准。这种情况对于施工方来讲，需要做进一步的确认，取得各方的认可。施工方需要抓住此种类型设计的创效点，最大化地发挥它的价值。

案例4-6：混凝土掺加抗裂剂

1. 案例背景

某医院工程混凝土结构超长，设计图纸有《房屋超长混凝土抗裂技术专篇》来载明采取的抗裂措施。其中，添加抗裂剂就是重要的措施之一。其他的还有如设置后浇带、膨胀带以及从混凝土浇筑、养护层面所做的技术性措施。

2. 签证分析

施工图纸说明："混凝土内掺加膨胀纤维抗裂防水剂限制膨胀率不低于0.025%；阻裂效能等级为1级；限制干缩率（空气中28d）不大于0.03%；膨胀纤维抗裂防水剂掺量由配比试验确定。"

通过对设计说明进行分析，只明确了外加剂的类型，以及需要达到的抗裂指标，而设计师不能指定外加剂品牌，不给掺量。这是比较中规中矩的设计手法，即设计师不管用什么类型的抗裂剂，只要满足相关物理性能指标即可。同时，也基于上述情况，施工方就需要进一步明确可实施的办法。建筑工程有时候就是这样，利润往往产生于模糊之中，或者说产生于边界不清晰之中。

3. 外部沟通

技术核定单

事由：关于混凝土结构中掺加抗裂剂事宜

因图纸表述不清，2015年8月11日上午，经与建设方及监理方共同讨论，确定在混凝土结构中掺加抗裂剂采用如下方案：

（1）以下部位混凝土内掺膨胀纤维抗裂防水剂：−0.050m标高以下有地下室的楼号或部位。

（2）以下部位混凝土内掺膨胀纤维抗裂剂：外科楼1层整层；内科楼1层、2层整层；外科楼2层以上梁板梯；内科楼3层以上梁板梯；门诊医技楼、放射治疗中心的−0.050m标高以上含−0.050m标高梁板梯；

地下结构部分膨胀纤维抗裂防水剂单价：1495元/t，掺加量为36kg/m³；地上结构部分膨胀纤维抗裂剂单价：1485元/t，掺加量为34kg/m³。

请建设方、监理方予以书面确认。

4. 创效分析

一是注意技术核定单的用词："因图纸表述不清"，然后采取了核定单的形式明确掺加的部位；二是在报价单中以"t"为计量单位批示的，就要明确在每1m³混凝土中的掺量问题；三是明确是"抗裂"的作用，这涉及与抗渗之间不产生混淆的问题，常常在结算审核中扯皮。

现场实际情况是，地下室的抗渗、抗裂，使用的是一种复合型的外加剂。从建设方再要这个批价的意义是，单独列出一份抗裂剂的费用。因为抗渗的费用在投标报价的抗渗混凝土材料单价中已经包含。

这是最容易产生争议的地方，咨询方认为投标报价的抗渗混凝土单价已经包含了抗裂剂的费用。但从设计的本意来讲，抗渗是抗渗、抗裂是抗裂。或者说，抗渗作用里面应该再增加一条抗裂的功用，才可以满足设计提出的要求。在实际施工中，设计方不管实际掺入的外加剂是一种还是几种，只要达到了抗渗、抗裂的作用即可。但在造价层面分析，就会产生这样的争议。就是在单独列出抗裂剂的费用时，一定要明确投标报价中不包含具有抗裂作用成分的外加剂的费用。

5. 创效复盘

要在技术层面了解关于材料性质以及市场行情的内容，首先知道市场上的产品抗渗抗裂功能是否兼备，再思考是否能够单独开源的问题。技术人员不能只盯着工地上的技术，还要关注市场变化，了解新材料、新技术、新工艺和新设备。这是技术与造价相融合思考的典型案例。由此看出图纸、技术核定单、工作联系单、批价单是完整证据链条中的重要环节。

4.3.2 利用定额差异推导签证

地市出具的补充定额，是对省级定额的补充，这是在大量实践中汇集总结而成的。一般情况下，审计方对省级定额的认可程度是毋庸置疑的，甚至处于无条件遵守状态。而对于地市补充定额，尤其是不同地市之间的定额标准，则会有选择性地接受。这时就需要靠施工方的能力与智慧，去使此类签证落地。

📖 案例 4-7：封堵螺栓眼签证

1. 案例背景

某公建项目合同约定："措施费总价固定。"病房楼为剪力墙结构，模板加固使用对拉螺栓。本书所指的对拉螺栓是可周转的部分，而地下室外墙、人防等特殊墙体不可周转的对拉螺栓，不在这里探讨。可周转的部分，又分为内墙和外墙，此处讨论的重点是外墙螺栓眼的封堵问题。

2. 创效分析

在中标清单中，模板工程清单特征描述没有提及对拉螺栓眼封堵的工作内容。依据招标清单项目特征的描述，投标报价也没有对拉螺栓眼封堵的定额套用或者费用出处。

查询消耗量定额墙模板子目的材料组成，也没有封堵对拉螺栓眼的内容，因为当时的《山东省建筑工程消耗量定额》（2003 版），还没有单独的定额项。到了 2016 版就出现了这个定额子目 18-1-134，对拉螺栓堵眼增加，包含综合工日以及膨胀水泥砂浆 1：1 的材料。

而上述定额子目，对于内墙的做法是没有问题的，与施工现场实际也相符合。但对于外墙就不符合了，很多地方要求外墙外侧都是有防水做法的，而此定额项并未体现该内容。寻找签证依据如下：

1)《青岛市结算汇编》规定

外墙螺栓孔部位防水属于实体项目。

对外墙螺栓孔封堵有做法有补充定额。外墙螺栓孔部位防水补充定额，工作内容：剔除螺栓孔 PVC 管、孔眼周边残余灰浆清理、满灌膨胀水泥砂浆、内外侧抹平，螺栓孔外侧直径 150mm 范围内刷聚氨酯防水三遍等；凿混凝土、切割螺栓、刷防锈漆、孔眼周边残余灰浆清理、内外侧填补膨胀水泥砂浆抹平、螺栓孔外侧直径 150mm 范围内刷聚氨酯防水三遍等。

计算规则：地上墙、梁面计算时，按混凝土外墙（梁）外侧的模板接触面积计算；地上独立柱面计算时，按独立柱外侧面的螺栓孔数量以"个"计算；地下外墙计算时，按设计要求防水等特殊处理的现浇混凝土墙（梁、柱）外侧的模板接触面积计算。

定额说明：

（1）定额已综合考虑了各种对拉螺栓的间距布置，使用时不调整。附墙柱面按展开面积并入墙面计算。

（2）外墙螺栓孔部位防水（独立柱面）定额用于柱截面面积 $>0.16m^2$ 的情形，柱截面面积 $\leqslant 0.16m^2$ 时套用外墙螺栓孔部位防水（墙、梁面）定额。

（3）该定额属于实体项目。

青岛市给出的这个补充定额非常详细，符合实际，可操作性强。还给出了工作内容、施工做法，并给出了计算规则以及详细的应用场景。

2）内墙螺栓孔

对于内墙的螺栓眼封堵，可参照此定额，去掉防水材料，依照现场实际做法办理签认手续。很多地方的实际做法是在内墙螺栓孔中打入发泡，两侧抹上水泥砂浆。

3）地下室外墙螺栓

至于地下室外墙这种不可周转的对拉螺栓，2016 版的山东省消耗量定额中有定额子目。地下室外墙螺栓就不是处理孔的问题，而是因为不可周转增加了螺栓本身的消耗量，且存在端头处理的内容。至于定额给的含量是否与现场差距较大，进而对消耗量进行的调整，定额站对此类问题的答复都是："甲乙双方协商"。但原则上一般都不做调整，因为定额测定的数据，取的是社会平均水平。

3. 外部沟通

地上外墙螺栓眼防水封堵处理，报送单价为 15 元/m^2；地上内墙螺栓眼封堵处理，报送单价为 11 元/m^2。

建设方认为，模板清单项是综合了这些措施性质的项目内容，不能再另行计取费用。或者说，措施费总价固定，没有报在此处，综合在了其他项目里。招标文件中已经明确："招标人提供的措施项目清单中所列项目仅指一般的通用项目，投标人在报价时应充分、全面地阅读和理解招标文件的相关内容和约定，包括第七章'技术标准和要求'的相关约定，翔实了解工程场地及其周围环境，充分考虑招标工程特点及拟定的施工方案和施工组织设计，对招标人给出的措施项目清单的内容进行细化或增减。"虽说有上述规定，但在投标实践中，一般投标人都不会对招标人提供的措施项目清单进行增加或细化。

施工方认为，无论是清单特征描述还是定额组价，都没有体现出螺栓眼封堵的内容，其他定额子目也没有显示。更重要的是，封堵对拉螺栓眼是实体项目，而非措施项目。这也是此问题争议的焦点所在。如果认定此工作内容属于措施费，那么施工方无话可说，就是已经综合在措施费中了。但施工方是坚持此项目属于实体项目，正好《青岛市结算汇编》中有此项内容的明确规定。因此，就参考了青岛地区的做法。

4. 创效结论

最终建设方认定了此签证。分包班组价格为：地下室内墙止水螺杆封堵 1.6 元/个，地下室外墙螺栓孔砂浆封堵 0.6 元/个，地上外墙螺栓孔封堵 1.8 元/个。此项签证在结算时增加了利润。

5. 创效复盘

这个签证的特点就是要紧抓每道工序的工作内容，查找其在预算中的出处。如果没有出处，就要结合施工合同约定，思考是否应该办理签证。形成这样的思维习惯：施工现场发生的任何动作，都要归属在合同范围是否包含、预算中的出处问题，找不到出处就要思考是否为合同外的内容。需办理签证再进一步利用技术方法降低成本，节约工期、提高质量。如果再能为建设方节约投资，就实现了双赢。

4.3.3 利用规则瑕疵创造签证

预算定额是对正常施工条件，合理施工工期、常规施工组织设计的描述，是建筑行业平均水平的反映。定额很难穷尽所有情况。因此，就给特殊情况下的施工方带来了"商机"。

📖 案例 4-8：模板周转次数签证

1. 案例背景

鲁东某医院项目，由 4 层门诊楼（建筑面积约 40000m^2）和 18 层病房楼（建筑面积 60000m^2）2 个单体组成。门诊楼为框架结构、病房楼为框剪结构。采用《建设工程工程量清单计价规范》GB 50500—2013、《山东省建筑工程消耗量定额》SD 01-31-2016 计价。

事件发生在 PPP 项目投资方兼总承包方申报施工图预算期间，咨询方认为施工方申报的模板周转次数与定额不同，需要现场签证。理论上应该在施工之前完成施工图预算的审核，但现实情况是由于各种原因拖后，所以边施工边审核。此情况对施工方来讲有利有弊。

2. 外部沟通

工程联系单

文件主题：模板周转次数的确认

本工程门诊医技楼地下部分涉及人防工程、异形桩承台、基础错台、层间错台、弧形车道、桩与斜坡交错、连贯的集水坑与电梯井等，构件尺寸不规则；门诊医技楼地上部分涉及圆形及弧形构件、楼板错台、外圈造型、加腋、开洞，地上只有 4 层，且不存在标准层；病房楼地下部分与门诊医技楼同类，且直线加速器区域为特殊设备专用建筑（墙厚 1.7～3.0m、墙高 8.55m）。鉴于结构特殊，不适用一般建筑工程的混凝土模板范畴，且满足工期要求的前提下只能全面施工，不能分段施工，致使周转材料无法按时周转使用。

《山东省建筑工程消耗量定额》（2003 版）交底资料第十八章第八条"本章模板工程是按一般工业与民用建筑的混凝土模板考虑的。若遇特殊工程或特殊结构时［如体育场、馆的大跨度钢筋混凝土拱梁、观众看台、外挑看台；影（歌）剧院的楼层观众席等］，可按审定的施工组织设计模板和支撑方案，另行计算"，经咨询定额站后，本工程模板周转次数应按照模板专项施工方案及现场实际情况计算：

（1）门诊医技楼：±0.000 以下部分，模板按照 1 次周转计入结算；±0.000 以上部分，模板按照 2 次周转计入结算。

（2）病房楼：±0.000 以下部分，模板按照 1 次周转计入结算。

（3）复合木模板和锯成材的材料单价，执行合同约定的信息价计入结算。

请确认！

3. 创效分析

核心诉求是模板周转次数及材料单价按照如下计算：

（1）门诊医技楼：±0.000 以下部分，模板按照 1 次周转计入结算；±0.000 以上部分，模板按照 2 次周转计入结算。

（2）病房楼：±0.000 以下部分，模板按照 1 次周转计入结算；±0.000 以上部分，模板按照定额周转计入结算。

（3）复合木模板和锯成材的材料单价，执行合同约定的工程造价信息价格计入结算。

从上述诉求中分析，发现其中暗藏"机关"：一是门诊楼地上部分的周转次数少于山东省消耗量定额，定额周转次数是 4 次；二是 ±0.000 以下部分定额中只有基础构件是 1 次，其余构件 4 次，这里是扩大了范围；三是复合木模板和锯成材的材料信息价，远高于市场价和省价目表的预算单价。看似平常的叙述，如果细心探究就会发现很多"商机"。

从技术角度分析：表面上看，这个分析论证似乎合情合理，分析了结构构件的非规则性，做了这个铺垫后去"碰瓷"定额。自定义其不适用于一般建筑工程的模板定额消耗量，进而采用审定的专项方案所载明的周转次数的策略，且有之前咨询定额站的说辞作为加持。实际上，文中论述的基础构件的各种奇异造型，消耗量定额中基础构件已经按照 1 次周转；所谓造型部分，消耗量定额已有这些子目，下面选择复合木模板相关子目进行展示，如定额子目 18-1-47 圆形柱、18-1-59 异形梁、18-1-63 弧形圈梁、18-1-67 拱形梁、18-1-69 弧形梁、18-1-77 弧形墙、18-1-103 拱形板、18-1-111 弧形楼梯。这些定额子目足以覆盖联系单中所述构件的特性，即定额已经从消耗量上进行了考虑，就不能再做周转次数的文章了。而消耗量定额的交底资料严格来讲并不是官方文件，其效力远没有定额本身层级高。

4. 创效结论

建设方同意了上述诉求。

实际成本对于施工方来讲，都是按照正常施工的周转次数进行的，并没有实质性的增加。坦率来讲，模板究竟周转了几次，对于施工方来讲也都是一门"玄学"。因为无论是病房楼还是门诊楼，单层面积很大，病房楼达 $3300 \mathrm{m}^2$/层、门诊楼 $10000 \mathrm{m}^2$/层，分多条温度后浇带设置，施工时按照后浇带进行流水。两个楼座都有地下室，门诊楼地下 2 层地上 4 层，就已经是 6 层。即便是整层的倒用，也可以把剩余部分补充到高层的病房楼中，且后续的二次结构、室外消防水池及裙房等部位都可使用。

5. 创效复盘

有些签证很强调施工方案，是经监理方审批过的施工方案。这个案例就说明了此问题，也说明了技术与造价的不可分割性。另外，复合木模板和锯成材的材料单价，执行了合同约定的工程造价信息价格计入结算。因为工程造价信息价格明显高于市场价，从价差上又争取了较多利润。这样就形成了量、价齐丰收的局面。

4.3.4　工序变化引发的技术措施签证

工序本身的特征、工序间的勾连关系，必须是技术总工、商务经理熟稔于心的技能。这样，工序变化引起费用调整时，才能够敏感地发现其中隐藏的创效点。

📖 案例4-9：基础垫层表面磨光处理签证

1. 案例背景

因建筑设计做法顺序变化，需要对垫层表面进行压光处理。原设计做法挤塑板是铺贴在基础垫层之上，图纸会审后更改了建筑做法顺序，将挤塑板调整至基础垫层之下，造成卷材防水直接铺贴在垫层的上面，垫层表面需要进行磨光处理。

2. 外部沟通

工程联系单

致：某市人民医院

关于基础垫层表面处理的事宜，根据本工程施工图纸《结总11》基础大样3中，防水底板下设挤塑板大样，该图显示挤塑板是铺贴在垫层之上。后图纸会审更改了建筑做法顺序，将挤塑板调整至基础垫层之下，卷材防水层铺贴在垫层之上。

由于该做法的变化，导致垫层上表面需要进行精细的找平、压光处理，以满足卷材防水对基层的要求。

上述工作在施工合同约定之外，增加的费用详见附件（本文略）。依据定额组成单价为 9.32 元/m^2。

请确认！

3. 创效分析

建设方对这份签证没有异议。

因工序变化而带来的签证，表面上看不出来增加的内容，但需要联系现场实际施工工艺，方可发现。如果商务思维不敏感，或者技术与商务人员没有进行充分沟通，很有可能这个签证就不会出现。

对建筑设计本身做法的合理性，要有一个非常清晰、直观、迅速的判断。看到做法立刻想到在挤塑板上直接做防水是不可以的，要么加水泥砂浆或细石混凝土保护层，要么把挤塑板向下放。如果加设挤塑板的保护层，则增加的造价更多。即便是基础垫层上做防水，常规的设计引用图集也是在垫层上有一道20mm厚1∶3水泥砂浆找平层。而这都比在原基础垫层上磨光处理，费用更高且涉及标高变化问题。对于施工方来讲，基础垫层磨光给班组增加的费用一般在1元/m^2左右，算是以小博大。

因此，这份签证的申报，对双方来讲是一个双赢的结局。

4. 创效复盘

对技术、施工、造价运用得游刃有余，必须是对设计深层次的理解和洞察，才能运用变更的手段，在施工中对现场灵活掌握。不理解构件的设计意图、不知晓构件的作用、不理解设计施工背后的原理，想做一个出色的技术总工是比较困难的。

4.4 组织措施的现场签证创效

组织措施的现场签证创效，与技术措施的现场签证创效办理思路相似。不同之处仅是组织措施签证的发现难度要高于技术措施。它往往不发生实体性的改变，不发生工序的实质增减，或者说上述两项虽然发生，但都不明显。隐蔽性强是组织措施签证的突出特点。

组织措施的现场签证，可以对照表 4-4 所列要点，结合具体工程的合同条件，分析现场实际情况后进行办理。

组织措施类签证参考要点 表 4-4

序号	部位	签证参考内容	支持性资料
1	桩基承载力试验	应由建设方负责,如果施工方做,应办理签证	合同约定、签证单
2	基坑检测、锚杆拉拔试验	应由建设方负责,如果施工方做,应办理签证	合同约定、签证单
3	门窗三性检测	应由建设方负责,如果施工方检测,应办理签证,此项视造价组成的具体情况办理	合同约定、签证单
4	专项试验	结构检测、空气检测等应由建设方负责,如果施工方检测,应办理签证	合同约定、签证单
5	水电费由施工方缴纳时	高于预算价格时办理签证	工作联系单或签证单
6	建设方分包	计取分包方用水、电、垂直机械等费用,租赁器材等费用	合同约定、签证单
7	建设方批价材料	建设方定价材料、施工方采购付款计取材料采管费	合同约定、签证单
8	建设方供应材料	建设方供应、施工方保管付款,计取材料保管费	合同约定、签证单
9	建设方自打井项目	办理抽水台日,抽水高度超扬程增加台班及储水设备费用	工作联系单、合同约定
10	停水停电费用	计取人工费、器材租赁费和机械停滞台班	工作联系单、合同约定
11	建设方对混凝土批价	商品混凝土建设方定价、供应、泵送方式办签证	工作联系单、签证单
12	建设方挖土、施工方清槽	与建设方商定结算方式。计取 30cm 厚人工挖坚土、人力车运距等	工作联系单、签证单
13	外购回填土	回填土外购批价,包括运距	工作联系单、批价单
14	回填土场外堆放	回填土回运时,挖掘机挖土	工作联系单、签证单
15	建设方用零工	办理用工数量及单价,注意合约单价与市场价差,折算工日数量	工作联系单、签证单
16	建设方外包保温工程	建设方分包外墙保温、施工方负责外墙乳胶漆面层的,办理质量验收手续	工作联系单和交接单

序号	部位	签证参考内容	支持性资料
17	抢工措施费	抢工的人工、机械降效	批准的抢工方案、合同约定、签证单
18	建设方供应块状材料	墙砖、楼地面砖、花岗石、大理石等块料检查质量，抽查箱内数量及破碎率	工作联系单、签证单
19	建设方供应的安装材料	抽查是否按约定数量与供应商办理手续	材料验收单
20	建设方未如期提供文件	如未如期提供一次及二次设计文件，导致无法正常开展施工	签证单或索赔单
21	建设方工作不到位	本应由建设方完成的三通一平，但其委托施工方做。或者建设方基建手续不全、征地拆迁、各类管线迁移、甲供材不及时、建设方分包工作未按计划交接等外部因素而导致无法正常展开施工。建设方拖欠工程款，产生的利息以及由此引发的其他签证	收方单、签证单、工作联系单
22	配合其他单位完成工作	如总承包方配合建设方单独发包的桩基静载试验等	签证单

通过表 4-4 可见，可发掘的签证机会难度在增加。每项签证都是非常敏感的问题，涉及金额多数是工作界面不清楚、合同约定不清楚，以及采购环节流程不完善导致的问题。商务经理应用谈判的思维去办理签证。组织措施在施工过程中要考虑周全，事前考虑到利害关系，找准机会提出签证。

4.4.1　施工方案签证创效

图纸设计、招标清单项目特征描述、合同约定、施工组织设计、现场实际，这些文件之间，存在着很多对同一事件描述的差异。施工方要充分、彻底地利用这些差异，找到其中的创效点。

案例 4-10：回填土运距签证

1. 案例背景

某公建项目地下室肥槽回填、地下室内回填，招标清单分别列项，施工方对清单项目特征描述产生异议，认为没有阐明运距。

2. 创效分析

招标清单和投标报价中均未提及运距，投标套用定额还特意强调了"就地取土"的概念，是为了之后要额外的运距而埋下的"伏笔"。"就地取土"的概念在山东省消耗量定额中指的是 1m 之内的距离。如下方的清单和定额的论述：

（1）《房屋建筑与装饰工程工程量计算规范》GB 50854—2013 中清单项 010103001 回填方中第 4 条"填方来源、运距"这样的描述要求，在注解 4 中"如需买土回填应在项目特征填方来源中描述，并注明买土方数量。"

（2）消耗量定额子目 1-4-13，坑槽机械夯填的工作内容："1m 内就地取土，分层填土，洒水，打夯，平整。不包含外运土方的费用"。

3. 外部沟通

申报的单价 8.26 元/m³ 为回填土运输费用，意思是超越招标清单所指向的运输距离而产生的费用。

建设方的观点是没有明确是就地取土，运距综合考虑。施工方的观点是项目特征描述没有提到运距，可以理解为该清单项目只是回填的费用，不含运土的费用，运土属于清单漏项，因为《房屋建筑与装饰工程工程量计算规范》GB 50854—2013 中，明确要求回填土的项目特征中要明确运距。

4. 创效结论

建设方同意了此签证。

从施工方报价的综合单价分析表中可以看出，括号内都标注了就地取土，证明报价时已经关注到了这个点。

4.4.2　措施项目变化签证创效

在二次经营阶段，不能形成定式思维模式，要解放思想、发散思维。比如，对于合同约定的所谓包干项目，一定要突破这种防线。如某老总说过："美国的法律那么健全，但美国的律师却是最赚钱的"，意思是规则再完美也总有漏洞、缺口。越是包干、固定的费用，越要深入其中，发现其前置条件、过程事件，是否对其约定的结果有影响。

📖 案例 4-11：包干措施费的调整签证

1. 案例背景

某医院项目合同约定措施费包干使用、结算时不做调整。合同条款约定如下：

措施费总价固定（不包括相应的规费和税金）：承包人投标报价中的措施费包括但不限于基坑支护费、混凝土、钢筋混凝土模板及支架、泵送混凝土输送机械费、脚手架费、大型机械设备进出场及安拆费（包括塔式起重机基础部分土石方开挖及回填等）、垂直运输机械及超高增加费、施工排水降水费（包括基坑降水与排水）、二次搬运费、已完工程及设备保护费、夜间施工费、冬雨期施工增加费、材料暂估价表中供材的场内运输费及本合同专用条款中约定的由承包人承担的其他措施费用。措施费按承包人中标价格进行结算，不做调整。

2. 外部沟通

向建设方申报："基槽开挖至设计标高时发现黄斑岩，初步测量平均厚度约为 1.15m。经勘察方、设计方、建设方、监理方共同验槽，并经设计验算确定，采用 C15 毛石混凝土换填的方案进行处理。即基坑开挖深度增加了 1.15m，也由此增加了基坑支护、降水排水、脚手架、垂直运输的费用，因此施工方申报签证。"现场实际施工情况如图 4-7 所示。

经双方协商后，施工方申报联系单：

图 4-7 施工现场毛石混凝土换填处理情况

工程联系单

致：某市人民医院

事由：基坑超深引起的措施费用增加的事宜

本项目在土方开挖至设计标高后，经建设、勘察、设计、监理等单位验槽后决定，需要采取超挖、换填毛石混凝土的方式进行地基处理。之后，我单位按照上述方案进行了实施。

因实际开挖大于原设计的深度，造成了基坑边坡支护、降水、外脚手架、垂直运输等措施项目费用的增加，已超出了招标投标时措施费的适用范围。经与建设方、监理方沟通，增加的措施费按以下方式计算：

（1）以投标时相应项目的措施费为基数，乘调整系数，得出增加部分的费用。

（2）调整系数＝超出原设计的基坑开挖深度/原设计的基坑开挖深度。

（3）增加的费用除规费及税金外，不再计取其他费用。

请审批！

3. 创效分析

（1）依据勘察报告载明："拟建某市人民医院门诊楼可采用天然地基，基础埋置深度预估5.7m，由于该拟建建筑物持力层跨越不同工程地质单元，为避免地基的不均匀沉降，故建议以第4层细砂岩为基础持力层，超挖部分建议用毛石混凝土填至基础底标高。基础形式建议采用筏形基础。"可以看出，勘察报告建议以第4层细砂岩为基础层。

（2）依据设计情况："地基基础方案建议，勘察报告中建议选用中风化泥质灰岩作为地基持力层，基础形式建议选用天然地基。"可以看出设计选用中风化泥质灰岩作地基持力层。

（3）依据中标价格，从项特征描述看，搭设高度小于15m之内，都包含在综合单价中。而实际上即便是按照超挖的底部计算脚手架高度，也未超过此数值。深度大于3m满堂基础混凝土垂直运输，都包含在综合单价中。

（4）依据施工方在过程中提出图纸会审，确认超深处理做法设计回复："超挖50cm及以下的采用C15素混凝土，50cm以上的采用C15毛石混凝土。"

从中立的角度分析，合同约定的措施费包干，只包的是招标方提供的合同、图纸范围内的干。如果实际执行超出了此范围，就不在包干之列。值得注意的是，招标时建设方提供了勘察报告、设计图纸、招标清单。

说服建设方理由是：一是包干范围的定义；二是建设方提供的设计文件与勘察报告不符，而施工现场也与勘察报告不符。

4. 创效结论

建设方同意了此签证。

建设方没有足够深度的技术人员甄别此矛盾的深层次原因，后来就采用了折中的处理方案。把超深与原基坑设计深度相除算出系数，然后把基坑支护、基坑降水排水等几项的投标金额乘以该系数，就是调增的金额。

申报调整价款合计 110.5 万元。其中，基坑支护增加：41.7 万元；降水增加 27.5 万元；脚手架增加 5 万元；垂直运输增加 36.3 万元。具体报价详见表 4-5。

调整价款申请表 表 4-5

序号	分项名称	增加原因	单位	工程量	单价	总价
1	土钉灌浆	因基坑超深，护坡面积增大而增加的基坑护坡费用	m	2345.00	80.50	188772.50
2	击入式土钉		m	60.40	23.00	1389.20
3	混凝土喷面		m²	1718.91	92.00	158139.72
4	加强筋		m	1202.00	57.50	69115.00
5	基坑超深降水排水增加费	以投标报价中基坑降排水费用为基数，计算因基坑增加深度而造成该费用增加的折算系数	元	0.52	528390.00	274762.80
6	脚手架人工	因基坑超挖地下室外墙脚手架增高费用	m²	3200.00	12.04	38528.00
7	密目网		m²	3200.00	3.67	11744.00
8	门诊楼垂直运输增加	因基坑增加深度而造成的该费用增加	m²	49870	3.60	179532.00
9	病房楼垂直运输增加		m²	50981	3.60	183531.60

5. 创效复盘

二次经营过程中必须钻研合同条款、报价清单、勘察设计文件，只有敏锐地洞察，方能发现其中的关联性破绽，找到突破点。

第 5 章

设计施工造价深度融合创效

设计、施工、造价深度融合创效，就是图纸设计、施工技术和商务造价三者在同一个问题上的聚焦。从这三个维度，立体地去透视一个点，通过优化图纸设计、调整施工方案，达到为项目开源、节流的创效目标。同时，还能做到不增加建设方的投资，达到质量优质、缩短工期、增加施工方利润、减少监理方工作量，提升各方管理人员的绩效。这就是多方共赢的价值工程。如果不能实现多方共赢，也要以施工方的创效为核心，尽量做到有益于相关方。因此，施工方的创效与建设方的投资之间，不是完全的零和博弈。目前，大力提倡的 EPC 项目就是考虑了上述因素而进行的尝试。

案例 5-1：设计变更未申报的风险

2023 年 7 月 20 日，媒体反映某高铁站前 3 标段在施工中存在部分螺纹桩施工桩长未达设计桩长，未办理设计变更手续，存在质量隐患等问题。联合调查组通过组织专家调查，经现场检测和综合分析评估，该路基段螺纹桩施工桩长与加密地质勘探揭示的持力层高低起伏相吻合，出现了"打不动"现象，部分螺纹桩施工桩长未达到设计桩长，但螺纹桩桩端已经进入了较好的持力层，不影响复合地基质量和安全，未发现存在偷工减料情况。针对未履行设计变更手续问题，经调查，在螺纹桩施工中出现未达到设计桩长但桩端进入持力层时，参建单位只作了现场碰头确认，未按照规定履行设计变更手续。

梳理背景资料概括如下：

事件 1：部分螺纹桩施工未达设计桩长，但进入了较好的持力层，不影响复合地基质量和安全。

事件 2：针对事件 1 没有履行设计变更手续，只做了现场碰头确认。

案例设想：施工方首先判断了未达设计桩长，是否对结构有影响。然后，针对此种情况与现场各参与方进行了有效的沟通，最终工程结算时可按照设计桩长计量。得到的效果就是既不影响工程质量，又能获得设计冗余带来的利润，是一箭双雕的典范。当然，如果利润分配不当，就会引起内部纠纷。如果施工方过程中申请履行设计变更手续，就可以满足日常检查、工程验收要求。而在结算时不体现此变更，则结算时还可以获得额外的利润。

引用上述案例，旨在说明图纸设计、现场施工、商务造价相融合在创效方面的巨大作用，要综合平衡好它们之间的关系。要做到设计、施工、造价的深度融合创效，需要从业人员具有较高的素养，尤其是技术总工。需要对设计知识有较深了解，还要对施工方案的设计驾轻就熟，对现场工艺了如指掌，对质量常见问题了熟于心，对规范规程、商务造价有深入的掌握。这样，就能通盘联动，从知识技能层面把创效这件事串起来。通过项目经理调动整个项目团队的力量，协调各分包、班组的力量，心往一处想、劲儿往一处使，共同为项目创效。

本章是图纸设计、施工技术、商务造价相融合的典范专题，从施工实践出发，深入上游设计、下游造价，融会贯通，取得精髓。通过五个典型分项工程的实践分析，立体透视一个项目。看到的是底层逻辑、运行规律，生发的是优化设计、方便施工、创造价值，以共赢的格局去经营项目。本章各创效专题的简要介绍如下：

桩基创效专题：对设计的常见问题、设计应优化事项、桩基技术造价事项进行分析，掌握主动影响设计的入口和方法。从施工层面分析，桩基施工难度较大，多数是专业分包，在房地产项目中往往是建设方分包，需要根据合同模式进行创效分析；从商务层面分析，桩基分项的利润高、风险大，通过经验积累发现创效点。

后浇带创效专题：从设计层面分析，了解后浇带的设计风格；从施工层面分析，解析后浇带的施工工序，掌握工序与造价的嵌入关系；从成本层面分析，考虑和预算收入对比，制定节约成本的措施；从优化层面分析，化解后浇带给工程带来的不利影响。

砌体创效专题：在技术层面掌握设计要点、深化要点，更好地指导施工。从商务层面分析，掌握结算要点、开源节流措施，保障利润。从施工层面分析，不违背设计规范、方便现场施工、增加项目利润；从各方关系层面分析，站在不同立场，平衡各利益相关方的权、责、利。

ALC板墙创效专题：是建设方、设计方、施工方决策方案选择的范本参考。从技术层面分析，掌握从技术维度如何论证一项材料或工艺的先进性；从经济层面分析，掌握造价对比、成本测算的底层逻辑和实操方法；从施工层面分析，掌握影响成本的施工细节，从商务角度分析班组合约的注意事项。

抹灰创效专题：了解抹灰的高频结算争议，注意施工过程中资料证据收集；掌握抹灰工程的相关数据指标，有利于指导投标及预算；了解抹灰的施工细节如何影响成本，了解石膏抹灰的相关技术商务事项。

5.1 桩基础融合创效点

桩基础分项工程所占建安造价比重较高，鲁中某180000m² 的综合医院，其支护桩和工程桩占建筑工程造价的9.5%。如果在沿海地区，这个比重会更高。桩基不论是对于结构的安全性、耐久性，还是对于现场施工、商务造价来讲，都是一个非常重要的分项工程。要把这个重要分项理解得透彻，抓住精髓，达到创效目的，就要从设计端入手。一是了解设计的原理；二是要对图纸有深入解读，扫清施工和造价的障碍；三是要对设计图纸提出自己的见解，从施工者和造价人的角度提出诉求；四是对现场施工工艺有多方位、多层次的了解；缺少相关经验的，可以通过与专业分包方的交流、到现场观摩、观看视频资料、阅读相关书籍等方面获得；五是对商务造价的掌握，有了上述的准备，就为创效奠定了基础条件。

因为能够发现设计图纸存在的问题，在思考问题解决办法的同时，才会衍生出对设计的优化，即施工方的反向设计。经过往复的 PDCA 循环，再遇到问题时，就会从多个维度去思考出解决问题的办法，平衡出一个有利于项目创效的结果。

本节是对设计图纸的常见问题、设计优化事项、桩基技术造价事项进行讲述，并掌握主动影响设计的切入口和方法、施工技术造价的相关知识，做到学以致用。下面以常见的喷灌挤压组合桩为例进行介绍。

5.1.1　图纸常见问题

设计的常见问题有：图纸设计数量描述不一致、桩头防水做法漏项、桩身侧板描述不准确、单桩水泥用量模糊、桩端持力层理论与实践难统一等。发现这些问题后，要有清晰的解决思路与办法，再与各方沟通。需要提醒的重要事项是：各参建主体的责任承担问题。各方都不能越界、出口必须合理，比如对设计变更，施工方有建议权，但各方同意后出口必须是设计方。又比如施工方案，各方都可有建议，但出口又必须是施工方。

不同部位的桩，作用不同、构造不同。要根据工程的具体情况对图纸进行审核。要义是首先知晓桩的功能、类型，再考虑施工工艺、成桩质量，后续分析与桩关联的工序。通过理顺，有针对性地研读图纸，发现问题，想好解决措施，征得各方同意，达到从设计端创效的目标。常见设计问题列举如下：

1. 数量不一致

平面图标注的数量与设计说明所示数量不一致。这种情况一般以平面图的标注为准。如设计说明："桩身混凝土强度 C35，单桩竖向抗压承载力特征值 1500kN，单桩竖向抗拔承载力特征值 550kN，根数 2065；桩身混凝土强度 C35，单桩竖向抗压承载力特征值 1500kN，单桩竖向抗拔承载力特征值 750kN，根数 591。"现场是按照平面图的桩间距和布置进行放线施工。比如，经查桩平面图的数量为 2660 根，而设计说明是 2056 根。

第一判断则是要以平面图为准。常规的从设计、施工角度来讲，以平面图为准，也没有争议。但与咨询公司对量时，就可能会产生疑问，到底以哪个为准要有书面证据，否则就会耗用额外的精力去解释或者补充证据。这里还牵扯另外一个问题，试验桩的数量是以桩总数为基数计算得来，涉及试验费的问题。

各方关注的点不同，有时候施工方习以为常，认为天经地义的事情，到了审计时可能会产生不可思议的争论。以结果为导向，需要在施工过程中，把一切可能产生扯皮的事情，以书面形式固定下来。毕竟，"习以为常"不能作为结算的证据，这也是对施工方管理精细化的一种鞭策。

2. 桩头防水漏项

设计桩顶标高一般伸入承台 50～100mm，有些设计院不出具桩头防水做法详图。而此处恰恰是防水的薄弱环节，施工方都很重视此处的细部处理。桩头防水细部做法处理如

图 5-1 所示。

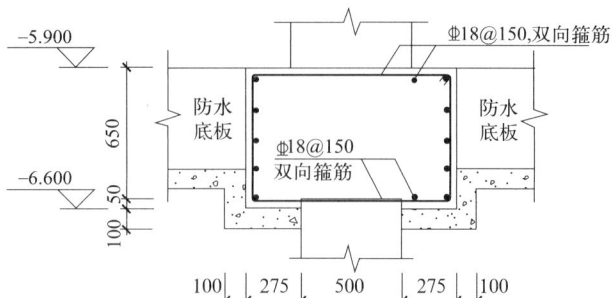

图 5-1 桩头防水细部做法处理

某技术核定单做法如下：

（1）桩顶：2mm 聚合物水泥防水砂浆；

（2）桩侧角：非固化沥青防涂料；

（3）桩周：2mm 橡胶沥青防水涂料 300mm 宽，延伸至桩侧；

（4）桩头钢筋：遇水膨胀止水条；

（5）正常防水：做附加层。

3. 桩身侧板描述不准确

突出的三块就是桩身侧板，起到增加摩擦力及桩身稳定的作用，如图 5-2 所示。设计给出示意图，但是设计说明中对其物理指标的描述不够全面。设计说明描述："本工程桩基础设计等级甲级，安全等级一级，喷灌挤压组合桩，桩直径 $d=600$mm，桩身侧板 $5 \times 15 \times 3$ 个，扩大头直径 1.0m。"

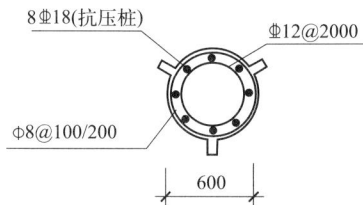

图 5-2 桩身剖面中侧板布置情况

设计说明的描述存在以下问题：

（1）$5 \times 15 \times 3$ 个，计量单位及组合混乱。对于不熟悉桩基设计的人来讲，看这个数字需要费力思考。其实，就是侧板 50mm 厚，伸出 150mm 宽，桩周设置 3 个，呈 120°角均布。

（2）沿桩身的布设范围不明确。是否从桩顶至桩底扩径处都有？

（3）从桩身全貌就可以直观地发现，桩身侧板如果不明确范围，对于现场操作及工程结算，都无据可依。

4. 单桩水泥用量模糊

设计说明："桩身浇筑时必须连续施工，桩身混凝土充盈系数不得小于 1.05，桩身超灌高度为大于 500mm，单桩水泥用量不小于 2.4t。"

单桩水泥用量，是否包含了桩身混凝土的水泥？因为桩基施工过程中，需要采用水泥浆进行高压旋喷，固化桩周土体。前面说的桩身侧板，便是水泥浆成型后的构造。可以事先自行计算一下，桩身混凝土的水泥含量。然后再有针对性地向设计提出疑问，这个点对于结算来讲至关重要。

5. 桩端位置确认

设计说明:"以第 10 层粉质黏土为桩端持力层,桩端进入持力层深度≥2d 且有效桩长不小于 26m,桩长以进入持力层为准(入持力层深度根据现场取样而定)。"

确定进入持力层方式是现场取样。如何取样,看设计要求:"当桩孔挖至桩底持力层时,可采用地质雷达或其他有效方法进行桩端持力层检验,确保桩底下 3d 或 5m 深度范围内无空洞、软弱夹层等不良地质条件。并应通知建设方会同勘察方、设计方、监理方及有关质检人员共同鉴定,认为符合设计要求后迅速扩大桩头,清理孔底,及时验收。"

通过设计说明的解读,出现了以下几个问题:

(1) 实际桩长和有效桩长不是一个概念,很可能不等值。

(2) 每颗桩的实际长度基本是不一致的,因为第 10 层粉质黏土在地下的分布不在一个平面上。

(3) 地质雷达是否该在此阶段才出现?

(4) 施工难度:长螺旋钻孔压灌桩工艺本身的要求,是桩机钻孔下去后,拔出的同时浇筑混凝土。钻机在位的情况下,能否使用地质雷达进行测量,精确度如何? 时间长短? 如果不及时浇筑混凝土,就会发生桩孔坍缩的情况;抗拔桩的钢筋笼是伸入桩底的,而钢筋笼制作长度都是统一的,无法预测实际桩长而"量体裁衣";钻机钻孔时,都会在顶部标定长度位置,这就意味着桩身钻孔的深度是定值,即桩身长度也并没有"量体裁衣";现场施工此类型的桩,机械周边都是泥浆、堆土等,人靠近作业区是比较麻烦的。

以上问题都会给现场施工和工程结算带来麻烦和争议,且是非常棘手的争议。应从勘察与设计的衔接上做足功夫。解决此问题的建议:进行详细勘察,发现不良地质情况,让设计做好处理预案;设计充分利用勘察的优质成果,设计出现场可实施性强的桩长;需取得建设方的大力支持,完成上述工作,造价会有所增加。

5.1.2　设计优化创效

桩基础的设计优化创效,可以从桩身混凝土材质、超灌高度、设计细节等方面入手。以此为例,发现自身工程图纸中的可优化点,为项目创效奠定基础条件。对设计的优化建议,成果文件是由设计方出具的。施工过程中做好施工记录、隐蔽验收记录、影像资料留存。这样在工程结算时,咨询方的认可度会较高。

对于不同的桩类型、不同的设计风格,会衍生出很多的具体优化事项,但不管如何优化,都有一个共同的前提条件:保证桩的结构安全、使用功能、施工质量。如对支护桩和工程桩的优化点,会有所不同;对于摩擦桩和端承桩的优化点,又有所不同,对于抗压桩和抗拔桩的优化点,还有所不同。

1. 桩身混凝土材质

设计说明:"桩身混凝土强度等级为 C35。"常规来讲,长螺旋灌注桩采用的一般都应是超流态混凝土,优点是和易性好,水泥用量大于 310kg/m³,石子直径 5~10mm。掺入外加剂,使得石子悬浮于混凝土中,坍落度一般在 220mm 左右,减少离析,减少钢筋笼下沉时的阻力,也不容易堵泵。而桩基施工过程中一旦堵管,比普通泵送混凝土堵管的维修时间、成本损失更高,严重影响桩基的进度和质量。

混凝土是否掺入外加剂？设计说明无外加剂要求，但地质勘察报告中有腐蚀性提示的，可建议加入防腐或阻锈剂。超流态混凝土比常规细石混凝土增加 15 元/m³，需要建设方同意。可采用图纸会审的形式固定。

2. 超灌高度

设计说明："桩身超灌高度为大于 500mm，单桩水泥用量不小于 2.4t。"此项要求的实际可操作性如何？还需要结合桩头钢筋的露出长度进行分析。分析桩头钢筋图示："要求 $\geqslant 35d$ 且 $\geqslant l_{aE}$，计算得出取大值为 $37 \times 20 = 740$mm"。通过这两处设计点，可以得出超灌高度。如果只做 500mm 高，混凝土就无法包裹住钢筋，在桩机移位清泥浆过程中会扰动露出的钢筋；清理桩间土时，机械行驶遇到露出钢筋，会行驶困难，而且会把钢筋压倒变形。因此从施工操作的角度，需要把超灌高度固定在至少 740mm 长度上，可用图纸会审的形式固定；否则，会产生审核争议，另外此变化还涉及桩身混凝土量、凿桩头量的变化。

从上述论证过程中可以看出，对设计边界位置的确认很重要。不仅是桩基础，其他构造也是如此。往往到了边界处、节点处，很容易因为不明确细部做法，而造成施工和结算的争议。

3. 试桩与工程桩

试桩与工程桩构造差异：试桩的桩顶部构造比常规工程桩多了 3 层网片，为 Φ6@50 双面点焊网片。试桩数量不少于 3 根，用于反馈设计参数。进行单桩竖向承载力的静载试验，其中一根做破坏性试验。最大的区别是桩身钢筋的长度不同、配筋数量不同。某试桩的桩顶部构造如图 5-3 所示。

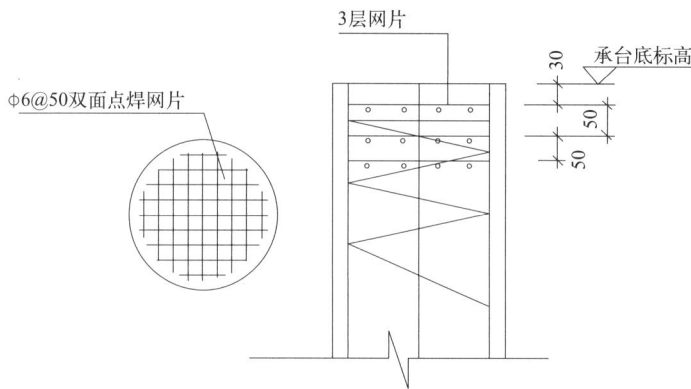

图 5-3　试桩的桩顶部构造示意图

4. 桩身钢筋设计细节

内支撑焊接箍筋的搭接长度；桩头钢筋伸入承台内长度一般为 $\geqslant 35d$ 且 $\geqslant l_{aE}$；螺旋箍筋搭接长度为 $10d$；试桩顶端网片；桩身纵筋的连接方式采用直螺纹套筒；桩身吊装采用的"耳朵筋"。

5.1.3　桩基常见问题

桩基施工中会遇到更多的具体问题，有的关乎设计、有的关乎施工、有的是计量计价的模糊。遇到这些问题时，思路还是从源头的设计端入手，再考虑施工端、水文地质端、环境气候端、检测端。而施工端又会分为管理端、机械机具端、工人操作端、商品混凝土供应端。这些问题的发生、发展可能会影响工期、质量、造价，要利用一定的知识技能解决，做到提前预防，这就是策划的价值所在。

以下是桩基在现场施工、商务造价中经常遇到的问题，它们都直接或间接地与造价关联，与项目创效相关联。

1. 试桩和工程桩的区别

（1）试桩：为设计人员提供设计参数。确定和检验桩基成孔施工设备、流程和工艺，包括钻机设备选择、成孔工艺、桩位的控制、桩身垂直度的控制、护壁泥浆的浓度、钢筋笼的放置、混凝土的浇筑、后压浆参数等。参考试桩特征值换算成工程桩的特征值。

（2）工程桩：是作为建筑物的一种基础形式。对工程桩的试验，是施工后为验收提供依据的工程桩检测。

2. 有效桩长是否包含嵌入承台部分

（1）有效桩长指对承载力有贡献的部分。而嵌入桩承台的部分不贡献承载力（无土体周边摩擦力产生），因此不包含在有效桩长内，而应计算至桩承台底部。

（2）在桩基图纸中，需要分辨以下用词：桩端进入持力层深度、有效桩长、桩顶嵌入承台深度、桩顶施工标高、桩顶设计标高。对词语的准确理解，对于施工及结算有直接影响。

3. 灌注桩的后注浆有何作用

有加固作用，体现在两个方面。一是通过桩底和桩侧后注浆加固桩底沉渣和桩身泥皮；二是对桩底及桩侧一定范围的土体通过渗入、劈裂和压密注浆起到加固作用，从而增大桩侧阻力和桩端阻力，提高单桩承载力，减少桩基沉降。

4. 灌注桩之充盈系数是否可调

按双方约定。《山东省建筑工程消耗量定额》SD 01-31-2016 中规定，灌注桩有固定的充盈系数，如螺旋钻机钻孔灌注桩为 1.2。施工过程中，因地质条件等因素，由各方现场实测大于定额系数的，且双方有意愿调整，则可以进行调整。如果设计规定充盈系数大于定额数值，则可直接调整。

5. 灌注桩施工前的覆土高度有何要求

满足设计对灌注桩超灌高度的要求，满足伸入承台的灌注桩钢筋高度要求。如不满足上述要求则会出现：一是桩头混凝土灌注不密实；二是伸入承台的钢筋被机械碾压而扭转弯曲；三是清理桩间土的机械行走操作不便。

6. 钻孔压灌桩何种情况需跳打

中国建筑工业出版社出版的《建筑施工手册》（第五版）中载明："桩间距小于 1.3m 的饱和粉细砂及软土层部位，宜采取跳打的方法，防止发生串孔。如发生串孔，一则对于桩身质量及其力学性能会产生影响；二则会造成混凝土的极大浪费。通过施工过程中的观察，以及充盈系数的测定，可判断是否实际发生了串孔现象。"实践中是否跳打，还需要结合水文地质条件、机械性能及施工方案，综合确定。

7. 给灌注桩分包定价需考虑的因素有哪些

班组价格包含内容：人工、材料、试验、施工机具、措施、管理、劳保等费用及利润、N％的增值税专用发票，且已考虑天气灾害、停水停电、分段分次进场施工等各种风险因素。因环保治理实际情况，商品混凝土价格上涨 X％之外，调整涨幅之外的价格（基准价格为 C20 细石 N 元/m³）。各种零星部位与大面施工执行同一价格。与其他工序的穿插施工已考虑在单价中。总承包方只提供总配电箱，其余临时用电使用的电箱电线电缆，及布置接线和施工用电安全均由分包方全权负责。

8. 桩基检测费用是否属于常规检验试验费

不属于。

（1）《山东省建设工程费用项目组成及计算规则》（2022 版），按构成要素划分，检验试验费在企业管理费中列支。

检验试验费：是指施工企业按照有关标准规定，对建筑以及材料、构件和安装进行一般鉴定、检查所发生的费用，包括自设实验室进行试验所耗用的材料等费用。一般鉴定、检查是指按相应规范所规定的材料品种、材料规格、取样批量、取样数量、取样方法和检测项目等内容所进行的鉴定、检查。例如，砌筑砂浆配合比设计、砌筑砂浆抗压试块、混凝土配合比设计、混凝土抗压试块等施工方自制或自行加工材料按规范规定的内容所进行的鉴定、检查。

（2）《山东省建设工程费用项目组成及计算规则》（2022 版），按造价形成划分，其他项目费中有其他检验试验费。

其他检验试验费：是指除企业管理费中包含的检验试验费之外开展特殊鉴定、检查等所发生的费用。包括：规范规定之外要求增加鉴定、检查产生的费用；新结构、新材料的试验费用；对构件进行破坏性检验试验的费用；建设方委托第三方机构开展检验试验，并由施工方支付的检验试验费用；其他特殊性检验试验项目。

对施工方提供的、具有检验合格证明的材料，建设方要求再次检验且经检测不合格的，该检测费用由施工方承担，不计入工程造价。

5.2 后浇带融合创效点

在混凝土结构施工期间保留的临时性变形缝，称为"后浇带"。依据不同工况，保留一定时间后进行填充封闭，使其成为整体、连续的无伸缩缝的结构。因为后浇带形成的缝只有施工期间存在，因此是一种临时性的施工缝。而它存在的目的是取消结构中的永久性变形缝，与结构的温度收缩应力和沉降差异相关。因此，它又是一种设计中的伸缩缝和沉降缝，即一种临时的变形缝。它既是设计手段，又是施工措施，是一种扩大伸缩缝间距和取消永久伸缩缝的有效措施。

经过多年的设计积累和施工实践，后浇带已经基本形成了标准化的节点，设计师引用即可，这样极大地解放了设计师的生产力，使其精力瞄准于有创造性的设计部分。但从辩证角度看，标准节点的固化，又有可能脱离了时代的进步、施工实践的发展。标准做法跟不上材料、工艺发展的例子并不少见。比如，很多的建筑做法图集中，抹灰层分层材料配比做法，与国家大力提倡使用预拌砂浆的事实已经不同步。

沿着这个思路，可以反思一下后浇带的节点设计。通过浏览众多节点设计详图，积累了大量素材。量变引起质变，可以思索节点本身做法及"破圈"联想。从后浇带本身跳出来，即不用后浇带是否有其他方式解决？使用后浇带的原理是什么？为什么使用后浇带？可以有一系列的发问。

在没有想通上述问题前，还必须使用后浇带时，就要弄清各工序，并透彻地搞清楚后浇带对施工过程、工期、成本、质量保证的影响。本节介绍后对浇带设计形式的探究，以基础底板的超前止水后浇带为例，讲述施工工序与商务造价之间的相互影响关系，进而提出优化后浇带设计做法的创效建议。

5.2.1　后浇带的设计形式

从底层逻辑上讲，混凝土材料的抗拉强度很低，在拉应力作用下就非常容易开裂，因此设计者不使用混凝土的抗拉强度。其次，混凝土受热胀冷缩的影响，温度下降混凝土就会收缩，如果结构体过长，降温情况下产生的拉应力就比较大，很容易导致混凝土的开裂。这是结构在外界的作用下产生内力的一种形式——变形效应。再次是混凝土的自收缩应力，即便是在温度不变的工况下，其自身也会收缩。如果结构体过长，这种自收缩应力所产生的影响也会导致混凝土的开裂，这是混凝土自身徐变的范畴。水泥用量较多的高强度等级的混凝土，最终收缩完成时间约为 20 年。

由于上述混凝土材料的特性，在设计规范中就对结构的伸缩缝做了规定，来减弱或者消除其不利影响。然而，地下室是不能够设置永久性伸缩缝的，因此后浇带应运而生。不同时期，不同设计师会有不同的设计风格；表现在图纸中，就是后浇带的构造不同，也就引发了施工方法和造价的不同。

如果从纵横向两个维度，大量地看后浇带设计，即可"书读百遍，其义自见"。纵向就是从时间轴角度，看不同年份设计图纸特点；横向就是看同一时期，不同项目、不同设计师的设计图纸特点。会发现后浇带本身设计的通用性、引用性较强。可以说，后浇带自身构造，与钢筋方面的 22G101 图集有相似之处，属于通用构造部分，并非设计师的创造性劳动。而后浇带的位置，则是设计师根据相关规范的创造性成果。

1. 基础后浇带的形式

1）有抗水板的后浇带做法

这是超前止水设计的一种形式，明确表示出下方的抗水板构造。抗水板做法如图 5-4 所示。

2）外贴式止水带做法

超前止水设计的另一种做法是抗水板采用了外贴式止水带、嵌缝构造。使用外贴式橡胶止水带，利用橡胶的高弹性和压缩变形性的结构形式，来适应混凝土的伸缩变形，从而起到紧固密封作用，有效地防止底板的渗漏，并能起到减震缓冲作用，其耐久性强，可延长建筑物的使用寿命。后浇带两侧施工缝的止水做法是使用止水钢板，注意其弯折方向要朝向迎水面。当然，止水钢板弯折朝向，是一个极具争论性的话题。外贴式止水带做法如图 5-5 所示。

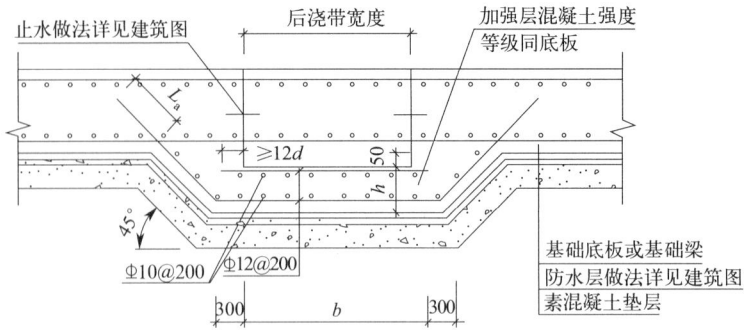

图 5-4 抗水板做法示意图

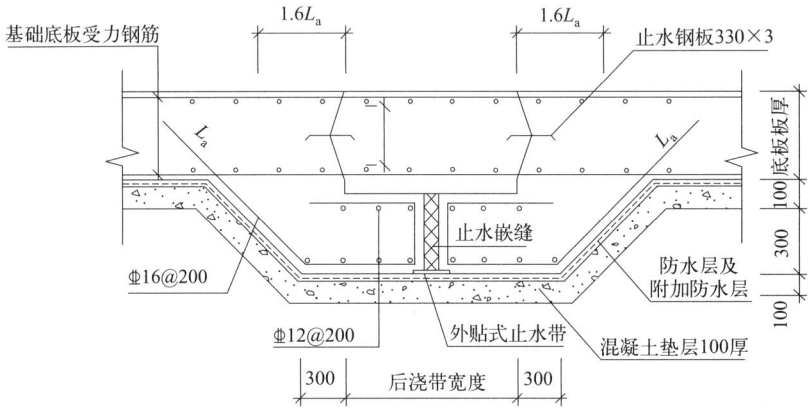

图 5-5 外贴式止水带做法示意图

3）BW 型止水条做法

图中节点也是超前止水设计的一种形式，不同上述抗水板构造的是，钢筋没有出现在筏板内，水平施工缝明确采用遇水膨胀止水条的措施。从目前实践来看，止水钢板已取代了止水条。BW-型止水条做法如图 5-6 所示。

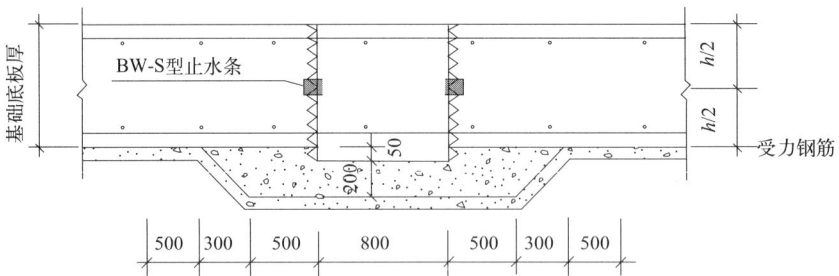

图 5-6 BW-型止水条做法示意图

《地下工程防水技术规范》GB 50108—2008 中第 5.1.3 条的条文解释："因变形缝处是防水的薄弱环节，特别是采用中埋式止水带时，止水带将此处的混凝土分为两部分，会对变形缝处的混凝土造成不利影响，因此条文作了变形缝处混凝土局部加厚的规定。"

超前止水后浇带的设计形式，是为了及早停止降水，施作防水层及室外回填土等工序。《地下工程防水技术规范》GB 50108—2008 中第 5.2.14 条规定："后浇带需超前止水时，后浇带部位的混凝土应局部加厚，并应增设外贴式或中埋式止水带。"

2. 外墙后浇带

1）外墙现浇后浇带构造

外墙现浇后浇带构造，在地下室外墙后浇带外侧使用凸出构造，内配钢筋。外侧砌筑保护墙（设计本意是防水外侧的保护墙）可变为防水基层，在后浇带浇筑封闭之前施作，便于防水铺贴、回填土施工。外墙现浇构造做法如图 5-7 所示。

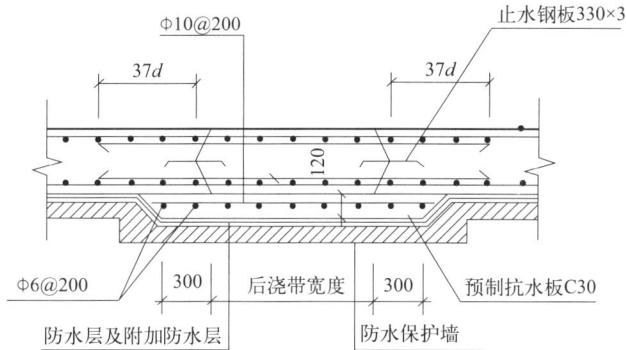

图 5-7 外墙现浇构造做法示意图

2）预制板式构造做法

预制板式构造做法是在地下室外墙后浇带外侧使用凸出构造。外侧使用预制板，与砌筑墙的作用一样，便于防水铺贴、回填土施工。预制板式构造做法如图 5-8 所示。

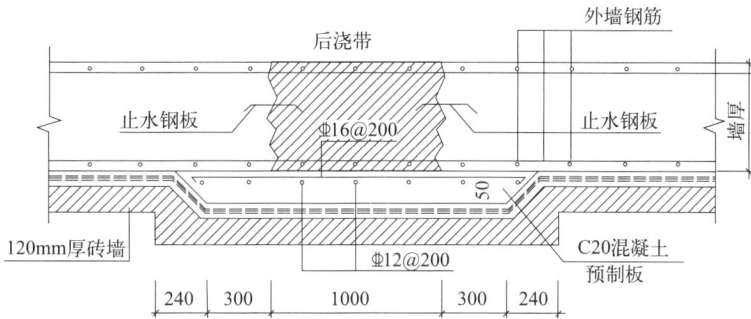

图 5-8 预制板式构造做法示意图

3. 梁后浇带

钢筋补强构造做法，设置了加强钢筋，标明具体规格、型号、位置。梁钢筋补强构造做法如图 5-9 所示。

4. 现浇板后浇带

1）车库顶板后浇带

车库顶板后浇带节点，未设置加强钢筋。设置了钢板止水带 4mm×400mm，注意其弯折朝向为迎水面。另外，注意止水钢板的厚度。板钢筋补强构造做法如图 5-10 所示。

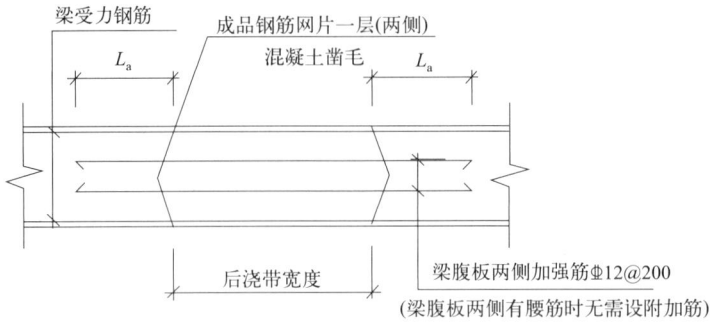

图 5-9　梁钢筋补强构造做法示意图

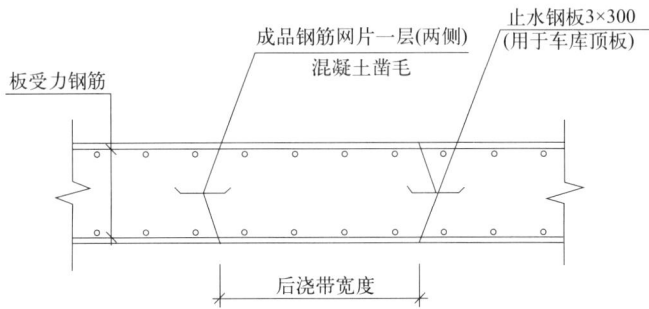

图 5-10　板钢筋补强构造做法示意图

2）室内现浇板后浇带

此节点是普通楼板后浇带节点，标明了两侧钢丝网片。楼板后浇带做法如图 5-11 所示。

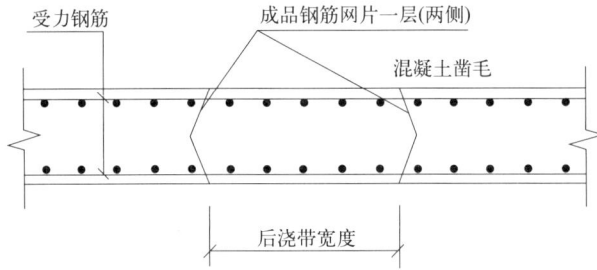

图 5-11　楼板后浇带做法示意图

5.2.2　后浇带各工序对成本的影响

本节以基础底板后浇带的工艺流程为主线，穿插相应规范，附加对应成本，叙述其关键工艺过程。以定额的视角来拆解工艺流程，把工人每个动作进行分析，对工效进行考究，最终达到创效目标。对工艺过程关键点的描述，是为了发现每道工序对现场施工造成的影响，进而改变思路、优化做法。

我们不因循守旧、故步自封，只是在前辈们凝结智慧的成果中，提取对现阶段仍有价值的内容，让它继续发挥作用。对工艺过程的"庖丁解牛"，重要的是能从更深层次发现设计的合理性、施工的便捷性、工序间的衔接性、成本的盈亏性、工期的影响性、质量的保证性。

基础底板后浇带工艺流程如下：后浇带下卧处土方开挖→抗水板垫层混凝土浇筑→卷材附加层铺贴→大面积卷材铺贴→防水保护层浇筑→抗水板钢筋安装→抗水板混凝土浇筑→压边挡坎制作→下层挡灰网制作安装→止水钢板安装固定→上层挡灰网制作安装→底板后浇带钢筋留置→后浇带两侧混凝土浇筑→封闭前加临时盖板→剔凿后浇带两侧钢丝网→清理后浇带内垃圾→后浇带钢筋除锈等→隐蔽验收通过→浇筑后浇带混凝土→混凝土养护。

1. 挖土方

在大面积土方开挖完成、清槽后重新放线，使用小型挖掘机开挖后浇带的下卧部分，利用人工配合清理、修坡，形成后浇带下卧处的形状。二次挖出来的土方，使用三轮车或者小推车，运输至大面积土方处，再整体运走。此时，已不适合大型运输车辆进入，因为已完成大面积清槽工作。

后浇带处二次土方开挖如图 5-12 所示。一是小挖掘机的工效很低，二是需要人工配合，三是只有土质需不易散落，才能完成上述形状。

图 5-12 后浇带处二次开挖土方

因为这道工序，对地下室的整体施工产生了如下影响：

（1）滞后了大面积基础垫层混凝土的浇筑时间。即便垫层可以分块浇筑，但在同一区块内，由于防水层的连续性要求，不可将后浇带位置单独甩开。因此，需要垫层混凝土在同一时间段浇筑。

（2）增加了小挖掘机的进出场及台班消耗。挖土方的大型挖掘机，其抓斗宽度一般都在1.2m之上，而机械操作不同于在纸上画线，会有偏差，势必会超出常规后浇带的设计宽度。因此，必须由小型挖掘机施工。

（3）增加了一遍人工清槽。如果大面积土方挖开后不进行第一遍清槽，就无法准确放线，找不出后浇带的准确位置。因此，第一次大面积清槽和第二次下卧处清槽，都必不可少。在与建设方结算时，绝大部分都是综合考虑，只给一次清槽费用，有的项目甚至直接把清槽工作量，考虑到挖土方的综合单价中去。因此，这项是徒增成本，收入并不会另行增加。必须在投标报价的成本测算中考虑周全，当然投标一定有总价限制，还要平衡各分项工作内容，这里不展开讨论投标的不平衡报价问题。

（4）增加管理成本，最起码是放线次数增加。工序时间延长，固定成本费用一定伴随增加，比如管理费、租赁费、安全文明施工费等。

（5）其他影响。很多后浇带都不是一条直线，会遇到集水坑、承台而转折，会进一步造成下卧部分各工序的耗时、费力。

（6）实际成本与定额价格对比分析。《山东省建筑工程消耗量定额》SD 01-31-2016，定额子目1-2-47："小型挖掘机挖槽坑土方"；定额子目1-2-50："小型挖掘机挖装槽坑土方"。无论套用哪个定额子目，人工和机械消耗量都是亏损的。无论是政府招标的还是房地产开发项目，挖土方都是要单价综合考虑的。由此可以看出，挖下卧处的土方是徒增成本的一道工序，但又必不可少。

2. 抗水板垫层混凝土浇筑

浇筑基础垫层时，后浇带下卧处的斜坡，要单独找坡、拍平、压光。边坡在混凝土初凝前修整比较合适，先行对两侧平面处进行找平抹光，再抹边坡。后浇带下卧处垫层的斜坡处理方法如图5-13所示。

图5-13　后浇带下卧处垫层的斜坡处理方法

上述坡面修整工序额外增加了人工。还需要对阴阳角进行处理，以满足卷材防水的铺贴要求。而清单计价中没有单独为此类型垫层设项，都综合到了基础垫层中。若坡度未通过验收，需重新修整，方可进入下一道工序。后浇带下卧处坡度修复处理如图5-14所示。

图 5-14　后浇带下卧处坡度修复处理

3. 卷材附加层铺贴

1）规范做法分析

《地下工程防水技术规范》GB 50108—2008 第 3.1.5 条规定："地下工程的变形缝（诱导缝）、施工缝、后浇带、穿墙管（盒）、预埋件、预留通道接头、桩头等细部构造，应加强防水措施。"第 4.7.6 条规定："变形缝、后浇带等接缝部位应设置宽度不小于500mm 的加强层，加强层应设置在防水层与结构外表面之间。"

卷材防水附加层，是指在防水卷材进行大面积铺贴前，在防水的关键部位和薄弱节点设置的卷材加强层。由于建筑物沉降变形（易使防水层拉裂）、施工中不可避免的碰击（可能未察觉）以及防水卷材的材料特性，防水层的转角处和不连续处（如管道穿过防水层）就成了防水的关键部位和薄弱节点（易渗漏及易破损部位）。为了防止单层防水层的破裂，这些部位和节点需要重点处理，增加附加层作为双保险。其目的是，在防水的关键部位和薄弱节点加强防护，降低漏水概率。

防水卷材要在下卧的阴阳角处做附加层，再进行大面积铺贴。客观上，后浇带下卧处附加层已就形成了整个一道防水，因为阴、阳角各伸出 250mm 的情况下，就已经相交了。

2）清单定额对附加层的规定

《房屋建筑与装饰工程工程量计算规范》GB 50854—2013 第 62 页注第 3 条规定："屋面防水搭接及附加层用量不另行计算，在综合单价中考虑。"增加了附加层面积，而附加层在清单计价中不单独列项。

需要在投标报价中考虑附加层的费用，折合到防水综合单价中。《山东省建筑工程消耗量定额》SD 01-31-2016 中对附加层有人工系数调整规定："防水卷材、防水涂料及防水砂浆，定额以平面和立面列项，实际施工桩头、地沟、零星部位时，人工乘以系数 1.82；单个房间楼地面面积≤8m² 时，人工乘以系数 1.3；卷材防水附加层套用卷材防水相应项目，人工乘以系数 1.82；立面是以直形为准编制的，弧形者，人工乘以系数 1.18。"而投标工作往往时间紧任务重，有时会忽略这些细节问题，造成单项亏损。

4. 防水保护层浇筑

防水卷材的细石混凝土保护层施工，与基础垫层混凝土的问题一样，在斜坡处单独增加人工成本。

5. 绑扎抗水板钢筋

抗水板中的钢筋，因设计本身要求，不能与底板钢筋在同时段施工，需要单独下料安装。抗水板上锚入底板中的钢筋（L_a 部分），在底板钢筋绑扎时形成障碍，降低了底板钢筋安装工效。本身抗水板钢筋就属于小范围钢筋绑扎，工效与底板不同，额外增加了人工。当然这一点在表面上看，是在与建设方和班组的结算中平衡掉的，因为都不单独为这些量而增加单价。然而，实际班组报价时会考虑这些不好做的部位，向总承包方平衡出最终报价。

6. 抗水板混凝土浇筑

单独为了抗水板的混凝土浇筑而接泵管，或使用塔式起重机吊罐浇筑，但这样工效更低。因为此时防水及保护层已完成，商品混凝土运输车不能靠近浇筑面进行自卸。

此部位班组一般按照垫层以平方米计价，而于建设方，则按照普通混凝土的综合单价执行。这就增加了人工费。

7. 压边挡坎成型

压边挡坎的作用：一是能够支撑底板下部的下层钢筋；二是防止混凝土灰浆流淌至后浇带内。理论上，采用与混凝土相同配比的砂浆进行施工。其高度为筏板底部钢筋保护层的厚度，长度沿后浇带边缘连续布设。而浇筑此形状，需要耗费额外的人工成本。但这项支出没有包含在相应的定额中，即预算收入中没有专门的费用归属。

8. 挡灰网、止水钢板安装

1）规范做法分析

《混凝土结构工程施工规范》GB 50666—2011 第 8.6.6 条规定："施工缝、后浇带留设界面，应垂直于结构构件和纵向受力钢筋。结构构件厚度或高度较大时，施工缝或后浇带界面宜采用专用材料封挡。"条文解释："为保证结构构件的受力性能和施工质量，对于基础底板、墙板、梁板等厚度或高度较大的结构构件，施工缝或后浇带界面建议采用专用材料封挡。专用材料可采用定制模板、快易收口板、钢板网、钢丝网等。"

焊接钢筋骨架、钢丝网制作的遮挡网，被止水钢板分隔成为上、下共两道。在后浇带的两侧分别设置。还有止水钢板本身的焊接及固定。挡灰网、止水钢板现场做法如图 5-15 所示、挡灰网在止水钢板上下分布做法如图 5-16 所示。

从图 5-15 中可以看到，上部挡灰网采用钢

图 5-15 挡灰网、止水钢板现场做法

筋焊接固定的措施。还可以看到抗水板钢筋锚入到基础筏板的部分。这些措施筋，需要按实际工程量计算。

图 5-16 挡灰网在止水钢板上下分布做法

从图 5-16 中可以看到止水钢板上部及下部挡灰网，还可以看到止水钢板使用斜向钢筋焊接固定的措施。这些措施筋，需要按实际工程量计算。另外，止水钢板焊接时的搭接长度，未查到规范规定，现场一般按照 30～50mm 进行施工。

2) 定额关于钢板网的说明

《山东省建筑工程消耗量定额》SD 01-31-2016 定额子目 9-4-21 中有"止水钢板"材料消耗量。后浇带定额子目 5-1-54～57 中，对应的梁、楼板、墙、基础底板子目，其材料中含有"钢板网"材料消耗量。

后浇带模板定额子目 18-1-117～57 中不包含撑起钢丝网的焊接钢筋骨架。尤其是超过 900mm 厚度筏板的后浇带，必须认真深化加强措施，否则有很大的安全风险。而这部分费用是实体还是措施，不同地区、不同参建方、不同合同模式，会产生不同结论。设计图纸不会主动载明焊接钢筋骨架做法，只有施工方通过图纸会审或者技术核定单等形式进行书面确认。

笔者经历过一个 1600mm 厚度基础筏板，其后浇带两侧固定网片的钢筋支撑，成功办理了签证。正如前面论述的，消耗量定额中给出了钢板网，但未给出固定它的钢筋用量。

3) 清单计价与实际劳务成本对比分析

《房屋建筑与装饰工程工程量计算规范》GB 50854—2013 的 F.7 金属制品中"后浇带金属网"项目，可以作为清单编制项单列。

钢丝网的劳务操作，放置网片非常耗费人工，且对于梁的遮挡效果一般都不好，造成混凝土流淌。由于梁钢筋较密，模板内操作空间有限，清理不及时，造成后期剔凿混凝土的成本非常大。若赶上雨季，钢丝网很容易锈蚀失去遮挡能力，如不及时更换，也会造成混凝土流淌到后浇带中，产生大量的剔凿清理用工。而这些费用，都没有对应的预算收入，只是徒增成本。

挡灰网是一个很费工夫的工序，若挡得不结实容易漏灰；若挡得十分结实，后期剔除又很难处理。目前，有混凝土拦茬隔断气囊，已经应用于部分工程，其效率和效果要优于常规的钢丝网拦截，而且免去剔除钢丝网的工序。混凝土拦茬隔断气囊如图 5-17 所示。

图 5-17　混凝土拦茬隔断气囊做法

劳务报价：止水钢板制作安装 24 元/m，挡灰网制作安装 14 元/m，梁头封堵 32 元/个，根据此价格，对照投标报价，可以得出收入与支出之间的差，一般都是亏损的。

4）止水钢板朝向细节

通常来讲，已经形成行业内通用做法是"朝向迎水面"。《地下工程防水技术规范》GB 50108—2008 中第 5.1.10 条第 2 点规定："止水带应固定，顶、底板内止水带应成盆状安设。"条文解释："中埋式止水带施工时常存在以下问题：一是顶板、底板止水带下部的混凝土不易振捣密实，气泡也不易排出，且混凝土凝固时产生的收缩易使止水带与下面的混凝土产生缝隙，从而导致变形缝漏水。根据这种情况，条文中规定顶、底板中的止水带安装成盆形，有助于消除上述弊端。"据此解释，开口朝上的做法比较合理。

9. 需要做的措施项

由于后浇带的封闭时间有要求，施工过程中需要加设临时盖板进行保护，不能让垃圾进入。同时为防止雨水进入，还应该在后浇带两侧砌筑一皮小砖，再安装盖板。否则下雨时从顶板后浇带淌入地下室内的雨水会有很多，给室内回填土造成很大麻烦。即便设置了盖板，还会发现后浇带中的垃圾仍有很多。

赶上雨季，底板后浇带经常需要使用水泵排水。而顶板和侧墙的后浇带都是雨水流淌进地下室的入口。这增加了实际排水成本，而预算收入则不会因此而增加，因为此部分排水已经包含在预算中的冬雨期施工增加费中。

关于后浇带的封闭时间，会有专门的设计说明。温度后浇带一般在两侧混凝土浇筑 2 个月后可以进行封闭。沉降后浇带应在主楼主体完成后，并参照沉降观测结果确定封闭时间。

以下是相关规范对后浇带封闭时间的规定：《高层建筑混凝土结构技术规程》JGJ 3—2010 中第 12.2.3 条规定："后浇带封闭时间宜滞后 45d 以上，其混凝土强度等级宜提高一级，并宜采用无收缩混凝土，低温入模。"《地下工程防水技术规范》GB 50108—2008 第 5.2.2 条规定："后浇带应在其两侧混凝土龄期达到 42d 后再施工；高层建筑的后浇带施工应按规定时间进行。"《混凝土结构工程施工规范》GB 50666—2011 第 8.6.8 条的条文解释规定："施工缝和后浇带往往由于留置时间较长，而在其位置容易受建筑废弃物污染，本条规定要求采取技术措施进行保护。保护内容包括模板、钢筋、埋件位置的正确，还包括施工缝和后浇带位置处已浇筑混凝土的质量；保护方法可采用封闭覆盖等技术措施。如果施工缝和后浇带间隔施工时间可能会使钢筋产生锈蚀情况时，还应对钢筋采取防锈或阻锈措施。"

10. 后浇带剔凿

后浇带两侧垃圾的产生，大部分是因为后浇带钢丝网封闭不结实，造成混凝土的流淌。而管理人员如果不及时要求清理，待混凝土强度上来时再剔凿，就会浪费大量人工。这是一般施工企业管理的薄弱环节，增加的成本很高。

剔除掉两侧面的钢丝网，并凿出混凝土接触面的麻面，进行冲洗。剔凿后浇带内的多余混凝土，这部分往往是占主要工作量。将剔凿出来的垃圾，使用小推车清运、处置；伴随着剔凿工作的，往往是钢筋位置的改动，即把钢筋切断掰开，清理垃圾时操作方便。例如，基础筏板的后浇带，将筏板顶部钢筋隔一切一，人工清理垃圾。钢筋恢复，一般采用焊接的方式进行，再进行钢筋整理，准备隐蔽验收。

11. 后浇带混凝土浇筑

钢筋整理完成，隐蔽验收通过，单独接泵送管。润水后泵送混凝土，进行浇筑。剔凿质量、混凝土浇筑质量，直接决定了后浇带是否渗水。这两步都非常关键。当然，卷材防水层的质量是防水设防的第一道关口。

浇筑混凝土劳务班组是单独计费的，单价比普通部位高出很多。例如某劳务班组报价为：楼层后浇带打凿清理 40 元/m，基础后浇带打凿清理 100 元/m，后浇带浇筑混凝土 100 元/m³。对照此成本价格，可以和投标报价进行对比，一般都是亏损的。

12. 后浇带养护

后浇带的养护执行设计说明。以下是相关规范对后浇带浇筑养护的规定：《混凝土结构工程施工规范》GB 50666—2011 第 8.5.2 条第 4 点规定："后浇带混凝土的养护时间不应少于 14d"。《地下工程防水技术规范》GB 50108—2008 第 5.2.13 条规定："后浇带混凝土应一次浇筑，不得留设施工缝；混凝土浇筑后应及时养护，养护时间不得少于 28 天"。条文解释第 5.2.13 条规定："混凝土养护时间对混凝土的抗渗性尤为重要，混凝土早期脱水或养护过程中缺少必要的水分和温度，则抗渗性将大幅度降低甚至完全消失，其影响远较强度敏感。因此，当混凝土进入终凝以后即应开始浇水养护，使混凝土外露表面始终保持湿润状态。后浇带混凝土必须充分湿润地养护 6 周，以避免后浇带混凝土的收缩，使混凝土接缝更严密"。《地下防水工程质量验收规范》GB 50208—2011 中第 5.3.8 条规定："后浇带混凝土应一次浇筑，不得留设施工缝；混凝土浇筑后应及时养护，养护时间不得少于 28 天。"

从以上列举中可以看出，同一规范条文规定和条文解释之间，有时出现矛盾；不同规范之间的规定，有时也出现矛盾。如无官方解释，施工一般以较为严格的规定执行。

13. 工期影响

由于后浇带封闭等待时间长，会造成以下影响：

（1）底板后浇带：影响了室内回填土的施工，进而影响墙面、地面、顶棚等装修工序的施工。

（2）屋面板后浇带：影响整个屋面工程的施工。

（3）车库顶板后浇带：影响车库屋面及小市政管线的施工。

从价格因素考虑，后浇带支撑模板不能及时拆除，还会造成租赁费用的增加。工期延长造成其他固定费用，如管理费、临时设施费摊销、扬尘环保治理等费用的增加。

14. 质量影响

1）渗漏隐患

只要是缝，就有渗水隐患。地下室渗漏，在后浇带位置的居多，治理难度较大。因为后浇带各工序施工时，不是大面积大体量工作，管理人员重视较少，工人本身又没有很强的质量意识，造成剔凿不到位、后浇带混凝土浇筑不密实、接缝处理不妥当等情况，这些都是渗漏的主要原因。

《地下工程防水技术规范》GB 50108—2008 第 5.1.10 条的条文解释："变形缝的渗漏水除设计不合理的原因之外，施工不合理也是一个重要的原因。针对目前存在的一些问题，本条做了相关规定。"中埋式止水带施工时常存在以下问题：顶、底板止水带下部的混凝土不易振捣密实，气泡也不易排出，且混凝土凝固时产生的收缩易使止水带与下面的混凝土产生缝隙，从而导致变形缝漏水。根据这种情况，条文中规定顶、底板中的止水带安装成盆形，有助于消除上述弊端。止水带的接缝是止水带本身的防水薄弱处，因此接缝越少越好，考虑到工程规模不同，缝的长度不一，故对接缝数量未做严格的限定。转角处止水带不能折成直角，故条文规定转角处应做成圆弧形，以便于止水带的安设。

2）结构安全隐患

在结构梁后浇带处，如果挡灰网剔凿不出来，会在客观上形成薄弱层，削弱承载力，造成结构安全隐患。

地下室底板浇筑完成后，其外墙及上部顶板陆续施工。对于采用大型内支撑基坑支护措施的工程而言，拆除底部支撑时，整体底板能起到基坑围护的水平支撑作用。但后浇带的存在，将底板分成了若干块，造成更换支撑时底板抗水平力的能力不足，必须采取特殊措施，方能保证底板抗水平力的能力。

5.2.3 后浇带的优化创效

无论是优化还是主动变更，施工方要考虑：一是施工方便，二是加快工期，三是节约成本。再扩展一下，对各方都有利，才能提高成功概率。

对于建设方来讲，是否节约了投资，或者说没有增加投资。加快工期当然也是建设方所期望的。对于设计来讲，是否违反设计规范、是否影响建筑物的结构安全和使用功能。只要你有足够的知识储备、丰富的施工经验，给予一定的理解与尊重，设计师是比较好沟通的。一是这个群体本身素质较高；二是工作性质关系，他们的思想端正；三是他们缺少现场施工经验。只要你提供了他们空白领域的内容，他们是非常愿意学习的，因为这个群体的求知欲很高。满足了他们的价值需求，他们就会和你做价值交换。因此，变更要先从设计入手。只要设计同意，再不增加投资，变更的通过率一定很高。

1. 膨胀加强带替换法

优势是让后浇带数量变少，使其不利影响程度减轻。一是加快了工期，这是后浇带数量变少的副产品；二是减少了渗漏风险，因为减少了施工缝的数量；三是减少成本支出，这也是后浇带数量变少的副产品。

膨胀加强带尤其适用于地下室筏板和屋面板，因为这两个部位的后面工序较多。原理是膨胀加强带属于混凝土裂缝控制"抗"与"放"措施中的"抗"。使用补偿收缩混凝土，在混凝土中掺入膨胀抗裂剂，使其产生的膨胀压应力，与混凝土收缩产生的拉应力相互平衡。

需要注意的是，无论是膨胀加强带本身还是其两侧的混凝土，都需要使用补偿收缩混凝土，限制膨胀率对于带内和带外的混凝土要求有所不同。

《补偿收缩混凝土应用技术规程》JGJ/T 178—2009 第 4.0.3 条第 1 点规定："膨胀加强带有连续式膨胀加强带、间歇式膨胀加强带、后浇式膨胀加强带。其宽度宜为 2m，并应在其两侧用密孔钢（板）丝网将带内混凝土与带外混凝土分开。膨胀加强带之间的间距宜为 30～60m。"

连续式膨胀加强带可以和两侧相邻的混凝土同时浇筑，方便施工的同时，还可降低施工缝渗漏导致的防水治理成本增加。一般也是施工方常用的方式。连续式膨胀加强带适用于连续浇筑的墙体结构长度 $L \geqslant 60$m，还适用于连续浇筑的板式结构长度 60m$ < L \leqslant 120$m，并且满足结构厚度 $H \leqslant 1.5$m。连续式膨胀加强带做法如图 5-18 所示。

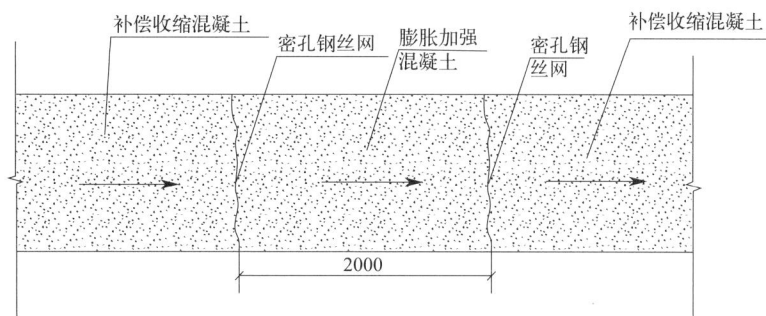

图 5-18 连续式膨胀加强带

间歇式膨胀加强带各区段分别浇筑，与跳仓法类似。间歇式膨胀加强带适用于分段浇筑的板式结构长度 60m$ < L \leqslant 120$m，结构厚度 $H > 1.5$m 或结构长度 $L > 60$m。间歇式膨胀加强带做法如图 5-19 所示。

后浇式膨胀加强带采用了补偿收缩混凝土，可以在 28d 后浇筑，比常规后浇带的 45d 能够提前施工，在一定程度上加快工期。后浇式膨胀加强带适用于分段浇筑的墙体结构长度 $L < 60$m，还适用于分段浇筑的板式结构长度 60m$ < L \leqslant 120$m，结构厚度 $H > 1.5$m 或结构长度 $L > 60$m。后浇式膨胀加强带如图 5-20 所示。

在施工实践中，有的设计方直接给出可以活动的空间，这充分考虑了施工方的立场。例如设计说明："本工程部分伸缩后浇带可用设置 2m 膨胀加强带来替代，具体位置与施

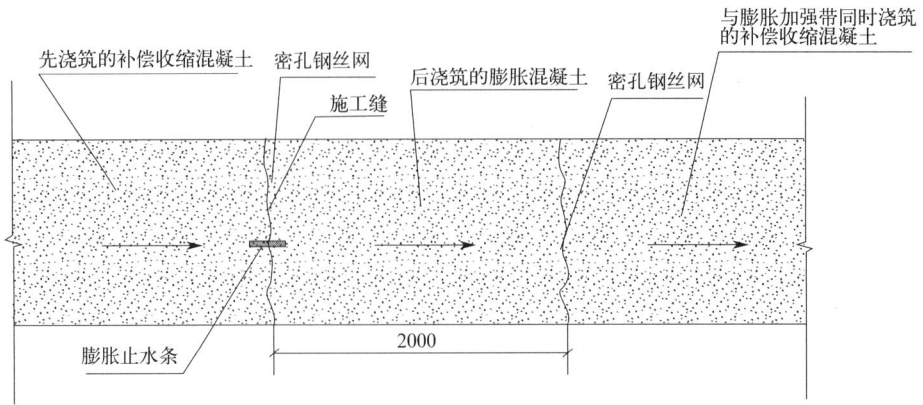

图 5-19　间歇式膨胀加强带

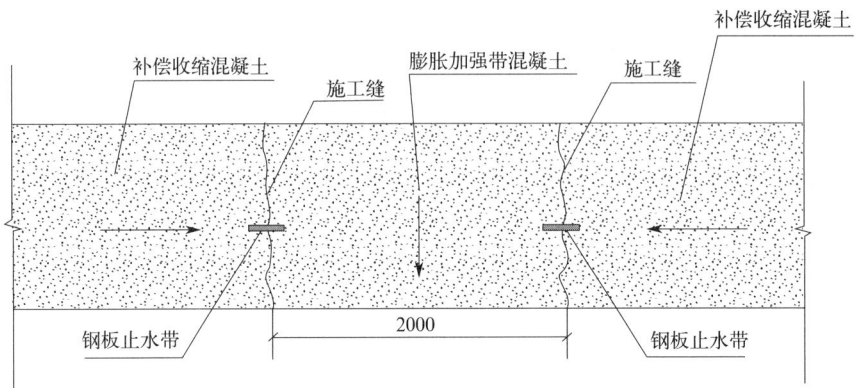

图 5-20　后浇式膨胀加强带

工方、监理方商议确定。膨胀加强带与两侧混凝土同时浇筑。膨胀加强带混凝土采用 C40 微膨胀混凝土，内掺膨胀纤维抗裂防水剂，限制膨胀率不小于万分之三，阻裂效能等级为一级。"需要注意的是，一旦决定要替代，需要办理技术核定单或图纸会审的书面文件。

2. 跳仓法施工

《高层建筑混凝土结构技术规程》JGJ 3—2010 中第 13.9.7 条规定："超长大体积混凝土施工可采取留置变形缝、后浇带施工或跳仓法施工。"条文解释："在超长混凝土结构施工中，采用留后浇带或跳仓法施工是防止和控制混凝土裂缝的主要措施之一。调仓浇筑间隔时间不宜少于 7d。"

地下工程在施工中承受的温度和湿度变化较大，而在正常使用阶段，温、湿度变化较小。据此，在施工阶段中所发生的温度应力远大于混凝土材料的抗拉能力，完全靠"抗"的办法是很难抗住，需要采取"抗放兼施""先放后抗"，最后"以抗为主"的办法。"放"是利用结构的位移释放能量，"抗"是利用混凝土的抗拉应变能力吸收能量。

有的工程项目使用"跳仓法"施工，来取消后浇带及膨胀加强带。原理比较简单，就是将地下室按照原后浇带划分为不同的仓区，采用隔一段浇一段的方式浇筑混凝土。两个相邻仓格浇筑时间差保证在 7d 以上，接缝也采用止水钢板、挡灰网的形式。可以看出是采用"抗、放结合，先放后抗"的基本原理，将超长的混凝土块体分为若干小块体间隔施工，经过短期的应力释放，再将若干小块体连成整体，依靠混凝土抗拉强度抵抗下一段温度收缩应力的施工方法。

"跳仓法"施工的缺点是，对于上部结构有较大工作量的综合体来讲，不利于流水施工的连续性。

3. 外墙后浇带预制盖板

此办法可称为后浇带的"预封闭"技术。地下室外墙上的后浇带，可以采取在外侧拼装预制盖板，或者砌筑砖模的方式进行临时封堵。其作用是提高文明施工形象、地下降水工作可以提前停止、外墙防水及回填土可以及早进行。

外墙后浇带外侧先行砌筑标准砖的墙体、抹灰，挡住后浇带；然后，外墙卷材防水层可以连续施作过来，为回填土做好准备。后浇带到期封闭前，剪力墙内侧使用单侧模板加固，实际操作一般是将对拉螺栓焊接在剪力墙加强钢筋上，加固使用。

4. 顶板后浇带预制盖板

顶板后浇带使用预制盖板封闭，中间间隔 3m 留置铸铁圆管，待后浇带可浇筑混凝土时，采用自密实混凝土从预留管处进行浇筑。这样，可以先行施工车库顶板防水保护层等工序。但缺点是增加了防水接头，使渗漏风险增加，就需要平衡工期与质量的关系。

5. 多层分段施工移动位置

这是利用后浇带正面作用的范例。大型综合体在分段施工时，可以采取后浇带移动错位的方式，免于所有外防护脚手架从基础底板搭设到顶部，不影响后续工作面的流水施工。

例如，上下楼层后浇带竖向在同一位置的，将其错开一定距离，在分段施工时，临空界面防护的双排外脚手架，以下层的楼板作为基础，就不用把外脚手架，从底板位置搭设到顶部了。

6. 车道变形缝改为后浇带

车道变形缝改为后浇带是利用后浇带的范例。原设计车道与主体之间采用变形缝的方式防止不均匀沉降。具体做法是留有 30mm 的永久性缝，其渗水隐患要大于后浇带。永久性缝由于其材料耐久性以及施工质量因素影响，不适宜使用。因此，这个位置要主动变更为后浇带为更优方案。要通过建设方和设计方的共同认可，办理书面文件手续。

5.3 填充墙砌体融合创效点

砌体是工程结算时争议较多的分项工程，根源就在图纸设计阶段，砌体分项大多只是文字规定性的描述，需要施工方主动进行深化设计。填充墙砌体广义设计包括图纸设计、图集规范、地方规定、企业规定。对于一个问题，找遍图纸，将所有与之相关的内容，进行聚焦论证。聚焦完成之后再梳理，作为标准做法。对问题进行横向联想、先发散再聚焦。比如，填充墙砌体要结合建筑设计、节能设计、结构设计、安装各专业设计、精装修设计、图集、规范、地方性规定、实践常见做法等。

构造柱的布设是砌体分项工程的难点，在砌体工程中的地位举足轻重。它引起的结算争议较多，是因为有较多的规定指向，而有时规范之间的要求又不统一。因此，要在施工前，结合各要素进行定向优化。不仅是对构造柱，还要对砌体工程所有的二次结构都要进行施工优化。

施工方的反向设计，是在原设计方案定性描述下的具体化行为。这种自主设计的范围不可逾越原设计框架，不可逾越相关规范规程。比如，对构造柱布置的具体化、对窗台压顶高度的调节、对过梁使用一次结构梁挂板来代替、对柱垛使用一次结构来替代等。这些优化措施，都需要最终经过设计方、建设方的确认。即出口仍在设计方，这是责任承担问题。

经常会出现一次设计和深化设计之间责任划分的问题。例如，型钢混凝土柱的原设计只是笼统地描述型钢柱的材质、规格、型号，而没有表明钢柱之间连接的具体形式、连接点的具体位置、梁钢筋穿越钢柱的细部做法等。深化内容由专业厂家完成后，还需要经过原设计确认。但要注意，原设计确认，只是认可厂家优化的柱与柱之间的连接方式，不对其具体连接处的结构安全承担责任。通俗来讲，万一发生质量事故，如果不是连接位置的问题，则质量事故设计层面的责任，由原设计单位承担。如果正好是连接处发生了问题，则由深化设计的厂家来承担责任。作为技术总工，要理清深层次的责任关系，将做事的方向性思考始终作为第一要务。同样的道理，适用于很多的施工方做的反向设计、自主设计的事项。

通过本节的学习，掌握深化设计要点，才能更好地指导施工。商务层面，掌握结算要点、开源节流措施，保障利润。影响设计方面：不违背设计规范、方便现场施工、增加项目利润。追求共赢：站在不同立场，平衡各利益相关方的权力、责任和利益，最终为项目创效服务。

5.3.1　砌体结算争议及应对措施

常见的砌体工程结算争议有植筋、钢筋搭接长度、过梁设置、零星砌体、塞顶及座底、混凝土泵送、脚手架、砌体拆除等方面。

究其原因，还是在设计端不明确造成的。因此，在图纸审核阶段，技术总工和商务经理要格外地重视砌体工程的会审。根据笔者之前的经验，大型工程的图纸会审一般分为以下几个阶段：设计交底、地下结构工程会审、地上结构工程会审、砌体工程会审、屋面工程会审、装饰装修工程会审，安装专业配合各阶段图纸会审。有了充分的会审，才能够在工程结算中减少不必要的争议。当然，有的地产公司，甚至是总承包方，都要求把图纸会审转换成签证的形式固定下来，图纸会审不可以作为结算的直接证据。

本小节给出的争议解决办法，是较为通用的处理方式。同时，也需要结合具体的图纸设计、合同约定、现场实际、参建各方情况、地方性规定等，做好自身工程的解决办法，更重要的是在事前预防。

1. 植筋造价争议

砌体工程中的拉结钢筋采用预埋式还是植筋方式，往往在结算时发生争议，其主要原因是价格有差异，图集规范和现场施工经验做法之间有差异，要在方案中明确。

1）图集规范和现场变通处理方案

图纸设计的拉结筋，一般都是采用预留钢筋的方式。《砌体填充墙结构构造》22G614-1 中第 8 页采用预留拉结钢筋的做法，而第 14 页给出了预留埋件的详图。济南市规定填充墙的拉结筋与主体结构的连接，不允许采用化学植筋的方式。只能按照此做法或者预留钢筋，或者预留铁件。

预留钢筋的缺点是将其固定在框架柱内操作难度大，十字交叉的点焊不牢固；拆模后在混凝土保护层中将预埋钢筋剔凿出来，会破坏现浇构件表面；在主体一次结构阶段就要做好砌筑的排砖图，且不允许有变更，位置很难把握。与埋板相焊接的方式，由于操作面的限制，拉结筋焊接有效截面难以把控，拉结筋受力堪忧。因为施工操作的可行性问题，有的项目将预留埋板进行了用膨胀螺栓固定的改进，改进后的做法并没有消除焊接质量问题，且藏在灰缝中的铁件，削弱了砌体与剪力墙的结合。螺栓固定铁板的焊接件做法如图 5-21 所示。

2）植筋处理方案

有了上述痛点，植筋则应运而生。植筋的依据，目前至少有 3 本规范有相应规定。

图 5-21　螺栓固定铁板的焊接件做法

《混凝土结构加固设计规范》GB 50367—2013 第 15.1.1 条规定："本章适用于钢筋混凝土结构构件以结构胶种植带肋钢筋和全螺纹螺杆的后锚固设计；不适用于素混凝土构件，包括纵向受力钢筋一侧配筋率小于 0.2% 的构件的后锚固设计。素混凝土构件及低配筋率构件的植筋应按锚栓进行设计。"第 15.1.1 条的条文解释："植筋技术之所以仅适用于钢筋混凝土结构，而不适用素混凝土结构和过低配筋率的情况，是因为这项技术主要用于连接原结构构件与新增构件。只有当原构件混凝土具有正常的配筋率和足够的箍筋时，这种连接才是有效而可靠的。与此同时，为了确保这种连接承载的安全性，还必须按充分利用钢筋强度和延性的破坏模式进行计算。但这对素混凝土构件来说，并非任何情况下都能做到。因为在素混凝土中要保证植筋的强度得到充分发挥，必须有很大的间距和边距，而这在建筑结构构造上往往难以满足。此时，只能改用按混凝土基材承载力设计的锚栓连接。"

《混凝土结构后锚固技术规程》JGJ 145—2013 第 6.3.5 条规定："植筋锚固长度不满足本规程 6.3.1 条的要求时，可按化学锚栓的有关规定进行设计。"第 6.3.6 条规定："植筋连接的锚固深度应经设计计算确定。"第 6.3.4 条的条文解释："本条规定的各种因素对植筋受拉性能影响的修正系数，是参照欧洲有关指南和我国的试验研究结构制定的。"第 6.3.5 条的条文解释："按照本规程第 6.3.1 条计算得到的植筋锚固长度较长，工程实际很难满足。本条明确规定对不满足植筋锚固长度的后植钢筋应按化学锚栓的要求进行设计。植筋锚固长度不满足计算要求时，也可采用其他附加锚固措施，保证钢筋破坏。"

《混凝土结构后锚固技术规程》JGJ 145—2013 第 7.2.1 条规定："植筋的最小锚固长度 L_{min}，对受拉钢筋，应取 $0.3L_s$、$10d$ 和 100mm 三者之间的最大值；对受压钢筋，应取 $0.6L_s$、$10d$ 和 100mm 三者之间的最大值；对悬挑构件尚应乘以 1.5 的修正系数。L_s

为植筋的基本锚固深度，d 为钢筋直径。"第 7.2.1 条的条文解释："参照国家现行标准《混凝土结构加固设计规范》GB 50367 和《混凝土结构工程无机材料后锚固技术规程》JGJ/T 271 的有关规定。"从该条文解释中可以看出数据的来源，并判断出这种植筋，应该是针对受力结构的植筋。

《蒸压加气混凝土砌块、板材构造》13J104 第 B4 页第 1 条规定："墙体与主体结构的拉结钢筋应在主体结构施工时预留或后锚固处理。"现场植筋，便是后锚固处理的一种形式。

从以上规范的解读可以看出，无论是结构筋的加固，还是构造筋的措施，都有依据。依据上述相关条文，可以通过技术核定单或者图纸会审的形式，使植筋做法得到建设方、设计方的确认。注意在技术标里对植筋的描述。明确构造柱下部钢筋，是植筋还是插筋预留在楼板中。隐蔽工程验收记录中体现植筋做法，现场影像资料留好。

需要注意是如果采用带肋钢筋，则拉结筋末端可以不用带弯钩，图集《砌体填充墙结构构造》22G614-1 中第 12 页注 2 规定："当拉结筋采用 HRB400 钢筋时，拉结筋末端不设 180°弯钩。"《蒸压加气混凝土砌块、板材构造》13J104 第 B4 页说明第 3 条规定："当拉结筋采用 HRB335 或 HRB400 钢筋时，拉结筋末端不设 180°弯钩。"这涉及结算问题。此种做法还涉及作业人员行走的安全问题，带钩的拉结筋对人员的安全性，比不带钩的要好一些。

2. 钢筋搭接长度争议

关于拉结筋、构造柱及圈梁钢筋的搭接长度问题，设计一般不指定，目前 22G101 平法系列图集，均是关于主体一次结构做法，未涉及二次结构。结算时，如果没有建设方、设计方的认可资料，会有争议。解决方式是通过技术核定单或者图纸会审，使钢筋搭接长度得到三方确认。

《砌体填充墙结构构造》22G614-1 第 4.8 条 a 规定："构造柱、水平系梁纵向钢筋采用绑扎搭接时，全部纵筋可在同一连接区段搭接，钢筋搭接长度 50d。"第 4.8 条 b 规定："墙体拉结筋的连接：采用焊接接头时，单面焊的焊接长度 10d；采用绑扎搭接连接时，搭接长度 50d 且不小于 400mm。"第 4.4 条 a 规定："填充墙应沿框架柱全高每隔 500～600mm 设 2ϕ6 拉结筋（墙厚大于 240mm 时宜设 3ϕ6 拉结筋），拉结筋伸入墙内的长度，6、7 度时宜沿墙全长贯通，8 度时应全长贯通。"

3. 设置过梁争议

设置过梁争议，首先是位置争议，其次是现浇还是预制问题。一般普通门窗洞口过梁没有争议。而安装专业的各类箱体上方以及临时施工洞口上方，加设过梁是否应计费容易有争议。

解决办法的是通过技术核定单，使过梁设置位置及做法得到确认。如宽度超过 300mm 的洞口上部，设置钢筋混凝土过梁。与安装专业结合好，把需要过梁的位置在图纸中标注出来，附上列表注明预制过梁的规格型号。过梁伸出洞口的搁置长度问题。在方案中明确预制过梁的制作方式、使用位置、运距、运输及安装方式，上述内容对定额套项有影响。

4. 零星砌体争议

图纸中哪些位置属于零星砌体是争议焦点，解决办法是通过清单及定额说明，附带施工方案的加持。

《建设工程工程量清单计价规范》GB 50500—2013 规定："框架外表面的镶贴部分；空斗墙的窗间墙、窗台下、楼板下的实砌部分；台阶、台阶挡墙、梯带、锅台、炉灶、墩台、池槽、池槽腿、花台、花池、楼梯栏板、阳台栏板、地笼墙屋面隔热板下的砖墩、0.3m² 以内空洞填塞。"

《山东省建筑工程消耗量定额》（2003 版）规定："系指小便池槽、蹲台、花台、隔热板下砖墩、石墙砖立边和虎头砖等。墙体底部的小青砖，亦套用零星砌体。"《山东省建筑工程消耗量定额》SD 01-31-2016 中规定："系指台阶、台阶挡墙、阳台栏板、施工过人洞、梯带、蹲台、池槽、池槽腿、花台、隔热板下砖墩、炉灶、锅台以及石墙和轻质墙中的墙角、窗台、门窗洞口立边、梁垫、楼板或梁下的零星砌砖等。砌块墙顶部与梁底如采用斜砌砖，按零星砌体计算，并套用相应定额。"

综合零星砌体定义及消耗量数据，一般造价从业者认为≤500mm 的窗间墙、屋面风道、楼梯间封堵位置、门窗过梁上方的砌体、地下室集水井，以及结构外挑檐内砌体，都属于零星砌体。

零星砌筑的本质，是其不能与大面墙体一起施工，只能日后补砌。或者虽能独立施工，但体量小，不能按常规施工部署来调动生产要素。表现为工效低、材料耗量大等特点。

5. 斜砖塞顶和小砖坐底的争议

《山东省建筑工程消耗量定额》SD 01-31-2016 规定，斜塞砖属于零星砌体。《建设工程工程量清单计价规范》GB 50500—2013 中"楼板下的实砌部分"可以理解为塞顶。

细石混凝土加木砖塞顶做法。如果设计未作说明，需要办理签证，明确此做法；否则审计人员会认为，施工方是为了保证质量而自行采取的措施，不单独计费。有些地方性的规定文件中，有这种做法要求。

砌体底部的 20～30cm 粉煤灰砖砌筑，执行零星砌体项目。《砌体结构工程施工质量验收规范》GB 50203—2011 规定："除有水房间外，其他位置可不另行做反水台或粉煤灰砖砌筑。"

6. 二次结构混凝土泵送的争议

审计方认为，定额中构造柱混凝土子项，在人工消耗量上高于其他构件，考虑到了施工难度。且在垂直运输机械中，亦包含了此混凝土倒运工序。因此，构造柱混凝土不能套用泵送子目。施工方认为这是工艺安排的事，既然其他混凝土已经套用了泵送项，构造柱也应该套用。毕竟塔式起重机台班，已经考虑泵送而进行了系数折减，且定额增加的人工耗量，与实际人工消耗差距很大。

解决方法是按照审批的施工方案中明确输送方式，且留有现场影像记录。

7. 砌筑墙体脚手架争议

双排里脚手架的定额子目套用没有争议，只是要在审批的施工方案中体现，脚手架的搭设形式和布设位置，再留好现场照片。因为现场施工时，使用简易的加砌块加脚手板的"架体形式"，也时有发生。还有用移动脚手架的，目前已经出现了简易的折叠型脚手架，携带方便。

8. 二次结构模板超高争议

二次结构构件的模板不计算超高。《山东省建筑工程消耗量定额》（2003 版）解释中有明确规定。

9. 墙体拆除争议

发生墙体拆除时，套用修缮定额没争议，只是注意加气块墙体和二次结构混凝土要分别套项。难点在于从楼上垂直运输到场地，再外运、消纳。后面的步骤要有证明资料，否则也会产生争议。

修缮定额中没有拆除钢筋、植筋等子目，可以采用成本加酬金的方式进行报价。拆除墙体的资料准备有原设计图纸、设计变更单、现场已完进度的图纸签认与影像资料、工程现场勘查记录单、工程签证单、报价单。签证单中，要说明墙体的破损程度。否则，审计人员有可能认为材料会二次利用，从而扣减。

5.3.2 砌体工程商务管理要点

砌体工程的商务事项有三点：一是从预算收入方面，注意定额使用的系数调整；二是使用预拌砂浆与现场搅拌砂浆的对比，来凸显预拌砂浆的应用趋势；三是从二次结构各班组合约要点方面进行关注。这些都关乎砌体分项的创效。

实际施工中，体量大的项目有多个班组作业。此时，要划清班组间工作界面，厘清同一区域内作业队的职责分工。经常会出现各作业队之间的垃圾清理、成品保护扯皮的现象。如果途中有的班组撤场，还要清点其已完工程量，这是一项非常繁杂的工作，需要细致认真。

1. 使用定额要注意的事项

（1）砌块、砂浆存在与定额不同时的换算。弧形墙砌筑的人工×1.1，材料×1.03 的系数。

（2）墙体超过 3.6m 时，超过部分工程量定额人工系数×1.3。

（3）如有加浆勾缝，另行套用装饰定额。

（4）如果砌体底部未砌筑小青砖，需要去掉砖的定额含量，并根据砌块的规格、灰缝以及损耗率，计算补入砌块含量。

（5）医院工程的防辐射房间墙体要求砌筑、抹灰层采用硫酸钡砂浆。要注意配合比和套用定额时的主材换算与价格变化。

2. 预拌砂浆比现场搅拌砂浆的优势

（1）从环保方面考虑，减少现场存放、搅拌而产生的扬尘。减少袋装水泥产生的塑料制品污染。

（2）从质量稳定方面考虑，在工厂生产的砂浆，自动化生产线，配比确定，质量稳定。现场搅拌是人工操作，可控性不强。

（3）从施工进度方面考虑，减少搅拌时间，加快施工进度。

（4）从造价方面考虑，随着生产规模化、厂家间竞争性越来越强，价格优势也会逐渐显现。

（5）从减少占用场地考虑，只需要砂浆罐存储，占据临时用地少，节约土地资源，减少硬化面积，都是节约成本的体现。

3. 砌筑班组的合约注意要点

签订分包合同时，一是要明确砌体工程施工范围，把二次结构混凝土一并写入工作内容，方便管理；二是在合同中明确此条款："凡是没有完整砌筑墙体的，一律按照合同单价打折扣进行结算。"因为后续补砌的价格是远高于常规施工的。

多班组施工时，界面划分要签字。尤其注意当一个班组施工质量不好时，被强制退场，但墙体有的只施工到一半，构造柱也没浇筑之类的残余问题。这种情况，要留好影像资料和签字单，按合同约定单价打折结算。

4. 二次结构钢筋班组的合约注意要点

按现场下料的实际工程量结算，而不是预算工程量。钢筋班组可以另行分包，也可以由瓦工分包方统一领导。鉴于一般钢筋不会耽误进度，建议直接打包给主体一次结构钢筋班组会更好。

5. 二次结构模板班组的合约注意要点

签订分包合同时，必须强调构造柱模板面积计算，是按模板与混凝土的接触面。直接分包给主体一次结构模板班组更好些，价格会得到优惠；否则，单独做二次结构，价格较高。

5.3.3 构造柱设计难点解析

唐山大地震前，我国的砌体房屋不设置构造柱与圈梁。通过震害调查，认识到构造设计的关键性和重要性，从此开始导入设计规范和施工图中。墙中设置混凝土构造柱、圈梁时，可提高墙体使用阶段的稳定性和刚度，提高房屋的抗震性能。构造柱本身不承担竖向荷载，可抵抗水平荷载，能提高砌体的抗剪切能力，对于整体性防倒塌可起到至关重要的作用。

有些房地产企业，把按照设计要求原则、施工方深化的二次构造图纸，称为"固化图"。针对设计中的某个难点和疑点，需要找遍设计相关点。在查找规范的过程中，可以这样"聚焦"：找到一个规范看相关条文，再看相关条文解释，最后找不同规范对同一个问题的解释要求。

案例 5-2：图纸设计及造价争议

1. 设计背景

四个项目的图纸设计说明：

（1）当砌体填充墙长度超过 8m 或层高 2 倍时，应在纵横墙交接处或墙中部设置钢筋混凝土构造柱。电梯井道四角没有框架柱时设构造柱，悬挑梁端头有填充墙时设封头构造柱。

（2）当两柱间填充墙长度超过 5m 时，应在此两柱中间设构造柱。构造柱设置要求：砌体隔墙转角处、悬臂梁隔墙端头、内外墙相交处、直墙端头及电梯井道四角。

（3）当墙长大于或等于层高的 1.5 倍或墙长超过 6m 时，应在墙长中部设置构造柱。当洞口两侧填充墙宽度小于 200mm 时，填充墙采用同相邻构件的混凝土补齐。砌体隔墙转角处、悬臂梁隔墙端头、直墙端头以及大洞口（洞口宽度大于 2.1m）两侧。

（4）当砌体填充墙长度超过 5m 或 2 倍层高时，应在纵横墙交接处或墙中部设置钢筋混凝土构造柱，一字形墙体端部设置构造柱。电梯井道四角没有框架柱时设构造柱，悬挑梁端头有填充墙时设封头构造柱。

2. 创效分析

从这四个设计说明中，能看出对于构造柱的布置，不同的设计者会有不同要求。也可以看出其中的相同点：如悬挑梁端头、电梯井道四角等。重要的是要发现不同之处，往往机会就在于此。

就同一问题，多看不同设计院的图纸，会发现其中的共性及个性规律。"书读百遍，其义自见"，就可以用在施工层面，为设计取长补短，进而主动影响设计。能够主动影响设计，是能力进阶的证明。有时利用的就是设计与施工的脱节、设计本身各专业之间的不交圈。

3. 规范规定

《建筑抗震设计规范》GB 50011—2010（2016 年版）第 13.3.4 条第 4 点规定："墙长大于 5m 时，墙顶与梁宜有拉结；墙长超过 8m 或层高 2 倍时，宜设置钢筋混凝土构造柱；墙高超过 4m 时，墙体半高宜设置与柱连接且沿墙全长贯通的钢筋混凝土水平系梁。"可以看出，抗震设计规范要求比较简约，墙长大于 8m 或 2 倍层高，宜设置构造柱。

《蒸压加气混凝土砌块、板材构造》13J104 第 3.2.4 条规定："砌体墙的端部（无混凝土墙、柱时）及转角、丁字接头处；宽度大于等于 2.1m 洞口的两侧；当墙长大于 5m 或 2 倍层高时，应在墙体中部设置构造柱；当墙长大于 8m 时每隔 3.0m～3.5m 设置构造柱；外围护墙的阳角（包括悬挑结构的阳角）应设置构造柱；支承在悬臂梁和悬臂板上的墙体，应设置抗裂构造柱，间距小于等于 3m。"

4. 固化图纸解决造价争议

设计说明中常有"转角"的概念，那么 T 形墙的三面交接、十字形墙的四面交接算不算转角？纵横墙交接处又如何理解？设计规范中没有"转角"这个术语。从《砌体填充墙结构构造》22G614-1 第 19 页中能够发现 L 形、T 形详图。

十字交叉、纵横墙交叉处，在设计说明未提及的情况下，是否可以按照图集的表示，顺理成章地认为这个位置要设置构造柱。站在施工方的角度，想在图上多布置构造柱，而现场实际又不用做那么多。这样能够达到降本增效、开源节流的效果。

解决争议的办法是直接把构造柱设置的位置确定下来，通常由施工方编制，监理方、设计方和建设方共同签字确认，作为指导现场施工及结算计量的依据。这是最可靠的路径。

5.3.4　二次结构深化设计方案

砌体分项工程中施工方的反向设计，主要体现在二次结构方面，也是现场施工、工程结算争议的"重灾区"。做好有倾向性的二次结构施工优化设计，有选择性地留存好相应资料，对于砌体分项工程的创效尤为重要。

各方对于二次结构的认识程度是不同的，一是限于个人的知识技能，二是站在不同的利益位置。不管其他各方如何看待，施工方自身必须从结算导向、质量导向、工期导向、方便操作导向等，审视二次结构，优化二次结构。

优化事项，一是技术总工与商务经理以及现场施工员的探讨；二是要与相关分包班组做充分的交流。他们的实际操作经验丰富，对于优化的更多细节会有很好的建议，从而实现真正意义上的方便施工、缩短工期，达到创效目标。

1. 优化设计的事先考虑

首先，要注意各部位墙体使用砌块的材质、砂浆种类，这是最基本也最容易被忽略的地方。一旦错误，即便细节做得再完美，都无济于事。例如，一般潮湿环境用实心砖、常规位置用加气混凝土砌块、防火墙有耐火等级要求、防辐射房间用实心砖。还有的位置采用隔断，常见于医疗项目的专业科室，如手术室、ICU、静配中心等，需要专业厂家自行分隔，对原建筑设计的墙体会有很大的变更。不固化这些内容，后期拆除墙体就不可避免。

核对建筑轴线与结构轴线是否一致，这是施工的基本前提。若没有及时发现，造成墙体无法准确就位、房间错位，给装修及使用环节造成不可挽回的影响。与剪力墙交接位置，考虑剪力墙后期是否抹灰，直接决定墙体的砌筑位置。

需要考虑墙厚与砌块宽度的匹配问题。如建筑图中墙体 200mm，使用 180mm 厚度的砌块，加抹灰层足够设计墙厚，是否可行？

2. 梁下挂板部位的优化设计

洞口上方至框架梁底的竖向空间小，而洞口横向又较宽，过梁受力较大，要进行优化设计。洞口上方框架梁底的砖排布如图 5-22 所示。

图 5-22　洞口上方框架梁底的砖排布

解决办法是采用梁结构下挂方式。框架梁支模板时连通过梁，混凝土浇筑直接到达洞口上方省去砌筑，完美地解决了这个问题。通过受力计算，施工操作有据可依。可以在图纸会审或砌体固化图中确定此做法。

3. 安装预制块

通过对电箱及空调管的模块化预制，省去了洞口宽度大于 300mm 时需要加设过梁的费用，提高了洞口周边砂浆的饱满度，降低了洞口周边抹灰层的空鼓、开裂风险；有效控制空调管道处的坡度，降低外墙渗漏风险。

根据确定的模块尺寸制作模板，对配电箱进行预加工处理。根据配电箱进出线管数量及位置，统一对配电箱进行机械开孔，开孔大小和线管管径配套，开孔需要成排并间距一致，以便后期与线管连接。模块内在适当位置加筋处理，并加固成排线管，以加强模块的强度。

4. 构造柱细节

砌筑预留马牙槎上口做成单八字坡口，好处是能够让混凝土顺利流入，提高混凝土的密实度；减少拆模后的修补费用，观感质量好。沿着马牙槎贴双面胶，防止浇筑混凝土时漏浆，减少事后剔凿的修补费用。砌筑马牙槎细节如图 5-23 所示。

图 5-23　砌筑马牙槎细节

5. 墙底部小砖

《砌体结构工程施工质量验收规范》GB 50203—2011 第 9.1.6 条规定："在厨房、卫生间、浴室等处采用混凝土轻骨料小型空心砌块、蒸压加气混凝土砌块砌筑墙体时，墙底部宜现浇混凝土坎台，其高度宜为 150mm。"经多年的工程实践，当采用轻骨料混凝土小型空心砌块或蒸压加气混凝土填充墙施工时，除多水房间外，无须在墙底部另砌烧结普通砖或多孔砖、普通混凝土小型空心砌块、现浇混凝土坎台等，因此本次规范修订将原规范条文进行了修改。

浇筑一定高度混凝土坎台的目的，主要是考虑有利于提高多水房间填充墙的墙底部防水效果。混凝土坎台高度由原规范"不宜小于 200mm"的规定修改为"宜为 150mm"，是考虑踢脚线（板）便于遮盖填充墙底有可能产生的收缩裂缝。

6. 窗台压顶、过梁高度调整

设计给定的压顶高度一般都是固定值，比如 100mm 或者 200mm 等。但因窗台高度与砌块模数之间，并不能保证都是整数关系。为减少切割砌块，可通过调整压顶高度来实现。这样就减少了砌块的损耗率，隐性地降低成本费用。举一反三，过梁高度亦如此。

过梁是现浇还是预制？是在现场预制还是在市场购买成品？根据砌块模数，压顶是否要贯穿窗台？还要从造价角度出发，并考虑与建设方结算时的话术，在实际操作之间取得平衡。

7. 洞口抱框柱

一般设计要求，门窗洞口宽度大于 2.1m 的应做成构造柱。此规定会增加很多工程量，影响施工进度。鉴于外墙饰面一般采用干挂、内门一般用膨胀钉焊接固定的施工方式，可以全部采用粉煤灰砖或混凝土预制块的砌筑方式，可加快进度又不影响质量，减少成本费用。

水泥砖砌筑灵活，质量容易保证。预制混凝土块浇筑过程中材料浪费较大，形状不易保证，模数固定、不灵活。从经济角度分析，预制混凝土块的材料和人工价格远大于水泥砖砌的价格，因此使用水泥砖是最优解决方案。

8. 其他事项

市场上有直径 6mm 和 6.5mm 的 HPB300 钢筋，也有直径 6mm 的 HRB335 级钢筋，但无直径 6.5mm 的 HRB400 钢筋。要注意图纸设计的钢筋规格、型号，与市场实际存在产品、价格差距等问题。由此引发思考：搞技术造价的，应该密切地了解市场，替设计把关、替现场施工把关。

二次结构均采用细石混凝土，好处是使现浇构件密实度更好，观感质量好。减少后期维修费用的发生，降低成本。砌体塞顶采用细石混凝土加防腐木砖的方式，比常规砌滚砖有优势：减少砌块切割，空间处理灵活，便于墙体砌块的排砖。

圈梁遇门窗洞口兼做过梁，要点在于圈梁的支模方式涉及质量和成本。需要注意的是：墙厚小于 180mm 且墙高大于 3m 时，在半高处设置水平系梁。而不是所有圈梁都是墙高大于 4m 时才设置。

出屋面砌筑烟道高度，图纸一般引用图集，但图集中烟道不明确高度。青岛市分户验收管理规定中明确如下：上人屋面烟道（包括管道透气孔）高度应超过 1.8m。

特殊的如医院病房的卫生间，如果转角墙设计为圆弧，可以变通为八字形。这样施工可操作性提高，又不违反医院相关规范规定。

提前与暖通、电气、消防专业，做好墙体的留洞对接。避免墙洞遗漏返工，并提前做好圈过梁的预制加工。管道井的墙体一般要求在设备安装完成后砌筑，边砌筑边抹灰。由于管道离墙面的距离很近，后砌筑加抹灰的施工，质量无法控制，因此墙体还是要先于管道安装砌筑为好，这是工序衔接问题。

5.4 加气混凝土砌块墙与 ALC 板墙的经济指标分析

蒸压轻质砂加气混凝土板材，简称 ALC（Autoclave Lightweight Concrete），是一种性能优越的新型建筑材料，各个地方政府陆续出台了鼓励发展装配式建筑的政策。许多项目上已经使用了 ALC 板墙。从成本管理角度考虑，施工成本是否增加，需要具体分析。

ALC 板墙的质量是建设方需要考虑的问题。从保温隔热性、防火性考虑，150mm 厚的 ALC 板墙可代替 200mm 厚的加气块墙（即加气混凝土砌块墙）。ALC 板为整体板块，其平整度、垂直度操控性好，能为装饰面层提供更优质的基层条件。加气块墙一般用混合砂浆抹灰 15mm 厚，ALC 板墙可选用 3～5mm 聚合物砂浆或 8～10mm 的石膏砂浆抹灰，其常见质量问题如裂缝、空鼓的发生率，远小于加气块墙体的普通抹灰，后期的维修成本相对降低。

从工期角度分析，使用 ALC 板墙的工期要比加气块墙缩短一倍。缩短了工期，措施成本会降低许多。例如，塔式起重机租赁费、现场管理人员工资、脚手架的租赁费等都会相应减少。对于工期紧张的项目，采用 ALC 板墙优势比较明显；但是，对于建设规模较大的住宅项目，特别是分期开发项目，施工方做到合理的流水作业，使用 ALC 板墙缩短工期的优势并不明显。

5.4.1 工期对比案例分析

以一个建筑面积 200000m^2 的综合医院项目为例。该项目由病房楼和门诊楼组成，病房楼为框架-剪力墙结构、门诊楼为框架结构。病房楼 21 层、门诊楼 5 层，地下室 2 层，层高 3.9～5.1m，计算加气块墙体积为 27738m^3。砌体分项工程位于关键线路，使用传统加气块墙体，因其本身砌筑工艺特点，加之前后关联工序较多，按照《山东省建筑工程消耗量定额》SD 01-31-2016 中的人工消耗量考虑，施工周期需要 8 个月的时间，使用 ALC 板则只需 4 个月的时间。这样，可以为后续的装饰装修分项快速提供工作面。ALC 板墙与加气块墙的用工数具体对比如表 5-1 所示。

ALC 板墙与加气块墙的用工数对比

表 5-1

定额编号	分项类别	用工含量	工程量	工日数
4-2-1	加气混凝土砌块墙	1.543 工/m^3	27738m^3	42800
4-4-4	轻集料混凝土条板	0.158 工日/m^2	154102m^2	24348

综合工程结构特点、砌块及砂浆、混凝土材料供应、垂直运输设备配置、用水量核算、宿舍区安排等因素，允许同时作业的高峰期最大饱和人数为 200 人，则完成总量砌体需要 214 工日，即 7.1 个月时间。再考虑砌体塞顶、二次结构施工、不可避免的工艺间歇，加之不可控因素的影响，完成上述砌体实际最少需要 8 个月的时间。而 ALC 板墙的用工数减少了 43%，相对减少了 3.5 个月，再考虑方便抹灰工序穿插的因素，可以缩短一倍工期。

5.4.2 施工成本对比分析

本节施工成本对比分析，不做综合结论。只是将人工、材料、机械及其他费用，进行数据对比，价格取自天津地区。

ALC 板墙与加气块墙的施工成本对比要考虑砌筑、二次结构钢筋混凝土、抹灰、垂直运输、现场管理、水电费等，必须根据项目特性对比分析，在特定的情况下做相应的对比。墙体长度、厚度及高度，还有墙体附带的洞口情况，都影响到两者的性价比。一般情况下，工业厂房项目、办公楼、大型公共建筑、临时建筑工程等选用 ALC 板墙比较经济、合理。如果是住宅项目，需要标准化订制。只有 ALC 板墙尺寸、规格形成批量生产时，才比较经济、合理。

1. ALC 板墙与加气块墙的人工费对比分析

人工费的对比分析需要从二次结构中分析，市场上普遍采用劳务分包方式，综合单价中包含部分辅材。所以，只能依据已建项目作参考对比，还是以某医院项目案例中的工程量去分析。

本项目 ALC 板墙安装班组价格组成按照综合单价，楼层高度 4.5m，墙板高度 3.6～4.3m，板厚 200mm。班组分包价格如表 5-2 所示。

ALC 板墙班组分包人工价格   表 5-2

分项名称	分项内容	单价组成（元/m²）
安装 ALC 板墙人工	综合上料、边角割裁	42.00
专用粘结砂浆（板之间企口）	搅拌工具、砂浆容器等	4.50
填塞砂浆（板上下之间）	综合了固定用木楔、工具	3.00
固定用 U 形卡、射钉等小金属件	随身携带的手持工具及低值易耗品	3.50
安装用简易机械、地坪车	楼层行走，相应的支撑架	5.00
门窗洞口加强角钢及过梁	镀锌角钢材料	2.00
管理费	班组管理人员工资等	3.00
利润	5%	3.00
税金	3%	2.00
合计		68

加气块墙体 200mm 厚，墙体长宽尺寸等同 ALC 板墙，门窗洞口处设抱框柱，墙底部砌三皮水泥砖，二次结构混凝土占墙体总体积的 10%，实行班组分包方式。按照劳务市场行情价格分析，班组分包含模板材料及简易脚手架的租赁。具体分析如表 5-3 所示。

二次结构班组分包人工价格   表 5-3

分项名称	分项内容	单价组成（元/m³）
砌筑	砌筑、预拌砂浆运输、钢筋拉结筋制作安装、勾缝塞顶、搭拆砌筑脚手架等	240.00
二次植筋	定位弹线、墙钻孔、清孔涂胶、钢筋制作及安放	12.00
钢筋制作绑扎	钢筋下料、成型、绑扎就位	19.00
模板	制作拼接、模板拆除、清理归堆到地面并清点统计	48.00
混凝土	上料、楼内运输、浇筑振捣、铺防护膜、浇水养护、模内湿润	30.00
零星材料、机械、其他材料	铁钉、铁丝，手持工具、人力小车、振捣棒、室内照明设备、防护措施等	19.00
管理费	班组管理人员工资等	18.00
利润	5%	19.3
税金	3%	12.16
合计		417.46
折算 200mm 厚墙板面积单价		83.50

从表 5-3 可以看出，ALC 板墙与加气块墙的人工费相差 15.5 元/m²，ALC 板墙的施工成本较低。如果是住宅项目，门窗洞口较多、墙体尺寸较小，ALC 板墙的人工价格会超过砌块墙人工。本项目层高为 4.5m，砌筑平均高度是 3.8m，需要搭设砌筑脚手架以及增加超高砌筑费用，此表的砌筑费用为 3m 以内的正常作业人工市场价格，超出 0.8m

后增加 55 元/m³，即增加 11 元/m²，两者相差 26 元/m²。

ALC 板墙的规格为 6000mm×600mm×200mm，设计值不能超高 6m 的墙高。如果墙体超 6m 时，中间需增加钢骨架水平支撑及竖向支撑，安装 ALC 板需要吊装或人工操作，施工成本会超过加气块墙的人工价格。门窗洞口设角钢较多时，分包价格为 22 元/m，折算到单价中可增加 1 元/m²。

综合上述分析，ALC 板墙的施工成本在墙高 3～6m 时比较经济合理。

2. ALC 板墙与加气块墙的材料费对比分析

材料费的对比分析，因材料采购渠道不同，税率也不相同。只有按除税后材料进行价格对比，然后再考虑税金。如果采用专业分包方式，税率考虑 9% 时，ALC 板的成本相对较高。本项目主要材料费按 13% 税率考虑，如果地方材料选择 3% 税率时，考虑的材料价格有所调整。

材料消耗在每个项目都不相同，根据市场上多数项目分析，竖向安装板材，板材宽度 600mm，板排列剩余宽度不大于 200mm 时，填塞混凝土；大于 300mm 宽度时，可竖向切割成板条安装，切割后的板缝填塞干硬性水泥砂浆处理。

加气块墙的材料消耗各项目差异较大，因供货渠道不同，有的加气块的尺寸偏差较大，一般砂浆供货亏方严重。现场管理水平提高，可以达到市场的平均消耗。本案例考虑消耗是建筑市场中等消耗水平，超过了定额中的消耗量。

本项目采购 ALC 板，正常规格的板厚度为 200mm，少量厚为 100～150mm 的板材，200mm 厚 ALC 板的单价为 500 元/m³，100～150mm 厚 ALC 板的单价为 550 元/m³，工程量为 154102m²，按综合含税价 530 元/m³ 考虑。具体分析如表 5-4 所示。

ALC 板墙材料费含税价格分析 表 5-4

分项名称	规格型号	单价(元/m³)	数量(m³)	合价(元)
ALC 板	100～150mm	530	27738	14701140
ALC 板	200mm	530		
税金		13%		1911148
合计(元)				16612288
材料费面积单价(元/m²)				107.8

采用加气块墙体时，工程量为 27738m³。其中，二次结构混凝土占 10%，即 2774m³。钢筋含量为 1.3%，即 360t（包含墙体拉结钢筋）。加气块厚度为 100mm、150mm、200mm，平均除税单价为 235 元/m³，细石混凝土 C25 除税单价为 340 元/m³，砌筑砂浆除税单价为 279 元/t。具体分析如表 5-5 所示。

加气块墙材料费价格分析 表 5-5

分项名称	规格型号	除税价(元/m³)A	消耗量 B	用量 C	合价(元)D=A×C
加气混凝土砌块	综合尺寸	235.00	0.931	25824	6068640
细石混凝土	C25	340.00	0.110	3051	1037340
砌筑砂浆	M5 预拌	279.00	0.120	3328	928512

续表

分项名称	规格型号	除税价(元/m³)A	消耗量B	用量C	合价(元)D=A×C
钢筋	t	4500.00	0.013	360	1620000
施工用水用电	元	1.00	1	27738	27738
税金	13%				1258690
合计(元)					10940920
材料费面积单价(元/m²)					71.00

从表5-5中分析，即使在ALC板无损耗率的情况下，加气块墙材料价格远远低于ALC板。实际施工过程中，改锯及边角料可控制在2%以内，工人安装破损可控制在1%以内，两者相差36.8元/m²。经过设计验算，使用ALC可以使墙体厚度设计值变小，比如180mm的ALC板替代200mm厚加气块墙体，甚至可以使用更薄的150mm厚的板代替，这样就考虑两者的价格会接近。

ALC板墙面抹灰厚度可减少，节省挂网格布的材料费，但是两面抹灰的这些材料费仅相差3元/m²，有许多项目抹灰聚合物砂浆的人工费，比普通砂浆价格还要高。因为抹聚合物砂浆黏度高，工人操作费工时，所以还会提高1~2元/m²的人工费，故ALC板墙面抹灰的施工成本不会降低。但是，有些项目对质量要求较低，例如工业厂房项目，直接省去抹灰工序，腻子找平涂料面即可。这样，可以节省60元/m²，从而降低了施工成本。

3. ALC板墙与加气块墙的机械费对比分析

机械费的对比必须在相同施工条件下进行，对比塔式起重机或汽车起重机。小型机械和手持工具，包含在分包方的单价中，可以不分析。砌体工程位于关键线路，节约4个月的工期，机械租赁费差距较大。

如果是高层建筑项目，使用的施工电梯空间高3m，超过3m的ALC板无法运输，此情况下，只有在主体框架结构施工时，考虑采用塔式起重机运输。一般情况下，塔式起重机租赁费高于施工电梯的三分之一，而砌筑加气块可采用施工电梯运输，所以成本分析时要考虑建筑的特性。如果是多层建筑项目，采用汽车起重机施工，低于塔式起重机施工的租赁费，可以把汽车起重机租赁费包含在分包单价中来降低成本。汽车起重机运输ALC板的效率优于加气块；相比之下，ALC板墙的施工成本更合理。

本项目最高单体为病房楼21层，5层以内的垂直运输费用包含在ALC板墙的安装人工费中，汽车起重机施工约占50%的工程量，塔式起重机仅运输了6层以上的ALC板材。ALC板墙节约机械成本分析如表5-6所示。

ALC板墙节约机械成本分析   表5-6

分项名称	租赁单价(元/月)	租赁时长(月)	数量(台)	合计(元)
施工塔式起重机	38000	4	5	760000
材料费面积单价(元/m²)				5

从表5-6中分析，如果使用塔式起重机施工时两者相差5元/m²，本项目50%的工程量采用塔式起重机施工，相差约3元/m²。如果是施工现场组织能力差，工期不能节约4个月，两者之间的差距更小，所以ALC板墙与加气块墙的机械成本相差不大。

4. ALC 板墙与加气块墙的其他成本对比分析

ALC 板墙施工时，组织措施费可会相应降低，例如安全文明施工费、管理费都会降低，技术措施费也会降低。例如，定额中的加气块内墙采用钢管脚手架。如果 ALC 板墙施工取消了钢管脚手架，实际施工中，砌筑加气块墙也采用的是临时活动钢脚手架，包含在分包价格中。

税金在测算时按材料 13% 考虑，有些地区加气块、细石混凝土、砂浆可选择 3% 的税率。如果企业选择普通发票方式采购，可节约 3 元/m²。但是，若企业的专业分包较少，可抵扣发票较少时，不如让供货商提供 13% 的发票，从而提高材料单价，按材料分析表中考虑。

选择 ALC 板墙的利润会降低，因为减少现场管理强度的分项利润较低，但是预算定额中 ALC 板墙的利润要比加气块墙的利润高出许多，因为所有人工材料都按工程造价信息中的价格考虑，新型材料价格与实际采购价格差距较大。其他成本分析如表 5-7 所示。

ALC 板墙节约其他成本分析　　　　　　　　　　　　　表 5-7

分项名称	估算单价(元/m²)	说明
组织措施费	2.00	按照施工现场实际情况考虑
技术措施费	1.00	按照预算定额计价考虑
税金差额	3.00	按照企业实际情况考虑
利润差额	5.00	按照预算定额计价考虑
现场管理费差额	3.00	按照企业实际情况考虑
合计	14	

从表 5-7 中分析，在特定条件下对比相差 14 元/m²。但是，住宅项目 ALC 板施工的组织措施、技术措施都相差不大，因为施工现场、施工条件已经标准化，选择 ALC 板墙也并不会减少费用。

5. ALC 板墙班组合约要点

报价包含来料卸车、场内运输、材料上料、原材加工、施工拼装（接缝专用砂浆嵌缝）、顶部及底部专用砂浆嵌缝、洞口预留、完工清理等所有费用。

各种墙厚、各类造型、可能的沿墙高切板后拼装，与安装、装饰工序交叉而产生的费用均含在单价中；门洞上方需要加固的，由总承包方提供主材，由分包方负责加固，相关费用由分包方来承担。

总承包方提供蒸压加气混凝土板和包边用的钢板，除此外与本分项工程相关的所有辅材和小型工具都包含在综合单价中，包括但不限于简易脚手架、滑轮、推车、电线、电焊机、焊条、电锤、电镐、切割锯、U 形卡、销钉、膨胀螺栓、自攻螺钉、专用砂浆、胶粘剂等。

分包方提供排版图及施工材料计划，经总承包方审核后采购蒸压加气混凝土板。在卸车前总承包方会同建设方一同验收，由分包方负责保管，保管及施工总损耗率不超过1%。超出 1% 的部分，对分包方按照采购价的 2 倍进行罚款。

总承包方提供塔式起重机，其余运输机械由分包方根据现场情况自行考虑，费用包含在综合单价中。

做法参照图集《蒸压加气混凝土砌块、板材构造》13J104；如检验不合格由分包方负责返工维修，相关费用由分包方自行承担。

5.4.3　ALC 板墙影响成本的细节

ALC 板墙的施工中蕴含着影响成本的细节事项，本小节讲述了 U 形卡及开槽、板墙面装饰基层条件、垂直运输方式选择、与安装工序的穿插、板材排版等事项。

在建筑施工链上，粗放管理延续多年，有时候没有额外地增加成本就是创效，这在成熟的工业制造领域是不可想象和不能容忍的事情。因为不关注策划、不注重细节，现场返工的例子比比皆是。因为施工不当、工艺不精，造成质保期浪费巨资进行维修的事件也屡见不鲜。必须改变这种状况，从精细化管理中要效益。

1. U 形卡及开槽

板材与结构顶梁（板）处，用 U 形卡固定处理，位于板块拼缝处。板内竖向开槽正常进行，但不宜横向开槽，此点同对加气块墙体的要求。敷设管线后用专用修补材料补平，并做防裂处理。

在墙板顶部安装 U 形卡，U 形卡间距 600mm，每块板用两个 U 形卡固定，每个 U 形卡不少于 2 个射钉。U 形卡的中间位置对准板与板的拼缝（第一只除外），卡住板材的高度需要≥20mm。U 形卡安装如图 5-24 所示。

门洞上方有横向板块专门设计，省去二次结构过梁。搭肩口不少于 120mm。门窗洞周边包 U 形钢板，固定门框更牢靠。洞口处 U 形钢板安装如图 5-25 所示。

图 5-24　U 形卡安装

图 5-25　洞口处 U 形钢板安装

2. 板墙面装饰

板墙内外，饰面基层直接进行刮腻子处理，省去了抹灰层的成本。如果饰面，优先选用 8～10mm 的石膏抹灰材料，减少收缩。有的设计采用 3～5mm 的聚合物砂浆作为抹灰层。

ALC 板之间的拼缝，一是要满灌胶浆挤压拼板，并用嵌缝剂进行勾缝处理；二是在薄抹灰前敷设无纺布，进行防开裂处理。这是质量控制的关键点，也是后期出问题最多的点。目前，市场上有在板块咬合处喷刷聚氨酯粘结胶的工艺代替专用粘结砂浆。

隔墙板拼缝、墙面阴阳转角和门框边缝处、水电线管处，采用胶粘剂粘贴 200mm 宽正交耐碱纤维网格布，否则会增加维修成本。

3. 垂直运输

ALC 板按照墙体的净高减去 20mm 进行工厂下料。要注意层高较高的位置，其板材的垂直运输是否有经济合理的解决方案。是否受施工电梯的轿厢空间的限制；否则，楼层较高时，需要用塔式起重机配合楼层的料台进行运输。低矮楼层可用汽车起重机直接送入楼层。目前市场上已经出现了伸缩型的卸料平台，方便配合塔式起重机运输大件物品。

安装板材的简易设备。一般住宅楼层高小于 3m，可以直接用人力安装，不需要借助设备。如果是商场类楼层较高，有机械化程度高的立板机，效率更高。

有的因为楼层过高，超过了墙体的长厚比。则需要上下拼接。《蒸压加气混凝土板》GB/T 15762—2020 第 4.2.2 条规定："长厚比（L/D），屋面板及楼板≤25mm、外墙板≤30mm、隔墙板≤40mm。"墙板通过轻钢龙骨拼接起来，直接影响班组施工成本，同时增加了材料费。

使用塔式起重机吊装 ALC 板时，一般采用 50mm×8m 尼龙吊带捆绑于板材两端 400mm 处左右，每次起吊不超过 2t。落地时有枕木铺垫。另外，必须到龄期 28d 后方可进场，否则强度达不到吊装及使用要求。

4. 安装管线施工顺序

ALC 板一定要先于楼层管线、桥架的施工。否则会造成 ALC 板安装的极大困难，增加人工及材料损耗成本。穿管线处用加气块砌筑，相对灵活，而板墙若想在现场开洞，做出已安装完成的管线空间形状，较为困难。

5. 墙体板材排版

墙体排版工作需要总承包方与分包班组进行对接，并沟通生产厂家。先确定哪些部位不能用 ALC 板，剩余的使用部位则进行整体规划。与二次结构优化相同，结构梁底尽量统一净高，减少板材的切割。注意有水房间的混凝土坎台高度要去掉。上下共留有 20mm 左右的空隙。

门垛小于 200mm 的，做成混凝土现浇。门洞口上方横向板的排列：板材宽度如果排版后小于 200mm，则不可使用。按照小板在中间、大板放两边的原则进行排列。配电箱等部位，最好能够在厂家制作预埋。

5.4.4 ALC 板墙技术性能分析

ALC 板是以硅质和钙质材料为主要原料，以铝粉为发气剂、石膏为调节剂，与少量的外加剂加水搅拌，经浇筑、静停、切割和蒸压养护等工艺过程而制成的多孔硅酸盐混凝土。蒸压加气混凝土制成的板材，可分为屋面板、外墙板、隔墙板和楼板。在蒸压加气混凝土生产过程中，配置经防锈处理的钢筋网笼或钢筋网片。

抗压强度≥3.5MPa、绝对干重度≤525kg/m³。检测依据《蒸压加气混凝土板》GB/T 15762—2020。板材宽度为 600mm、厚度为 75～300mm，市场上主流厚度 100mm、

200mm 的居多，可以根据工程的实际制作。长度一般为 1.8～6m，特殊情况也可以更长。广泛用于内墙、外墙、屋面板、楼板等位置。

《蒸压加气混凝土板》GB/T 15762—2020 第 3.1.1 条注解："蒸压加气混凝土：以硅质材料和钙质材料为主要原材料，掺加发气剂及其他调节材料，通过配料浇筑、发气静停、切割、蒸压养护等工艺制成的多孔轻质硅酸盐建筑制品。"第 3.1.2 条注解："蒸压加气混凝土板：在蒸压加气混凝土生产中配置经防锈涂层处理的钢筋网笼或钢筋网片的预制板材。"

隔墙板一般采用双层钢筋网片。当隔墙板满足承载力要求，厚度≤150mm、长度≤3m 时，可采用单层网片，网片宜置于隔墙板厚度中央。纵向钢筋配筋量应≥4 根直径 4mm 的钢筋，钢筋网片端部至少有一根横向钢筋，其与板端面的距离为≤20mm；其他部位的横向钢筋间距应≤750mm，横向钢筋直径≥4mm。钢筋网片和钢筋网笼应采用钢筋防锈剂进行防锈涂层处理。

《蒸压加气混凝土制品应用技术标准》JGJ/T 17—2020 第 3.2.16 条约定："蒸压加气混凝土配筋板材中的钢筋宜采用直径为 5～10mm 高延性冷轧带肋钢筋 CRB600H。"第 3.2.17 条约定："防锈钢筋与蒸压加气混凝土间的粘结强度平均值不应小于 1.0MPa。"

近年来，在节能、环保的大环境下，装配式建筑可以缩短现场建造时间、减少人工作业，受到了国家政策的大力支持，ALC 墙板是纳入装配式建筑的装配率计算中的。《国务院办公厅关于大力发展装配式建筑的指导意见》（国办发〔2016〕71 号），以及系列配套标准文件的出台，都在积极推广装配式建筑，集约型生产，减少污染、保证质量。ALC 板生产实现了标准化、工厂化和产业化，占用场地小，对周围环境干扰小，高效、快捷。安装占用空间小、出房率高，尤其在小开间房型中更显优势。在钢结构工程中采用 ALC 板，用作围护结构更能发挥其自重轻、强度高、延性好、抗震能力强的优越性。

加气块墙体施工所用砌筑砂浆、现场切割砌块、植筋打孔、模板加工等，其厂家生产及现场砌筑环节，均产生污染物，二次结构混凝土浇筑还会产生噪声污染。使用 ALC 板则没有上述问题。能减少过程中施工暂停的风险，加快工期。ALC 板材料生产所需要的原材料硅砂、石灰石是自然界广泛分布、价格低廉的材料，其生产过程中可将废料全部回收利用。具有节能、节土、节水等特点，符合国家建筑业的可持续发展战略。

ALC 板墙具有良好的保温、隔热性能，有效减少建筑物使用期间的空调、暖气的运营成本，达到节能目的，也符合绿色建筑、绿色施工的要求。使用 ALC 板后，其装饰面可以免抹灰，或者最多使用薄抹灰面层。这样，就减少了装饰材料的用量，同时也减少了环境污染。

5.5　墙面抹灰人工及砂浆的分析

在财政投资项目使用清单计价模式下，抹灰分项工程往往是亏损的。在房地产开发项目的市场化清单中，这种情况有所改变。

未实行预拌砂浆时，采用现场搅拌的形式，表面上价格比预拌砂浆低，实则不一定。一是砂的收料方数确认，是一个相对主观的事情；二是砂的泥块含量、含泥量，以及是否为海砂等情况，严重影响施工质量，返工成本高；三是水泥用量、水泥的损耗不可控制，造成水泥的亏损较大。虽然在预拌砂浆生产的初期，施工性能不能与传统砂浆相比，需要加入水泥来调节其和易性。但随着技术的逐渐成熟、产量的剧增，预拌砂浆已经越来越具有较高的性价比。根据现场需要，如果是大量连续使用，可以使用湿拌成品砂浆，掺入外加剂后可以调节其初凝时间到 12h。非连续或小方量的使用，则可以使用罐装干拌成品砂浆。

技术的进步有利于成本管控，也有利于质量水平的提升、缩短工期。然而，仍有许多的问题、争议并没有随着技术进步而消失。通过本节讲述，熟悉结算争议内容，知晓在施工过程中需注意的技术事项。掌握抹灰成本管控及合约要点，实现对内节流水平的提升，知晓抹灰的施工细节如何影响成本。了解石膏抹灰的相关技术及商务事项。

5.5.1 抹灰结算争议及应对措施

在装饰装修工程结算中，抹灰是出现较多争议的分项工程。常见的抹灰结算争议有：抹灰范围的争议、墙面抹灰高度的争议、保温砂浆与常规砂浆部位的争议、抹灰三网的争议、脚手架措施费的争议等。

争议问题的缘起大多为对图纸审核不深入，或者对规范的理解不同。这些问题都需要提前发现，并落实书面的解决方案；否则，矛盾都集中到结算阶段，使得结算进程磕磕绊绊。

1. 抹灰范围争议

范围的争议，顾名思义，就是有些部位是否抹灰的问题。原因在于设计指向得不明确，实际上设计的描述也不可能覆盖所有房间和部位。因此，就会有做与不做抹灰的争议。还有理论上应该做，但实际未做，而结算时又申报的情况。常见部位有：排烟气道、管道井壁内侧、电梯井内壁、吊顶之上墙体、围护墙外侧面、地下室剪力墙外侧、各类混凝土墙面等。

不同房间设计的砂浆种类不同，例如厨卫房间使用水泥砂浆、普通房间使用混合砂浆、保温隔热的用保温砂浆、医院 CT 室采用防辐射砂浆、有的房地产项目设计使用石膏抹灰砂浆等。这些种类的砂浆单价不同，会对结算额产生较大影响。

1）各类井道侧壁抹灰

有的排气道空间尺寸过小，无人员出入的空间条件、无单独完成抹灰操作的工作面，只能是随砌筑随抹灰。管道井虽可后期抹灰，但其空间局促，尤其到门洞上方时，会出现个别地方抹不到墙顶的情况。有的审计人员认为，这些部位无法施工，会扣掉部分工程量。去现场勘查，有的部位已经看不到了，比如排气道内侧，就会产生扯皮。

解决办法是看图纸是否明确了这些部位的做法，必要时用图纸会审来补充；施工过程留好照片。隐蔽工程验收记录中，明确记载这些部位的做法。

2）地下室外剪力墙的外侧抹灰

一般施工图纸都会引用相应图集做法，有 20mm 厚水泥砂浆找平层的做法。例如地下室卷材防水外墙：

（1）3：7 灰土或素土分层夯实，最窄处 500mm；

（2）120mm 厚 M5 砂浆砖砌保护墙；

（3）3mm＋4mm 厚 SBS 防水卷材（聚酯胎Ⅱ型）；

（4）刷基层处理剂一遍；

（5）20mm 厚 1∶2.5 水泥砂浆找平层或防水钢筋混凝土侧墙局部修补；

（6）防水钢筋混凝土侧墙，抗渗等级为 P6。

《地下工程防水》L13J2 第 C5 页中的钢筋混凝土墙外侧就是 20 厚 1∶2.5 水泥砂浆找平层，然后刷基层处理剂一遍，再做高聚物改性沥青防水卷材。图集设计此内容的本意，就是防水的找平层。因为现浇结构的尺寸偏差，与抹灰面的尺寸偏差标准要求是不同的。

《混凝土结构工程施工质量验收规范》GB 50204—2015 第 36 页规定，现浇结构垂直度的允许偏差，层高大于 6m 的为 12mm，地下室外墙的高度一般可达到此高度；表面平整度的允许偏差 8mm。《建筑装饰装修工程质量验收标准》GB 50210—2018 有一般抹灰的允许偏差，其垂直度和平整度都是 4mm。

这就是说：为了给卷材防水（地下室外墙一般都设计为卷材防水）提供一个更为优质的基层几何条件，图集中加入了找平层的做法。尤其现在推行的自粘型防水，更需要这样的基层条件。而市场上大多数情况的实践，是把混凝土剪力墙面的对拉螺栓眼封闭处理、模板拼缝处打磨、鼓膜位置修整后，直接贴防水。

这里面产生两个问题：一是抹灰该不该要；二是不给抹灰量的情况下，混凝土面打磨是否应该计取。有的审计人员认为，施工方混凝土如果浇筑得较好，就不用抹灰和修补。认为施工方的修补，是在处理质量问题，应自行承担费用。

施工方考虑必须把打磨修补费用争取回来。因此就列举了上述混凝土验收规范和装修验收规范的差异进行举证。《山东省建筑工程消耗量定额》SD 01-31-2016 第 391 页的定额子目 14-4-22，基层打磨混凝土面，有适用子目。

实践角度来讲，混凝土浇筑得再好，不经修整也不具备直接铺贴防水的基层条件。因此，从公正角度讲，打磨费用是应该计取的，一般的审计人员经过沟通，也会达成一致。而从另一个层面，施工方考虑："设计做法有抹灰层，目的就是创造防水的优良基层条件。只要达到此条件，把精力放在混凝土剪力墙的施工质量，加大了模板及混凝土分项工程的投入。再经过打磨工序，就具备了原设计意图的抹灰层作用。而且这样做，还避免了抹灰质量常见问题的发生，因此应该给抹灰费用。"

针对这个论证，一般的审计人员就比较难达成一致。毕竟，审计人员要见到的是实物，未见实物就结算费用，他们不会同意。同样性质的问题也发生在基础底板防水层下方，水泥砂浆找平层的工况，不再赘述。

通过这样的论述可以看到，一个问题从不同的角度切入、从不同的立场看待，会产生截然不同的结论。

3）混凝土墙面抹灰

设计说明中明确要求，在混凝土墙面进行抹灰。例如，某设计说明中内墙涂料墙面，车库、设备机房、电气机房、水箱间、库房等混凝土墙体面的做法：

（1）7mm 厚 1∶2.5 水泥砂浆压实赶光；

（2）7mm 厚 1∶2.5 水泥砂浆压实扫毛；

（3）7mm 厚 1：2.5 水泥砂浆打底扫毛；

（4）素水泥浆一遍；

（5）混凝土墙、混凝土小型空心砌块墙。

实际结果是施工方没有抹灰，对混凝土墙面进行打磨处理后，进行刮腻子、涂料饰面。不过，这种情况在房地产项目，从根源上就不存在。因为他们会在招标文件及合同中明确，顶棚不需要抹灰。

现场没有施工，不存在实物量，肯定不会计费。施工方不让步的理由，是关于垂直度、平整度的几何层面要求；还有就是如果做的现浇结构，达到了抹灰的平整度要求，就说明施工方为了优化掉抹灰层，付出了额外的成本。虽省去了抹灰工序，但增加了其他工序成本。且优化掉抹灰层，还能够减少抹灰空鼓等质量常见问题的发生，减少后续修护成本，增加了房屋的使用空间，对双方都有利。

《山东省建筑工程消耗量定额》（2003 版）定额子目 9-4-271、9-4-272 有不抹灰混凝土顶棚面及墙柱面打磨处理子目。说明编制定额时，考虑了现场施工的实际。从这个角度看，如果审计人员将抹灰扣除，则要相应地增加这笔打磨费用。

2. 抹灰高度争议

抹灰高度在计算规则中不存在争议，只是在实际施工中，是否有必要抹到墙顶部需要注意。在大型公共建筑中，有的建设方要求抹灰到顶，涉及防火问题。一般情况下，设计不标注抹灰的高度，默认就是全高抹灰的。这在没有吊顶的房间，不存在争议；而对于有吊顶的墙面，就有争议。

有些设计说明中，没有特意标注抹灰及涂料的高度。而涂料一般来讲是没有争议的，实际刷到吊顶上 5～10cm，计算时大家都会达成一致。有些设计标注面砖在吊顶上的高度，例如设计要求："面砖高出吊顶 100mm，面砖规格、颜色另定。"

《房屋建筑与装饰工程工程量计算规范》GB 50854—2013 第 77 页中墙面抹灰 3 内墙抹灰："有吊顶顶棚抹灰，高度算至顶棚底。"如果执行国标清单计算规范，施工方报价时要把抹至吊顶以上部分，在综合单价中考虑。规范中注 4："有吊顶顶棚的内墙面抹灰，抹至吊顶以上部分在综合单价中考虑。"

《山东省建筑工程消耗量定额》SD 01-31-2016 规定："内墙面抹灰的长度，以主墙间的图示净长尺寸计算。无墙裙的，其高度按室内地面或楼面至顶棚底面之间的距离计算。"

这些依据中，未明确标注地面或楼面的指向，是建筑完成面还是结构板面，但通常均为结构板面。因为从工序来讲，抹灰是先于楼地面工序进行施工的。其"顶棚"则为：无吊顶时指结构板底，有吊顶时为吊顶装饰面。从上述论断，施工时要注意抹灰高度只要抹过吊顶面 5～10cm 即可。无论是贴砖还是涂料，都可以满足要求。只是贴砖时，要注意排版问题。

从节约成本的角度，施工方按照上述论断执行即可，但遇到建设方的强行要求时，则需要争论一番。看看合同条件，是否需要调整综合单价。如果建设方能够按实际完成量结算，则没有争议。

解决上述问题的办法：一是以图纸会审或设计变更形式明确做法，二是施工方案明确该部位的施工方法及范围，三是隐蔽工程验收记录详细载明，四是留有施工过程的影像资料。

3. 保温砂浆与普通砂浆

在非供暖房间与供暖房间的隔墙，根据节能要求，设计有保温砂浆，一般使用聚苯颗粒或者玻化微珠等材料。有的造价员会在此部位重复计算普通砂浆与保温砂浆的量，被审计人员砍掉。还有的施工方没有分清此要求，在需保温部位仍按照普通砂浆进行的现场施工。

4. 不同材料交接处的防裂钢丝网

《建筑装饰装修工程质量验收标准》GB 50210—2018 规定："不同材料基体交接处表面的抹灰应采取防止开裂的加强措施，加强网与各基体的搭接宽度不应小于100mm。"

《建筑工程施工工艺规程》DBJ14-032-2004 规定："基层处理完后，在砌体与框架柱、梁、构造柱、剪力墙等交接处钉钢丝网。钢丝网的规格要符合设计要求，当设计无要求时应满足下列规定：直径不小于1.6mm，网眼为20mm×20mm 的钢丝网，争议的焦点，在于使用防裂网的部位，不明确或者不齐全。射钉每200～300mm 加钢片固定，钢丝网的宽度不应小于220mm，与不同基层的搭接宽度每边不少于100mm。"

《抹灰砂浆技术规程》JGJ/T 220—2010 第6.1.6 条规定："不同材质的基体交接处，应采取防止开裂的加强措施；当采用加强网时，每侧铺设宽度不应小于100mm。"条文解释："不同材料基体交接处由于吸水和收缩性不一致，接缝处表面的抹灰层容易开裂，因此铺设网格布等进行加强，每侧宽度不应小于100mm，加强网应铺设在靠近基层的抹灰层中下部。"

例如，某设计要求，凡不同墙体交接处：线槽抹灰部位、主体结构与砌体结构交接部位、圈梁、构造柱、压顶等交接部位、烟道周边满挂、楼梯间前室及楼梯间满挂钢丝网（3 号10mm×10mm 钢丝网片），各基层搭接宽度不应小于150mm，以保证粉刷质量。

如果按照"不同材料交接处"的定义，除了上述部位外还有：过梁、PC构件与现浇带之间、卫生间坎台混凝土、各类安装箱体周边。使用铝模板时，因剪力墙不需要抹灰而在与砌体接槎处，留设凹槽，给后期抹灰挂网做好准备。

实际产品中的防裂网，钢丝网直径从0.4～1.2mm、网眼尺寸从12.7～20mm 之间都有，经济适用的尺寸为0.7@15mm×15mm。大于此规格网片的刚度较大，上墙不易铺平。具体实施还需遵照设计图纸。

5. 防倒塌钢筋网片

图集一般要求在人流密集通道的走廊、楼梯间等部位，满挂防倒塌作用的钢筋网片。如《砌体填充墙结构构造》22G614-1 第4.6 条规定："楼梯间和人流通道处的填充墙，应采用钢丝网砂浆面层加强。"

例如，某设计说明："楼梯间和人流通道的填充墙，采用$\phi4@200\times200$ 的钢丝网砂浆面层，网片长度沿墙全长贯通。"

有的审计人员有这样的疑问：钢筋网片水平放置于砌块中、使用部位不明确、人流通道的范围理解不一致；遇到不同材料交界处的钢丝网，是否重复布置。解决办法是在图纸会审中明确具体做法、适用范围、规格型号。在隐蔽工程中记录该部位。日常收集现场照片，注意留取证据。

6. 脚手架措施费争议

装饰抹灰是否搭设脚手架，在结算时经常发生争议，审计人员认为现场就是使用的活动架，不应计算脚手架。《山东省建筑工程消耗量定额》SD 01-31-2016 中规定："内墙面装饰，按装饰面执行里脚手架计算规则计算装饰工程脚手架。内墙面装饰高度≤3.6m时，按相应脚手架子目乘以系数 0.3 计算；高度＞3.6m 的内墙装饰，按双排里脚手架乘以系数 0.3。按规定计算满堂脚手架后，室内墙面装饰工程，不再计内墙装饰脚手架。"定额中指明了计量方式。为了防止争议的发生，要在施工方案和技术交底中做详细说明。

5.5.2 抹灰成本管控及合约要点

现场施工需要融入成本控制元素，是项目创效中节流的重要组成部分。根据过往经验，抹灰分项工程一般都处于亏损状态，当然这是在财政投资项目以定额计价的模式下。房地产的市场化清单中，情况略好。其亏损的原因，一是劳务班组的人工费较高，二是材料的超设计超定额消耗。

📖 案例5-3：抹灰计算规则与实际之间的量差

某房建项目建筑面积120000m²，高层建筑中24层的抹灰工程量约22000m²，二层以上为标准层。现场三家分包班组抹灰，分包结算时因为抹灰计算规则发生了争议，商务经理给出了解决办法。

分包班组抹灰时，楼地面基层未施工，分包计算工程量时，从结构楼板开始计算抹灰高度。而对建设方结算时，预算定额计算规则是以建筑完成面开始计算，两者相差80mm，分包方不同意按预算定额的计算规则。此时，商务经理考虑到工程量亏损问题，提出按实际完成面计算。每个房间的墙面长度应扣除40mm，因为实际量取时要扣减抹灰面的厚度，而预算定额中计算规则是按墙与墙间的尺寸计算，这样一个房间扣除160mm，门洞和空圈部位的墙面高度不应按结构面计算，因为该部位也没有抹灰。通过对实际完成面的计算，统计出来的工程量比按预算定额少了许多。

分包班组又提出，门窗洞口侧壁的工程量需要计算。而预算定额中规定，抹灰墙面不计算门窗侧壁的工程量，面砖墙面的门窗侧壁按展开计算。商务经理考虑按实际计算时，应扣除管道穿墙的洞、各类箱体所占的面积、烟道所占墙面面积、地下车库的独立柱面未抹灰、墙与梁平齐的梁面未抹灰等这些部位。将这些部位相加后，与门窗侧壁的工程量相抵，也减少了双方工程量的差距。

最终，分包班组结算工程量与预算定额规则计算出来的工程量，相差无几。双方核对工程量仅针对标准层，其他非标准层部位也没有再仔细核实，分包方认可了商务经理提供的工程量。

从以上案例中获知，抹灰工程量计算规则不同，导致理论量与实际量会有差异，若想从工程量差中找到创效点，需要考虑施工因素和环境因素。很多项目的剪力墙与砌体墙平齐时，部分剪力墙就省去了抹灰工序。而在结算时，审计人员不考虑现场情况，此部位的工程量仍进行计算。这样，就比分包班组计算的工程量多。

要预先控制，采取合理措施防止或减少抹灰分项的亏损，从合理节约成本支出方面入手，形成有成本策划的施工、有成本目标的施工。这是降本增效的正确思维方法。

1. 保证砌筑面的垂直平整

墙体砌筑的垂直度、平整度，直接影响抹灰的厚度。尤其是公共建筑项目，层高较高，如果砌筑水平较差，出现 50mm 厚的抹灰都正常。而设计厚度一般都是 15mm，最多 20mm。这样就造成了材料的亏损。

2. 剪力墙面是否抹灰的策划

一般来讲，使用铝模板的项目，剪力墙本身是不需要抹灰的。在砌体墙与剪力墙交接处，铝模板就要设计 100mm 宽度的凹槽（混凝土面与砌体面交接处留凹槽示意如图 5-26 所示），使得砌体墙抹灰后，与剪力墙面保持在同一平面。

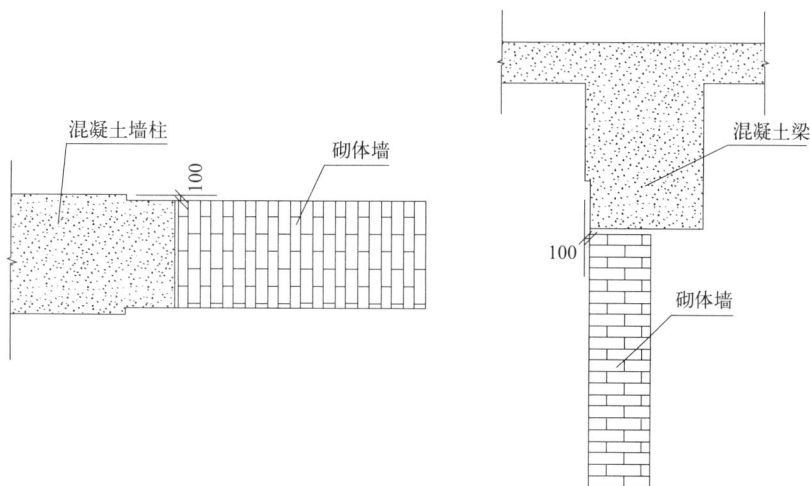

图 5-26　混凝土面与砌体面交接处留凹槽示意图

3. 箱体、线盒、管线槽安装到位

砌筑过程中需要把墙上的配电箱、风口等洞口留好，砌筑完成后使用专用开槽机割好线槽，线盒安装到位。若大面抹灰完成后再进行此项工作，会造成洞口周边零星的二次抹灰，增加人工、材料损耗的同时还容易空鼓开裂。安装专业策划要与土建专业同步进行。

4. 线盒出砌筑面距离

注意线盒出砌筑墙面的距离，要与最终装饰面吻合起来。比如，抹灰后直接刮腻子刷涂料，则出砌筑面 15mm 即可。如果墙面贴瓷砖，则要出砌筑面 25mm。此处如没有规划好，线盒需重新剔凿、安装，就会产生周边的二次零星抹灰，浪费人工及材料成本。

5. 螺栓眼、工字钢洞口的封堵

抹灰前，必须把内外剪力墙中的对拉螺栓眼进行封堵，尤其是外墙，有的地区规定了具体做法。《抹灰砂浆技术规程》JGJ/T 220—2010 第 6.2.2 条第 3 点规定："门窗框周边缝隙的封堵应符合设计要求。设计未明确时，可用 M20 以上砂浆封堵严实。"

青岛市对外墙螺栓孔封堵的做法有补充定额，工作内容为："剔除螺栓孔 PVC 管、孔眼周边残余灰浆清理、满灌膨胀水泥砂浆、内外侧抹平，螺栓孔外侧直径

150mm 范围内刷聚氨酯防水三遍等；凿混凝土、切割螺栓、刷防锈漆、孔眼周边残余灰浆清理、内外侧填补膨胀水泥砂浆抹平、螺栓孔外侧直径 150mm 范围内刷聚氨酯防水三遍等。"

6. 砂浆种类选择

砂浆选择的优先顺序：湿拌砂浆＞散装干拌砂浆＞袋装干拌砂浆。

一般搅拌站发货的湿拌砂浆，比干拌砂浆便宜 10 元/m³。大量的抹灰作业可以选择湿拌砂浆。商混站提供较大容量的砂浆搅拌机，根据客户需求存放时间在 10～24h 不等。这样，比干拌砂浆不仅价格上有优势，还有材料的损耗率也小。比如，袋装干拌砂浆，因为存放不当或者上楼后使用量控制不当，就会损失很多。如果使用了袋装砂浆，建议在楼层使用灰斗盛放，这样不仅尽量减少楼板污染，还使得砂浆的和易性保持较好的水平。某些抹灰砂浆，一线操作师傅普遍反映不好用，必须掺入水泥后才可使用。这样，就支出了两份费用，因此就要考察供应厂家，否则增加材料成本。另外严禁使用砂浆王，会降低后期强度，给工程质量造成不可估量的损失。

7. 垂直运输设备

楼高在 6 层以下，可不使用施工升降机，以省去租赁费用。使用塔式起重机和特制料斗，运输砂浆到楼层外侧。这样，分包班组的价格可能会增加一些，但肯定会小于租赁机械产生的费用。只是有的地区安全主管部门，不允许使用塔式起重机运输砂浆。要综合平衡各方面的规定和成本，选择砂浆的运输方式。如果是高楼层施工，地面、抹灰、安装以及其他工序往往同时进行，如果施工升降机特别繁忙，有的分包班组则采用砂浆泵输送，在其抹灰报价中综合考虑。

8. 落地灰使用薄钢板收集

落地灰的收集对砂浆损耗率有直接影响。可以采用在楼板上铺设薄铁皮的方式进行，周转使用。这样会增加一些班组的工作量，但节约的砂浆会高于给分包班组的补贴，这也是成本节约的措施之一。

9. 门窗洞口侧壁抹灰问题

如果外墙采用铝板或者石材幕墙，窗内侧有窗套和窗台装饰，则洞口不需要进行专门抹灰，因为洞口会被装饰层覆盖。如果门内外都有门套，也没有必要在门洞口周边抹灰。

在与建设方结算时，洞口侧壁抹灰不计算面积，而与分包班组要计算费用，这就是结算的差。如果需要在洞口侧壁抹灰，则窗两边对称打灰饼，灰饼在同一高度，有助于外窗内侧收口一致。

现实施工中，经常会有二次抹灰的事情发生。比如，外立面为幕墙时，窗框与建筑洞口之间的缝隙要加大。如果计算不当，则会在室内的窗框与洞口侧壁之间形成较大的缝隙。这种缝隙在个别位置，可能大到需要补砌立砖的程度，然后需要抹灰处理。还有，如果墙面抹灰时，应该放置于墙内的配电箱由于各种原因没有到位，则后续还要补抹配电箱周边，并形成抹灰施工缝。类似的施工缝还有线槽、开关插座周边。这就需要工序的穿插配合提前策划好、管理好，否则就是工期拖延、质量不好、成本提高。

抹灰的高度计算规则，还有地区之间可能有差异，起算点有的按结构净高，有的按照建筑面层起算。而对于劳务班组而言，就是按实计算，为结构净高。这是预算收入与实际成本之间的计算规则的差别。

10. 几个细节做法注意

（1）一些位置如空调板、女儿墙压顶、外窗台，要注意向外抹一定的坡度。否则，会产生积水，增加后续的维修成本。

（2）雨篷、门廊、阳台、窗上檐、楼梯井的位置设置滴水，否则也会增加维修成本。

（3）做好墙面阳角的成品保护，使用成品的 PVC 条粘牢即可，否则交付前的维修成本高。

（4）外墙设置分隔缝，否则增加抹灰开裂的维修成本。

（5）房间的踢脚部位，抹灰凹进去一点，使得踢脚不至于出墙面太多，利于美观。

（6）卫生间墙根部抹灰凹进去，方便上翻防水的保护层的施作。

（7）要弄清建设方对交付面的要求，是否拉毛，拉细毛还是粗毛。一般粗拉毛适用于贴砖的墙面，细拉毛适用于刮腻子墙面。对于班组来讲，细拉毛要比粗拉毛多耗费些工时，但一般都是整个楼综合报价。

11. 不同材料交接处钢筋网的应用部位

（1）砌体与混凝土面：最常规的位置，就是砌块墙与一次结构的柱、剪力墙交接部位。

（2）二次结构构件与砌块墙之间：构造柱、圈梁、过梁、压顶与砌块墙交接处。

（3）砌体墙开槽布管处：钢管或 PVC 管镶嵌于砌块墙内。

（4）墙上消防箱处：安装消防箱背面与墙体交接处。

（5）PC 构件与现浇带处：预制混凝土墙板与现浇混凝土带之间。

（6）砌体墙与楼板及梁交接处：与楼板交接处，实在牵强，但与梁交接处可以布设钢丝网。

（7）卫生间坎台：属于二次结构混凝土与砌块墙交接的工况。

（8）门窗洞口射钉块：块体一般为混凝土预制，形成不同材料的交接。

（9）烟道阴角：烟道与墙面交接处的阴角，形成的缝隙要挂网填实。

5.5.3　石膏抹灰的技术性能与经济分析

粉刷石膏是以半水石膏和Ⅱ型无水硫酸钙单独或两者混合后，作为主要胶凝材料，掺入外加剂制成的抹灰材料。面层抹灰石膏用于抹灰或其他基底上的薄层找平。底层抹灰石膏用于基底找平的抹灰材料，通常含有集料。

其优势有：在正常施工环境中，无须在墙面湿润浇水，减少一道工序；重量仅为普通水泥砂浆的 1/2 左右，减少工耗；终凝时间及养护时间短；拉伸粘结强度高，适用于多种基层，与轻质墙体材料匹配良好，施工后不易空鼓、开裂；完成面垂直度、平整度高，局部修整方便；可调节室内空气湿度、辅助保温，提高室内舒适度；节能环保，取材自工业废料，属于循环经济。

其适用范围：轻质抹灰石膏适用于加气混凝土砌块墙、轻质隔墙、砖墙、混凝土墙等绝大多数基层材料。

1. 技术性能对比

抹灰石膏与普通水泥砂浆对比分析如表5-8、表5-9所示。

抹灰石膏与普通水泥砂浆对比分析　　　　　表5-8

类别	优势	弱势	适用基层
水泥砂浆	强度高、耐火性好	粘结性差，易空鼓、裂纹	烧结普通砖、加气混凝土砌块
石膏砂浆	粘结性好，适用多种基材，质轻、操作性好，落地灰少、凝结硬化快、节约工期。干缩收缩小，不会开裂、空鼓，绿色、环保、节能减排效果好，可调节室内湿度	表面强度低于普通砂浆，不适于有水房间	现浇混凝土、加气混凝土墙、各类砌体、轻质板材墙面

综合性能对比分析　　　　　表5-9

序号	项目	石膏砂浆	普通砂浆
1	材料来源	电厂脱硫石膏，绿色建材	水泥、砂，消耗自然资源
2	施工性能	和易性好，落地灰少	黏聚性差，落地灰多
3	空鼓开裂	粘结强度高，不空鼓、开裂	易空鼓、裂缝、起砂
4	环保性能	无毒无害、低碳、环保、pH值为中性、不刺激皮肤	高能耗、高污染、强碱性、刺激皮肤
5	单次抹灰厚度	25mm以下	10mm以下
6	开关线槽修补	最佳的开关线槽修补材料	不适合开关线槽修补，易开裂

抹灰石膏砂浆可以有效避免空鼓，其收缩率小，弹性模量与页岩砌块相似。导热系数小，与基层加气混凝土砌块导热系数相似。粘结强度高，粘结性好，适用于各种材质的基层、在光滑的基层表面批刮时不用甩浆及拉毛表面。

水泥砂浆在光滑的基层面施工必须先甩浆，进行拉毛基层处理，大大地增加了材料和人工成本。抹灰石膏为多孔结构造，其保水性好，能自动调节内墙面自身的干湿度，保持健康的室内环境。水泥砂浆保水性差，水分流失快，且遇到潮湿天气会形成冷凝水，使室内空气潮湿。

石膏砂浆抹灰层热阻值是水泥的4～5倍，隔热性能好，可减少家居冷、热能耗。水泥砂浆抹灰层热阻值小、导热快，冬、夏浪费能源严重。

抹灰石膏砂浆适合所有非潮湿墙面，彻底解决空鼓、开裂问题，可根据情况施作不同的厚度。水泥砂浆若抹薄了易起壳，抹厚了则易开裂。抹灰石膏砂浆施工快捷、方便、省时省力、平整度高，为下一道工序提供方便。

抹灰石膏砂浆凝结时间和养护时间都较短，养护周期内不用洒水，大大节约了水资源和人工。水泥砂浆凝结和养护时间都较长，养护期内需要经常洒水，浪费水和人工。

2. 石膏抹灰成本价格对比

如某企业石膏抹灰清单中，中标价格为50.75元/m²，进行专业分包的价格为33.7元/m²，报价分析见表5-10。

石膏抹灰专业分包价格组成 表5-10

序号	分项	名称	单价(元)
1	人工费	喷涂界面剂	0.30
2		打点冲筋＋压网格布	3.50
3		8mm底层施工	8.00
4		2mm罩面施工	3.00
5	材料费	面层石膏	2.10
6		轻质底层施工L形	8.20
7	管理费	9%	2.30
8	利润	13%	3.60
9	税金	9%	2.80
	合计		33.80

再如某企业普通抹灰清单中，中标价格为42.55元/m²，进行专业分包的价格为29.9元/m²，报价分析见表5-11。

普通抹灰专业分包价格组成 表5-11

序号	分项	名称	单价(元)
1	人工费	喷浆挂网	1.20
2		打点冲筋＋压网格布	0.80
3		底层及面层抹灰	19.00
4	材料费	喷浆料	0.70
5		抹灰预拌砂浆	5.70
6		水电费	1.10
7	管理费	5%	1.40
	合计		29.9

从价格对比看出，采用石膏砂浆抹灰对于施工方是有利的。但石膏抹灰砂浆增加了工程造价，对建设方来讲是提高了投资额。

综合来讲，设计采用石膏砂浆抹灰对于施工方有益处。在没有设计这种做法的时候，施工方是否要主动变更为此做法，需要思考。

第 6 章

施工方案及图纸深化创效管理

2023 年 11 月 24 日 22 时许，山西某物流有限责任公司的施工现场，发生一起浇筑通廊混凝土支架模型脱落事件。当日 20 时 30 分左右，由某建设有限公司施工的原料煤棚第 8 段 28.5m 处梁板混凝土浇筑 30m³，施工到 22 时许，突然发生脚手架坍塌，有 6 名工人和 1 名混凝土泵车指挥人员掉到底部，被钢筋混凝土掩埋，导致 7 人遇难。现场钢筋混凝土接近凝固，各种型号的钢筋错综复杂，破拆救人存在困难；同时，作业空间上方有未加固和拆除的脚手架顶板，存在二次坍塌的风险。搜救人员在建筑底部搭建木板，防止上空脚手架发生二次坍塌。

这起模板支撑架坍塌事故案例告诉我们，施工方案的选择、设计、审批、论证、实施、监督环节都非常重要。事故的发生都是在上述环节中没有按照规定流程进行，没有遵守相应的法律法规、规范规程。所产生的后果是严重的，教训是深刻的。不仅使企业蒙受了损失，更危及到了人民群众的生命安全。因此，必须高度重视施工组织设计和施工方案的编审工作。

施工组织设计和施工方案是承接设计、启动现场施工的纽带，是创效的重要转换器与孵化器。商务经理应对方案做好事先研究，在二次经营的技术与经济融合创效中，赢得主动。工程结算的一些争议，往往是施工方案不够完善造成的。

施工图深化设计可以提高施工效率。通过深化设计，可以更加详细地展现建筑物的各个部位、构件及材料的细节，使施工方能够更加准确地理解设计意图，更加高效地施工；其次是减少施工纠纷，深化设计将建筑设计方案转化为具体的施工操作图纸，可以避免因设计方案不明确或存在漏洞而引发的施工纠纷。详细的图纸可以减少施工现场的解释和猜测，提高施工过程的透明度和准确性；再次是优化施工流程，深化设计可以帮助设计师更好地考虑施工过程中可能遇到的问题，如材料、施工工艺的合理性等，进而优化施工流程，提高施工效率和质量。更重要的是通过深化设计，可以更加准确地确定施工所需材料的种类和数量，避免材料浪费。

本章讲述了施工方案创效审核要点、施工图深化设计创效点，又具体讲述了医院项目直线加速器房间的两个方案：一是模板工程属于严重超荷的危大工程；二是大体积混凝土属于特殊分项工程。论述了这两个分项工程方案设计要点，阐述了详细的施工方案设计创效要点。

6.1　施工方案创效审核要点

施工方案创效审核的广义内容，包含了施工组织设计和专项施工方案。首先，要弄清楚一个工程项目需要编制哪些施工方案，在什么节点完成；然后，再针对每一个施工方案进行创效审核要点分析。施工组织设计是项目的纲领性技术经济文件，因此对施工组织设计审核应首当其冲。理顺施工组织设计后，再对涉及项目的专项施工方案进行审核。这时，要结合施工合同、图纸设计、项目策划、施工组织设计、政策性文件、清单定额等资料，融入类似工程的施工经验、之前项目结算的得失，全方位地策划施工方案的经济要点。以终为始，逆向思维，不仅仅适用于签证、变更，也适用于施工方案的编制与审核。

本节首先讲述施工组织设计对成本的影响，进而讲述施工组织设计的创效审核要点。既对施工方案管理程序及编制要点进行了讲述，又进一步分析了施工方案设计层面的创效审核要点。

6.1.1　施工组织设计对成本的影响

方案决定成本，工期就是效益。尤其是涉及措施费的方案，显得尤为关键。如果施工方案不当，轻则造成人员窝工、材料浪费、机械利用率低，重则引发质量安全事故。

施工组织设计、施工方案对商务的价值，体现在以下方面：

1. 用词准确

方案编制所用的词语和内容描述，尽量要与定额子目、清单项目特征描述相吻合。意图变更的设计内容，方案描述成与推定性变更相吻合的内容，再通过运作其他事项，使资料交圈。措施类方案往往是签证索赔的重要依据，需要根据合同、报价仔细斟酌，向有利于施工方的思路编制。另外，无论是施工方案，还是技术交底，以及其他一切施工方的资料，需要做到全面、辩证、谨慎，不能给对方留下作为反索赔的证据。比如总价固定的分部分项工程，按照做法简单、成本较少的思路去编制，反之则相反。

2. 方案内容

1）土方、支护、降水分项工程对成本的影响

选择何种支护及降水方式，有的设计院对当地的水文地质条件并不熟悉，施工方可以根据自身丰富的地区施工经验，给设计方提出建议。这个建议一定是有倾向性的，是平衡了各方面因素的综合结果。

创效点具体分析如下：

（1）降水、支护、挖土方、桩基的先后施工顺序、穿插时点设置。

（2）土方开挖方式、机械选择、细部开挖方式、临时坡道位置，是否有二次清槽。

（3）地下室回填土采用小型光圆压路机碾压还是人工＋蛙式打夯机施工。

（4）是否采用基坑降水回收利用技术。

（5）自密实回填土工艺的应用。

2）模板分项工程对成本的影响

（1）选用什么样的材质（复合木模板还是铝合金模板）的模板，一次配置数量多少，在整体项目中的周转方案（倒用几次），选择何种支撑系统（扣件式脚手架还是盘扣架体）。

（2）是否使用早拆模板技术？是否采用方钢代替常规木龙骨？楼梯模板是否采用全封闭式模板？独立框架柱是否采用方圆扣锁法加固？

（3）伸缩缝两侧剪力墙是自制大模板，还是人工直接进入伸缩缝内进行常规操作。设计若为FS外墙保温一体化形式，浇筑剪力墙混凝土时，FS板是否可代替剪力墙外侧模板。

3）脚手架分项工程对成本的影响

（1）外脚手架搭设方式（落地还是悬挑，悬挑从几层开始，悬挑几次）、体系选择（扣件式还是盘扣式）、垂直封闭选择（密目网还是钢板网）？选用传统工字钢悬挑，还是在混凝土墙外，直接采用螺栓固定悬挑短工字钢形式？

（2）内脚手架采用活动架还是自行搭设简易架体，或简易梯子？

（3）卸料平台是否采用装配式可伸缩的类型？

（4）电梯井道内是否采用工具式整体提升脚手架？

（5）定型化临边洞口防护的形式如何，斜道设置情况如何？

（6）场地外部高压线防护，采用何种脚手架形式及材质。

4）混凝土分项工程对成本的影响

（1）地面及二次结构混凝土输送方式（混凝土输送泵还是施工电梯加人力车）；混凝土表面磨光方式（自动机器还是人工操控机械）；混凝土表面凿毛方式（高压水枪还是人工剔凿）。

（2）不同强度等级混凝土浇筑拦截方式（钢丝网还是气囊）；二次结构的过梁是否可以考虑部分外购；大体积混凝土是否采用跳仓法施工；大体积混凝土温控系统如何布设？

（3）采取何种措施进行架眼、模板螺栓眼、放线洞、泵送口的封堵，外墙止水螺栓是否采用三段式？电箱及空调洞位置是否采用预制块而无须加设过梁？如果剪力墙混凝土墙面不抹灰，采取何种措施达到标准要求？

5）钢筋分项工程对成本的影响

（1）钢筋措施筋（马凳、垫铁、支撑筋、加固筋）的制作（外购还是场内自行制作）、排布方式。

（2）是否利用抗浮锚杆作为底板钢筋的支撑；是否采用数控化装备加工箍筋；是否采用成型钢筋加工与配送技术？

（3）墙柱纵筋连接采用套筒还是电渣压力焊；是否采用机械锚固？采取何种措施防治钢筋保护层超标？

6）装饰装修分项工程对成本的影响

（1）抹灰的甩浆方式（人工还是机械）？

（2）结构楼板是否直接磨光达到细石混凝土地面的标准？

（3）车库地面是否采用分仓浇筑？

（4）卫生间坎台是一次浇筑还是在后期浇筑？

（5）幕墙埋件是预埋还是后置化学锚栓？

（6）抹灰、地面施工是否采用机器人？

（7）抹灰是否使用界面剂？

（8）是否采用成品腻子？

3. 施工现场平面布置图

1）三阶段布置

施工现场平面布置图一般分为三个阶段进行绘制：一是±0.000以下结构工程施工阶段；二是±0.000以上主体结构施工阶段；三是装饰装修工程施工阶段。表明了成本要素投入的变化及强度。

2）大型机械配置

确定了大型机械配置的型号、数量、位置，随着施工的进展，配置种类及数量也要随之变化。泵车的配置型号、数量、位置，随施工进度的变化而调整。

具体影响成本测算的要素：塔式起重机（施工电梯）型号及台数选择、布置计划，是否有的部位选用汽车起重机替代。是否采用塔式起重机安全监控管理系统；大型机械的基础是否考虑与筏形基础相结合，还要考虑基础拆除的问题；大型机械的进出场时间安排计划。型钢柱的吊装采用塔式起重机，还是另行使用汽车起重机。塔式起重机司机和信号工的人工成本。

3）临时设施

临时设施如围挡、办公及宿舍用房、道路、加工厂、仓储区等，临时水、电、消防布置，是成本测算中临时设施费、安全文明施工费的依据。

具体影响成本测算的选择性措施如：采用钢板铺设部分临时道路；采用中央空调为办公区及生活区集中供冷供热；采用USB直流供电插座代替普通电源插座；采用组装式钢围挡；主体施工期间同步安装正式消防干管，作为临时给水管道使用；采用装配式钢筋废料池；采用移动式样板展示等。

4. 进度管理计划

编制的施工总进度计划，着重说明其前置条件，即按照施工合同、建设方提供资料、现场条件进行编制。如果施工过程中发生了非施工方原因引起的工期延误，可根据此进行工期签证索赔。

5. 质量管理计划

采取的质量常见问题治理措施，直接或间接的影响工程成本。这些措施的使用都需要在成本测算中系统地考虑进去。

（1）采取何种措施进行各分部工程的成品保护，如墙地面开裂、起砂、空鼓。采取何种措施防止模板阳角、剪力墙接槎部位漏浆、柱墙根部漏浆、构造柱漏浆。采取何种措施防治裂缝：现浇混凝土楼板、楼地面、地下室地面、内墙抹灰、填充墙与混凝土结构交接处、屋面保护层、ALC板拼接处。结构楼板是否磨光；

（2）采取何种措施防治渗漏：卫生间楼地面、阳台地面、外墙窗、外墙空调板处、屋面、地下室、外墙基层、地下室外剪力墙筏板上翻处、后浇带；水落口及出屋面管道构造、防水收口措施如何；卸料平台洞口封堵防渗漏措施如何；屋面顶板后浇带防渗漏措施如何；烟风道、管道井立管吊模节点构造措施如何。

6. 安全及环境管理计划

安全、环保在某种程度上是风险性成本。常规的安全施工费投入，可以保障正常的生产安全，是否使用定型化的周转类防护措施，是否采用新型技术的防护措施，以及应用智慧工地系统，这些都影响着安全施工费的成本测算。目前推行的安全生产责任保险，要积极应用，可以进行风险的转移。

7. 施工资源配置计划

周转材料、周转器材的选择，直接决定措施费分项的成本测算结果。

6.1.2 施工组织设计创效审核要点

施工组织设计的创效审核要点可以通过以下几个方面进行：工期审核、资源投入审核、施工测量审核、基坑支护与降水审核、桩间土审核、工程桩审核、桩头防水审核、地下室防水审核、后浇带审核、混凝土框架成型质量审核、高层混凝土泵送审核、大体积混凝土审核、填充墙与混凝土交接部位处理审核、环保审核、专业协调审核、交通运输审核。以某医院工程为例，抓住施工组织设计创效审核的要点如下：

1. 工期审核点

施工前通过编制各级进度控制计划，有效指导各工序施工，避免返工带来的工期延误。开工进场后，进行基坑支护及土方开挖作业，施工时如正值雨期，要做好雨期防控措施，进行塔式起重机基础的施工、安装，以及各项施工准备工作，确保工程的顺利进行。现场钢筋加工及木工作业将是关键中的关键，它是混凝土结构工程的主导工序，为其他工序提供作业面。

建立现场质量监督网络，加强质检控制，减少不必要的返工、返修，以质量保工期。针对交叉作业多的情况，统筹安排，合理安排工序在局部区域内的流水与搭接。

2. 资源投入审核点

1）大型机械投入

配备 QTZ63 塔式起重机 2 台，TC7030 塔式起重机 2 台（70m 臂长），配备 2 台 SC200/200 施工电梯，4 台物料提升机，配备混凝土输送泵（HTB60C）2 台，组织流水施工，满足现场作业的要求。

2）材料投入

本工程主要材料需求量大，所有材料至少提前一周提出计划。模板及脚手架系统的相应配套周转材料，提前联系好供应商，做好进场的组织工作。

3）劳动力投入

日平均劳动力 520 人，高峰期 700 人。

3. 施工测量审核点

由于基坑较深，基坑支护的监测工作由专业分包单位定期进行。针对地下室平面布置的特点，配备专业的施工测量放线人员，配置 1 台 NTS-362RL 型全站仪、1 台 DT-02L 型经纬仪、1 台 DZJ20C-1 型垂准仪，放坐标点以及平面测控及垂直度控制。

4. 基坑支护及降水审核点

（1）对支护设计方案和施工技术方案进行论证、审核。

（2）对原材料审查其出厂合格证，质量检测报告，现场随机抽样试验报告；对支护系统施工的全过程进行旁站，并作详细记录；在实施过程中发现问题即时召集有关人员研究解决。

5. 桩间土审核点

本工程土方开挖深度至设计基底标高以上 1500mm。基础下桩位最大间距 5.6m，多余土方留运输通道；桩间土方由小型挖掘机清理，桩侧（桩边 10cm 范围）人工清理，防止机械破坏桩基。

6. 工程桩审核点

（1）通过设置井点降水和基坑内集水坑，降低施工区域水位并进行监测，必要时铺设钢板，保证桩基机械施工及行进平稳顺畅。

（2）桩在混凝土浇筑时，提钻平稳，确保混凝土浇筑的连续性和密实度，桩身混凝土充盈系数不得小于 1.05。

7. 桩头防水处理审核点

桩头钢筋安装遇水膨胀止水圈，表面涂刷水泥基渗透结晶型防水涂料，垫层施工完成后，桩与垫层交界处阴角用防水油膏嵌缝。

8. 地下室防水审核点

严格执行《地下工程防水技术规范》GB 50108—2008 以及《地下防水工程质量验收规范》GB 50208—2011 的规定，编制专项施工方案，重点关注集水坑、电梯井、后浇带、底板与墙的接槎、大型机械底部、各种阴阳角部位的细部施工质量。实施样板领路，相关方验收后方可进行大面积施工。

9. 后浇带审核点

后浇带钢筋要严格按照图示设计要求进行施工，后浇带的模板安装采取单独支撑体系，以保证其他部位拆模后，此处模板仍独立支撑。后浇带混凝土的浇筑按照设计要求，在主体结构浇筑 60d 后进行。

10. 混凝土框架成型质量及防开裂、防渗漏审核点

框架结构混凝土的成型质量非常关键，保证混凝土的内实外光，从模板体系的选择，到混凝土材料及浇筑和养护，进行系统控制。梁板的混凝土强度等级与柱不同，浇筑时一定要特别注意。

工程后浇带、施工缝、穿墙管道、预留连接口等部位，易发生渗漏。施工过程中要加强管理，按照设计要求精心施工，确保整体防水层的连续性。编制防开裂、防渗漏专项施工方案，对易发生裂缝、渗漏的部位进行细化，以指导施工。明确施工工艺和具体操作要求、监控检查内容和标准，做到责任到人。

11. 型钢混凝土柱施工质量审核点

由于柱中空间狭小，混凝土的流动性被限制。型钢柱制作时，加劲肋中心预留 $r=200mm$ 的灌灰孔。浇筑混凝土时，施工的关键控制点是确保型钢和钢筋之间混凝土的密实度。选择合适的混凝土施工配合比，严格控制混凝土坍落度在 $20\sim22cm$。浇筑混凝土时，加强型钢梁、柱两侧的对称振捣，从而使型钢空隙部分的混凝土挤密，确保型钢柱混凝土的浇筑成型质量。

12. 高层混凝土泵送审核点

在混凝土施工前做出拟用于该工程的各种理论配合比，以供试验。混凝土浇筑前，准确试验出砂、碎石的含水率，方可开施工配料单。选择高性能的 HTB60C 混凝土输送泵。

13. 大体积混凝土施工审核点

本工程地下结构整体连接，不设置永久缝，长度×宽度约为 $140m\times198m$，为超长结构。地上通过设置防震缝分为两个单体：病房楼、门诊医技楼。各单体均超长，须从设计、材料、施工、养护各方面采取措施进行抗裂。设计阶段结合相关规范和规定，制定混凝土抗裂技术专篇。

14. 填充墙与混凝土结构交接部位处理审核点

施工砌体时，阴角处在砌体墙和混凝土框架之间留设 20mm 缝隙，抹灰前采用 1∶2 水泥膨胀砂浆填塞。平接处，填充墙与混凝土构件接缝处、墙面剔槽部位、临时施工洞口两侧等易开裂部位，加设钢丝网片，抵抗墙体裂缝。钢丝网片与基体搭接宽度不小于 300mm，门窗洞口等应力集中区在角部设钢丝网片。钢丝网片的网孔尺寸不应大于 $20mm\times20mm$，钢丝直径不应小于 1.2mm，采用热镀锌钢丝网。钢丝网应用钢钉或射钉每 200~300mm 加钢片固定，挂网应做到平整、牢固。

15. 阻尼器安装质量审核点

阻尼器安装质量是保证其正常使用的必要条件，施工对策如下：

（1）做好施工前技术准备及技术交底工作。编写详细的工程质量保证措施，施工中随时检查施工质量，及时指正施工中存在的问题及缺陷，并监督整改。

（2）精选阻尼器专业施工队伍。选择性能优越的设备和材料，投入阻尼器的施工中，确保每一环节、每一节点及细部都达到设计要求。

16. 环保审核点

按照市标准化施工管理要求，确定高标准的安全文明施工、环保管理目标，建立健全相应的管理机构、职责和各项管理制度及落地措施，并严格执行。

17. 专业协调审核点

利用丰富的施工总承包管理经验，在工期、质量、安全、成本、文明施工以及各专业协调控制等方面，形成独特的管理优势。重点推行目标管理、跟踪管理、平衡协调管理，积极处理好各方关系，协调施工现场各类资源的合理配备。

18. 交通运输审核点

安排专人与有关的政府部门和管理机构进行沟通，包括现场出入口及通道口的限制、交通运输的限制规定、特殊交通运输的许可、污水的排放、垃圾的清除、工作时间的限制等，必须符合政府各项规章制度，遵守相关法律法规，积极配合并及时办理政府各有关部门要求的手续，保证工程的顺利进行。

6.1.3 施工方案管理程序及编制要点

方案完成外部审批，在分项工程施工前，由项目技术总工按审批后的专项施工方案，向施工员、安全员、质量员、作业班组长等，以专题会议形式进行书面交底，每位接受交底的人员在存档交底书上签字。

项目施工员组织分项工程实施，技术总工负责技术指导。项目专职安全员和质量员，分别监督安全专项施工方案的现场实施。专项施工方案实施完成后，由项目经理组织技术总工、施工员、专职安全员和质量员等各岗位人员，在技术总工的主持下进行验收。方案编写人员参加专项方案实施结果的验收，项目专职安全员和质量员在参与验收活动时，提出自己的意见，对需要重新组织验收的项目，督促相关人员限时整改。

1. 专项施工方案编制注意要点

（1）编制依据：编制依据要全面，严禁引用废止的标准、规范，可在工标网进行查询。

（2）工程概况：描述工程的性质、作用和地理位置、主要技术参数、主要工程量，对安全验算有影响的参数，施工难度特点，安全验算构件的选取原则、施工条件等，需要专家论证的应明确符合专家论证的条件。

（3）方案设计：施工方案的总体构思，应有详尽的文字说明，以达到指导施工的目的，并配合必要的图表。

（4）施工部署：明确项目组织机构、施工段的划分、施工顺序、施工所启用的资源部署包括劳动力、器材和设备的来源等、工期要求及施工进度计划、安全目标、质量目标等。

（5）施工准备：明确施工准备工作，劳动力、材料、设备物资配置计划及要求，现场准备和施工作业环境的要求。

（6）分项施工方法与工艺要求：根据设计要求、工程实际情况和特点，确定具有针对性的施工方法，施工工艺的标准及要求，试验内容和质量安全记录的内容。

（7）监测监控方案：说明监测的目的、监测项目、监测点的布置、监测方法、监测设备及精度要求、监测报警值、监测周期等。监测监控工序管理和记录制度，以及信息反馈要求等。

（8）应急救援预案：确定专项方案实施所涉及的重大风险，针对这些重大风险可能导致的事故类型，制定切实有效的应急救援预案。针对可能出现的环境事故，制定可行的环境事故应急预案。

（9）保证措施：进度保证措施，质量保证措施，安全保证措施，环境保证措施等，管理目标要明确、管理体系要完善、管理措施要全面。

（10）计算书：计算要全面，安全系数、荷载取值等要准确。

（11）其他：版面排布及图表美观，序号层级规范。

2. 专项方案编制时间表

施工组织设计及专项方案编制时间如表 6-1 所示。

施工组织设计及专项方案编制时间表   表 6-1

序号	方案名称	审批完成时间	备注
1	施工组织设计	接到图纸后 20 日内	土建、安装分别编制
2	桩基施工方案	分项工程施工前 7 日内	含检测方案
3	临时用电施工方案	接到图纸后 25 日内	安装工程师编制，土建配合
4	临时用水施工方案		
5	土方开挖施工方案	分项工程施工前 7 日内	注意是否专家论证
6	施工测量方案	接到图纸后 30 日内	
7	基坑支护降水方案	分项工程施工前 7 日内	注意是否专家论证
8	塔式起重机安拆方案		涉及群塔的，单独编制
9	土方回填施工方案		除特殊部位外
10	地下室防水施工方案		
11	钢筋工程施工方案		
12	型钢混凝土柱施工方案		
13	普通模板工程施工方案		
14	高大模板工程施工方案		专家论证
15	普通混凝土工程施工方案		
16	大体积混凝土施工方案		
17	脚手架工程施工方案		落地和悬挑分开编制
18	卸料平台施工方案		落地和悬挑分开编制
19	施工电梯安拆方案		
20	砌体工程施工方案		含植筋及二次结构
21	ALC 墙板施工方案		
22	消能减震专项施工方案		
23	屋面工程施工方案		
24	防水工程施工方案		
25	吊篮安拆方案		
26	外墙保温及饰面方案		
27	门窗施工方案		
28	装饰装修工程施工方案		
29	幕墙、网架施工方案		注意是否专家论证
30	质量常见问题治理方案	接到图纸后 35 日内	土建、安装分开编制
31	安全文明施工方案	进场后 20 日内	
32	高压线防护方案	进场后 25 日内	视现场周边情况而定
33	雨期施工方案	进场后 40 日内	含汛期方案

序号	方案名称	审批完成时间	备注
34	冬期施工方案	进场后40日内	
35	扬尘治理方案	进场后60日内	
36	人防工程施工方案		
37	起重吊装方案	分项工程施工前7日内	
38	室外工程施工方案		

6.1.4 施工方案创效审核要点

尽管有的建设方、监理方在审批施工方案时，会在审批表上标注：施工方案不作为工程结算的依据。但在特殊情况发生时，施工方案依然会派上用场。施工方案设计，是实施作业的主要依据，结算时可以作为参考性依据。双方发生争议时，具体到一件事，还需要查看施工方案，请看以下案例。

案例6-1：施工方案作为索赔的依据

某全国性房地产的一个别墅项目，在地下车库混凝土即将浇筑时，施工方接到建设方通知，全场暂停施工，可能有战略调整。等待了近1个月的时间，正式通知：因销售策略调整停工，视情况确定复工时间。直到5个月后才复工。经建设方、监理方和施工方协商决定：停工期间周转材料器材的租赁费，依据审批的专项施工方案进行计算。

以上案例充分说明，商务工作必须做到位，不能因为措施费总价固定、方案不作为结算依据等约定而放松警惕。施工方案需要认真编写，不能搞形式主义，仅仅为了应付公司的检查。

以下所列条目，是适用《山东省建筑工程消耗量定额》SD 01-31-2016的项目，其他地区项目可作为重要参考。结合施工合同、图纸设计、投标报价、现场情况，在方案中有倾向性地融入下列经济要点。这些要点往往都是工程结算争议较多的地方，提前做好铺垫和预防，减少结算争议。

1. 土石方工程创效审核要点

（1）土壤类别，按照地质勘察报告。区分冻土、干湿土。是否有地基钎探。注意土壤和岩石的区分，应结合地质勘察报告。《房屋建筑与装饰工程工程量计算规范》GB 50854—2013的表A.1-1与表A.2-1分别是土壤分类表和岩石分类表。地质勘察报告中常出现的全风化、强风化等描述，都属于石方范畴。不能被词语的表面描述所迷惑。

（2）土方开挖方式，机械选择，清槽方式及厚度，土方运距。

（3）挖土方、基坑支护、降水、桩基的施工顺序。

（4）地沟、排水沟、电缆沟、集水坑、电梯井的二次开挖，细部开挖方式。

（5）桩间土的开挖方式、机械使用、运输方式，钻孔泥浆运输方式。

（6）土方堆场是否需码垛堆高、使用挖掘机等现象。

（7）放坡系数、基础施工的工作面宽度；挖掘机的进场台次，场地平整的描述。

（8）临时汽车坡道的维护、挖除描述，后期是挖坚土。坡道两侧要有基坑支护做法。

（9）回填是否筛土、回填土的类别。外购回填土、种植土及回填土夯实方法。回填土如果自然沉积大于1年的，需要描述。

（10）回填土的最大干密度、压实系数、细部节点要求、成品保护措施。回填的取土方式、挖掘机台数、斗容量。湿土是否需要晾晒。

（11）注明回填土施工与主体施工的先后关系，以便确定脚手架搭设高度。

（12）若桩承台相距较近，加上土质因素不宜放坡时，承台之间的土方需先挖除后再进行回填。

（13）下卧梁等砖胎模后面的回填土处理措施。

2. 降水、地基处理与边坡支护、桩基础工程创效审核要点

（1）降排水的3个层次：降水井及疏干井，降低地下水位；基槽内周边排水沟与集水坑，排除基槽内的明水；基坑上面周边排水沟，汇集地下水和排除地表明水，拦截地表水进入基坑。

（2）配备的发电机型号、数量。

（3）封井方案：涉及封井时点。井台、底托、滤网做法。疏干井封闭前，基坑周边降水井不得停止降水。

（4）打井钻机进、出场台次。

（5）桩基施工前，场地平整、压实地表、地下障碍物处理措施。对单独打试桩的描述。

（6）泥浆池制作、废泥浆场内外运输处置。泥浆池工序：挖土方、砌筑、抹灰、回填等。

（7）桩钢筋笼吊装、固定措施，桩身钢筋连接方式。桩混凝土的泵送方式。

（8）灌注桩后压浆注浆管、声测管埋设，注浆管、声测管材质、规格。

（9）各类型基坑支护范围。基坑底外边线与基础边的距离：外墙边若有电梯井或集水坑，放坡向外扩大部分需注意。

（10）支护桩顶冠梁位置的土方开挖。冠梁、腰梁搭接：不同标高处及不同位置的冠梁、腰梁的搭接。

（11）冠梁模板周转次数选择一次性耗用。

基坑支护灌注桩顶的冠梁注意事项：人工挖出桩间土，装车、外运处置；灌注桩凿桩头、桩头钢筋整理，垃圾清除及外运处置；冠梁底土方整平、压实，作为冠梁底模使用。

（12）灌注桩施工前的覆土高度要求：满足设计对灌注桩超灌高度的要求、满足伸入承台的灌注桩钢筋高度要求。

（13）护坡钢筋网的搭接长度、是否有横向加强筋。

（14）泄水管周边是否有反滤层。

（15）桩基检测、沉降观测、基坑监测。为桩基试验而进行的辅助工作，如铺路、人工及小机械配合。

（16）腰梁中增加防锈、防腐工序。

（17）排水沟、截水沟、盲沟，其开挖、碎石滤水层、箅子、防水等工序。

（18）截水墙相关砌筑、抹灰等内容，是否设计有护栏等。

（19）预应力空心桩，其人工掏桩芯土、灌桩芯工序要描述。

（20）各种坑、井降水排水使用的水泵规格、型号，明确其软管含量。对于面积较大基坑的疏干井，需要较长软管，方可接入基坑上方的排水沟。

（21）对基坑支护使用脚手架的描述。

（22）降水排至市政管网内的，需要具体描述。

（23）级配砂石注意事项：设计为人工级配，还是天然级配。砂、石子比例各占多少，设计与定额是否一致。是否存在桩间换填情况，要增加人工、机械系数，局部换填还是整体换填。

3. 砌体工程创效审核要点

（1）砂浆和砌块种类、排砖图（上部和底部、洞口、植筋、拉结筋）和二次构造混凝土位置。涉及砌体门口、门窗侧面及顶面的混凝土垛的位置描述。

（2）植筋的使用部位。构造柱、砌体拉结筋、圈梁钢筋的搭接长度。

（3）零星构件的范围。卫生间坎台浇筑方法。

（4）砌块墙顶部与梁底、板底连接方式。塞顶的做法。

（5）过梁可安排部分预制，套定额价格较高。过梁长度按照设计规定，无规定时两端各加250mm。

（6）成品砂浆的密度采用何种数值。依据检测报告。

（7）预留管、洞塞填时，采取膨胀细石混凝土灌注。

（8）二次结构混凝土是否泵送至某处，然后再进行浇筑。

（9）砖胎模的做法与应用部位。

4. 钢筋及混凝土工程创效审核要点

（1）毛石混凝土中毛石的含量，要明确。

（2）混凝土外加剂种类、部位、掺量，要明确。

（3）泵送增加材料，水泥和泵送剂，要明确。

（4）各种部位混凝土泵送方式，主要构件体现塔式起重机吊罐浇筑的部分。是否使用布料机。

（5）大体积混凝土温控措施。

（6）节点核心区混凝土强度等级不同时，采取的隔离措施。

（7）墙柱混凝土浇筑前的坐浆。

（8）后浇带遇障碍的处理，后浇带钢筋是否断开搭接。后浇带封闭时间。

（9）明确钢筋的定尺长度。

（10）措施筋：马凳设计、梁多排钢筋之间的垫铁、固定安装线盒的钢筋、后浇带加固部位钢筋。有防水要求的底板，是否使用带有止水措施的马凳。图纸未涉及的柱、剪力墙梯形筋。基础混凝土浇筑时，为保证柱钢筋不发生位移，柱及墙插筋采用钢筋斜撑加固措施。

（11）钢筋连接方式。地下室嵌固端位置。

（12）梁下部钢筋采用在每个支座断开锚固的做法。箍筋、剪力墙纵横筋、楼板及筏板钢筋，计算根数时为向上取整加 1；板筋搭接的百分率为 50%。梁上部第三排钢筋的截断位置。板起始的受力筋距支座边 50mm，负筋及跨板受力筋在板内的弯折长度确认。

（13）钢筋图集中受拉钢筋锚固长度表格下方：当纵向受拉钢筋在施工中易受扰动时，表中数据乘以 1.1。可在方案中明确，结算时增加数值。

（14）注意规范中关于各类接头形式，各类构件搭接百分率的规定。

（15）混凝土墙中不可周转使用的对拉螺栓的范围，如地下室墙体止水螺栓、人防墙体。

（16）后浇带钢筋为防止锈蚀，将水平钢筋覆盖或采取的其他保护措施。

（17）地下室剪力墙混凝土施工缝用止水钢板的搭接长度。

（18）钢筋搭接焊的搭接长度。

（19）钢筋保护层控制措施。

（20）人防工程施工注意事项：筏板与基础梁钢筋是否有内外排布关系；动荷载下钢筋锚固长度 l_{af}；墙体和底板、顶板拉筋的梅花形布置；人防墙体的对拉螺栓不可抽出；连接集水坑的管道必须加设止水翼环；防爆波电缆井位置，必须一次性浇筑；人防门框必须独立安装，不能依附在钢筋柱上；防爆按钮必须安装到位，不允许后期安装；管道不允许穿越扩散室、滤毒室、防毒通道。

5. 金属结构工程创效审核要点

（1）钢柱的防腐、防火涂料及探伤要求。

（2）金属结构脚手架搭设的方式和范围。

（3）构件制作中，防锈漆是制作、运输、安装过程中的防护性防锈漆。

（4）X 射线焊接无损探伤。

（5）型钢混凝土柱注意事项：节点深化设计、加工制作、安装、防腐、防火、焊缝探伤，钢筋穿孔处加强板、抗剪键。柱底灌浆料、柱身锚栓，柱身是否采用超流态混凝土等事项。

（6）剪力墙水平筋遇型钢柱的处理措施。

6. 屋面及防水工程创效审核要点

（1）防水在桩头、地沟等零星部位的做法描述。

（2）桩头防水做法根据设计和实际情况而定。

（3）剪力墙水平及竖向施工缝，看设计是否有刷渗透结晶的做法。

（4）基础垫层是否需要磨光处理。

（5）SBS 卷材防水如果是冷粘，方案中明确采用满粘法。

（6）上翻防水的高度位置，屋面立面防水卷材上翻处固定措施。防水卷材收口的泛水或封边做法。

（7）水落口处防水处理措施。出屋面各类管道的墩台和防水处理增加。

（8）分隔缝处理。珍珠岩中的排气管布置及做法，出屋面的排气帽及墩台的做法。

（9）高低跨落水管下方的水簸箕做法。

（10）各部位防水附加层的做法。阴角 R 弧做法。

（11）卫生间地面防水上翻高度，到门口位置及侧旁位置要明确。

（12）基础构件使用的砖胎模做法及范围。

（13）卫生间及屋面的蓄水试验描述。

（14）卫生间防水挡台做法。

（15）屋面缸砖分色排版，以及工程评奖在屋面上采取的特殊做法。

（16）风道出屋面高度：《住宅厨卫间防火型排烟气道》L11J105 中规定：上人屋面必须≥2m（比完成面）。一般图纸设计达不到此高度需要明确。

7. 地面工程创效审核要点

（1）各类基层上扫素水泥浆。细石混凝土地面是否加水泥细砂提浆。

（2）细石混凝土楼地面中防裂钢丝网搭接长度，切缝的位置。

（3）块状材料排版、对缝、套割，施工损耗及排版损耗。异形块料现场加工导致超出定额损耗率的，根据现场计算。

（4）石材块料的开槽、开孔、倒角、磨异形边等特殊加工内容。石材各面刷养护液六面防护。楼地面酸洗、打蜡等基层处理。

（5）楼地面铺贴石材块料、地板砖等，因施工验收规范、材料纹饰等限制导致裁板方向、宽度有特定要求（按经过批准的排版方案），致使其块料损耗超出定额损耗的，应根据现场实际情况计算损耗率，超出部分并入相应块料面层铺贴项目内。

（6）串边、过门石部位及做法。

（7）防滑条、地面分格嵌条分布范围。楼地面细石混凝土割缝的范围。

（8）PVC 地板排版设计，综合房间功能、调色、串边、幅宽进行排版。

8. 墙柱面装饰工程创效审核要点

（1）装饰线条抹灰：适用于门窗套、挑檐、腰线、压顶、遮阳板、楼梯边梁、宣传栏边框等展开宽度≤300mm 的竖、横线条抹灰。

（2）块料镶贴的零星项目，适用于挑檐、天沟、腰线、窗台线、门窗套、压顶、栏板、扶手、遮阳板、雨篷周边等。

（3）涂刷界面剂的种类及范围。

（4）块状材料排版、对缝、套割，施工损耗及排版损耗。异形块料现场加工导致超出定额损耗率的，根据现场计算计入。

（5）抹灰砂浆种类及厚度。

（6）各种部位的挂网：玻璃纤维网格布、不同材料交接位置的钢丝网、人流通道满挂钢筋网片，这些材料的规格、型号及覆盖范围。

（7）窗台位置的窗台板、窗套线、墙面块料饰面及栏杆的位置关系。墙面阳角及收边条设计做法。

（8）内墙抹灰高度，不同做法的抹灰具体范围。外墙装饰分格条。抹灰甩浆的配合比。内墙块料镶贴高度、范围。零星抹灰的范围。

9. 顶棚工程分项创效审核要点

（1）吊顶内管线排布设计：考虑龙骨及面层类型、灯具位置、进风口、出风口、检修口、喷淋头、报警器等开口位置，以及窗帘盒，要成线、对称。与安装各专业密切结合。

（2）送风口、回风口及成品检修口、顶棚的检查孔的做法。压条、收边、装饰线做法。

（3）楼梯底面（包括侧面及连接梁、平台梁、斜梁的侧面）抹灰做法。有坡度及拱顶的顶棚抹灰。

（4）刷油漆、涂料的基层处理的做法、范围。

（5）腻子涂料的材料种类、遍数。是否为成品腻子。

（6）装饰成品保护增加，指为建设方单独分包的装饰工程的保护措施。

（7）样板间内作增加，指在拟定的连续、流水施工前，在特定部位现行内作施工，以展示施工效果、评估建筑做法，或取得变更依据的小面积内作施工需要增加的人工降效、机械降效、材料损耗增大等内容。注明位置、数量。

10. 脚手架工程创效审核要点

（1）外脚手架搭设方案的选择。搭设高度、覆盖范围要明确。尤其是悬挑高度及次数，悬挑位置、悬挑梁的规格、固定措施。在楼座四个大角，外脚手架增加斜撑工字钢，要在方案中注明设置方式。遇到楼梯间、电梯间以及悬挑阳台等，工字钢特殊做法。

（2）砌体工程、内墙装饰脚手架高度，搭设范围。

（3）结构净高≤3.6m时，不计算满堂脚手架。但经建设方批准的施工组织设计，明确需要搭设满堂脚手架的，可计算满堂脚手架。

（4）外装饰工程的脚手架，是否为电动提升式吊篮脚手架。室外雨棚、阳台、独立柱等部位，是否需要单独搭设脚手架。

（5）水平防护架和垂直防护架，指脚手架以外单独搭设的，用于车辆通行、人行通道、临街防护和施工与其他物体隔离等的防护。如对外部高压线防护。

（6）建筑物垂直封闭、立挂式安全网、平挂式安全网（脚手架外侧与建筑物外墙之间的安全网），明确搭设范围。

（7）斜道是依附斜道还是独立斜道，明确范围及数量。

（8）电梯井脚手架的搭设样式及高度明确。

（9）设备基础、混凝土带形基础、带形桩承台、满堂基础，现浇混凝土独立基础，明确脚手架的搭设方式。

（10）地下室侧墙防水及保护层施工，可以在方案中体现不能够利用主体结构的外脚手架，需要另行搭设脚手架。

（11）落地及悬挑卸料平台的搭设。

（12）斜屋面超过一定角度，是否需要搭设攀爬脚手架。

11. 模板工程分项创效审核要点

（1）周转方案。

（2）模板、木方选材，模板排版、支撑系统布设。螺栓孔处理方法。

（3）对拉螺栓规格、长度、排布指标。梁柱墙对拉螺杆的做法。

（4）为了保证截面尺寸，剪力墙内外模板之间设置钢筋顶棍。注意独立基础、承台基础模板对拉螺栓的设置方式，是否为通长贯穿基础，需加长加大。

（5）电梯井内侧模板超高问题、支撑高度。有超高的部位表示清楚。

（6）高大模板支撑系统单独计费。

（7）为结构特殊造型部位的特殊支撑架或者不可拆除的，要单独计费。

（8）地下暗室模板拆除的范围、采取的照明等措施。

（9）对拉螺栓端头处理做法，对拉螺栓堵眼封堵措施。

12. 垂直运输工程创效审核要点

（1）塔式起重机安装安全保险电子集成系统时，要明确范围及规格。

（2）大型机械基础，适用于塔式起重机、施工电梯、卷扬机等大型机械需要设置基础的情况。混凝土独立式基础，已综合了基础的混凝土、钢筋、地脚螺栓和模板，但不包括基础的挖土、回填和覆土配重。其中，钢筋、地脚螺栓的规格和用量、现浇混凝土强度等级与定额不同时，可以换算，其他不变。

（3）大型设备基础的拆除。如设备基础下方需要设置桩，则视情况计费。

（4）塔式起重机基础周边的围护结构，如周围砌砖。

6.2　施工图深化设计创效点分析

施工方的深化设计，从业务本身角度来讲，与工程对象关系密切。体量大、功能复杂、系统多、造型多样，这样的工程容易找到设计深化点。而对于全国性房地产成熟的楼盘，经过多年的实践已经形成了标准化设计，很难再有大的深化空间。节流的广义概念，还包含了消除安全质量隐形风险造成的额外成本支出，也是隐形技术创效的重要举措。

本节讲述了施工图深化设计通用要点，以及施工图深化设计的创效过程。通过对上述内容的讲述，对设计端事项有了较为深层次的了解，为反向设计、主动变更提供基础条件，为项目创效助力。

6.2.1　施工图深化设计通用要点

施工图纸深化设计从广义来讲，分为设计方的深化设计和施工方的深化设计。设计方的深化设计，一般是主体图纸完成后，对于较为专业的分项需要深化设计，会在原图中标注出来。施工方的深化设计，包含了主动变更和基于施工经验对设计的调整建议。典型设计方的深化设计，如医院的专业科室、幕墙、精装修、智能化等专业，都属于需要设计方完成的深化设计。

1. 施工图纸深化阶段要点

（1）结构施工阶段：绘制各专业预留预埋管线、箱、盒等综合布置图，协调土建与安装专业预留、预埋的关系，做到位置准确，不错、不漏，不影响结构安全。

（2）设备安装阶段：绘制各专业管线安装综合布置图及管线交叉布置节点详图。统筹考虑各管线标高、走向、交叉、支吊架的做法，确定专业交叉部位的安装方法，明确管线布置等。

（3）装饰装修阶段：绘制各专业末端安装综合布置图。确定各末端设备安装位置，如吊顶上的灯具、烟感探头、消防喷淋、空调风口、音响喇叭等，做到布局合理、居中对称、美观大方，不影响使用功能。

2. 施工图纸深化立场格局

施工过程中会遇到很多的具体情况，是设计师无法事先预料的，也没有必要浪费精力做万全之策，那样性价比太低。这就需要施工方技术人员，具有提出问题、分析问题、解决问题、预防问题的知识储备和能力。基于良好的施工技术理论、一定的设计知识、丰富的现场经验、一定的商务造价知识，这样在透视一个问题时就会自然而然地站在各方立场去考量，从设计、施工、预算、成本、质量等层面去考虑解决办法，达到一个各方认可的目标。并能够启发设计、积累施工经验，形成一套解决问题的思路，应用于工程施工的不同场景。

如果仅考虑自身利益出发，可能会逞一时之快，但不能走得稳、走得远。要真抓实干地一件件小事积累，不断沉淀、聚沙成塔、集腋成裘，总有一个时刻，豁然开朗地进阶到更高的层次。自信由此产生，问题也就迎刃而解。

6.2.2 施工图深化设计创效过程

本节所述的施工图纸深化设计，是施工方基于类似工程的施工经验，对原设计进行的修改深化，最终还需要原设计方的认可。在这个过程中，就需要融入施工方倾向性的因素：比如，方便施工、降低成本、加快工期、增加收入、保证质量安全等的一项或几项。最佳结果是现实多方共赢：在保证质量的前提下，建设方节约投资、尽早使用，施工方增加利润、提前交付。本节以某医院直线加速器房间施工图深化设计过程为例，进行讲述。

1. 初步设计

建设方先提出要求，即需要几台直线加速器，反馈给设计院。建筑设计人员根据建设方的要求，结合一般医院设备使用的参数经验，出具建筑图，给出平面布置。结构设计人员进行配筋及墙体、顶板厚度的设计。这些都是一次设计成果，仅供参考。

施工方可以根据这版图纸提出一些意见，看专家评价是否可行。无非就是有利于安全质量，有利于工期和成本的做法。

本案例的原设计情况如下：

(1) 工程概况：建筑面积 $398m^2$，内装两组直线加速器设备，位于地下二层。

(2) 基础筏板：采用强度等级 C35 抗渗等级 P10 混凝土，厚度 650mm，双层双向 HRB500 的$\Phi20@150$ 钢筋。筏板上的 450mm 厚素混凝土后浇，用于地槽预埋。

(3) 墙体：采用强度等级 C35 抗渗等级 P10 混凝土，厚度 1700mm，局部 3000mm。墙体两侧边钢筋水平向 HRB500 的$\Phi22@150$、普通竖向 HRB500 的$\Phi25@150$，加厚处竖向为 HRB500 的$\Phi28@150$；普通墙设 3 道（加厚处 6 道）双层双向钢筋 HRB500 的$\Phi12@200$。拉筋为 HRB400 的$\Phi10@450×450$。

(4) 顶板：采用强度等级 C35 抗渗等级 P10 混凝土，厚度 1700mm，局部 3000mm。普通板配筋双层双向 HRB500 的$\Phi25@150$，加厚处为暗梁构造。

2. 施工方诉求

可以看出，初步设计图纸只有房间的布局、结构构件尺寸及配筋，没有给出各类预留预埋的位置和详图，其设计说明也明确：加速器、后装机须经过有关部门审核，特别是经防辐射部门论证确认后方可施工。原建筑设计是按照市场上常规直线加速器型号确定的房间尺寸，再结合院方的要求，一般是没有问题的。

施工方提出的第一个问题是：斜向剪力墙能否变更为直形墙。设计回复是不可以，因为斜向墙可节省加速器转弯的空间。若墙体变成直线形式，就需要扩大房间尺寸。直形墙对于施工方来讲，模板加固更方便、更高效、更安全，斜向则额外的耗时、耗力。

施工方提出的第二个问题是：梁能否做上翻梁。原设计是常规的板下梁构造。其中，板厚 1.7m，梁高 3m，梁在板下还有 1.3m 的高度。此形式给施工带来的不便之处在于：满堂脚手架支撑立杆高度的不统一，需要单独分型号配置；主龙骨的工字钢无法整体连接，被断开设置，以上问题都会造成支撑系统的整体性不强。4.4m 宽的下翻梁，加固是难点。此提议也没有得到原设计院的认可，回复说一切等待防辐射评估后，由二次深化来处理。这样，只能把精力放在与防辐射评估专家的沟通上，以及与二次设计的沟通上。

3. 防辐射评价

具备防辐射评估资质的单位，山东省只有两家。专业机构评价后给出意见，关于对房间布置、结构设计预留预埋给出意见，核心的出发点是防辐射要求。本案的专业评价如下：

（1）总体概述：成果文件《建设项目放射性职业病危害评价报告书》。评价依据是：《放射诊疗管理规定》《放射诊疗建设项目卫生审查管理规定》（卫监督发〔2012〕25 号）。

（2）评价内容：《预评价报告书》。由 5 人组成专家组，其中 1 人任组长。评价建议：两台加速器主射束朝向由南北方向改为东西方向，涉及改变加速器摆放方向和机房四周墙体及主屏蔽厚度设计；加速器机房内室顶下凸的主屏蔽部门改为室外上凸；根据防护最优化原则，采取更优化的防护方案进行屏蔽，节约成本和材料。

（3）设计方需要考虑的问题：若使用某品牌加速器，需要注意加速器后尾部长度是否影响原设计中等中心点的位置，以及加速器是否能按原设计摆放。

4. 设计深化

经过不断的努力沟通，顶板梁下翻改为上翻，即报告中说的"下凸改为上凸"。经过专家评估，把所有的大方向和细部要求都确定了，深化设计开始。深化设计依据有两个：一是专家的建议，二是施工方的经验以及操作方便层面的诉求。

设计院根据专家意见，修改图纸，进行详细的二次设计。布置内容有：工字钢吊轨做法、泄压阀做法、物理测试预留管做法、电缆沟穿墙做法、水冷管布置及穿墙做法、通风洞口穿墙做法、未来发展预留管等。需要特别注意的是：所有穿墙的预留管，都需要做成弯折状的，Z 形或 S 形，就是为了防射线穿透。施工方面加固模板的对拉螺栓不能使用 PVC 套管，直接固定浇筑在混凝土中，不可抽出来再周转。当然，如此厚的墙体，其他位置也用不上这种规格、型号的螺栓。深化的图纸细部做法如图 6-1～图 6-5 所示。

原来的电缆沟是方向下卧，这样与底板厚度产生矛盾。后来，经过协调改为朝上，方便施工。最大的便利是在底板施工阶段，就先不用管此电缆沟预留的事情，能够加快进度。

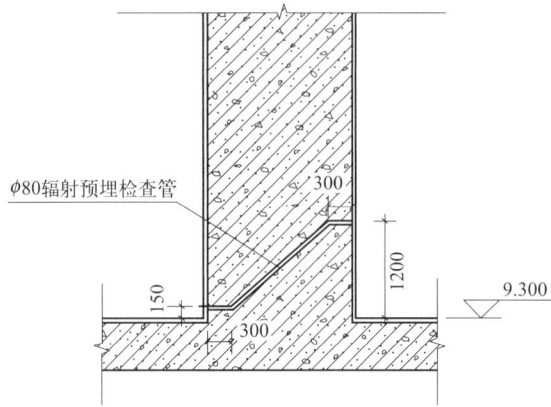

图 6-1 物理测试管大样

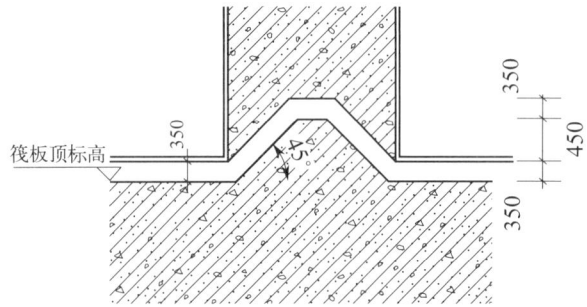

图 6-2 电缆沟穿墙大样

图 6-3 电缆沟穿墙优化后现场照片

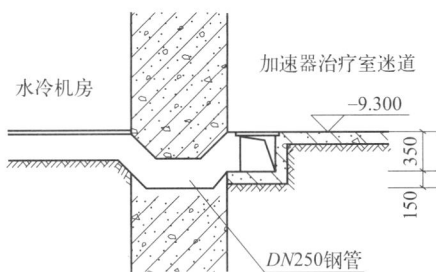

图 6-4　钢套管大样图　　　　　　　　图 6-5　起重吊环大样

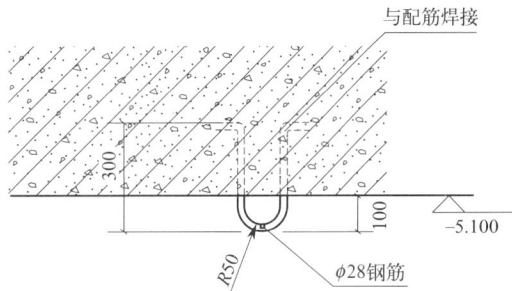

5. 施工方案

这里非常重要的方案有两个：一是高大模板专项施工方案，二是大体积混凝土施工方案。其中，高大模板需要专家论证。大体积混凝土不需要外部专家论证，根据公司内部规定履行审批程序。这里着重讲述高大模板施工方案编审流程。

施工方案是由总承包方的项目技术总工编制，集团公司技术负责人审核，报监理方、建设方审批后，由总承包方组织专家论证。根据专家会议提出的意见，如果不需要重新论证的，则施工方自行修改，经监理方、建设方审核后请专家签字。施工过程中，需要请不少于两位当时参加方案论证的专家，到现场验收。

6.3　高大模板施工方案创效策划

本节以某医院项目直线加速器房间为例，解析特殊复杂分项工程施工方案的编制过程。阐述施工图深化设计过程，施工方关注的要点。优秀的施工方案在节约成本的同时，还避免了施工过程中的安全隐患，以及减少后续维修事项，从而进一步节约了隐性成本。

本节讲述了直线加速器房间的墙体模板方案设计、顶板模板方案设计、上翻梁模板方案设计内容，透彻掌握复杂分项工程方案设计的过程。

6.3.1　墙体模板方案设计

墙体模板与顶板模板支撑架体一次搭设成型。先浇筑墙体混凝土，每层浇筑厚度不大于 500mm。墙体混凝土浇筑完成后，再浇筑顶板混凝土，分层浇筑厚度不大于 300mm。墙板同时浇筑的满堂架搭设如图 6-6 所示。

图 6-6　墙板同时浇筑的满堂架搭设

墙与顶板是否在一个大的时间段内浇筑，是一个重要的决策性事项。若先浇筑墙体，拆模后再搭设满堂支撑架、支设顶板模板。这样做的第一个好处是对于顶板施工增加了安全系数。因为有一大部分的施工荷载，由已经上了强度的墙体来承担，极大地减轻了满堂支撑架这种临时支撑的压力；第二个好处是墙体的周转材料，容易出料，因为顶盖都是敞开状态；第三个好处是减轻满堂支撑架内杆件的数量，至少不用特意地加固墙体模板。此方案的劣势是墙体和顶板之间留设了施工缝，原则上不符合防辐射的要求。

若墙体和顶板模板都支好后，在一个大的时间段内，将墙体和顶板混凝土连续浇筑完成，优点是一鼓作气地支设模板、绑扎钢筋，浇筑混凝土。在工期方面具有优势，墙体和顶板之间没有

图 6-7　先浇墙后浇板的满堂架搭设

施工缝，结构整体性更好；缺点是施工安全系数低；房间内的周转材料的拆除、倒运都非常麻烦。这两种方案，在具体实践中都实施过。先浇墙后浇板的满堂架搭设如图 6-7 所示。

1. 墙体模板本身加固措施

直线加速器房间外围墙体厚度为 1.7m，局部厚度为 3m，中间分隔墙体厚度为 1～1.82m，为斜向墙体，加固难度较大。为保证直线加速器房间的施工质量，超厚墙体先行施工。墙体加固采用 M16 对拉螺栓，一次性投入，竖向间距 300mm，水平间距 300mm。纵、横向墙体交会处，采用对拉螺栓深入墙边，深入长度为墙厚尺寸，螺栓与墙体内钢筋焊接加固，对模板支撑形成拉结。墙与顶板交会处采用对拉螺栓焊接加长，内龙骨采用 50mm×80mm 木方，间距 150mm。外龙骨采用 Q345 的 $\phi48.3mm×3.25mm$ 双钢管，设置两层双钢管，外层钢管间距 600mm。墙体模板采用 1220mm×2440mm×15mm 覆膜胶合板。墙体模板加固细节如图 6-8 所示。

图 6-8　墙体模板加固细节

对拉螺栓的设定，是墙体模板加固的关键环节。国标的 M16 螺栓，使用可靠钢厂的圆钢，不要通丝，只在两端车丝。间距方面一是通过理论计算，二是经过之前类似工程的施工检验，是可靠的。大面的螺栓加固比较好理解，也好处理。难点是两墙交会处，只能单面螺栓端头外露，另一侧需要焊接在主体结构钢筋上。在主筋上焊接，原则上不允许，但直线

加速器房间的配筋足够多，且上部除了覆土荷载并无其他荷载，足够保证构件的强度。两端头的螺母都采用双螺母，外侧缠绕双面胶条，设置了多重保险。

2. 墙体模板外部加固措施

墙体内侧模板加固采用纵、横水平杆，加可调托座，侧向顶紧的方式进行。墙体外侧模板的加固：在筏板上打孔插入三排 ϕ25 短钢筋，在墙体模板支设完成后，外围一周采用三排斜钢管对着墙上、中、下进行加固支撑，斜钢管沿墙长度方向间距 600mm，第一排斜钢管距离地面高度为 750mm；第一排与第二排、第二排与第三排间距为 900mm。墙体混凝土先浇筑的情况下，有效地提高了架体的整体稳定性。钢管对墙体外侧模板的侧向支顶，此构造在方案设计的计算中是不考虑的，只是一种加强构造、经验做法。就类似悬挑脚手架中的钢丝绳，它的拉结作用在计算过程中是不考虑的。剪力墙外侧模板斜撑加固构造如图 6-9 所示。

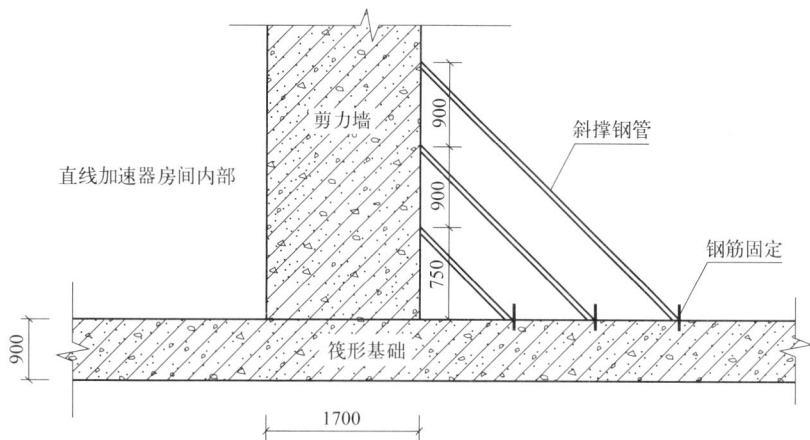

图 6-9　剪力墙外侧模板斜撑加固构造示意图

商务点评：方案中提及模板加固用的材料，市场上都有非标产品。如 3.25mm 壁厚的钢管，非标的实测为 2.6～2.8mm；M16 对拉螺栓非标有 15.6mm；50mm×80mm 木方非标有 45mm×75mm；山形卡更是厚度各异。这些数据指标不仅影响安全验算，还在同类竞品中有价格优势。一旦某家的价格明显低于市场价，商务人员就要绷紧一根弦，考虑是否为非标产品。要平衡好使用功能与价格的关系，作出最适合的选择。

6.3.2　梁板模板方案设计

直线加速器房间顶板厚度 1.7m，上翻梁高为 3m，梁板底标高一致。模板支架搭设高度为 4.65m，立杆采用 4.2m 长钢管。顶板支撑系统采用扣件式钢管脚手架，由专业架子工搭设满堂架体，钢管规格采用 ϕ48.3mm×3.25mm 的 Q345 钢，立杆的纵距 0.4m，立杆的横距 0.4m，扫地杆距离地面 250mm，水平杆的步距依次设置为：0.75m、0.75m、1.2m、1.2m，立杆底部采用 50mm×50mm×3mm 钢垫板。

满堂脚手架搭设前要放线，以保证立杆完全按照设计方案的间距。此时斜行墙体给施工造成的难度，再次显现。满堂架在斜向处，需跟着斜向进行布置。给放线和搭设造成麻烦，浪费人工。满堂脚手架立杆位置放线如图 6-10 所示。

图 6-10　满堂脚手架立杆位置放线

满堂支撑架非常密集，挑选身材瘦小的人搭设，边搭设边后退。随搭随设置剪刀撑，并进行墙体模板水平支顶的措施；否则，一旦搭设完成，就无法再次进入整改。管理人员全程都是平行检验，严格遵守施工方案和技术交底要求。

在架体外侧周边及内部纵、横向每间隔 2.8～3.2m，由底至顶设置连续竖向剪刀撑，剪刀撑宽度为 3.2m，部分区域狭窄位置可灵活调整，但不得大于 3.2m。设置满堂架体扫地杆，架体顶部设置一道水平剪刀撑，竖向剪刀撑斜杆与地面的倾角为 45°～60°，水平剪刀撑与支架纵向夹角为 45°～60°。

顶板采用 1220mm×2440mm×15mm 厚覆膜胶合板，由于板底保温、保湿要求，板模板采用双层覆膜胶合板，中间夹一层塑料薄膜，兼起保温养护的作用。覆膜胶合板满铺 50mm×100mm 木方为次龙骨，主龙骨为 16 号工字钢，间距 400mm。

顶板支撑有五点关键处：一是支撑立杆的纵横间距，二是支撑立杆不可有搭接，三是主龙骨的选择，四是顶托的选择，五是顶板马凳的设计。

关于满堂架支撑系统采用普通扣件式钢管脚手架，还是盘扣架的问题，其实是各有好处。盘扣支撑架的优点是立杆材质、壁厚都比普通钢管有优势，强度更高。普通扣件式钢管脚手架的优点是搭设灵活。他们的共同特点是需要选用强有力的顶托。最终，本案例工程选用了普通扣件式钢管支撑架，一是搭设间距灵活，二是立杆高度可以切割，保证顶托的顶丝外露程度最小，更大程度保障施工安全。

主龙骨选用 16 号工字钢，虽然经过理论计算，但更多是依靠过往的施工经验。实践证明，虽然工字钢的搭设、拆除会给工人造成较大的麻烦，但其在保证施工安全性方面非常可靠。这就是抓主要矛盾的选择结果。工字钢的搭设和拆除，其安全性必须格外注意。主龙骨工字钢的安装如图 6-11 所示。

由于梁为上翻梁，所以只考虑梁侧向模板支撑即可。两侧模板支撑采用 15mm 厚木胶板，梁侧内龙骨采用 50mm×80mm 木方，沿梁方向布置；外龙骨采用 ϕ48.3mm×3.25mm 双钢管，沿梁截面方向布置。沿梁截面方向设置对拉螺栓。上翻梁的模板加固如图 6-12 所示。

细部做法如门洞下方加固、上翻梁加固、端头边角部位的加固，要经过各层面的讨论敲定。总之，方案编制必须主动听取各方面的相关意见，比如论证专家、建设方、监理

图 6-11　主龙骨工字钢的安装

图 6-12　上翻梁的模板加固

方、总承包方的技术员、施工员、安全员，公司处室的技术、安全、工程部门人员；班组的木工组长、钢筋组长、混凝土班长。每个人所处的角度不同，就会有不同的意见和经验。要充分消化、吸收、判断，将有用的部分编制在方案中、落实在施工过程中。

6.4　大体积混凝土施工方案创效策划

大体积混凝土方案的两个核心要点：一是安全方面顶板钢筋防倒塌措施，由马凳的设计来解决；二是防止大体积混凝土产生裂缝的措施。其他事项已经由高大模板方案解决。

大体积混凝土裂缝的防治，是一个系统工程，涉及配合比、原材料质量、外加剂、搅拌运输、浇筑振捣、养护、降温、保温系列过程。保温养护前，可以在混凝土顶面周边砌筑三皮小砖，内部蓄水进行保湿养护。本项目顶板采用了内部冷却水管降温的方式，降低大体积混凝土内外温差。

本节讲述了钢筋马凳的方案设计、大体积混凝土配合设计、大体积混凝土浇筑方案的创效设计。

6.4.1　钢筋马凳及混凝土配合比创效设计

为了保证大体积混凝土顶板顶层钢筋位置，在顶板中间通长布置铁马凳，间距 1000mm，铁马凳采用Φ28钢筋制作，横撑和支腿采用Φ28钢筋焊接连接。高度为上层钢筋下皮至板底之间的距离。马凳钢筋示意如图6-13所示。

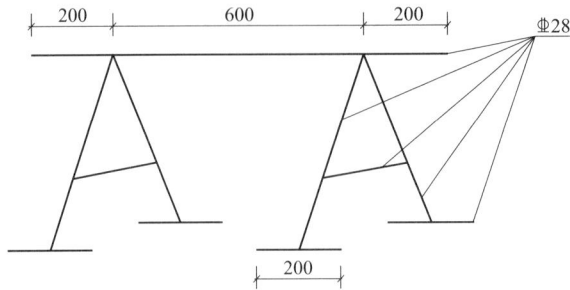

图6-13　马凳钢筋示意图

之前某学校的基础筏板，在绑扎钢筋的过程中，由于马凳失效、钢筋网片整体失稳，造成了重大人员伤亡的事故。因此，厚筏板钢筋的马凳设计必须引起足够的重视：一是必要的计算，二是参考成功做法的经验。

混凝土的配合设计遵循以下原则：

（1）设计目标：延长混凝土凝结时间、降低水化热、防止混凝土开裂。

（2）原材料：水泥选用水化热低的复合硅酸盐水泥；粉煤灰掺量不大于胶凝材料用量的40%；粉煤灰和矿渣粉掺量总和不大于胶凝材料用量的50%；水胶比≥0.45；砂率为38%～45%。

（3）坍落度及凝结时间：混凝土拌合物坍落度不大于180mm；通过技术措施将混凝土初凝时间控制在5h以内，终凝时间控制在10h以内。

商务点评：《房屋建筑与装饰工程工程量计算规范》GB 50854—2013中表E.15钢筋工程注2规定："现浇构件中固定位置的支撑钢筋、双层钢筋用的'铁马'在编制工程量清单时，如果设计未明确，其工程数量可为暂估量，结算时按现场签证数量计算。"在合同未约定的情况下，执行该条款。就要把证据链做齐全：施工组织设计、施工方案、隐蔽工程验收记录、现场签证单、照片及视频，一应俱全。

大体积混凝土配合比的设计，与供应商的价格相关。商务人员要审核，不能与同强度等级的普通混凝土一视同仁。实施过程中应有对商品混凝土站的监督、抽查、检验措施，防止对大体积混凝土质量产生不利影响。一旦发生质量问题，施工方与商品混凝土站就会扯皮。焦点在于混凝土原材料虽由商品混凝土站提供，但在施工过程中是否加水、振捣水平及养护水平如何，都影响成型混凝土的质量。

6.4.2　大体积混凝土浇筑方案创效设计

本案直线加速器房间混凝土浇筑时间预计约为37h，分为墙体、顶板和上翻梁三部分，墙体混凝土建筑时间约为19h，顶板混凝土浇筑时间约为12h，上翻梁混凝土浇筑时间约为6h。浇筑顺序为：墙体混凝土—顶板混凝土—上翻梁混凝土。

采用两台臂长为56m的汽车泵，每台汽车泵的浇筑范围均可覆盖整个施工区域。布置在直线加速器两侧，同时准备1台备用汽车泵，以备应急。混凝土泵车布置平面如图6-14所示。

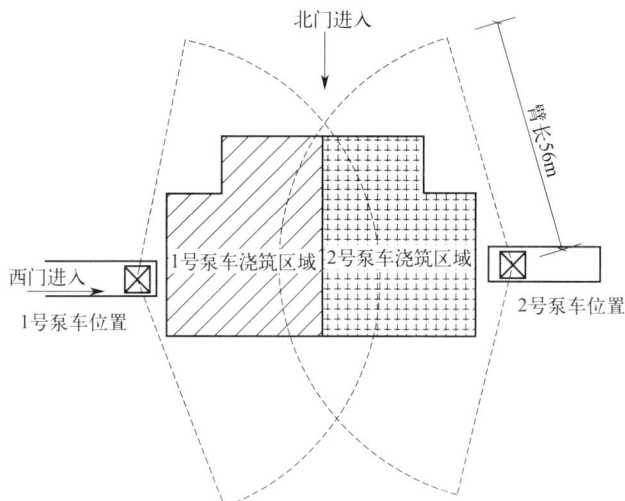

图 6-14　混凝土泵车布置平面

常规来讲，汽车泵的实际输送效率可在 $45 \sim 60 \mathrm{m}^3/\mathrm{h}$。但是，考虑高大模板的安全性及混凝土防裂缝的需求，要放慢速度。

1. 墙体混凝土浇筑

（1）浇筑方式及速率：墙体高度为 4.65m，最宽处为 3m，混凝土总计约 $800\mathrm{m}^3$。进行分层浇筑，每层浇筑厚度 500mm，单层浇筑方量约为 $90\mathrm{m}^3$，两台汽车泵分别负责加速器东西两侧的混凝土浇筑，由于混凝土初凝时间为 2.5h，出厂至现场运输时间为 0.5h，所以每层浇筑时间须控制在 2h。要求每台汽车泵浇筑约为 $23\mathrm{m}^3/\mathrm{h}$，每车混凝土（每车混凝土容积按 $12\mathrm{m}^3$ 考虑，若容积增大，以每小时浇筑方量为准）浇筑时长控制在 0.5h。墙体混凝土总浇筑时间约为 19h，安排专人对浇筑时间进行监测控制。

（2）浇筑方向：加速器两侧各设一台泵车，由中间向两侧浇筑，每层浇筑完成后，且到达混凝土初凝时间后，再进行第二层混凝土的浇筑，浇筑起点与上层浇筑起点相同，浇筑路线相同。墙体浇筑路线如图 6-15 所示。

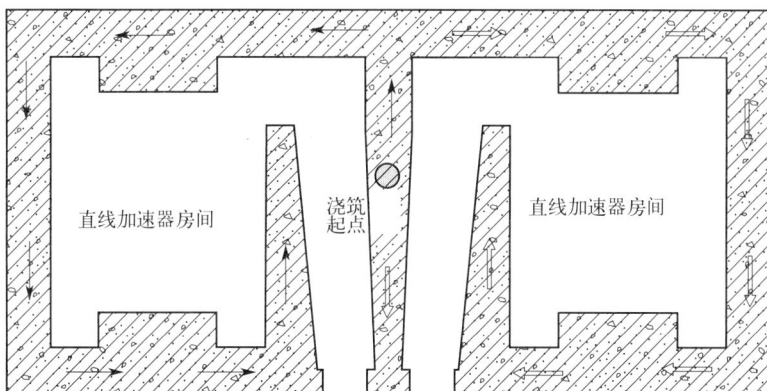

图 6-15　墙体浇筑路线

墙体混凝土与顶板混凝土浇筑的间隔，实际等待可以稍长些。这样，可以保证墙体混凝土自身稍有一定的强度，再浇筑顶板，能够提高安全性。浇筑方向对称分布，是保证了临时结构不要产生过大的侧向压力，造成危险。

2. 顶板混凝土浇筑

（1）浇筑方式及速率。直线加速器房间的板面厚度为 1.7m，混凝土总计约 670m³，进行分层浇筑。每层浇筑厚度 400mm，单层浇筑方量约为 100m³。同理，由于混凝土初凝时间限制，所以每层浇筑时间须控制在 2h，板面总体浇筑时间约为 12h。

（2）浇筑方向。加速器两侧各设一台泵车，由中间向两侧浇筑，采用 S 形路线来回浇筑。每层浇筑完成且到达混凝土初凝时间后，再进行第二层混凝土的浇筑。浇筑起点与上层浇筑起点相同，浇筑路线相同。顶板浇筑路线如图 6-16 所示。

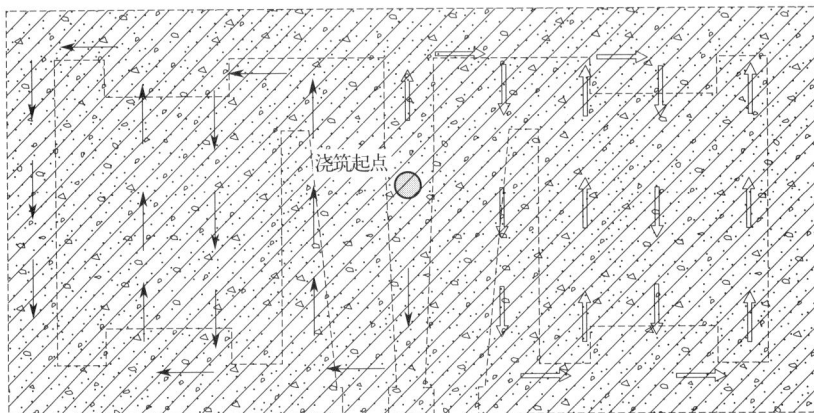

图 6-16　顶板浇筑路线

在浇筑振捣过程中时刻观察马凳及冷却水管的位置，避免振捣棒对它们产生扰动移位。

3. 上翻梁浇筑

（1）浇筑方式及速率。浇筑上翻梁时，撤走西侧 1 台汽车泵，留东侧 1 台汽车泵进行浇筑。上翻梁板面以上高度为 1.3m，宽度为 4.4m，两处上翻梁混凝土总计约 160m³。进行分层浇筑，每层浇筑厚度为 400mm，浇筑方量约为 48m³。每层浇筑时间控制在 2h。先进行西侧上翻梁每层的混凝土浇筑，浇筑时间控制在 1h；然后，再进行东侧上翻梁的混凝土浇筑，浇筑时间与西侧相同。总浇筑时间为 6h。

（2）浇筑方向。加速器东侧 1 台泵车先进行西侧上翻梁的浇筑，浇筑时由南到北浇筑。西侧完成后，再进行东侧上翻梁的浇筑，浇筑方向与西侧一致。第一层浇筑完成后，且到达混凝土初凝时间后，再进行第二层混凝土的浇筑。浇筑起点与上层浇筑起点相同，浇筑路线相同。上翻梁浇筑路线如图 6-17 所示。

商务点评：混凝土的浇筑顺序、速度、振捣方式、时长，很大程度上考验着模板加固的水平。如果混凝土施工操作不遵守规范，即便是再坚固的模板，也会发生胀模、跑模，轻则浪费混凝土、模板返工，重则发生安全事故。尤其大体量混凝土，更要策划好，避免产生重大成本流失。

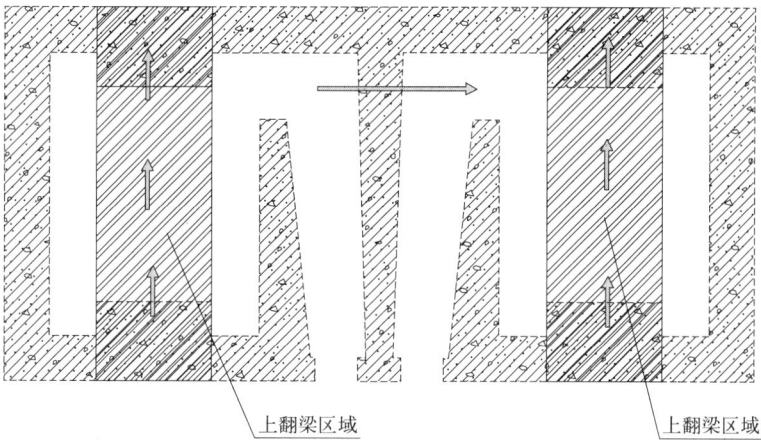

图 6-17 上翻梁浇筑路线

案例：某污水处理厂工程，在浇筑酸解池悬臂槽混凝土时，由于振捣手夜间疲劳施工作业，振捣棒在一个位置不停地振，造成模板加固失效，混凝土大量流失。给管理人员打电话，把木工找来重新加固。但流失的混凝土量大，堆积于支撑钢管间，人手有限，难以及时清除。后期花费大量人工，使用风镐凿除混凝土、切割钢管等。各项费用损失合计约5万元。

第7章

技术交底的商务管理准则

技术交底是施工方案的具体化，给下游分供商进行工作交底，是技术交流和沟通的过程，属于执行性质的工作，而方案设计则归于创造性的工作。方案中的创效思想延伸到交底中，特别是节流措施，体现技术创效的价值。

设计方对施工方的交底，通常叫作设计交底。主要目的是确保施工方对设计图纸和施工要求的理解与掌握，以便在施工过程中能够按照设计要求进行施工，提高施工质量和效率。技术交底有时与隐蔽工程验收记录一起，构成工程结算的支撑性资料。

技术交底注重工艺与工序，尤其对于措施类分项工程来讲，这也是工程造价的源头性内容之一。解读设计交底，是造价功底上层次的必由之路。是技术交底与项目创效之间的隐形联系，也是对流传的"精通技术的造价更有含金量"说法的印证。

设计交底由建设方主持，通过会议形式由设计方向施工方交底，内容包含建筑物的功能与特点、设计意图与施工要求等。

施工组织设计或专项施工方案交底，由项目总工就已批准的施工组织设计或专项施工方案，通过会议形式向项目部所有现场管理人员进行交底。内容包含工程概况、施工部署、施工方法与技术措施、施工进度与质量、职业健康与安全、环保等，并明确各职能部门应尽的职责和相互配合的要求。

分部分项工程技术交底，以书面交底的方式进行。由项目部施工员向相关劳务分包方、劳务分包方向操作人员进行交底。使得项目管理人员和操作人员掌握分部分项工程施工的质量要求、危险源、环保要求，以及针对性的施工工艺、施工方法、技术措施、保证措施及成品保护措施等。

技术交底要与施工方案相符。编写技术交底时，需要参考建设方、监理方认可的施工方案。如果某细节与实际施工有冲突时，需要编写单独的交底。这样操作的目的是，工程结算时技术交底作为参考性文件，前后证据的内容描述要相符。编写技术交底涉及的材料、做法、工艺，要与预算定额相符，为日后工程结算作准备，为避免结算争议创造有利条件。如果实际施工与预算定额有冲突，或者预算定额中的做法、工艺已经落后市场，对施工不便，可以编写单独的交底。

按交底方式，技术交底又分为书面技术交底、会议交底和挂牌交底。

书面技术交底，是将交底内容以书面形式向接受人进行交底。交底完成后，交底人与接受人应分别在技术交底记录上签字，并存档备查。

会议交底，是通过组织专门交底会议，将交底内容向与会者交底。会议交底时，除会议的主持人把交底内容向与会人员交底外，与会者也可通过讨论、补充，使交底的内容更详细、全面。会议交底记录和与会人员签到，要存档。

挂牌交底，是将交底的主要内容、质量要求、安全要求等写在牌子上，挂在操作现场。本方法适用于操作内容固定、操作人员固定的作业场所。

设计交底的内容一般由设计单位或施工方的技术总工整理，由参与交底会议的各方负责人签字认可。施工组织设计或专项施工方案交底的内容，由项目技术总工负责整理并编写会议记录，参加会议交底的有关人员签字。分部分项工程技术交底由项目部施工员编制，技术总工组织项目质量员、安全员等相关人员对交底内容进行审核。审核完善后，编制人在交底人处签字，技术总工在"项目专业技术负责人"处签字，安全员、质量员等在接收人处签字。

技术交底分为两级管理。第一级，由施工总承包方交底编制人，向相关劳务分包方项目负责人进行交底，劳务分包方项目负责人作为接收人签字确认后，由资料员收集存入技术资料中；第二级，由劳务分包方项目负责人（或技术负责人），将接收到的技术交底再向所有相关劳务操作人员进行交底，所有接收交底的操作人员和施工总承包方项目安全员签字确认，并形成书面资料，报给总承包方项目安全资料员，由安全资料员存入安全资料备查。

项目部技术交底的分工协作：施工员负责组织安排技术交底内容的实施，并负责过程指导。质量员负责按交底规定的质量要求及针对质量要求采取的技术措施、质量保证措施、成品保护措施和规范、标准要求对执行情况进行督查。安全员负责按交底中规定的危险源及针对危险源采取的技术措施和安全保证措施、安全监控措施及安全生产法规标准的要求，对执行情况进行督查。技术总工负责组织施工员、安全员、质量员及相关人员对已实施完成的分部分项工程进行验收。

7.1 地基与基础技术交底商务管理准则

《建筑工程施工质量验收统一标准》GB 50300—2013 规定，地基与基础分部工程包含的子分部工程有地基、基础、基坑支护、地下水控制、土方、边坡、地下防水工程。本节对涉及措施类的分项，尤其是土方开挖与回填、基坑支护与降水分项工程进行讲述。

技术交底以技术质量为主线，同时能够为商务造价提供清晰的事实依据，方便其计量、计价。技术交底是保证工程按设计要求和规范、规程、标准的规定进行施工的重要管理措施，也是工程施工中发生质量、生产安全事故后评判责任者的依据。为了使参与施工任务的管理人员和操作人员掌握所承担工程任务的特点、技术要求、施工工艺、质量和安全要求等内容，做到心中有数，保证有计划、有组织地完成施工任务，必须在分部分项工程正式施工前做好技术交底工作。

技术交底的内容必须符合国家规范、标准、技术规程和设计要求，使用的施工图纸必须为经过图纸会审和设计变更修改后的有效施工图。技术交底所依据的施工组织设计或专项施工方案，必须是经过审查批准后的正式有效版本。

技术交底要紧密结合工程的实际情况和特点，重点针对关键工序、特殊过程的施工工艺流程、质量控制点、危险源和环境因素等进行交底。交底内容必须有针对性，严禁照搬、照抄。

7.1.1 土方开挖技术交底的商务管理

土方开挖分项工程，对于商务造价来讲，分为三个阶段进行关注：一是开挖的准备阶段；二是开挖过程；三是挖土方收尾阶段。每个阶段都有各自的商务关注点。

第一阶段商务应关注的点是确认土质，因为挖土方和挖石方有着本质的区别。不管是从定额套用，还是成本支出方面，都有很大的不同。理论上，有本工程的地质勘察报告、《房屋建筑与装饰工程工程量计算规范》GB 50854—2013 中表 A.1-1 及表 A.2-1 较为明确地区分了土壤和岩石的分类，见表 7-1、表 7-2。

土壤分类表 表 7-1

土壤分类	土壤名称	开挖方法
一、二类土	粉土、砂土(粉砂、细砂、中砂、粗砂、砾砂)、粉质黏土、弱中盐渍土、软土(淤泥质土、泥炭、泥炭质土)、软塑红黏土、冲填土	用锹、少许用镐、条锄开挖。机械能全部直接铲挖满载者
三类土	黏土、碎石土(圆砾、角砾)混合土、可塑红黏土、硬塑红黏土、强盐渍土、素填土、压实填土	主要用镐、条锄，少许用锹开挖。机械需部分刨松方能铲挖满载者或可直接铲挖但不能满载者
四类土	碎石土(卵石、碎石、漂石、块石)、坚硬红黏土、超盐渍土、杂填土	全部用镐、条锄挖掘，少许用撬棍挖掘。机械须普遍刨松方能铲挖满载者

注：本表土的名称及其含义，按国家标准《岩土工程勘察规范》GB 50021—2001（2009 年版）定义。

岩石分类表 表 7-2

岩石分类		代表性岩石	开挖方法
极软岩		1. 全风化的各种岩石； 2. 各种半成岩	部分用手凿工具、部分用爆破法开挖
软质岩	软岩	1. 强风化的坚硬岩或较硬岩； 2. 中等风化-强风化的较软岩； 3. 未风化-微风化的页岩、泥岩、泥质砂岩等	用风镐和爆破法开挖
	较软岩	1. 中等风化-强风化的坚硬岩或较硬岩； 2. 未风化-微风化的凝灰岩、千枚岩、泥灰岩、砂质泥岩等	用爆破法开挖
硬质岩	较硬岩	1. 微风化的坚硬岩； 2. 未风化-微风化的大理岩、板岩、石灰岩、白云岩、钙质砂岩等	用爆破法开挖
	坚硬岩	未风化-微风化的花岗岩、闪长岩、辉绿岩、玄武岩、安山岩、片麻岩、石英岩、石英砂岩、硅质砾岩、硅质石灰岩等	用爆破法开挖

注：本表依据国家标准《工程岩体分级标准》GB/T 50218—2014 和《岩土工程勘察规范》GB 50021—2001（2009 年版）整理。

顺着土壤再细分，就会出现干湿土、冻土、淤泥流沙的土壤状态，这些在定额套用时有分别的系数调整。采取降水措施后，也有定额系数的调整。

关于计量，涉及对放坡系数及工作面的描述，此项与基坑支护的设计息息相关。有基坑支护的，按照其边线开挖；未有支护的，结合勘察报告、现场情况及定额规定进行开挖。但不要超过定额规定的最大值，否则就要找出理由签证处理。

其他准备工作，如场地平整、是否采用钢板铺路等，视具体情况而定。

第二阶段商务应关注的点是工序交叉问题。如果有工程桩的，则要确定桩基施工与土方开挖的顺序。目前的工程实践以先开挖土方、后做桩基础为主流，此种情况适用于现浇桩基础。也有先做工程桩、后土方开挖的案例，这种以预制桩居多。存在桩基，就涉及桩间土的问题。在定额套用和成本支出方面，都与挖普通土方不同。挖土方还与基坑支护工序交叉，一般沿着基坑周边先开挖，为支护提供工作面。具体的开挖方式则有岛式开挖、盆式开挖，还涉及挖掘机的台数、进出场的计费问题。

开挖后就是运输，涉及运距还有土方堆场的情况。这两项也直接影响着预算收入和成本支出。基坑内的临时运输坡道，涉及定额套用的系数调整以及临时坡道本身的支护问题，要关注做法。挖土期间遇见障碍物，采用何种方式清除、具体的清除方量都要记录，各方签字齐全。

第三阶段商务应关注的点是收尾阶段。即临近基槽底部，涉及集水坑、电梯井、后浇带下卧、排水沟的开挖，其开挖方式、清槽次数、运输方式，都涉及计费问题。清槽方式、是否需要基底钎探，也直接影响成本费用。一般来讲，深基础项目不需要进行钎探，而浅基础则需要，视具体设计要求而定。

上述内容可以归纳如图7-1所示，供商务人员参考。

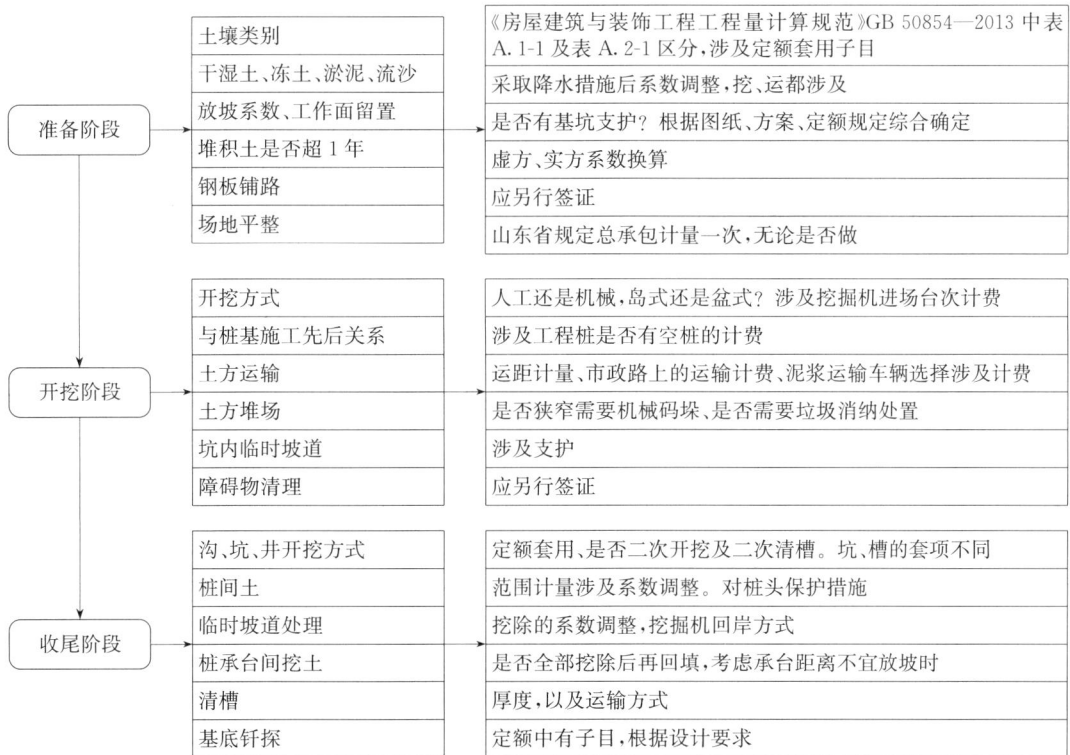

准备阶段	土壤类别	《房屋建筑与装饰工程工程量计算规范》GB 50854—2013 中表 A.1-1 及表 A.2-1 区分，涉及定额套用子目
	干湿土、冻土、淤泥、流沙	采取降水措施后系数调整，挖、运都涉及
	放坡系数、工作面留置	是否有基坑支护？根据图纸、方案、定额规定综合确定
	堆积土是否超1年	虚方、实方系数换算
	钢板铺路	应另行签证
	场地平整	山东省规定总承包计量一次，无论是否做
开挖阶段	开挖方式	人工还是机械，岛式还是盆式？涉及挖掘机进场台次计费
	与桩基施工先后关系	涉及工程桩是否有空桩的计费
	土方运输	运距计量、市政路上的运输计费、泥浆运输车辆选择涉及计费
	土方堆场	是否狭窄需要机械码垛、是否需要垃圾消纳处置
	坑内临时坡道	涉及支护
	障碍物清理	应另行签证
收尾阶段	沟、坑、井开挖方式	定额套用、是否二次开挖及二次清槽。坑、槽的套项不同
	桩间土	范围计量涉及系数调整。对桩头保护措施
	临时坡道处理	挖除的系数调整，挖掘机回岸方式
	桩承台间挖土	是否全部挖除后再回填，考虑承台距离不宜放坡时
	清槽	厚度，以及运输方式
	基底钎探	定额中有子目，根据设计要求

图 7-1 土方工程技术交底商务考虑的细则

从图 7-1 分析，加上前面列举的图纸会审要点、签证参考点、方案审核要点，结合施工合同、图纸设计、项目策划、施工组织设计、施工方案、现场实际，构成全方位立体的技术与经济融合图景，用于指导项目施工及创效。限于篇幅，也避免与前面章节的叙述有重复，本思维导图内只列出关键点，没有详细展开讲述。

下面以某项目为例，讲述土方开挖技术交底的主要内容。

1. 土方开挖顺序及要点

试验楼、综合楼、图书馆的基坑开挖顺序，从图书馆东南角开始，向北侧地下室拓展开挖，挖至综合楼北侧。土方开挖由专人指挥，从上到下分层开挖，本工程筏板及承台标高多样化，是土方开挖的难点，试验楼大面开挖深度为 4.8m，局部为 6~8m；综合楼、图书馆大面开挖为 4.5m，局部为 6~8m。由于开挖较深，分三个阶段进行。

第一阶段，用两台 PC220 型挖掘机将主楼及裙楼开挖 3m；第二阶段，用两台 PC220 型挖掘机将土方继续开挖至高出桩顶标高 1.2m；第三阶段，采用 1 台 PC220 型挖掘机和 1 台 PC60 型小挖掘机开挖桩间土至高于筏板及承台基底 300mm 处；最后，机械配合人工清理基底至设计标高。

因承台间距离较近且存在较大高低差，且土质本身松散，经开挖后在外环境作用下会加剧散落等因素的影响，将承台间土方随基础的土方整体挖除。待砌抹基础防水用砖胎模完成后，再人工夯填承台间的土方。

在开挖工程中，边开挖边支护，下层土在上层土体支护达到龄期后方可继续开挖。大面土方开挖时，由施工员对照图纸，提前确定桩基的大约位置，此部位土方开挖时，减缓开挖速度。一旦发现桩基，须避开。桩承台周边至少保留 1.2m 宽的土方，采用小挖掘机进行桩基周边的土方开挖，临近桩基时采用人工配合挖土，加强对桩基的保护，严禁对桩基造成破坏。

商务点评：上述内容关注的是挖掘机的型号、台数，承台之间的土方整体挖除，然后又回填。这里是图纸设计无法反映的工程量，必须详细记录。还交代了桩间土的开挖方式，都涉及计价事宜。

2. 工艺过程

测量放线→分层分段开挖→边坡支护→修边和清底→验槽。

（1）在开挖过程中，遵循先主楼后地下室的顺序，并在试验楼南侧、综合楼北侧中间预留汽车坡道。

（2）开挖过程中随时测量放线，撒白灰线进行控制。

（3）如果到达坑底后发现基底土层与地勘资料不一致，立即通知建设方、监理方、勘察设计方，及时采取措施，保证土方开挖工程的进度和安全。

（4）坡道处土方收尾采用长臂挖土机进行挖土，装车运走。

（5）为保证基坑开挖后的排水，在坑底的坡脚 300mm 外设置排水明沟和积水井，坡顶 2.0m 以外设置挡土墙。

（6）土方挖至设计标高后，及时通知建设方、监理方及勘察设计方进行基础验槽，验槽合格后立即浇筑混凝土垫层，严禁基槽暴露时间过长。

（7）为了使施工人员安全方便地进出开挖现场，在试验楼南侧、综合楼西侧、图书馆西侧预留人员上下人通道。按照市质监站要求，上下人通道口及相应的防护单元范围内的地表，采用混凝土硬化处理。

（8）综合楼、试验楼人防与非人防交界处；图书馆局部电梯坑、集水坑等处，因筏板标高存在高低差，挖土时需要进行局部放坡处理。

（9）跟随土方的机械开挖，进行基槽清理、整平工作。采用铁锹清土，用小推车倒运土方至挖土区，由挖掘机与下一区域内土方一并运走，在清土过程中，随时核对槽底标高，防止出现超挖和不足深的现象。

（10）开挖过程中，测量人员及时跟踪，保证槽底标高的误差在 30mm 以内，随时检查槽壁和边坡的状态，根据土质变化情况做好准备，以防坍塌。机械挖不到位的土方，需配合人工随时调整，并用手推车把土运到机械开挖半径以内，以便于及时用机械挖走。

（11）修边和清底。在距槽底设计标高 300mm 处，抄出水平线，钉上钢筋头，然后用人工将留置土挖走；同时，由两端轴线引拉通线，检查距槽边距离，确定槽宽标准，以此修正槽边；最后，清除槽底土方。基底超挖：开挖基坑不得超过基底标高。如个别位置超挖时，其处理办法需取得勘察设计方的同意，不得私自处理。

（12）基底保护：基底清槽后严禁机动车在面上作业，减少对基土的扰动。

商务点评：清槽的厚度及土方的运输方式已经明确，排水沟的参数做了明确，都涉及计价事宜。

7.1.2　土方回填技术交底的商务管理

回填土方的准备阶段，需要区别回填的材料是素土还是灰土，如果是灰土配合比如何，并明确是体积比还是重量比。常规的 3∶7 或者 2∶8 都是指体积比。压实系数按照图纸设计规定，看是否不同的部位压实系数不同。如台阶下方与肥槽、室内回填的压实系数是否相同。回填取土自然沉积超过 1 年的，视合同约定要做签证。

回填土方的实施阶段，需要考虑压实方式是光圆压路机还是普通蛙式打夯机，定额套项不同。特殊部位，如管道周边、台阶周边处、遇到暗散水时，是否使用羊角夯或者人工夯实。肥槽回填的灰土与素土的分界线问题，在分界线处是否有可行的措施来完成设计指标。比如，设计规定靠近剪力墙 1m 范围内为灰土，之外是素土。如何做到灰土笔直地与外墙边距为 1m，是否应变更设计。肥槽回填与室外工程的标高分界，以及平面的分界。涉及与市政道路施工、种植土之间的界限划分需明确。肥槽回填与防水施工的关系，涉及防水工程是否使用脚手架的问题。

上述内容可以归纳为如图 7-2 所示，供商务人员参考。

下面以某项目为例，讲述土方回填技术交底的主要内容。

1. 主要设备机械

土方回填使用主要的机械、设备如表 7-3 所示。

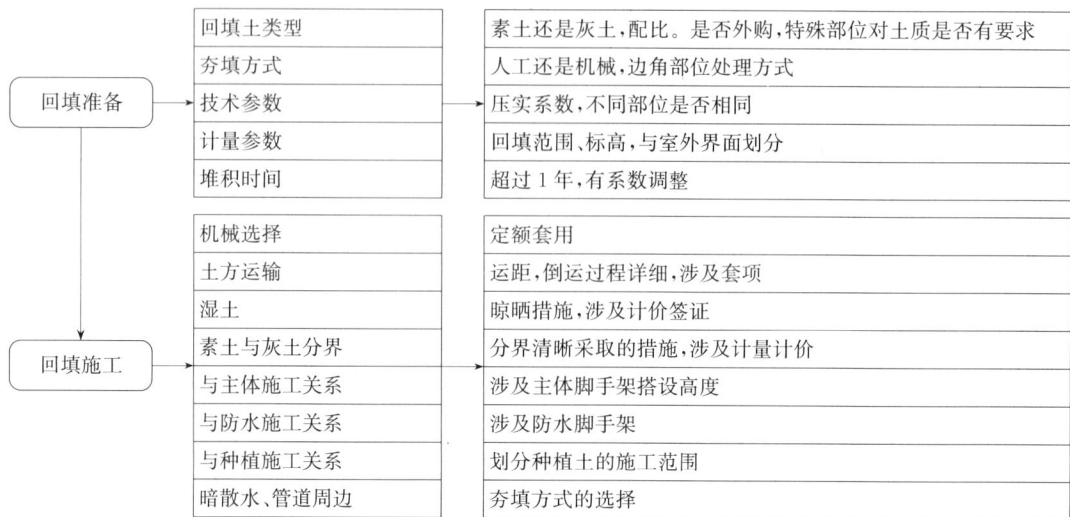

图 7-2　回填土工程技术交底商务考虑的细则

土方回填主要设备机械一览表　　　　　　　　　　表 7-3

序号	机械设备名称	型号	数量	产地	用途
1	反铲挖掘机	1m³	2台	徐州	装土、卸土
2	反铲挖掘机	0.5m³	2台	徐州	拌土、摊土
3	推土机	铲刀4.2m	1台	洛阳	推土
4	装载机	斗容3m³	1台	济南	装土
5	自卸汽车	19m³	6台	长春	运土
6	水准仪	DSZ2	2台	苏州	标高控制
7	铁锹	—	30把	济南	人工挖土
8	小推车	—	10辆	济南	运土
9	蛙式打夯机	HW-60	6台	济南	夯土

商务点评：表中机械设备如挖掘机，涉及定额套用及大型机械进出场费用。

2. 工艺流程

基槽底清理→外墙面处理→检查原土质→分层铺土、耙平→夯打密实→取样检验密实度→修整、找平、验收。

1）灰土回填

灰土入基槽前，先将基槽清理干净。然后，将拌好的灰土按指定地点倒入槽内，回填土要分层铺摊，采用振动压实机分层厚度为 25～30cm。夯实是保证灰土回填质量的关键，压实系数≥0.94。从场地最低部分开始,填土由下而上分层铺填,每层虚铺厚度不大于25cm。

商务点评:对回填过程的细致描述,是定额套项的重要依据。包括运输方式、运距、夯填方式、分层夯填厚度、采取的配套措施等。

2)素土回填

回填土要分层铺摊,采用蛙式打夯机夯实时,每层铺土厚度为≤250mm,振动压实机夯实时每层铺土厚度≤300mm,铺摊后随之耙平。

采用打夯机压实时,每层压实3~4遍。打夯应一夯压半夯,夯夯相接、行行相连、纵横交叉,严禁采用"水夯"法。如需要分层分段夯实时,交接处应填成阶梯形,梯形的高宽比为1:2,上下层错缝距离不小于0.5m,接槎要垂直切齐。分段夯填时,不得在墙角下接缝。

回填时,为防止管道中心线位移或损坏管道,管道处要用人工夯实,先在管子两侧填土夯实,两侧同时进行,直至管顶0.5m以上时,在不损坏管道的情况下,方可采用蛙式打夯机夯实。回填土每层填土夯实后,按规范要求进行环刀取样,含水率和干密度满足设计要求。压实度达到≥0.94后,再进行上一层铺土。

对于打夯机无法夯实的死角,如墙柱根部,采取人工夯实。人工夯实虚铺土厚度≤200mm。基坑四周及沟管边缘20cm范围内,必须用人工连续、重复夯实,并应从沟管两边同时开始。打夯前,对填土应初步平整,打夯机应依次夯打,均匀分布,不留间隙。填土全部完成后,进行表面的拉线找平。凡超出标准高度的地方,要及时依线铲平;凡低于标准高度的地方,要补填夯实。

商务点评:对特殊部位采取了不同于大面的夯填方式。一般来讲,回填土的清单项是综合包含了各部位的回填,但还是要看具体的合同约定。

7.1.3 基坑支护与降水技术交底商务管理

搞清楚图纸设计的降水层次,即基坑上表面、基槽表面、基底以下采取何种措施进行降排水。每一种方式的选择,都意味着定额套用的不同、成本支出的不同。

为防止市政停电而需自备发电机,使用时需要考虑发电机与市政电之间的差价。降水打井、支护用的设备,涉及大型机械设备进出场费用。基坑支护方面需要明确支护的范围,尤其注意是否覆盖了永久性汽车坡道。另外,基坑内临时运输道路两侧是否支护要明确。基坑支护是否分区段,采用不同支护方式的问题,涉及计量的准确性。

降水井、疏干井、观测井的布置、数量、抽水时间、水泵型号,都涉及定额套用和计量。封井做法、是否回灌,看是否有用到。

基坑支护的范围包含了上翻至基坑顶部的平面部分,基坑周边的挡水台、栏杆,是否与安全文明施工费中的内容有计费重复问题,这些要视具体情况而定。

以上内容可以归纳如图7-3所示,供商务人员参考。

下面以某项目基坑降水为例进行介绍。基坑降水设计参数如表7-4所示。

图 7-3　基坑支护与降水工程技术交底商务考虑的细则

基坑降水设计参数　　　　　　　　　　　　　　　　　　　　表 7-4

降水排水的四个层次	外部采用钢板桩截水		
	浅井疏干地下水		
	基槽周边排水沟与集水坑,集水明排		
	基坑上侧周边排水沟,汇集地下水和排地表明水		
降水井(疏干井)成孔直径	600mm	无砂管外径	400mm
打井深度	12m	间距	20m
眼数	34	管外瓜子石滤料厚度	100mm

降水井的通用要求:无砂混凝土管(孔隙率 20%)壁厚 20mm(外裹 2 层 80 目滤网),管外瓜子石滤料厚度不小于 200mm,下部 1.0m 采用碎石封底。随基坑开挖,逐步保护拆除至基底标高

1. 集水明排

排水沟尺寸 500mm×500mm,距坡底 0.5m,内填石子。备有水泵,备有发电机组

2. 集水坑

尺寸 500mm×500mm×600mm(深),间距 20m,集水坑内集水,利用水泵直接抽排至基坑周边的沉淀池内

3. 挡水台

尺寸 240mm×300mm,M5 混合水泥砂浆砖砌

4. 护栏

在坑顶 1.00m 处设置安全护栏杆,栏杆高度 1.20m。护栏采用外径 48mm、壁厚 3.5mm 钢管,入土深度不小于 500mm,横向两道钢管间距 600mm

5. 基坑上地面处排水沟

排水沟尺寸 300mm×300mm,内填石子

商务点评：抓取设计参数，是一个深入熟悉图纸的过程。使得现场管理有的放矢，商务造价有据可依。在进行降水签证时，要结合现场明确各阶段降水井使用的数量、每口井抽水的持续时间、水泵的型号、特殊部位输水带的口径及长度、降水的日期，明确目前工程所处的施工阶段。因为图纸描述降水停井，是有对应的工程部位。如果现场签证日期，已经落后于设计要求日期，需要有专家论证；否则，审计人员不会承认此费用。基坑上方周围的挡水台和栏杆，尽量让基坑设计单位将其加入基坑支护图纸中，成为设计的一部分，变为分部分项工程量清单内容。避免审计人员混淆安全文明施工费，并在方案和交底中明确。塔式起重机突出建筑物外，基坑支护随之增加的部分。挖土方基坑内临时坡道的两侧护坡，是否能计算上工程量。容易遗漏的还有永久性汽车坡道的护坡，在交底中要明确。

7.2　主体结构技术交底商务管理准则

主体结构工程的技术交底，除了明确技术性内容之外，还要作为商务管理的重要补充。比如，劳务清包模式下，一次结构和二次结构各自单独分包。在一次结构施工中，有些诸如挑檐或者上翻的结构构件，因为影响施工速度、做起来工效低，分包方往往进行甩项处理，而合同约定又不十分明确。事实上，在论述包含内容时，经常会遇见这种难以穷尽描述的状况。这样，就留给了二次结构分包班组，但二次结构的单价明显要高于一次结构，造成总承包方增加了成本支出。如果一次结构施工前，在技术交底中明确范围到具体的构件类型，与合同形成一种呼应关系，在施工管理中严格执行检查交底内容，就解决了难做的构件甩项的情况。类似情况还有，在砌筑过程中大面积的墙体施工工效高，班组做完后，对于一些零星部位、边角位置，就进行甩项处理。在合约不十分明确的情况下，都需要在技术交底中明确，严格监督落实。

根据工程特点，找出每个主体分项的商务关注点，参考本节商务要点的提示，有倾向性地融入技术交底中。既要考虑用语与定额描述的一致性，又要照顾具体施工的可操作性。在一些索赔的案例中，往往会遇到要求提供技术交底，作为施工方案的补充和印证的情况。

《建筑工程施工质量验收统一标准》GB 50300—2013 规定，主体结构分部工程包含的子分部有：混凝土结构、砌体结构、钢结构、钢管混凝土结构、型钢混凝土结构、铝合金结构、木结构。本节把常见的钢筋、混凝土、砌体分项工程的交底内容进行讲述。常见的技术交底应包含的内容要点有如下几点：

（1）施工图的技术要求及其说明。

（2）工程用材料和设备的规格、型号、材质、数量及性能要求，施工用设备机具的性能参数及检定情况。新材料、新设备的特点、性能和有关操作要求。

（3）施工条件要求、施工顺序、施工方法及工艺要求（即各工序施工的主要控制参数）；关键部位及其处理方法，关键节点的细部做法和施工组织设计中的有关要求。

（4）工程各专业施工的协作、交叉作业的程序要求、工种之间的配合要求。

（5）对已完分部分项工程的成品保护要求及措施。

（6）施工中的危险源及采取的安全保证措施、安全监控要求及应急措施等。

（7）施工中的环境因素及采取的环境保护措施。

（8）冬期、雨期施工应采取的措施。

7.2.1 钢筋工程技术交底商务管理

钢筋原材料方面明确定尺长度，常规的有 9m 和 12m。底板部位采用 12m 较为合理；地上楼板、梁等构件也可以经过计算，选用 12m 长定尺的钢筋。预算层面，9m 的定尺长度，接头数量多。这样，就引出钢筋连接方式的问题，直螺纹机械连接是目前普遍采用的形式。图纸设计不明确的，可以通过图纸会审形式固定。抗震钢筋的适用范围，一般图纸会明确。但抗震构件有时可能模糊，要在相应文件中明确。

钢筋安装阶段，涉及固定钢筋位置的措施，包含了马凳筋、多排钢筋垫铁、临时固定剪力墙纵筋位置的钢筋、固定安装线盒的钢筋、柱的定位筋、后浇带加固钢筋等。视合同约定情况进行有倾向性的设计，在施工方案中明确，在签证中确认。

在节点、分界处钢筋的处理措施，是工程结算时容易引起争议的地方。如梁下部钢筋在支座处，是一跨一锚，还是通过支座后按照 22G101 图集指定的位置连接。需要在图纸会审中说明，在隐蔽工程验收记录中载明。

各种计算钢筋根数的取舍问题、起步筋位置距支座多少的问题，也是结算的争议焦点。有的地市已出台明确规定，未有规定的按照双方约定或者在图纸会审中明确。

商务关注点还应有钢筋的各项指标数据。曾测算过一个住宅楼的钢筋人工，综合工效为 295.36kg/工日。测算过一个医院项目的马凳钢筋含量指标：地下 13.7kg/m^2、地上 2.12kg/m^2，综合 3.83kg/m^2。实际钢筋废料占总消耗量的比例为 1‰～1.5‰。有了一定的实际数据积累，与上、下游的商务谈判时就更有底气。

以上内容可以归纳为如图 7-4 所示，供商务人员参考。

准备工作	钢筋定尺长度	涉及接头数量位置
	钢筋连接方式	计费不同
	抗震构件明确	搭接锚固长度计量
	焊接搭接长度	计量
钢筋安装	马凳	规格型号位置、计量
	其他保护层控制措施	
	梁多排钢筋垫铁	
	剪力墙临时固定竖筋	
	剪力墙梯子筋、S 钩	
	柱定位筋	
	固定安装线盒钢筋	
	后浇带加固钢筋	
	梁下部钢筋在支座	考虑一跨一锚，还是通过
	凡涉及根数	墙板钢筋根数计算，向上取整＋1
	板、梁搭接百分率	涉及搭接长度
	墙板起始筋位置	根数计算
	是否受施工扰动	涉及锚固长度
	各类节点	按 22G101 系列图集

图 7-4 钢筋分项工程技术交底商务考虑的细则

下面，以某项目为例，讲述钢筋工程技术交底的主要内容。

1. 方案设计

措施钢筋设计：楼板采用成品马凳，间距 1m 沿长方向通长布置。自梁边起 5cm 开始布置第一道，往外每 1m 一道，不足 1m 在负筋端部设一道。

筏板马凳采用"几"字形。采用 HRB400Φ16 的通长钢筋焊接。按照间距 1000mm 梅花形布置，马凳下端横撑与板底钢筋绑扎牢固，保证马凳平衡。$H＝$底板厚度$-$底板保护层厚度$×2-$底板上、下层钢筋直径之和；上部水平段为 300mm，下部钢筋平直段为 300mm。筏板马凳如图 7-5 所示。

图 7-5　筏板马凳照片

梁多排钢筋的垫铁，采用 $\phi25@500$，长度为梁宽减两倍钢筋保护层。

商务点评：马凳钢筋的规格、型号、排布，在技术交底中都要明确，在钢筋隐蔽工程验收记录中载明，结算时证据充分。其他的措施钢筋也要按此要求准备资料。

2. 注意细节

（1）钢筋验收：首先，关注规格、型号（抗震）、根数、间距、连接方式、锚固长度。其次，关注构造钢筋、抗扭钢筋、架立筋、吊筋、加密箍筋、接头位置、弯钩长度、多钢筋的层间排布、分布筋、弯折交错、钢筋保护层等（柱筋垫块设置在主筋上，墙筋垫块设置在墙水平筋上）。最后，是梁板上生根的墙柱插筋构造、缩径柱、人防区域、约束边缘构造、非通长筋等。

（2）非抗震结构构件，其箍筋弯折后平直段长度为箍筋直径 $5d$ 即可。

（3）楼板温度筋的设置，温度筋与受力筋的搭设长度。悬挑板转角处附加放射筋布置。

（4）绑扎搭接接头，在中心和两端扎牢。墙、柱、梁钢筋骨架中，各竖向面钢筋网交叉点全数绑扎。板上部钢筋网交叉点全数绑扎，底板网片除边缘外可间隔交错绑扎。箍筋的接头应沿柱子立筋交错布置绑扎，箍筋与立筋要垂直，绑扣丝头应向里。绑扣相互间应成八字形。

（5）柱第一根箍筋距两端≤50mm，剪力墙第一根水平墙筋距离混凝土板面≤50mm，剪力墙暗柱第一根箍筋距离混凝土板面≤30mm，暗柱边第一根墙筋距柱边的距离≤1/2竖向分布钢筋间距，连系梁距暗柱边箍筋起步≤50mm。

（6）抗震钢筋使用位置。

商务点评：技术交底中叙述的钢筋现场验收的重点，也是计算钢筋计量应关注的重点。另外，楼板的温度筋一般只在设计说明中提及，有的还需要根据列表进行具体排布。注意温度筋与支座负筋的搭接长度问题。

7.2.2 混凝土工程技术交底商务管理

混凝土配合比设计中掺合料的用量，要兼顾成本和质量间的平衡。粉煤灰掺量过大，可能会造成强度、凝结时间、裂缝等问题。

外加剂常用的抗渗、抗裂，要注意是否为二合一使用，在预算收入中是否单独体现。由于工程体量大，目前的图纸设计，对抗裂指标和效能有具体要求。这就要把抗裂剂提到显著的位置来。冬期施工的防冻剂，各地区规定不同，是否归为措施费也有不同规定。明确这些外加剂的种类、掺量、部位，计量计价要有据可依。一般通过图纸会审或者技术洽商形式固定。涉及毛石混凝土的，要注意毛石的含量问题，与定额不同时要换算。另外，注意毛石的放置方式，在定额项中是否已经体现了相应的机械消耗水平。

各部位混凝土的泵送方式，要明确。一般的工程，汽车泵能用到5层左右。套定额计价的项目，就要现场确认不同部位的输送方式。是否还有的个别位置，采用塔式起重机吊罐的运输形式，这些都与定额套用相关。

梁柱混凝土强度等级相差两个及以上时，需要采取分隔措施。竖向构件的坐浆，尤其是柱的底部，是否现场都能够做到？如何在使用地泵的情况下，做到每个构件都坐浆。而坐浆在预算收入归入哪个项目，需要考虑清楚。

上述内容可以归纳为图7-6所示，供商务人员参考。

图 7-6　混凝土分项工程技术交底商务考虑的细则

7.2.3 砌体工程技术交底商务管理

原材料要明确，砂浆采用成品的，是湿拌还是干拌？连续施工的情况下，比如砌筑、抹灰等大量施工时，采用湿拌砂浆比较好，随来随用，价格稍低。零星或者不连续使用的情况，适用干拌形式。储存在砂浆罐中，或者使用袋装品。使用砌块的种类，还是取决于设计图纸要求。高精加气块需要配套粘结砂浆，成本较高。

要做好排砖图，尤其注意洞口、转角、底部和顶部，要配套于二次结构的固化图进行。拉结筋在设计中一般都是预埋形式，是否改为植筋的方式。

一般设计图纸给的内容详细不到指导施工的程度，还需要施工方的深化设计，并经过建设方、设计方、监理方的确认，方可进行现场实施。如构造柱、圈梁、过梁、窗台压顶这些构件的规格型号、排布，与砖砌块排布，整体构成了砌体工程的固化图。

有了各方的确认，结算时就减少了争议。在执行的过程中，作为预算收入的固化图，与现场实际施工之间可能存在一定的差异，施工方在保证质量的前提下，获得更多创效是可实现的目标。

上述内容可以归纳为如图 7-7 所示，供商务人员参考。

准备工作	砂浆种类	现场搅拌还是预拌、湿拌成品还是干拌成品
	砌块种类	高精加气块还是普通加气块
	排砖图	涉及二次结构固化
	植筋	预留还是植筋

施工过程	二次结构固化图	构造柱、圈梁、过梁、压顶规格、位置
	底部三皮小砖	是否砌筑，涉及有水房间的处理
	塞顶	斜砌还是细石混凝土
	过梁	是否部分预制
	配电箱周边	是否预制
	二次结构混凝土	运输方式
	门洞固定门框	预制混凝土块还是灰砂砖
	砖胎模	作为防水基层的属性

图 7-7 砌体分项工程技术交底商务考虑的细则

以某项目为例，讲述砌体工程技术交底的主要内容。

1. 整体要求

砌体施工大面积展开前，先做样板间，经监理及建设方一致认可，统一施工方法及质量标准，然后依照样板进行大面积施工。

2. 构造柱

1）设置范围

墙长大于层高 2 倍、墙长大于 5m、大面墙的转角、直行墙靠外的端部、悬挑梁隔墙端头、十字交界处、电梯井墙体、洞口宽度大于 2.1m 的、外墙上的墙体端部及洞口、小于 20cm 的门垛。外立面 400mm 宽的垛采用 C30 混凝土构造柱，钢筋笼居中设置。卫生间门口斜角采用粉煤灰砖砌筑，不设构造柱。外立面 800mm 宽的垛，一侧设置构造柱，另一侧砌体。

2）施工要求

优先施工外墙部位构造柱。构造柱钢筋绑完后，先砌墙，后浇筑混凝土。在构造柱处，墙体中留好拉结筋，浇筑混凝土前，将柱根处杂物清理干净，并用水冲洗，然后浇筑混凝土。构造柱与墙体的连接处砌成马牙槎，马牙槎先退后进，留槎 60mm，并加设拉结钢筋。填充墙与框架柱拉结筋沿墙通长设置，施工中不得任意弯折。构造柱马牙槎贴双面胶带。

3）构造柱模板

构造柱模板用 ϕ12 对拉螺杆加固，加固点利用马牙槎退口安放 PVC 塑料管，穿对拉螺栓，对拉螺栓沿墙高间距 500mm 设置；并在模板内侧与墙体接触部位贴密封胶条防止漏浆。

3. 过梁及腰梁

箱体洞口大于 300mm 的上方加预制过梁。门、窗过梁优先选择预制，搁置长度不够 250mm 的现浇。出屋面的门过梁需仔细核算其安装高度。地下室及一层腰梁兼门洞过梁使用。

4. 压顶及零星混凝土

（1）窗台压顶按照每边各伸 250mm，高度 90mm，配筋为 3ϕ6.5 钢筋网片，横向钢筋间距为 250mm。门、窗洞口混凝土块采用预制，尺寸为 240mm×150mm×200mm（或墙厚）。该预制块在防火门两侧使用，其他部位使用粉煤灰砖。

（2）女儿墙压顶按照结构设计说明。压顶高度 120mm，配筋为 4ϕ10 主筋，箍筋为 ϕ6.5@300。

（3）框架柱边 100mm 宽的垛，采用植筋加粉煤灰砖砌筑的方式。外墙框架柱外侧的 400mm 宽垛亦采用同样的方式施工。

5. 钢筋

砌体拉结筋通长设置，搭接长度 50d；构造柱钢筋搭接 50d。植筋使用 ϕ6.5 钢筋进行，其端部不需要弯钩，外露长度 50cm 即可。

6. 砌体

（1）非有水房间，砌块直接砌筑于楼板上，不需底部粉煤灰砖。砌体顶部采用斜砖砌筑。

（2）门窗洞口按照建筑图所示尺寸进行砌筑。

（3）管井底部 200mm 及门槛，用粉煤灰砖砌。

（4）墙体与一次结构的柱、剪力墙边对齐。

（5）砌体的排版与植筋相结合，由项目部与施工班组共同确定。原则是顶部使用粉煤灰砖找模数。

（6）砌筑脚手架，使用轮扣杆班组自行搭设。严禁使用木方、钢筋、加气块等自制架体。

7. 暂不砌筑部位

专业科室待图纸确定后砌筑；需要预留设备进入口的墙体，先不砌筑。

商务点评：砌筑工程的交底，每一步都要有技术参数的描述。看文中的构造柱、过梁、腰梁、压顶及零星构件，都要数字化。这种行文习惯，无论是计算工程量还是指导现场施工，都是有益的。当然，这些数字都应来自设计图纸及相关规范。

7.3　施工措施技术交底商务管理准则

模板和脚手架工程，是常见的施工措施项目。这两项费用可占整个措施项目的60%左右。措施费是施工方控制成本的重头戏，是技术和管理水平高低的"试金石"，同时也往往是施工成本流失的关键通道。大到方案选择、材料确定，如模板选择铝模板体系还是胶合板体系；小到具体工艺，例如框架柱的加固采用方圆扣还是普通的对拉螺栓加钢管。再比如，外脚手架类型选择盘扣架还是普通扣件式脚手架，都要深度融合技术、造价要素，在确保安全质量的前提下，合理、最大化地加快工期、节约成本，现实创效。

本节讲述了两个分项工程的商务关注要点，还列举了从施工实践中总结的测算数据，并对具体的施工工艺作了商务点评。结合自身工程特点、合同条件，策划一个适用具体工程的技术商务交底。在之前的签证索赔案例中，比如因建设方营销策略变化而中途停工，这两个分项的技术交底内容就显得非常关键。从两个视角去审视技术交底：从对建设方索赔的角度，是否有利；从施工操作层面角度，是否经济可行。

《房屋建筑与装饰工程工程量计算规范》GB 50854—2013的附录S措施项目的分类，主要包含脚手架工程、模板工程、垂直运输、超高施工增加、大型机械设备进出场及安拆、施工降水排水、安全文明施工及其他通用措施费。本节主要讲述了普通模板、常规外脚手架的技术交底。对其主要施工工艺进行了详细讲述，对于施工准备、质量标准、质量常见问题处理、安全注意事项等属于技术交底的具体内容，局限于本书篇幅并没有详细叙述，可在常规的书籍和专业网站中查到。

7.3.1　模板工程技术交底商务管理

模板材料的选择，直接与成本相关。如果使用铝模板，要经过严格的论证、推演和计算，评价分析成本盈亏情况。很多房地产招标时，指定某几个楼座采用铝模板，并且在招标清单中列出铝模板项，这样做比较合理；否则，施工方自行决定采用铝模板的，必须经过上述评价。

对于多楼座小区或者大型公共建筑，模板的周转方案，直接决定了进场量的多少。合理的周转安排，使得流水施工顺畅、成本处于较低水平。支撑体系的选择，比较盘扣架和扣件式钢管脚手架时，还要注意人工费的区别。一般来讲，盘扣架的人工费比扣件式钢管脚手架的价格要低5元/m²左右。模板的具体排版，需要结合班组的施工经验、方便程度综合平衡考虑，减少裁剪，边角料要合理利用，节约成本。

对于地下室防水外墙，加固墙体模板的对拉螺栓，有三段式的形式，中间段留在混凝土中，两侧的可以卸下来周转使用。注意的是，与班组约定好损耗率，防止责任不明造成浪费。

柱模板的加固，方圆扣的形式施工速度快、加固效果好，可以从租赁与购买两方面进行价格比较；也可以从方圆扣与普通钢管＋对拉螺栓的形式做费用比较，最终决定选择哪种形式。

高大模板的支撑系统，其成本远高于普通模板。在一些地区已经明确高大模板支撑系

225

统单独计费，需要在专项施工方案中穿插计费的铺垫，明确搭设构造参数，方便结算。更特殊的高大模板，如医院项目的直线加速器房间，与班组之间的结算，最好以成本加酬金的方式进行。

特殊部位如下卧的集水坑、电梯井的斜坡模板，要采取抗浮措施，一般使用塔式起重机吊装成捆的钢管，压在斜向支撑模板上。防止混凝土浇筑时，整体上浮。下卧梁、筏板周圈结构、错台等部位，使用砖胎模时，要注意实体费用与措施费用的问题。总之，每一项成本支出都能对应到合理的预算收入。

商务关注点还有模板的各项含量指标数据。曾测算过一个住宅楼，模板安装综合人工工效为 $13.46m^2/$ 工日。测算过一个综合医院的模板含量数据：一次结构模板沾灰面积指标为 $2.524m^2/m^2$，其中地下 $3.46m^2/m^2$，地上 $2.17m^2/m^2$；二次结构模板面积指标为 $0.19m^2/m^2$。模板木方材料的实际耗量：模板对建筑面积的耗量是 $1.014m^2/m^2$；木方对建筑面积的耗量是 $0.0157m^2/m^2$。模板木方材料计划方面的配比数据为 $1:(70\sim80)$，即进场 $70\sim80m^2$ 的模板，需要配置 $1m^3$ 的木方。普通模板支撑系统钢管用量指标为 $12m/m^2$、扣件用量指标为 8 个 $/m^2$。这些数据对于商务谈判、材料计划提取具有重要的参考价值。

以上内容可以归纳为图 7-8 所示，供商务人员参考。

准备工作	材料选择	普通胶合板还是铝模板
	周转方案	准备几层材料，如何周转
	支撑体系	扣件式脚手架还是盘扣式脚手架
	模板排版	各构件板块配置排板

施工过程	对拉螺栓	材质、规格型号、布置密度、使用传统还是三段式
	非周转螺栓	确定部位，螺栓端头处理措施
	龙骨材料	以钢管还是方木为主
	框架柱加固	方圆扣还是钢管＋对拉螺栓
	抗浮措施	集水坑电梯井模板的抗浮措施
	下卧构件	下卧梁、承台，用模板还是砖胎模
	基层为回填土	支撑架基础是回填土，采取的措施
	高大模板	方案设计、监测方案
	地下暗室	位置，涉及定额套用子目
	超高模板	定额名词，涉及计价
	反浇带	独立支撑的形式，保留时间确认
	墙模板支顶	保证构件截面尺寸
	特殊部位模板	无法拆除或支撑方式特殊
	浇筑顺序	整浇时，竖向构件与水平构件间隔时间
	小型构件	采取的措施

图 7-8 模板分项工程技术交底商务考虑的细则

下面以某项目为例，讲述模板工程技术交底的主要内容。

1. 梁模板支撑体系构造

（1）采用 12mm 厚复合木胶板模板，梁底及侧模背面两侧采用断面为 $50mm\times80mm$

方木作龙骨，设置间距≤300mm；梁底的小横杆抄平扎设，梁侧竖向采用轮扣钢管固定后，用水平杆及竖向杆件固定于架体上。框架梁底中部采用普通钢管作为支撑，加固间距1.0m。框架梁模板按梁净跨的2‰起拱。高度＞800mm的梁，沿梁高每0.4m、梁长方向每1m设置一道φ14对拉螺栓。

（2）轮扣脚手架立杆以横距1.2m、纵距0.9m为主。在非框柱梁区采用0.9m×0.9m方格布置，局部配以0.6m作为调节。纵、横向扫地杆距地面≤0.55m。第一步的步距为1.8m，其他步距为1～1.4m，立杆自由端高度不超过0.65m。剪刀撑采用扣件式钢管搭设，竖向剪刀撑设置在框架梁底。水平剪刀撑设置在顶部水平杆位置，剪刀撑钢管搭接长度为1m，不少于3个扣件等距离固定。支撑高度超过5m时，底部连续设置水平剪刀撑。

商务点评：模板木方的材质规格、梁对拉螺栓设置参数；支撑立杆间距、步距、剪刀撑设置参数。这些与施工成本有直接关系。如果遇到工程索赔时，又会成为最直接的计算依据。

2. 板模板支撑体系构造

（1）采用12mm厚复合木胶板模板，下设50mm×80mm方木及钢管做龙骨，设置间距≤200mm。施工过程中，严格控制模板缝隙、平整度，保证混凝土施工质量。

（2）轮扣脚手架立杆裙房以下0.9m×0.9m间距布置为主，主楼以1.2m×1.2m间距布置为主。遇柱梁做适当调整，配以0.9m或0.6m的水平杆作为跨度调节。纵、横向扫地杆距地面≤0.55m。第一步的步距为1.8m，其他步距为1～1.4m。立杆自由端高度不超过0.65m。剪刀撑设置要求同梁底。

（3）后浇带处，支撑架体成独立成体系，以便其他部位拆模时，后浇带还能够完成独立的支撑。

7.3.2 脚手架工程技术交底商务管理

脚手架搭设体系的选择，一般有常规扣件式脚手架和盘扣架。焦点就是成本的问题，做好对比分析，以确定选择的类型。密目网选择是普通的还是钢板网，也是关系到成本问题。有评定质量奖要求的，可以考虑在某楼座使用。至于在预算收入中是否能够计取此费用，要视双方的合同约定。

悬挑架体的搭设，一般是从上往下计算，每次悬挑不能超过20m；否则，要进行专家论证。还要结合室外土方回填、防水等工序，综合平衡考虑。悬挑架主龙骨的选择，是采用传统的工字钢从楼板中伸出来，还是用膨胀螺栓直接固定在剪力墙外侧的方式，一是费用的对比，二是厂家技术成熟可靠度的对比。如同悬挑的卸料平台，非传统的伸缩式平台，也需要考虑上述两方面。

悬挑脚手架要关注特殊部位的搭设方式：楼座转角处、楼梯间、电梯间、悬挑阳台、厨房等位置，这些地方可能会有工字钢的重叠，需另行加固、构造再设计，涉及成本支出及安全保障问题。

电梯井内的脚手架，对比分析一下随层升降的工具式平台，与传统的从底到顶搭设的扣件式脚手架，一是费用的分析，二是如果后期电梯井内存在砌体时，两种架体形式的实用性问题。斜道有独立式和依附式，是否单独计费。在专项施工方案中明确，现场留有影像记录。

落地脚手架的基础涉及安全问题，也涉及成本支出。如在土质情况一般或者回填土上坐落的脚手架，要浇筑混凝土垫层、施做排水沟。看预算收入是否包含了此费用，视情况进行签证。

为施工方便，很多的模板支架有与外脚手架连接的情况，规范是不允许此构造存在的。出挑脚手架是为了保护场内临时道路或者加工厂不被坠物伤害而设置的，要关注此项预算收入中是否包含。

装饰脚手架比较灵活，有的采用传统的扣件式脚手架或满堂架，有的使用移动脚手架，有的采用简易工具式伸缩架，还有的直接使用砌块加木架板搭设更简易的脚手架。这些要综合平衡安全保障、班组合同单价包含内容，决定选择形式。

扣件式脚手架自身构造的要求：杆件排布、剪刀撑设置、连墙件设置、扣件位置设置等。如果相关的规范规定之间有冲突，以较为严格的为准。

以上内容可以归纳为如图 7-9 所示，供商务人员参考。

准备工作	体系选择	扣件式还是盘扣式
	密目网选择	普通还是钢板网
	搭设方式	落地还是悬挑
	悬挑支撑方式	工字钢内伸外挑还是外墙混凝土固定悬挑
	覆盖范围	要明确各部位是否不同的脚手架
施工过程	悬挑脚手架	楼梯间、电梯间以及悬挑阳台,工字钢做法
	架体基础	脚手架基础是否需要另行施做排水沟
	架体改动	是否设计造型需要,更改脚手架,签证
	外脚手架范围要全面	普通外立面、内天井、突出屋面房间部位,分别计量;室外阳台、雨篷、独立柱等部位单独设计;斜屋面是否需要攀爬手架
	地下室外架	防水使用脚手架,与回填土之间的施工顺序关系,防水保护砖墙亦如此
	出挑脚手架	搭设位置、层数,主要是防护作用
	内脚手架	砌筑、抹灰,装饰装修,是否用满堂架
	移动脚手架	使用部位,其他特殊类型脚手架
	垂直封闭	是否倒用,覆盖范围
	斜道	独立还是依附式
	与模架关系	特殊部位是否有模板支架与外脚手架相关联,如何处理
	电梯井脚手架	落地脚手架还是随层工具式
	卸料平台	落地式还是悬挑式,位置及数量明确

图 7-9 脚手架分项工程技术交底商务考虑的细则

以某项目为例，讲述脚手架工程技术交底的主要内容。

1. 搭设方案

本项目外墙脚手架采用扣件式钢管脚手架，分为两种类型：双排落地式和工字钢悬挑式。其中，落地式脚手架主要用于门诊医技楼的南、北立面。悬挑脚手架主要用于门诊医技楼东侧和病房楼全部立面。落地式脚手架最大搭设高度为 22.6m，悬挑脚手架最大搭设高度为 19m。具体搭设情况如表 7-5 所示。

某医院悬挑脚手架搭设参数　　　　　　　　　　　　　　表 7-5

	所在层数	层高（m）	说明
第 1 次悬挑 （17.3m）	2F	4.5	自结构 1 层顶、2 层底开始，悬挑 4 层
	3F	4.5	
	4F	4.5	
	设备层	3.8	
	本次悬挑高度	17.3	
第 2 次悬挑 （19m）	5F	3.8	自结构设备层顶、5 层底开始，悬挑 5 层
	6F	3.8	
	7F	3.8	
	8F	3.8	
	9F	3.8	
	本次悬挑高度	19	
第 3 次悬挑 （19m）	10F	3.8	自结构 9 层顶、10 层底开始，悬挑 5 层
	11F	3.8	
	12F	3.8	
	13F	3.8	
	14F	3.8	
	本次悬挑高度	19	
第 4 次悬挑 （18.95m）	15F	3.8	自结构 14 层顶、15 层底开始，悬挑 5 层
	16F	3.8	
	17F	3.85	
	机房一	4.3	
	机房二	3.2	
	本次悬挑高度	18.95	

商务点评：不同部位采用落地还是悬挑搭设方式要描述清楚，方便计量。将悬挑的每层都列表表达，计量明确，更利于指导现场施工。

2. 搭设构造参数

（1）双排落地式脚手架，立杆纵距 1.5m，横距 0.9m。水平杆步距 1.8m。连墙件竖向预埋在楼层外侧框架梁上，间距为一个楼层高度；水平间距为 4.5m，呈菱形布置。连墙件自底层第一步纵向水平杆开始设置。

（2）普通悬挑参数设置，使用 16 号工字钢作为悬挑梁，其截面高度为 16cm，宽度 8cm。建筑物外悬挑段长度 1.55m，建筑物内锚固段长度 2.45m。悬挑水平钢梁采用拉杆与建筑物拉结，拉杆为 1 套 ϕ15.5（6×37）号钢丝绳，钢丝绳固定在上层外框梁上的 U 形预埋钢筋上。工字钢在楼板的锚固，采用直径为 18mm 的成品套件预埋在现浇混凝土楼板中。下设 2 根Φ18 的钢筋压住此 U 形筋。锚固点共 3 处，最后的锚固点距工字钢末端 0.2m。最外侧锚固点位于框架梁内侧。立杆排布、连墙件设置，同落地式脚手架。

商务点评：搭设参数要细化，与成本支出息息相关，也是班组决定报价的基础，避免日后扯皮。也为可能发生的向建设方的索赔，留有足够的证据。

7.4 外檐施工技术交底商务管理准则

屋面工程是参评各类奖项的必查部位，要高度重视屋面工程，体现在高水平的深化设计、精湛的施工工艺、完美的完工效果、优良的使用功能和耐久性考验上。

在设计阶段，往往与验评奖项不相干，对于评奖要求的做法在设计图纸中并未明确。比如，排气帽基座处理及风帽做法、排气道的装饰与风口做法。这些做法，一是要在图纸会审阶段提出，取得建设方对评奖工作的支持；二是要在技术交底中明确，前后呼应，为争取进入结算取得证据链的闭环。

对于外墙保温工程也是如此，设计者往往没有细化到诸如托架的设置、防火隔离带的参数、各部位诸如窗侧保温做法等，大多是引用图集或者规范做法。要在技术交底中逐一明确：保温的范围、各部位做法、各节点构造等内容，文字不方便表达的要配合详图及列表。一是为现场施工提供详尽的指导；二是为结算计量提供可靠的依据；三是在节能验收中，能够提供现场已施做的证明。

本节主要讲述的是外墙保温工程、屋面工程的施工技术交底。《建筑工程施工质量验收统一标准》GB 50300—2013 规定，屋面分部工程包含的子分部有：基层与保护、保温与隔热、防水与密封、瓦面与板面、细部构造。外墙保温则属于规范中的建筑节能分部。

外墙保温与屋面工程这两个分项工程的共同特点是在建筑物外部，都涉及节能措施，与建筑物的使用功能密切相关。在结算时引起的争议较多，如保温的覆盖范围、细部节点做法等方面。

7.4.1 外墙保温技术交底商务管理

保温体系的选择，主要取决于图纸设计。看节能专篇与常规的建筑设计之间是否存在矛盾或遗漏。如果使用 FS 板与外墙混凝土一体化浇筑时，FS 板外侧是否使用模板，专项施工方案需要重点考虑。

外贴式保温板，确定好板的重度、耐火等级；锚钉的规格型号、布置数量、伸入基层墙体的长度；玻璃纤维网格布规格，砂浆的种类。粘贴方式是点粘、条粘还是满粘。

细部构造有角钢托架，是只有底部设置还是每隔几层设置。防火隔离带的材料、宽度、部位。洞口部位的保温板要套割，网格布翻边的设置，与幕墙缝隙的封堵处理，都涉及成本。

保温板的覆盖范围，一是大面积的材料及做法，二是洞口侧面的材料及做法。冷热桥的处理，特殊部位如阳台底部、通道连廊底部是否加大板材厚度等。供暖房间与非供暖房间的分隔处，设计是否明确要使用的材料和做法。地下室顶棚保温材料，是否适用于地下室的使用环境，要综合盈亏情况进行分析。结算时，要分部位区别计量，保证覆盖全部范围。

上述内容可以归纳总结为如图 7-10 所示，供商务人员参考。

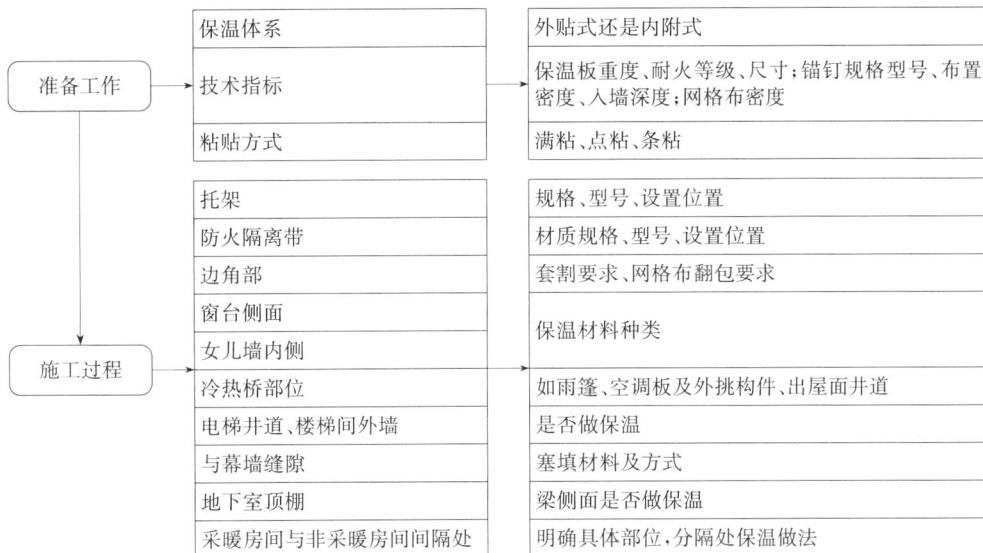

准备工作	保温体系	外贴式还是内附式
	技术指标	保温板重度、耐火等级、尺寸；锚钉规格型号、布置密度、入墙深度；网格布密度
	粘贴方式	满粘、点粘、条粘
施工过程	托架	规格、型号、设置位置
	防火隔离带	材质规格、型号、设置位置
	边角部	套割要求、网格布翻包要求
	窗台侧面	保温材料种类
	女儿墙内侧	
	冷热桥部位	如雨篷、空调板及外挑构件、出屋面井道
	电梯井道、楼梯间外墙	是否做保温
	与幕墙缝隙	塞填材料及方式
	地下室顶棚	梁侧面是否做保温
	采暖房间与非采暖房间间隔处	明确具体部位，分隔处保温做法

图 7-10 外保温分项工程技术交底商务考虑的细则

下面以某项目为例，讲述外保温工程技术交底的主要内容。

（1）基层应坚实平整、表面清洁，无油污、隔离剂、浮尘等妨碍粘结的附着物。

（2）胶粘剂。将胶粘剂与水按 4：1 的比例搅拌均匀。静置 5min 后，再加适量水搅拌均匀，并调节稀稠至使用状态。搅拌好的胶粘剂在 2h 内用完。

（3）粘贴方式。保温板采用满粘法，胶粘剂铺满在保温板粘贴面上，并使用专用锯齿抹子，沿保温板长度方向，将胶粘剂均匀刮出齿状粘胶条，厚度不应大于 10mm。

（4）保温板缝要错缝。外转角也要错缝，且保证保温板的侧面缝隙有粘胶。

（5）在门窗洞口四个角上粘贴保温板时，应采用整板套割的方法。为保证排水的通畅，所有线条、空调板、飘窗板、门窗洞口等要做好流水坡度。所有预留鹰嘴的部位，应在粘贴前切好鹰嘴。

（6）网格布在门窗洞口处、变形缝等系统终止部位，需要进行网格布翻包。裁剪窄幅网，在需要进行翻包处，涂抹宽 10cm、厚为 2mm 的胶粘剂，将窄幅网格布的一端压入胶粘剂中，余下端甩出备用，并应保持清洁。保温板贴牢固后，将预先留出的网格布沿板厚翻包，再将翻包网压入抹面胶浆中。

（7）防火隔离带接缝位置距门窗洞口≥200mm。锚栓位置在隔离带，距端部不超过100mm，锚栓间距≤600mm，每段隔离带至少有两个锚栓。大面网格布施工前，在防火隔离带与保温板交界处，必须增加铺设一层加强耐碱玻纤网布，上下搭接宽度≥200mm。

（8）聚苯板表面处理完毕后，进行锚钉加固。锚固件数量、位置、锚固深度和拉拔力应符合方案要求。锚固件数量不少于 6 个/m²，呈梅花状分布。后置锚固件有效锚固深度在混凝土墙中，EPS 板不得小于 25mm，XPS 板不得小于 50mm。在砌体墙中均不得小于50mm，且单个锚栓抗拉承载力标准值≥0.30kN。锚固件钻孔所使用的钻头直径，不得大于锚固件尼龙套管的外直径。锚钉圆盘表面应略低于保温板表面 1～2mm，既能保证表面平整度，又能减少防护面层的开裂风险。

（9）面层施工前检查保温板表面是否平整、干净、干燥。施工时，先把搅拌好的聚合物面层砂浆涂抹在保温板表面，厚 2mm，并立刻铺设网格布压入砂浆内，网格布搭接 10cm，表面碰触后可再抹一层面层砂浆，总厚度控制在 3mm 左右。玻璃纤维网格布的铺设应自上而下沿外墙铺设，必须先上胶再埋网，严禁先铺网再做抹面砂浆。玻璃纤维网格布应尽量靠近防护层的外侧，以看不见网格布颜色而看得见网格布的格子为宜。

（10）窗口及门口的角部保温板应采用整块套割，不得用碎块拼接。铺设玻璃纤维网格布时，为减少四个角的应力，做一道加强玻璃纤维网格布。保温板没有抹灰前，在洞口四个角沿 45°用面层砂浆，铺贴 200mm×300mm 玻璃纤维网格布加强层，厚 1mm。窗洞口侧边用保温砂浆收口。

（11）门窗洞口及系统终端必须预留翻包网，压入粘结层的宽度不低于 100mm，外露部分为翻包至大面不少于 100mm。

商务点评：*以上的细部做法把技术指标数据，对于下游专业分包方，是一种保证质量的强有力的约束。在专业分包合同中明确上述规定，施工过程中要严格执行，保证总承包方支出的每项费用都物有所值。*

7.4.2　屋面工程技术交底商务管理

屋面工程是评选奖项验收时的必查重点部位，有些做法可能原设计没有，需要施工方在策划阶段提出，争取建设方的支持。这样，就可以计入结算。比如，排气孔风帽材质、排布、墩台美化；缸砖的分色、排布，上翻至女儿墙和设备基础；排水布设调整，设置大坡向的排水沟；管道和伸缩缝过桥的设置等。

对防水、保温材料的研究判断：是否适用于本地区本工程，质量保证程度如何，利润如何。屋面蓄水试验分几次，每次的封堵、抽水、排水的措施如何，预算收入中是否有此单独的费用。蓄水淹没防水层最高处 20mm，全封闭蓄水，验收所有接缝，蓄水 48h。

细部做法如防水上翻至女儿墙、管井、设备基础等位置的高度，固定措施、封边做法，出屋面管道的包裹密封措施。防水的细石混凝土保护层内设计是否配置了钢筋网片。

风道出屋面的高度：《住宅厨卫间防火型排烟气道》L11J105 规定，上人屋面必须≥2m（比完成面）。一般图纸设计达不到此高度，或者高度不明确。此处涉及的工程量有砌筑、抹灰、保温、外饰面等。

以上内容可以归纳为如图 7-11 所示，供商务人员参考。

以某项目为例，来讲述屋面工程技术交底的主要内容。

1. 水泥珍珠岩找坡层施工

施工工序：标高抄测→灰饼冲筋制作→拌合水泥膨胀珍珠岩→排气管埋设→铺设振捣找坡压实。

（1）材料找坡：使用 1∶6 水泥膨胀性珍珠岩进行 2%找坡。找坡高度与找坡距离的比例为 1∶50。

（2）抄引标高。按照 2%的坡向冲筋打点，用 1∶6 水泥膨胀珍珠岩（采用现场搅拌）找坡，表面碾压密实。坡度必须准确，否则会引起排水不畅，造成屋面积水。

准备工作	质量标准	是否参加评奖
	排水规划	可以打破原设计，整体坡向较好
	保温层	是否变更为发泡混凝土
	防水材料	是否技术成熟、可靠
施工过程	上翻高度	尤其出屋面门槛高度 250mm，其他位置附加层要明确规格、型号、范围
	固定措施	上翻卷材的固定措施明确
	水落口	细部防水处理措施
	出屋面管道	
	高低跨落水	
	蓄水试验	遍数，具体封堵、上水、放水措施
	屋面缸砖	规格、型号、分色、上翻至基础或女儿墙
	排气口做法	美观实用
	分隔缝	处理措施
	伸缩缝	
	种植屋面	排水与大屋面的衔接

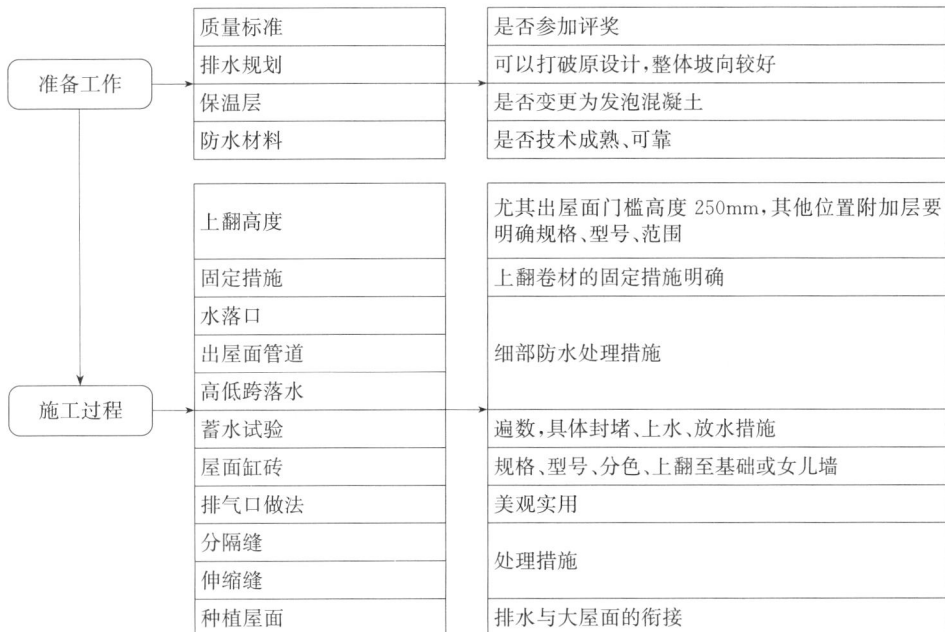

图 7-11　屋面分项工程技术交底商务考虑的细则

（3）水泥膨胀珍珠岩吸水性强，掺水量的控制至关重要，在拌合时严格测定用水量，确保水泥珍珠岩的施工质量，以"手攥成团，落地开花"为宜。水泥膨胀珍珠岩吸水率高，尽量滤干水分，才可以使用。

（4）排气管埋设：永久性埋设，使用 $\phi50$ 的 UPVC 管件，周圈全长钻 $\phi6@150$ 的透气孔。一圈钻四孔，梅花形交错钻孔，透气孔要钻穿管壁。钻好后把孔周围的毛刺、残屑消除干净，以免堵塞。排气管纵横交接处使用十字四通接头或者 T 形三通接头连通。管壁外部使用无纺布包裹，无纺布外侧使用细石作为过滤层。排气管间距不大于 6m×6m，纵横贯通，承插粘结好的排气管网置于分隔缝中，并与竖向的排气管连接。

（5）铺设已搅拌好的水泥珍珠岩，用铁锹将其铺在基层上，以已做好的灰饼冲筋为标准将灰铺平，可随铺随用铁锹和特制木拍板拍压密实，用木抹子搓平密实。全部操作过程要在 2h 内完成，铺设后应进行洒水养护。

商务点评：一般图纸设计不会载明排气的做法，都是施工方根据相关要求和经验，深化设计的成果。此做法明确在图纸会审中，在方案和交底中载明，办理现场签证，留好影像资料。最终审核时，争议的焦点为这是否属于施工方为了保证质量而自行采取的措施费用。

2. 挤塑聚苯板保温层施工

施工工序：基层处理→挤塑板加工处理→铺贴挤塑板→板缝处理→成品保护。

（1）基层要满足平整、干燥和干净的要求。挤塑板铺设时，尽量使用整块，从一端向另一端错缝铺放。不够整块时，根据面积在挤塑板上弹线，依线锯割，整齐铺放，不得任意手掰填铺。挤塑板与结构、管道、板与板之间的缝用保温灰浆填实。保温板运到工地后，应妥善保管，贮存于室内。若存于室外，场地应平整、不积水，板上部用苫布覆盖并压重物，以免日晒雨淋或被风刮跑。

（2）保温板的铺贴顺序应从周边开始，然后向两侧及中心铺设。或按其排水方向铺设，横向接缝应错缝。在板上未铺设压盖保护层时，应压重物，以免被风刮跑。保温板应使用专用工具裁切，裁切边要求垂直、平整，拼缝处应严密。施工时不得在其上部放置易燃及溶剂性化学物品，不得在上面进行电气焊接作业。

商务点评：保温板的干铺、湿铺，湿铺是点粘、条粘还是满粘，在定额套用和实际成本方面都有很大的区别。

7.5 室内施工技术交底商务管理准则

室内工程技术交底的商务重点在于抹灰分项工程，涂料与抹灰息息相关。如果抹灰问题解决了，涂料则顺理成章。在抹灰结算争议及应对措施章节，有较为详细的论述，根源在于设计无法穷尽所有描述。这时，技术交底可以作为有利的补充。本着对设计做法完善的原则，与图纸会审相呼应，与技术资料的隐蔽工程验收记录相印证。思路就是重点关注分界处、节点位置、包含关系位置的做法，进行商务要点描述。如砌体墙与混凝土墙的交界处理措施、有吊顶的抹灰高度界定、遇到箱体的背部处理，这些措施都是技术和商务要关注的重点。完善交底内容后，呈现出界面清晰、做法确定、构造详细、标准明确的状态。无论对于现场施工还是商务造价，都是有利的。

石膏抹灰是目前大型房地产使用的主流产品，应用在除有水房间之外的部位，且在招标清单中列项。施工方根据市场行情报价，改变了传统定额计价模式下抹灰亏损的状况。石膏抹灰质量保障程度高、观感效果好、增加房间净空、绿色环保有优势，只是较普通抹灰价格稍高。

《建筑工程施工质量验收统一标准》GB 50300—2013 中规定，建筑装饰装修分部工程包含的子分部有：建筑地面、抹灰、外墙防水、门窗、吊顶、轻质隔墙、饰面板、幕墙、涂饰、裱糊与软包、细部。

本节讲述了室内腻子、普通砂浆抹灰、石膏砂浆抹灰的技术交底。要注意的是，本技术交底是以商务角度编写的，仅保留了有关商务方面的内容。

7.5.1 室内腻子技术交底商务管理

室内腻子主要考虑材料的种类，是成品腻子还是现场搅拌，一般是现场搅拌的居多，因为价格低廉。地下室是否使用防霉变的腻子涂料，有的分包班组使用白水泥来替代腻子。一袋防霉耐水腻子25kg，基层条件一般的地下车库能够施工15m² 左右，好的基层条件的如住宅楼上，可以施工20m² 左右。掌握这些成本数据，可有效地与分包班组进行合同价格谈判。

基层处理方法，还是取决于基层条件。有的直接在混凝土面上打磨处理即可刮腻子，有的则需使用石膏局部找平后方可刮腻子。这样形成的班组价格不同。还有个别地方，隐蔽性较强、不重要的部位，基层处理后直接喷涂料而省去了刮腻子的工序。一般设计层面的做法是，无论混凝土面还是砌体墙面，都是先抹灰后刮腻子再喷涂料。

腻子、涂料的遍数，对于预算收入来讲影响较大，在设计和实际做法之间取得平衡，对于创效来讲是一个关注点。装饰使用的脚手架，一般都是班组价格包含了脚手架费用，只有特殊部位如大厅位置，需要总承包方提供脚手架。

以上内容可以归纳为如图 7-12 所示，供商务人员参考。

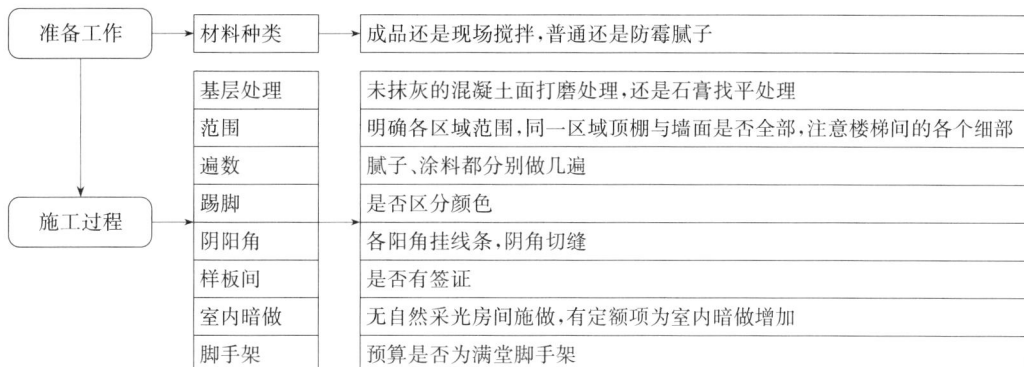

```
准备工作 ──→ 材料种类 ──→ 成品还是现场搅拌，普通还是防霉腻子

                基层处理    未抹灰的混凝土面打磨处理，还是石膏找平处理
                范围        明确各区域范围，同一区域顶棚与墙面是否全部，注意楼梯间的各个细部
                遍数        腻子、涂料都分别做几遍
施工过程 ──→    踢脚        是否区分颜色
                阴阳角      各阳角挂线条，阴角切缝
                样板间      是否有签证
                室内暗做    无自然采光房间施做，有定额项为室内暗做增加
                脚手架      预算是否为满堂脚手架
```

图 7-12　腻子分项工程技术交底商务考虑的细则

下面以某项目为例，讲述室内腻子技术交底的主要内容。

1. 建筑做法

室内腻子各部位做法如表 7-6 所示。

室内腻子各部位做法表　　　　　　　　　　　表 7-6

名称	部位	做法及注意事项
普通房间（除卫生间、厨房间外）	顶棚	1. 钢筋混凝土楼板； 2. 找补打磨聚合物砂浆找平； 3. 满刮 2～3mm 厚柔性腻子，2 遍成活
	内墙	满刮 2～3mm 厚柔性腻子，2 遍成活（墙面腻子遇卫生间门洞时向门内包边 3cm）
卫生间、厨房间	顶棚	1. 钢筋混凝土楼板； 2. 找补打磨聚合物砂浆找平； 3. 满刮 2～3mm 厚防水腻子，腻子从顶棚下翻 50mm 取平，2 遍成活
	内墙	内墙不刮腻子

2. 材料、机械准备

柔性腻子、白水泥、聚合物水泥砂浆、高板凳、脚手板、腻子托板、橡皮刮板、砂纸、腻子槽、擦布、半截大桶、护角。

3. 工艺流程

基层处理→聚合物砂浆找平→砂纸磨平→第一遍满刮腻子→砂纸磨平→第二遍满刮腻子→检查验收。

1）基层处理

墙面上起皮、松动等清理凿平，将残留在基层表面的浮灰、污垢、溅沫等杂物清除扫净。混凝土墙面的螺栓眼用 1∶3 干硬性水泥砂浆掺 10% 的膨胀剂修补嵌填密实。对于顶棚平整度较差的部位，先用聚合物砂浆进行基层修补，达到平整后再批刮腻子。其他缺棱掉角部位，用聚合物砂浆修补嵌填平整。

商务点评：在混凝土面不抹灰的情况下，进行基层的打磨处理，在山东省消耗量定额中有专门的子目。

2）聚合物砂浆找平

将墙面、门窗口角等破损处、麻面、风裂、接槎缝隙等部位，分别用聚合物砂浆找平补好。干燥后用砂纸将凸出处磨平。

3）腻子施工工艺事项

第一遍满刮腻子：腻子用胶皮刮板横向满刮，一刮板紧接一刮板，接头处不得留槎。每一刮板最后收头时，要注意收得干净、利落，并且将阴阳角处修整方正。第一遍满刮腻子干燥后，用砂纸将腻子残渣、斑迹等打磨平、磨光，然后将墙面清扫干净。待腻子干燥后个别地方再修补腻子。个别大的孔洞可复补腻子，彻底干透后用砂纸打磨平整，清扫干净。

第二遍满刮腻子：用胶皮刮板竖向满刮，阴角要直，阳角要方。墙面、顶棚要刮平刮光。混凝土墙体底层粉刷腻子施工：底层砂浆抹灰施工完成后，必须对其坚固性、干燥性、有无空鼓情况进行验收检查，合格后方可进行腻子的施工。

商务点评：刮腻子的遍数，直接影响预算价格。另外，腻子材料本身的品种，成品还是现场搅拌，影响价格。分包班组价格分解举例如下，地下工程：9元/m^2（人工）、2元/m^2（防霉腻子）、1.5元/m^2（防霉乳胶漆）；地上工程：9元/m^2（人工）、1.2元/m^2（普通腻子）、0.5元/m^2（普通乳胶漆）。

4. 质量控制

（1）腻子的品种应与基层性质配套使用。腻子应有良好的塑性、易涂性，与基层粘结牢固，干燥后应坚固。

（2）基层表面的灰尘、隔离剂、油污必须清除干净。

（3）基层表面孔洞凹陷较大时，刮腻子要分层进行，反复刮抹平整。

（4）混凝土基层表面的蜂窝、麻面及小气孔，要反复刮抹，将腻子挤入孔洞内。

（5）每遍刮腻子不宜过厚。不可在冰霜、潮湿、高温的基层上刮腻子。

（6）在顶棚腻子施工时，必须按照楼层内建筑1m线向上找平，保证顶板的平整度。

5. 质量标准

（1）腻子干燥前不得打扫室内地面，严防灰尘粘污墙面。

（2）刮腻子前墙面应基本干燥，基层水泥砂浆找平层必须干燥且含水率不大于10%。

（3）必须将表面泛锈处理完后再刮腻子，防止刮腻子后再泛锈。

（4）阳角条必须置于粉刷层内，严禁外露。

（5）腻子表面刮抹均匀，颜色一致，平整、光滑、无刮痕，洁净、无砂眼，严禁脱皮、疙瘩、裂纹、漏刷和透底。

（6）腻子墙面应坚实、牢固，无脱层、空鼓，面层应无粉化、起皮和裂纹。

7.5.2 普通砂浆抹灰技术交底商务管理

普通抹灰砂浆的选择，可参考砌体施工技术交底商务管理小节。注意涂刷界面剂的工序，要在建筑设计做法中明确，以增加预算收入。一般图纸引用的图集，也有此道工序。另外，喷浆的配合比数据要明确。

抹灰范围涉及某些部位是否抹灰的问题，比如混凝土材质的柱、剪力墙面；再如干挂饰面的砌体墙面，有的施工方利用了此量差创效。有吊顶的房间，抹灰高度是满布墙高还是到吊顶面层上方即可。不同的房间是否使用不同的砂浆类型，如水泥砂浆、混合砂浆、保温砂浆、防辐射砂浆的各种应用，要搞清楚界面。

普通砂浆抹灰有三种网：第一种是设置在不同材料交接处的钢丝网，防止开裂；第二种是设置在抹灰层中的玻璃纤维网格布，防止抹灰层本身开裂；第三种是在人流通道、走廊等，防止墙体倒塌的钢筋网片。石膏砂浆抹灰只在阴阳角和不同材料交接处采用玻纤网，其他位置不用。注意的是，设计做法是否已经明确了这三种网的规格型号及覆盖范围。

计量方式上有不同之处，在于洞口侧壁的抹灰。预算收入不单独计算，而对班组则按实结算。

以上内容可以归纳为如图 7-13 所示，供商务人员参考。

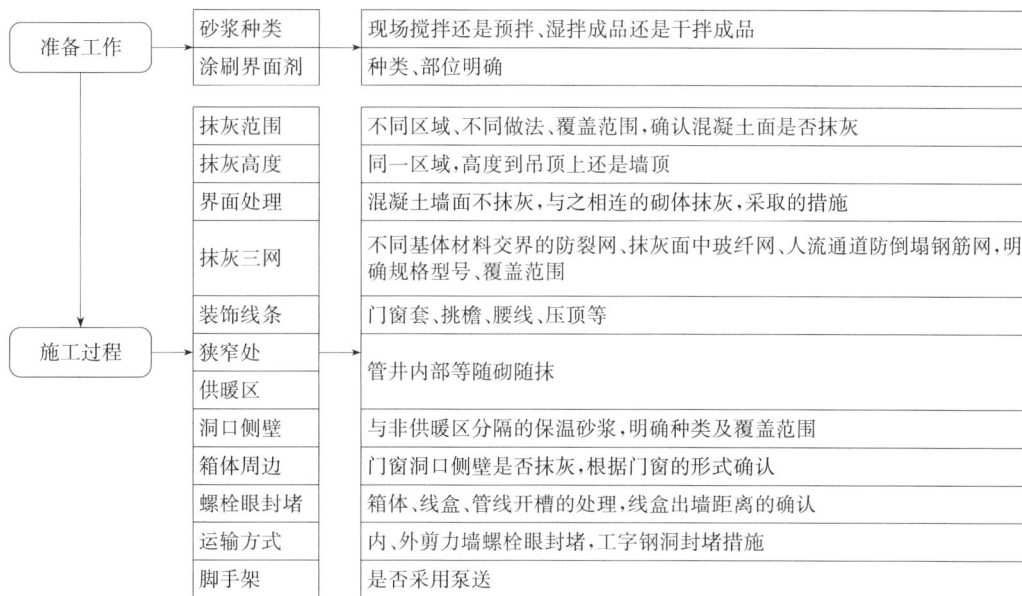

准备工作	砂浆种类	现场搅拌还是预拌、湿拌成品还是干拌成品
	涂刷界面剂	种类、部位明确

施工过程	抹灰范围	不同区域、不同做法、覆盖范围，确认混凝土面是否抹灰
	抹灰高度	同一区域，高度到吊顶上还是墙顶
	界面处理	混凝土墙面不抹灰，与之相连的砌体抹灰，采取的措施
	抹灰三网	不同基体材料交界的防裂网、抹灰面中玻纤网、人流通道防倒塌钢筋网，明确规格型号、覆盖范围
	装饰线条	门窗套、挑檐、腰线、压顶等
	狭窄处	管井内部等随砌随抹
	供暖区	
	洞口侧壁	与非供暖区分隔的保温砂浆，明确种类及覆盖范围
	箱体周边	门窗洞口侧壁是否抹灰，根据门窗的形式确认
	螺栓眼封堵	箱体、线盒、管线开槽的处理，线盒出墙距离的确认
	运输方式	内、外剪力墙螺栓眼封堵，工字钢洞封堵措施
	脚手架	是否采用泵送

图 7-13　抹灰分项工程技术交底商务考虑的细则

下面以某项目为例，讲述抹灰技术交底的主要内容。

1. 建筑做法

各房间部位做法如表 7-7 所示。

<table>
<tr><td colspan="3" align="center">室内抹灰各部位做法表</td><td align="right">表 7-7</td></tr>
<tr><td align="center">部位</td><td colspan="2" align="center">做法</td><td align="center">备注</td></tr>
<tr><td>卫生间、厨房间</td><td colspan="2" rowspan="3">1. 刷界面处理剂一道
2. 9mm 厚 DPM15 预拌砂浆打底扫毛或划出纹道
3. 6mm 厚 DPM15 预拌砂浆（其中压入复合耐碱玻纤网格布）压光</td><td rowspan="3">卫生间、厨房间墙面为细拉毛</td></tr>
<tr><td>门厅、走道、楼梯间</td></tr>
<tr><td>普通房间（卫生间、厨房间除外）</td></tr>
</table>

部位	做法	备注
分户墙	1. 刷界面处理剂一道 2. 15mm厚玻化微珠保温砂浆 3. 3~5mm厚的抗裂砂浆,其中压入复合耐碱玻纤网格布压光	

2. 工艺流程

基底清理→钉钢丝网→喷水湿润→喷浆→找方、放线→贴饼、冲筋→基层抹灰→罩面抹灰→养护。

（1）基底处理：混凝土墙、顶棚面用水泥浆做好甩毛处理。将墙体表面尘土污垢清除干净。

（2）钉钢丝网：基层处理完之后，在砌体墙与混凝土框架柱、梁、构造柱、剪力墙交接处，加钉钢丝网，以防止裂缝出现。

（3）喷水湿润：用水把墙体湿润，喷水要均匀，不得遗漏、有明水。保证墙体表面的吸水深度控制在10~20mm。

（4）喷浆：用界面剂、水泥、过筛细砂制作水泥砂浆，采用喷浆机进行。施工要使其布点均匀，不应过厚或过薄。浇水养护24h，待甩浆达到一定的强度后抹灰底。

（5）找方、放线：先以跨度较大的两面墙体所在的轴，各找一个控制线，然后以这条控制线确定其他两条较短的控制线，相邻控制线要相互垂直。

（6）贴饼、冲筋：根据所放垂直线和水平线，确定抹灰厚度。然后拉通线抹灰饼，灰饼厚度及底层抹灰厚度，为确保整体面层平整度，还需冲筋，宽度与灰饼相同，厚度也一致。抹灰饼和冲筋的砂浆材料配比与抹灰面的砂浆配比相同。

（7）基层抹灰：基层抹灰要在界面剂水泥浆达到一定的强度之后（甩浆48h后为宜），开始底层抹灰，每层抹灰厚度最大不大于9mm。要求将基体抹严，抹时用力压实，使砂浆挤入细小缝隙内，接着分层装档、抹至充筋平，用木杆刮找平整，用木抹子搓毛。然后，全面检查底子灰是否平整，阴阳角是否方正、整洁，管道后阴角交接处、墙顶板交接处是否光滑、平整、顺直，并用托线板检查墙面垂直与平整情况。抹灰面接槎应平顺，管道背后应及时清理干净，做到工完料净场地清。

（8）罩面抹灰：在底灰六七成干时开始罩面抹灰，抹时如底灰过干，应浇水湿润，罩面灰两边成活。操作时，两人同时配合进行，一人先刮一遍薄灰，另一人随即抹平。依先上后下的顺序进行，然后赶实压光。压时掌握火候，不要出现水纹。压好后随即用毛刷蘸水，将罩面灰污染处清理干净。施工时，整面墙不宜留施工槎。

（9）养护：24h后喷水养护，养护时间不少于7d。混合砂浆适度喷水养护，养护时间不少于7d。

7.5.3 石膏抹灰技术交底商务管理

石膏抹灰分项工程，商务造价应关注的点，与普通抹灰分项工程类似，在此不再赘述。石膏抹灰的工艺流程如下：基层处理→喷涂界面剂→挂网加强→打点放线→冲筋复筋→人工粉刷石膏、机械喷涂石膏及刮平→打磨修整→细部处理→清理现场。

（1）基层处理：混凝土墙体表面需清除浮浆、隔离剂、油污等残留物，割除外露钢筋头、剔凿凸出的混凝土块。砌体墙面清扫灰尘，清除墙面浮浆、凸出的砂浆块。缺棱掉角处用石膏砂浆堵实。

（2）喷涂界面剂：界面剂与水按1:3比例充分搅拌混合，连续喷涂。先竖向喷涂一遍，再横向喷涂一遍。

（3）挂网加强：不同墙体的材料之间及线槽部位挂玻纤网（140g/m²，宽度300mm网格布），严禁钢丝网挂网。

商务点评：注意玻纤网应用范围只是在不同墙体的材料交接处，且明确网的规格、型号。

（4）打点放线：将激光扫平仪放置楼面，对准200mm控制线，使用卷尺确定灰饼厚度。房间开间进深尺寸偏差不应大于15mm。

（5）冲筋复筋：按照灰饼位置进行石膏冲筋，每条灰筋需贯通墙面。灰筋表面饱满光洁平整，冲筋完成后使用靠尺进行复筋。垂直度小于4mm、平整度小于4mm，筋条间距不得大于1.5m。

商务点评：石膏抹灰砂浆的冲筋是竖向条状，不同于普通抹灰砂浆的点状分布。

（6）人工粉刷石膏、机械喷涂石膏及刮平

人工粉刷石膏：将石膏砂浆抹在基底上，用H形刮尺紧贴冲筋上下刮平，抹灰总厚度10mm，分层施工，底层粉刷石膏抹灰8mm，罩面层抹灰厚度2mm。罩面石膏待地面施工完成后进行。罩面施工与门窗洞口收边、收口一起进行。电工线盒用刀片切割成方形，严禁用锤子等其他工具进行敲打。

机械喷涂石膏：先沿筋条喷涂回字形，然后在内成S形喷涂。喷枪与墙面垂直，喷嘴距墙10～15cm。枪嘴略微向上，根据筋条厚度调整喷枪平移速度。喷涂厚度应略高于筋条10mm，采用H形刮尺将石膏刮至灰筋面。墙面应平整、光滑，无气泡、粗糙面。底层粉刷石膏抹灰8mm，罩面层石膏抹灰厚度2mm，罩面石膏待地面施工完成后进行。

商务点评：石膏抹灰砂浆的面层及洞口完善时间较普通砂浆晚，是在地面完成后施工。普通抹灰砂浆则是在地面施工前全部完成。专业分包价格中包含了分次进场事宜。另外，石膏抹灰砂浆总厚度一般小于普通砂浆抹灰的厚度。

（7）打磨修整：在石膏初凝前，对石膏墙面气泡、孔洞等质量缺陷进行修补，并洒水收光。

（8）细部处理：阴阳角打磨（阴阳角<4mm）；墙面垂直度<4mm，平整度<4mm；开间进深<15mm；方正性<10mm；窗台平整度及大小头<4mm。

第8章

项目大商务创效经验总结

项目大商务创效全过程管理，要从组织架构和人的因素两方面入手，以建章立制的形式，构建体系。抓住"人"这个核心要素，进行责、权、利的激励与考核。明确创效的总体目标、难点所在，这就有了具体的方向。商务策划技术创效，就是从总体创效目标出发，通过不同维度事先进行项目推演，提取创效要点，有针对性地编制相应措施。这与组织构架一起，形成了项目创效的战略规划。

本书通过设计变更、工程签证创效的多组案例，展示了具体的操作方法，复盘了方法背后的底层逻辑。通过设计、施工、造价深度融合创效的五个专题，展示了逆向思维、反向设计在项目创效中的应用，加深了技术与经济融合创效的中心思想内涵。施工方案及图纸深化创效，是将传统技术问题进行商务化的思维转变。设计图纸和专项施工方案，从来都不是单纯的技术工作，而是项目创效的重要支点和收入来源。技术交底是工艺流程的载体，是造价组成的基础单元，要以更高的维度去审视技术交底工作。

按照项目施工的时间轴线，大商务创效可分为准备阶段、计划阶段、实施阶段、成果阶段、总结阶段。准备阶段即项目的一次经营，需要从招投标文件、合同文件、勘察报告、设计文件、省市规定内容中，分析创效点。计划阶段和实施阶段即是项目的二次经营，通过合同交底、项目策划、开源节流措施制定、图纸会审、招采合约、施工组织设计、施工方案等，做好相应的创效计划。从这些文件中找到可创效的具体事项，然后再从变更洽商、节流措施运用、签证批价、技术交底、往来证据、例会纪要、成本归集等文件中实施创效。成果阶段是在竣工结算时的创效成果，这是前期一系列工作的结果呈现。总结阶段是以竣工结算为基础，项目完成后进行汇总分析，复盘商务创效经验、建立创效知识库应用于后续项目。项目大商务创效全过程管理流程如图8-1所示。

西安交通大学王树国前校长曾说："这个时代是新知识体系重构的时代，这个时代是一个融合的时代"。施工技术泛指对设计意图的深入领会，是对施工图纸的深刻理解，对现场工艺技术的熟练掌握，对施工组织设计、专项施工方案、技术交底工作的独到见解，对主动变更、反向设计的掌控。经济泛指对招标投标、采购合约、预结算、成本控制等方

准备阶段	计划阶段	实施阶段	成果阶段	总结阶段
招标投标文件 合同文件 勘察报告 设计文件 省市规定	合同交底 项目策划 开源节流措施 图纸会审 招采合约 施组方案	变更洽商 施工节流运用 签证批价索赔 技术交底 往来证据 例会纪要 成本归集	竣工结算	项目总结
一次经营	二次经营	二次经营	三次经营	经营总结

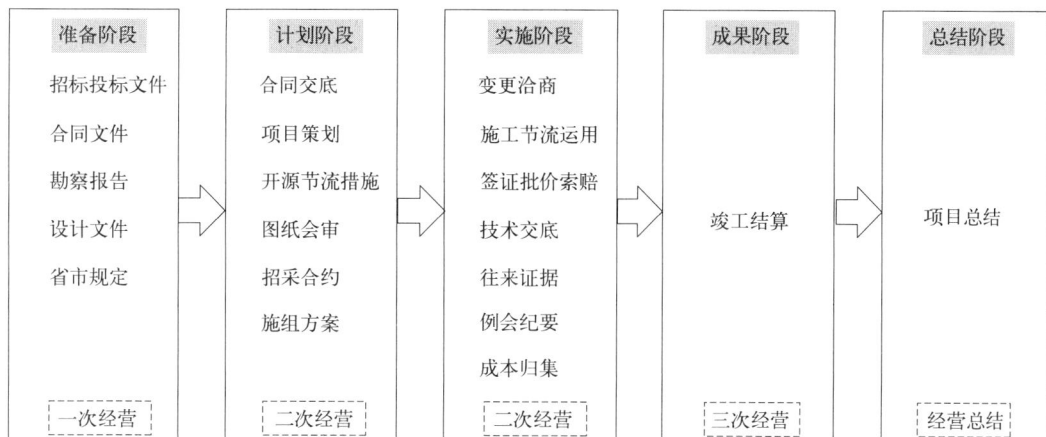

图 8-1　项目大商务创效全过程管理流程图

面的掌握。上述各模块交叉融合，生成全局战略眼光、立体战术思维，形成聚焦再发散的策划、执行、落地的创效全过程。

工程对象、合同条件可以理解为创效的"天时地利"，而与各方的关系可以理解为"人和"，这个最重要。这里的"关系"不是狭隘的人情世故，还包含了项目的履约能力、信誉，人的素质、素养，项目团队的整体气质。

以审计的视角，回看项目运作过程中的资料收集整理，以用户思维，审视收集的成果是否过关。在日常管理中，主动收集资料的意识、收集有效资料的方法才会得到有效运用，使得在结算创效中占据主动地位。在编制日常工作联系单、工程签证、设计变更申请等文件时，需要站在对方的立场和角度去考虑，挖掘能为对方创造价值的内容。这样，可以规避日后的审计风险，能够让对方更易接受。比如，开挖至接近基槽底时遇到了石方，需要油锤破碎，这时技术造价人员从用户思维的角度，就要做以下证据的收集整理：一是请建设方、监理方、咨询方来现场共同确认、测量，记录发现石方的部位、标高，最终能够准确地计算工程量；二是确认遇到的是石方，而不是土壤，与第一条共同构成现场勘察记录内容，各方签字齐全，且签字人是合同约定的有效人员；三是在拍照时使用水印相机标注事件、地点及施工内容要点，拍照要囊括各方人员；四是录像时说的话，把水印相机的要点陈述出来；五是查看投标报价中是否有相同项，如没有则准备报价；六是看本工程地质勘察报告，是否有对该地质情况的描述，有则作为直接证据，没有则在工程签证中体现，施工现场情况与勘察报告不符；七是办理现场签证单，要囊括进前述内容，表明是合同外内容，在投标报价中不包含；八是在地基隐蔽工程验收记录中，详细描述此情况，届时勘察方、设计方都需签字；九是编制石方破碎的施工方案，表明石方破碎后，完全是建筑垃圾外运消纳，表明破碎的范围标高、破碎方式、运距，以及各种机械型号、进出场台次、环保措施等；十是在竣工结算时整理成如下资料小集：现场勘察记录、现场签证单、地基隐蔽工程验收记录、投标报价书、地质勘察报告、工程量计算规范中关于土壤和岩石的分类表、施工方案、现场照片、视频资料。具备了这十项，是否就觉得是十全十美了？并没有，如果审计人员说现场的物质就是土而不是石，现场签字人员没有专业能力辨别是土还是石，该怎么办？需要进一步思考解决办法。

要养成以商务的视角去观察、思考"目之所及"。比如，从踏入工地大门开始，就要把所看到的一切事物，从商务视角去思考。就比如工地大门，作为收入包含在工程造价的哪一项费用中？在成本支出中给分包的结算费用是多少？两项对比的结果是什么？有什么方法能使得收入再增加或者成本更减少？再追踪上下游的招标、合同、结算进展到了什么程度？是否有需要改进的地方，可以加速流程办理？如果对一个物件或者一项劳动，对应的预算科目归属比较模糊，对其成本支出不明确，则要顺藤摸瓜、探其究竟。一个很好的锻炼方法是去工地的仓库，看看那些零星的小五金、小机械都归属到了什么预算科目和成本支出费用中。技术资料、安全资料、往来单据、会议纪要、图审变更、方案交底等内容，都需要从商务的视角去钻研甄别。如果以商务造价角度去重塑这些文件，是否有足够的能力来化腐朽为神奇。这样的归类方式和对比习惯的养成，这种商务视野，有助于快速提高商务造价水平，这本身就是一种创效的行为，也形成了个人的核心竞争力。

图纸设计是创效的重要源头，占比最大。深入地领会设计意图，理解建筑的功能和结构安全底线。在对设计图纸的变通中，可以获得创效成果。同时，不能突破底线，实现共赢目标。需要多学习设计知识，各个专业的设计知识都要学习。还需要在法律、财税等方面进行学习，这些都是为商务造价赋能的重要法宝。在学习时取长补短，在工作时要扬长避短。

将一个具体问题作为焦点，从各个专业各个层面来审视。看不同专业的设计图纸对它的论述，看不同规范对它的论述，看同一规范不同条文对它的论述，看合同清单定额对它的论述，看施工方案对它的论述，听建设方、设计方、监理方、劳务方对它的论述。综合统筹上述信息，总能找到有利的角度，设计出创效模型。聚焦法，不仅适用于某一个具体问题，还适用于分项工程、分部工程，甚至单位工程、整个项目。由点及面、由面成体，形成整个项目创效的方法。

打破定式思维，对规范遵守但不盲从，熟悉规则才能利用规则。之前说过，不仅要对设计意图、施工图设计的深入理解，还要对规范进行深入的理解。如果是自学，一定要看规范的条文解释，条文解释往往是在理论层面释义规范的规定，从更高层次上理解规定的源头，有利于在实践中更好地贯彻甚至利用。有的条文解释会列举一些大型工程的经验，正是这些经验教训形成了条文的规定，这是一个开阔视野的途径。有了更多的积累与沉淀，可用批判的精神去审视规范，因为科学不是一种结果，而是一个不断创新证实的过程。西湖大学校长施一公院士曾说："科学上没有所谓的真理，你们在课堂上所学的定理、公理，都是前人对自然现象的归纳总结，是现状下最好的归纳总结，可以有效地解释自然现象，甚至推测一些还未发现的现象。也许这些定理定律和公理可以非常接近'真理'，但是这些定律和公理，仅仅是对现实的近似描述，都不是永恒的真理，随着人类对周围环境和宇宙认识的加深，这些定律和公理都会有失效的时刻。"

对外要有意无意地唱衰项目利润，甚至造势为亏损的状态，为创效构建心理基础。沟通时要领会对方所担心的问题，如果还能为其创造效益则更佳，要视情况确定沟通顺序。常规来讲，先与设计师沟通：一是因为设计师对事件能够从源头上把关，看是否影响使用功能、看是否影响结构安全、看是否对美观造成影响，从这个关口顺利出来，就可以放心大胆地去做下一步工作。二是因为设计师这个高素质的群体，受社会风气影响较少，办理相对顺利。三是因为工程造价对于具体的设计师来讲不敏感，只要建设方同意，他们就没有意见，这也是日常实践中经常出现的现象。其次是沟通监理，有了设计的把关，监理就会原则上同意，且造价的变化对于监理没有切身的利益。说服了监理工程师，在建设方征求意见时，监理工程师能够给予支持，或者至少不会提反对意见。再次是与咨询方的沟通，从设计角度、建筑物功能角度、施工操作角度去沟通，避开他们的强项，这样成功的概率就比较大。全部外围工作做好之后，就可以先口头、后书面的方式，与建设方沟通，争取支持。

经过大量的实践不断地总结，整理成模块化、标准化的知识技能库。也在与别人的交流中总结，在输入输出中不断总结。例如归纳整理成本测算的一些不同类型经济指标数据，不同类型工程专项方案的设计要点，不同分部分项工程技术交底模板等。还有一些参考清单明细之类：各类型签证的参考要点、推定性设计变更的参考要点、各类图纸会审参考要点、施工图深化设计要点、专项方案经济要点、工程结算策划要点等。

大多数技术造价人，有一个共同的特点是"脸皮薄"。内敛、谨慎这对于精进业务是优点，但于打交道是弱点。所以，必须克服自己的弱点，"张口三分利"，不要怕说错话。相信自己有深厚的技术底蕴，丰富的知识经验积累，超强的工作技能支撑，在工作中多交流、多请教、多询问，总能收获意想不到的惊喜。一个签证、一个变更，自己设想得再成熟，如果不去交流、不敢去交流，怕对方不同意或者怕人家笑话，那就永远都是闭门造车、纸上谈兵。多思考是对的，但也不能因有太多顾虑，而限制了自己的行动力。别人还没有不同意，自己先给自己打退堂鼓，那真是"出师未捷身先死"。要做到运筹帷幄，更要决胜千里。手不释卷，更要征战沙场。实践是检验真理的唯一标准，打开自己、敞开胸怀、大胆去做，这是非常重要的一环，要敢于出发。

投标阶段，取得的成果性文件是标前成本测算。施工阶段，前期做好总成本测算分析。施工过程中，根据工程具体情况做月度分析，或者做形象部位的成本分析，例如在地下室完工、主体完工等节点。这对于施工过程创效管理有着关键性的意义。也对于向精细化管理要效益，有着重要的实践意义。收集证据的过程，也为防范化解项目法律风险，起到基础性作用。在竣工阶段，做好竣工成本分析，做好项目经验总结，建立数据库，示范给后续项目借鉴。做好创效的 PDCA 循环，为后续项目投标、施工，提供经验，承前启后、持续发展。

在造价行业逐步削弱定额的趋势下，总结建立企业自身的数据库、经验库、标准库和流程库，对于项目创效意义非凡。本章具体讲述了技术标编审要点、工程结算资料收集整理、图纸会审的三个层次与境界、技术岗位年度测评总结、商务经理的核心竞争力。希望从这些总结中吸取经验，将这些总结性知识以点概面，为技术创效指引方向。

8.1　技术标编审要点总结

技术标是招投标业务活动中重要的组成部分，与投标报价相辅相成，是项目大商务创效的首要环节。做好技术标，一是能取得高分，提高中标概率；二是为投标报价做好技术性支持，提高成本测算的准确性；三是为二次经营的技术创效做好铺垫，是预埋在一次经营活动中的优质"伏笔"。

技术标有时给人一种普遍的印象是没有技术含量。哪怕在投标报价人的眼中，都充斥着这样的看法。技术标编制客观存在一些复制、粘贴现象，加上一些新人编制技术标出现笑话的情况，还有些房地产项目把技术标仅作为合格项，即通过审查后不参与投标得分计算，更让这种看法根深蒂固。只有那些资深的技术人员，方能体会个中滋味。他们知道技术标的价值在哪里，他们更知道在一次经营中技术标的位置和重要性。

不论如何，技术人员坚守的价值底线不变，不断精进的信念不变，不停充电的行动不变。努力做到让自身技术精湛、知识广博，勇立潮头。编制技术标，要不断地学习、总结和沉淀，形成自己对技术标编制、审核的独特方法，唯有创新恒常如新。

本节讲述了技术标对商务的作用、编制技术标的参考要点，以及审查技术标的参考要点。总之，技术标编制是一项需要极高信心、极大耐心、极强技术积累的工作，值得技术人员潜心研究，终能获得成就感。

8.1.1　技术标对商务的作用

技术标是标前施工组织设计，开源措施需要在其中巧妙"潜伏"，节流措施则需要谨慎描述。可以把推定性变更点潜藏其中，为后续的变更落地做好伏笔。把创奖需要、设计未提及的建筑做法，在标书中提出建议，为二次经营做好铺垫。技术标编制需做勘察现场，这对方案设计至关重要。必须具备当地的施工经验，才能多快好省地施工，甚至可以达到"四两拨千斤"的效果。

2004 年某污水处理厂项目，为日处理污水 5 万吨的规模，该施工场地毗邻河道。合同约定措施费包干使用。外地的总承包方进场即挖土，开挖至 2m 以下便有地下水。在基坑内角部挖集水坑，使用水泵抽水，不管用。再使用挖掘机沿着基坑周边挖沟、局部挖坑，使用水泵抽水，效果甚微。当地监理进场后，告诉施工方，此地大家都采用大口井降水方式，设井深 12m、口径 400mm 的大口井，沿基坑每 25m 设置一口。按照监理的经验做法，取得了降水成功。

从上述案例可以看出，方案的选择直接决定了成本费用的多寡、施工进度的快慢。商务经理必须要重点关注，方可做好标前成本测算。

标前成本测算，有很多数据源自技术标，列举如下三点：

1. 方案类

土方挖填、降排水、基坑支护、措施筋、混凝土输送、模板、脚手架、二次结构优化、块料排版、大型机械进出场时间、施工现场平面布置、质量常见问题治理、装饰成品保护、安全文明环保的方案，这些都与施工成本息息相关。

2. 施工进度

保障工期措施，含有合同措施及经济措施。各阶段的进度安排，涉及固定费用配置及摊销费的变化。冬、雨期分部分项工程施工的保障措施，直接影响到成本。

3. 质量目标

对合同质量目标实现的保障措施，应分解传递到对分供商的合同中，最终反映到成本里。

商务经理需要提前了解技术标、参与技术标的讨论中，这会在二次经营过程中，对技术性内容有整体、深刻的认识，使得创效更有技术含量。

8.1.2 编制技术标的要点总结

技术标按投标对象，分为财政投资项目和非财政投资项目；按投标形式，分为明标和暗标。一般来讲，财政投资项目多采用暗标，而非财政投资项目则多采用明标。明标和暗标的本质区别是：暗标的内容，不能有体现企业和个人的相关信息，是一种背靠背的投标及评标方式。暗标多给出很多具体的排版要求，一旦突破，就意味着废标。

不管明标还是暗标，在招标文件中一般都给出，技术标编制的内容大纲、格式要求，只是明标对格式的要求较少。编制技术标，就是要遵守招标文件的要求，紧扣大纲。技术标编制要点总结如下：

（1）工作安排：时间节点计划和人员分工计划。

（2）勘查现场：对施工平面布置图有利，用于某些施工方案也有针对性。用照片、文字记录现场周边环境，以及场内现状和水电接口、道路情况。

（3）答疑：对招标文件提出答疑，有取舍地提出问题。

（4）构架：按照招标文件大纲，构架章节顺序。

（5）采分点：严密结合技术标的评分标准。把采分点写得有针对性、具体化、详细周全。把评分要点直接以各级标题的形式体现在目录中，让评委很快能够找到。分析评分项，着重突出内容要重点筹划。

（6）摘录：把图纸说明、做法表 Word 化。关键节点图片放至文档中，如建筑结构图中的节点详图。

（7）工程概况：分为建筑、结构、安装专业，再细分土建专业。把梁、柱、墙、板的尺寸列全。钢筋分为地下、地上的型号列表。

（8）汇总工程量清单：把各主要材料用量列出，用于具体分项工程施工方案前面的说明。

（9）确定管理目标：工期、质量、安全、绿色施工及其他奖项方面。

（10）确定施工部署：确定方案、划分施工段，阐明投入的人力计划，尽量列表表示。进行工程重点难点、关键技术工艺分析。施工平面布置图、进度计划横道图及网络图、机械使用表、劳力表编制、水电计算及建筑业十项新技术应用。

（11）重要方案：单独提前做出，附计算书：如大体积混凝土、高大模板、脚手架、钢结构等，说明需要专家论证内容。冬、雨期涉及的分项工程列表。模板周转方案的图示化，混凝土浇筑顺序的图示化。各分项工程的前面，做法列表。各专项方案编制、送审时间列表。把每个方案的重点分析和关键点列表。看是否有分段验收的情况进行说明。检索不适宜的关键词，规范编号正确。

（12）检查标书：一个是多人检查，二是纸面检查。很多格式性的内容，在计算机里已经发现不了错误。一旦打印出来，就比较容易发现错误。二人互相检查格式、页码（是否分章不连续）、目录、封皮、份数、正文中标题，检查行距、字体、字号、页边距等。

（13）电子版存档，整体打印，逐份检查。

（14）密封：想要不功亏一篑，在这个环节很重要。严格执行招标文件给定的密封要求。保证标书最终顺利地流转到评委手中。

8.1.3　审查技术标的要点总结

技术标的编制，有一种风气是大家都在攀比标书的厚度。客观情况是，给评委评标的时间有限，商务标、技术标、报价都要审查。因此，评委的第一印象可能是标书越厚，越有技术含量；越厚，则越证明编制单位用心。各投标单位的领导无形中把标书厚度，作为衡量技术标编制人员能力的一种指标，简直是衡量技术标优劣的"金标准"。虽然这种价值判断不符合科学精神，但的确是一种客观现象。

但是，不管外部如何看待技术标，作为技术标的审查人员需要牢记的是，以招标文件为核心，以设计图纸、现场勘察为依据，结合自身的经验来审核内部技术标：

（1）招标范围：看招标文件中的范围，与清单、图纸是否对应，直接影响劳动力工种及人数、机械配置数量。

（2）管理目标：看招标文件要求，与其在合同范本中的要求是否一致，如工期、质量、安全等。

（3）评分标准：看评分项时，前后的内容要一致，并且都要在标题中出现。对有关承诺性的内容，要注意与招标文件一致。

（4）形式审查：封皮、目录、正文，进度计划、施工现场平面布置图的顺序、页码。正副本封皮，是否有标记等。仔细检查其中的数字指标，如工期、日期、人数、台数等。地名要检查一遍。临时用水计算公式的横线。搜索一遍空格。搜索"如（见）图、如表、如果、假如、全国"，看是否有低级错误。项目部配置的岗位、人数与商务标保持一致。

（5）工期事项：《建设工程施工合同（示范文本）》GF—2017—0201 中的工期："天"除特别注明外，均指日历天。合同中按天计算时间的，开始当日不计入，从次日开始计算，期限最后一天的截止时间为当天 24:00 时。如采用 Excel 文件编制进度计划，要分开，注意命名。工期开始的工序是什么？基础、主体的竣工验收时间需要仔细核对。

（6）施工方案：每个分项工程前加入建筑做法及结构相关说明。前面的方案要与后面的质量保证措施一致。降水方案与地质情况一致，脚手架的悬挑与楼层一致，防水的工艺与材料一致。机械配置方案与施工平面布置图一致。前面施工部署提及的机械与后面的表格内容叙述要一致。混凝土运输车辆的配置、挖掘机与自卸车的配置，要与混凝土方案、土方开挖方案一致。季节性施工方案的阶段要明确。塔式起重机基础的地质情况要明确。

（7）预拌砂浆：搞清楚是否为预拌砂浆。如是现场搅拌砂浆，用水量计算要考虑。与预拌砂浆相关的机械设备、临时用地表要注明"预拌"字样，包括施工现场平面布置图中要标注。

（8）标段划分：不同标段内容如果需要复制文字部分，要注意各标段的工期、质量目标，楼高不同而导致的方案变化。

（9）注意用词：专业分包、队伍、承包方、建设方、分供方、发包方等，需要统一。对"电梯、剪力墙、桩基、精装修、场地狭窄、大体积、裙房、底板、集水坑、电梯井"等词语进行检查，是否与工程特征相符合。

（10）施工平面布置图：分阶段彩色打印。

8.2 工程结算资料收集整理要点

工程结算资料的收集整理，是一个长期性、系统性、细致性、专业性的工作。虽看似简单，实则不然。笔者曾接手的一个大型综合医院项目，项目经理、技术总工、预算员、主要技术员、主要施工员全部离职，唯有一个细心、专业的质量员留在现场。前期的商务资料没有经过系统整理，原件留存很少，也没有建设方的反馈结果。彼时，主体一次结构已经完成，再去收集、补充这些资料就变得异常困难，工程结算时非常被动。这就是换人带来的资料整理风险。再有就是虽然人没换，但取得的证据资料不翔实，不能成为有力的证据，比如照片未显示在哪个项目，没有拍到关键部位等。再比如，现场测量虽有数据，但未标明事件发生的原因，也没有转换为现场签证单的形式，这些都不能作为结算的有力证据。

工程结算资料的收集，应以商务经理为牵头人和责任人，造价员整理归档，技术总工协调配合，现场技术员、施工员负责提供原始的资料。商务经理有义务在开工前，专门培训结算资料收集的意识、方法、进行合格成果示范。

项目竣工结算，即三次经营，是创效的收官之战，是一次经营、二次经营的集大成阶段。需要头脑清醒、思路清晰、从容面对、游刃有余，需要运筹帷幄之中，决胜于千里之外。本节以定性的角度，概括竣工结算资料的准备内容，分为内部资料和外部资料两个方面。

8.2.1 内外部资料收集整理要点

与工程结算有关的资料收集，分为内部资料和外部资料。

结算内部资料收集的作用：一是要进行结算前的成本分析，预算收入采用保底产值，发现人工、材料、机械的预算收入和实际支出的盈亏关系，做好结算策划；二是有实际成本数据，就是底牌。可以在结算核对中，更加有依据地进退取舍。

1. 内部资料收集整理

（1）班组、材料、机械类合同：核对内部结算的价格。

（2）各班组、专业分包结算：与结算书中相应分项形成对比。

（3）材料报耗单：施工实际成本的"半壁江山"。材料价格与耗用的总金额，都要与工程结算的数值进行对比。

（4）器材、机械租赁结算：与结算的相应项作对比。

（5）会计成本数据：管理费、规费、税金、财务成本、公司经营成本等数据，与结算形成对比。

（6）汇总实际成本：项目总成本确定后，做到心中有数。

2. 外部资料收集整理

外部资料收集完成后，必须以建设方、审计方，甚至律师的视角，审视结算证据资料的有效性、科学性、完整性、闭合性、系统性和严密性。发现漏洞及时补充，剔除掉不利创效的资料。

（1）招标文件及答疑回复：项目源头性文件之一。

（2）投标报价文件、技术标：项目源头性文件之二。

（3）施工合同、补充协议：工程结算的核心依据。

（4）建设方直接发包分项工程中标文件及合同：为总承包服务费计取提供依据。

（5）材料及专业工程批价、现场签证、索赔报告、现场勘察记录：计入工程结算的决定性证据。

（6）安全文明施工费核定单：有的地区对现场投入的安全文明施工费进行核定，按核定结果计入结算。

（7）工程形象进度确认报告、进度款支付报告、财务往来明细表、奖罚单据。

（8）水电缴费单：适用于建设方代扣、代缴情况。

（9）甲供材转账：适用于有建设方供材料的情况。

（10）规费中工程排污或环境保护税的缴费单据：安全生产责任险、工伤保险，污水处理等单据。

（11）竣工图：结算计量的核心依据，有倾向性地编制竣工图。把有利的设计变更、洽商、图纸会审、会议纪要、隐蔽工程验收记录、施工方案、技术交底相关内容等，有倾向性地融入竣工图中。对图纸说明的调整，可以系统性地助力工程量计算，斟酌考虑。竣工图要签字、盖章齐全。

（12）地质勘察报告、设计交底、图纸会审、技术核定单、设计变更单、深化设计图纸、技术洽商等。

（13）工作联系单、监理例会纪要、技术例会纪要、监理工程师通知单、形象进度报告、施工日志。需要特别说明的是：每次监理例会或者技术例会前，需要精心准备发言稿，把影响施工方进度、质量、成本的要素有倾向性地表达清楚，并在签署会议纪要前看一遍，是否监理工程师已经如实记录。

（14）审批的施工方案、施工组织设计、隐蔽工程验收记录、试验报告、专家论证报告、技术交底。

（15）报价使用的清单规范、定额，省、市关于造价的政策性文件。

（16）开工报告、竣工验收报告：建设方给办理竣工结算的前提。

（17）结算递交表、编制说明、结算金额汇总表、施工图结算书、变更签证结算书。

（18）影像资料：过程中收集的照片、录制的视频及音频。要求是必须保证影像资料不能出现较大瑕疵，指的是不能成为对方反索赔的证据。影像资料内尽量多地包括第三方人员，即除了施工方人员，还要包括建设方、监理方、咨询方等，单位越多越好。他们现场佩戴的安全帽上有标志，应注意留存。

（19）建设方要求的其他文件。

8.2.2 结算资料收集的重要细节

对于一个事件的证据支撑资料，必须系统交圈、逻辑自洽、自圆其说，形成点、线、面、体、维的证据格局。一定要尽量找到签章的纸质版文件。某些时候，电子版文件是一个很深的坑。电子版必须与纸质版核对后，方可使用。对收集到的所有资料扫描建档，电子档案至少存储在两个地方以上，需要设置加设密码。

所有资料准备完成后，还要不厌其烦地转现场。以审计方的视角再去看现场，带着问题去看现场，带着准备的资料去看现场；脑子里"带着"合同、图纸、规范看现场；战略地看现场、战术地看现场；宏观地看现场、微观地看现场；整体地看现场、局部地看现场。地上地下地看，分部分项地看，系统成套地看。要考虑哪些是现场做了图纸上没有的内容，是否已经有相应的证明资料；是否还存在图纸有，但现场没做的内容，或者图纸和现场都有但细节对不上，如何与审计方解释等。

如果与审计方比较熟悉，可以与相关人员沟通。在非正式场合请他帮忙过目一下资料准备的情况。每家咨询公司的特点不同，施工方应对的策略也就不同。进一步熟悉后，可以与咨询方在进行其他工作时，进行有效的沟通。

所有的资料及现场都完成了"摄取"，就要在脑海中建立"AI大模型"，做到系统化、立体化、可视化，在遇到问题时，才可以秒现"资料库"内容。

根据合同约定的接收人签收。如果未约定，找建设方的项目负责人或者成本负责人签收。发文记录载明：结算总价、签收单位、签收人、签收时间。

8.2.3 竣工图编制与收集要点

经历了前期的图纸会审，过程中的修正、变更，在工程结算阶段形成竣工图。竣工图对于施工方具有查缺补漏的作用，把前期的成果展示，融合造价等因素进行升华，是体现竣工图编制水平高低的标志。以下为某项目施工方在编制竣工图之前，收集整理的问题。

1. 建筑工程

（1）砖胎模：作为卷材防水从底板到墙面过度使用的基层，相当于基础垫层上翻，而不是等同于模板的措施费。

（2）基础超深是否有明确的设计处理做法。

（3）止水钢板：是否有变更或者因施工需要，比原设计增加的部位。

（4）地下室抗渗混凝土部位：与地下室外墙或者防水顶板相连接的内墙、柱，设计为非抗渗混凝土；但是，实际连续施工做不到有效分隔，需要将这些内墙、柱变为抗渗混凝土。

（5）钢筋套筒：直径16mm及以上的钢筋使用套筒连接。

（6）楼层框架节点核心区的分隔：快易收口网做法。

（7）混凝土抗裂纤维及早强、防冻剂：实际已经掺加。

（8）通车屋面：尽量不要变动原设计做法。

（9）出屋面井盖防水：1.5mm水泥基防水涂料。

（10）出屋面井各类基础：防水卷材均完全包裹。

（11）门诊后面围合空间的屋面防水：卷材防水，加50mm厚C20细石混凝土保护层。

（12）种植屋面：后增加的零星施工内容。因改为种植屋面，防水另行搭接加高，以及其他工序的变化。

（13）普通屋面防水层上加50mm厚C20细石混凝土保护层及分格缝。防水材料由BAC改为SBS。屋面上构架层的抹灰、保温、真石漆做法。

（14）屋面发泡混凝土之上的水泥砂浆找平层：上方加设一道 10mm 厚的聚合物胶浆层，内敷玻纤网一道，以保证防水基层功能的可靠性。

（15）专业科室地面厚度：有的专业房间细石混凝土厚度大于 50mm，要明确。

（16）有洗手盆的房间，其背后的防水涂刷位置尺寸、防水材料明确。

（17）病房楼产房墙体变更，以及安装专业变化。

（18）因幕墙而增加的构造柱或砌体。

（19）地下室顶棚保温变为复合保温板。

（20）防辐射房间的硫酸钡砂浆，考虑二次增加的厚度，以及增设的防裂钢筋网片。

（21）地下室防霉腻子。

（22）门诊一层地面新做法：150mm 厚 LC7.5 轻骨料混凝土＋400mm 厚 C30 混凝土。

（23）地下室地面：2：8 灰土，100mm 厚 C20 细石混凝土内配 $\phi6@200 \times 200$ 钢筋网片，面层 5mm 金刚砂。

（24）手术室的原设计墙体不变。

（25）机房墙体上穿工字钢后，封堵洞口做法。

（26）楼座外侧一层出地面的风井，外饰面是否由施工方做。

（27）屋面发泡混凝土变更做法。

（28）门诊楼三四层的①-⑥轴～①-⑭轴/①-③轴以东、①-⑫轴～①-⑭轴/①-⑯轴以西、①-⑥轴～①-⑭轴/①-⑯轴以西三个区域，为室外休息平台，考虑防水及保护层，落水管安装。

（29）通车屋面连廊，由平面上翻立面遇幕墙时，另外施工的砌砖胎模及抹灰：采用 M5 水泥砂浆标准粉煤砖，砌筑 24cm×36cm 的砖胎模，1：3 水泥砂浆抹灰压光。

（30）卫生间防水层上加 20mm 水泥砂浆保护层。

（31）卫生间防水向门口外涂刷 300mm 宽，门洞侧壁上翻涂刷 300mm 高。

（32）消防水池有后增加的防水做法。

（33）室内涂料，先刮腻子再涂乳胶漆，图纸上做法未载明。

（34）采用植筋方式替代预埋筋。

（35）外剪力墙外侧螺栓眼封堵防水做法。

（36）大体积混凝土采用电子测温系统。

（37）为各类设备增加的基础做法。

（38）楼梯段侧面与墙体之间有缝隙的封堵做法。

（39）地下配电室、厨房深化设计做法；地上栏杆的优化做法。

（40）地下室顶棚抹灰准备证明资料。

（41）管井吊顶及其他小面积房间的吊顶，为评奖而增加的内容。

（42）医生办公室等实际贴地砖的部位，增加粘结砂浆层。

（43）底部接触室外空气的外挑或架空楼板 80mm 厚的保温板做法。

（44）外墙外侧面抹灰，提供现场施工证明。

（45）人防门变更增加，数量要明确。

（46）室外回填土的灰土，与室外工程的界面。

（47）二次结构变更为 C25 细石混凝土。

（48）地下排水沟增加不锈钢成品构件。

（49）地下室砌体防潮层的做法，原图纸不详。

（50）通车屋面做法进行了优化。

（51）各楼层的 50mm 厚细石混凝土楼面做法，加入钢筋网片。

（52）影像科等重晶石地面厚度要明确。

2. 装饰装修工程

装饰装修工程涉及原设计做法的变化、施工部位的变化，在竣工图中要体现出来。以下是对编制竣工图前，收集整理的问题进行汇总。

1）铝合金方板吊顶

原设计图纸中使用部位为卫生间、清洁间、污物间。编入竣工图中部位为卫生间、清洁间、污物间、备餐间、盥洗晾晒、晾晒阳台、开水间、污洗、腔镜室、粗洗、精洗、存车、洗车、蒸汽、操作间等有水房间。

2）方孔铝板吊顶

原设计图纸中使用部位为走廊。编入竣工图中的部位为走廊、大厅、儿童输液大厅、成人输液室、家属等候、公共区域。

3）纸面石膏板吊顶

原设计图纸中使用部位为病房、诊室、治疗室、处置室、检查室、换药室。编入竣工图中的部位为病房、诊室、治疗室、处置室、检查室、换药室、预诊室、宣教室、隔离室、挂号室、收费室、包装室、取药室、值班室、保卫室、主任室、更衣室、分类接收室、药品室、活动室、西药房、超市、财务室、档案室、资料室、辅料室、库房、储藏室、配液室、注射室、多功能室、器械室、缓冲室、人流室、苏醒室、检查打包灭菌、无菌库房、登记室、分类室、暂存室、牙科、特检科、病理科、眼科、耳鼻喉科、信息科。

4）吊顶与砖对缝

按深化后的图纸，编入竣工图中吊顶、块料墙地面做法，排版对缝事宜要明确。

5）台阶大理石面

原设计图纸中做法是踏步面及转身平台为 20mm 厚芝麻白石材，踢脚线为 12mm 厚浅咖网石材。变更后增加了楼梯段、休息平台、中间平台的 20cm 串边，材料为天然中国黑石材。

6）吊顶内轨道加固

原设计图纸中输液滑道、隔帘导轨加固图缺失。编入竣工图中补充做法节点详图。

7）门窗套及收口条

原设计图纸中使用部位为外窗的窗套。编入竣工图中，为内外窗进行窗套装饰处理、防火门套同窗套做法。瓷砖与纤瓷板交界处使用 30mm 宽的 PVC 护角条收口。

8.2.4 结算资料的证据支撑

技术标、设计交底、图纸会审、项目策划、施工组织设计、专项施工方案、技术交底，这些文件在结算环节有多少说服力？从审计角度来讲，只有现场签证、工程变更资料可以作为增加结算的证据。从证据的效力角度来分析，证据有书证、物证、证人、证言等。以上文件主要从物证角度，去指证现场实际发生的工作。双方发生争议时，多数是参考物证的角度解决，也就是能够证明"实际已经做了"，就应该按"实际给"这种思路去举证。

技术标与施工组织设计之间有矛盾，怎么处理？例如，在技术标里写明了采用胶合板，而在审批的施工组织设计中按照铝模板编制，以哪个文件为准呢？就需要从文件的用途、效力两方面进行分析。技术标是公司行为，是以中标为目的，以公司角度响应招标；施工组织设计是为中标后文件，两者区别在于文件编制的目的不同。如果两个文件中内容发生改变，需要按方案变更处理，以签证为准。报价中是胶合板，技术标也是以胶合板编制的方案，从报价角度来说，在中标前都默认为采用胶合板施工。施工方中标以后，为了施工方便，还是建设方要求为了施工形象做了提升？双方签证认可后再施工。

以上这些文件发生的时间先后顺序如何？对商务人员来说，不仅要弄清楚文件的用途、效力，还应该知道文件的先后顺序和参与的各方当事人。这些文件的时间顺序为：技术标（标前施工组织设计）→设计交底→图纸会审→项目策划→施工组织设计→专项施工方案（专家论证方案）→技术交底。结算物证资料之间的时间顺序及参与人分析如图 8-2 所示。

图 8-2 结算物证资料之间的时间顺序及参与人分析图

为了使商务人员更深入地了解技术总工的工作成果，本节针对每个文件的作用、参与人、组织形式等方面进行了总结，如下所示：

1. 技术标

也称标前施工组织设计，是投标方根据招标方提供的资料，结合现场勘察情况而编制的文件。其成果就是技术标书，完成时间即投标截止日之前。作为投标书的组成部分，不需要专门的外部审批。评标专家对技术标的打分，就是外部评价的结果。与施工组织设计不同的是，受限于招标方提供资料的详细程度和编制时间，加上很多招标没有详尽图纸，造成技术标内容或有偏离现场实际的情况；或者，方案调整后与原内容大相径庭，引发现场施工和结算的争议。

2. 设计交底

设计交底由建设方组织、主持，通过会议形式由设计方，向施工方交底，内容包含建筑物的功能与特点、设计意图与施工要求等。需要在项目正式施工前完成。一般由设计方人员或施工方的技术总工整理，由参与交底会议的各方负责人签字认可。其成果性文件就是会议纪要。对于商务人员来讲，设计交底是深入理解设计意图的学习机会，要积极参与。

3. 图纸会审

第一次图纸会审与设计交底会议同时进行。由建设方组织、主持，通过分组会议讨论，形成成果性文件—图纸会审记录。需要各方项目负责人和专业技术人员签字，加盖项目经理和总监理工程师的执业印章及各单位公章。有的单位要求图纸会审不可以直接作为结算依据，必须转换为工程签证单的形式加以固定。一般来讲，图纸会审是对图纸内容的补充、细化，理论上与设计图纸具有同等效力。商务人员可以根据内外部的管理制度要求，视情况决定是否将图纸会审转变为签证单形式。

4. 项目策划

施工方内部行为，成果性文件是项目策划书。项目策划是站在项目全局性视角，对合同与招采、进度与质量、图审变更、结算与成本、绿色施工等各方面进行战略部署。是项目实施的纲领性文件，是施工组织设计编制的依据和源头。需要在收到图纸后、施工组织设计编制前完成。项目部编制完成后，公司组织各部门参加，进行会议讨论、审核，完成后公司各部门负责人和项目经理签字。做好项目策划有助于化解项目风险、推进精细化管理。商务人员务必重视积极参与项目策划，在日后的商务管理中做到脑中有"纲"。

5. 施工组织设计

施工组织设计是项目策划的具体化，是项目施工组织与管理的全面性技术经济文件。其成果性文件名称即某工程施工组织设计，大型工程土建与安装专业一般分开编制和审批，在项目正式施工前完成。合同未约定的，一般在接到有效图纸后 30d 内完成审批。施工组织设计由项目负责人主持，技术总工具体负责编制，完成内部审批后，需要监理方和建设方的审批。

内部审批时，施工组织设计（方案）内部审批表中，施工方技术部门盖部门章，项目经理签字，公司各部门签字。外报审批时，施工组织设计（方案）报审表中：加盖施工方项目经理部章、项目监理机构章，并加盖项目经理和总监理工程师执业印章。超过一定规模的危险性较大的分部分项工程专项施工方案，加盖建设方公章。施工组织设计（方案）审核表中：加盖施工方、监理方公章，超过一定规模的危险性较大的分部分项工程专项施工方案，建设方加盖公章。

有重大变更，要调整施工组织设计的，在前面有修改页进行标注。有的项目审批时一般标注，施工组织设计不作为结算依据。但遇到索赔等事项，施工组织设计仍是重要的支持性证据文件。

6. 施工方案

施工方案是施工组织设计中方案章节的具体化，其成果性文件就是某分项工程专项施工方案，需要在分项工程施工前完成审批。建筑工程专项施工方案可分为安全专项施工方案、特殊分项工程专项施工方案、常规项目施工方案。安全专项施工方案的编制范围有：基坑工程、模板工程、起重吊装工程、脚手架工程、拆除工程、暗挖工程等，超过一定的技术指标就需要编制；若超过一定规模时，这些专项方案需要进行专家论证，也有具体指标要求。特殊分项工程专项施工方案的编制范围有：关键工序、特殊过程、地基处理分项工程、预制桩基分项工程、厚度 4m 以上的回填土工程、最小构件厚度达 1.5m 以上的大体积混凝土、地基异常情况下的塔式起重机基础工程及项目策划确定的难度大的分项工程。常规项目施工方案如钢筋工程、屋面工程、装饰装修工程等。上述方案施工方内部审批完成后，需要报送监理审批，专家论证范围的安全专项施工方案，需要建设方审批。审批表加盖项目经理和总监理工程师的执业印章，需要专家论证的，要会签齐全。有的项目审批时一般做标注，施工方案不作为结算依据。但遇到索赔等事项，施工方案仍是重要的支持性证据文件。

7. 技术交底

技术交底是专项施工方案的具体化，成果性文件就是技术交底记录。技术交底分为两级：一是由总承包方向劳务方项目负责人交底；二是由劳务方项目负责人向劳务操作人员交底。均形成书面资料，由总承包方做资料存档。在分项工程施工前完成交底。

8.3 图纸会审的三个层次与境界

图纸会审不是单纯的技术文件，也是重要的商务文件。提出问题的角度、是否应该体现该问题、问题的经济利益点在哪，都要全面系统地考虑。通俗地讲，造成项目利润损失的问题不能提，可能会留下作为给对方反索赔证据的问题不能提。要结合投标报价、施工合同、现场情况、图集规范、政策文件，站在各方立场综合平衡的角度落笔。

常规的实践做法是，施工方梳理问题，先将电子版发给设计师，进行见面或者电话沟通。有倾向性地提出问题，掌握好沟通角度和技巧，有进退方案。这样，在正式的图纸会审会议中才更高效、更富有成果。

对于图纸会审和主动型的设计变更，要大胆假设、小心求证。为了高效施工，可以对设计大胆地进行变更假设，开拓思路，不拘泥于现有设计；小心求证，还是要回到落脚点，满足建筑物使用功能、保证结构安全、符合设计要求，能够创造价值。

8.3.1 图纸会审的三个层次

第一层次，是发现图形本身的问题。如发现一些平面位置、标高，建筑与结构不符问题。构件位置大样与平面图不符等。有矫正基本问题的作用。

第二层次，是现场施工员、钢筋班组、木工等班组等提出的问题。比如，立面上窗台、窗、结构梁高度之和，与建筑立面的对应关系是否合适。某结构挑檐是否可取消或更改做法。有方便施工、加快工期的作用。

第三层次，是主动变更系列。针对一些建筑做法进行优化。比如，改变屋面各层次建筑做法等，有降低成本增加收入的作用。

1. 不同人看图纸的角度

工地上有很多层面的人看图纸，切入角度是不一样的。

以下是不同人群看图纸的角度：

（1）钢筋翻样：只关注钢筋构造本身，一般对建筑结构、构件尺寸的敏感性稍差。

（2）木工翻样：对结构及构件尺寸、标高、位置的敏感性强，但其只关注外形及轮廓的内容，不对建筑功能或者其他专业有很深的认知。

（3）放线人员：一般的放线人员只关注位置、标高、截面尺寸的图纸信息。

（4）劳务方技术负责人：对现场实际操作层面的施工技术较强。对建造过程比较熟悉。对其承包范围内的工艺做法有研究，其他的涉及与精装修、安装专业的交叉，会考虑得少些。对整体建筑的功能关注少。对总承包方经济方面的考量也较少。

（5）总承包方技术总工：从总承包范围内容，考虑建筑、结构、安装的关联，对图纸涉及的造价方面有很多的关注。对建筑的功能、可改进的做法考虑得多些，但对操作层面内容的理解不深入。对建造过程在宏观方面比较熟悉。

（6）各专业的设计师：对本专业图纸了如指掌，对交叉专业也有一定的敏感性。但是，对建造过程了解得少，对施工造价方面敏感性不强，尤其在涉及工序变更方面。

（7）建设方：对建筑整体有了解，但对图纸本身及建造过程相对比较生疏。

（8）监理方：对施工的结果是否符合规范比较熟悉，对施工过程也有所了解。对图纸一般不去深究。

（9）施工员：对施工进度有执着的追求，干大事不拘小节。在部分施工员眼里，一切对图纸的深入研究都是学究式、迂腐的表现。

2. 处理图纸问题的方法

对于分包或者班组提出的图纸问题，首先要判断此问题是否存在。如果存在，是否可以通过关联、对照或者其他方式直接解决。如果不能解决，也要利用建筑结构知识、施工经验，来提出一个有利的倾向答案来影响设计。这样才是最优路径。而不是来了一个问题之后，不分青红皂白、直接无脑地给设计打电话，不管问题是否存在或者设计按照他自己的思路给出解答，这样对施工没有益处。

分包或者班组提出问题的动因，一是有可能纯粹的图纸错误，二是有可能为了施工方便。对于第二种，要判断对总承包方的不利影响。

消化问题的关键，要对一个专业本身的图纸比较熟悉，还要结合建筑及设备专业通盘来看。主要是考虑功能特点、结构安全、后期维修及施工方便等各种因素。

监理方发来了一份设计变更单，立刻会想到将有哪些现场的变化。比如，已经施工完防水层的屋面，突然收到设计变更单，要求改为种植屋面。会联想到哪些变化？防水层当然要加设一层耐根刺防水卷材。但是，原来已经施工完成的防水层会产生哪些变化？首先，防水层上翻高度一定要增加，因为屋面防水上翻的高度，是以屋面完成面为基准计算的。在修改防水层上翻高度的同时，相应增加的工作内容有：在墙体上开槽、增加防水找平层的抹灰高度、防水层与原界面的搭接处理、防水层遇幕墙角钢的处理、压条密封。以上是问题联想的方法。

3. 手续办理

图纸会审需要各方签字、每页盖章，盖骑缝章。原件存公司，复印件存项目部，技术、商务、资料人员各一套，并同时发给劳务班组，做好发文记录。必要时，做好图纸会审的交底、对项目管理人员的交底和对班组长的交底，避免图纸修改内容没有在现场得到落实，造成返工，责任分割不清。另外，一个专业的变动可能涉及其他专业也变动的，要分发给其他专业人员，保持资料与现场的各专业一致性。

4. 图纸会审参考要点

图纸会审参考要点如表 8-1～表 8-4 所示，这些内容并不是一成不变的公式，而是要综合具体的图纸设计、项目特点、投标报价、成本分析等，综合作出图审或者变更。需要注意的是，不管千变万变，手续要完善；否则，审计时不能计入结算。就是要特别强调变更手续的合理性、合规性和有效性。

1）地基与基础工程

地基与基础工程会审参考点　　　　　　　　　　　　　　　　　　　表 8-1

序号	部位	原设计	会审(变更)后	备注
1	桩基础	普通混凝土	细石超流态混凝土	
2	支护桩	水泥搅拌桩	高压旋喷桩	
3	桩头防水	无做法	编制做法	
4	抗浮设计	抗拔桩	抗浮锚杆	视施工条件及利润
5	锚杆钢筋	普通钢筋	加设环氧涂层	
6	锚杆入岩	随岩层变化	某一保守数值	取较长的保守值
7	基础筏板阳角	无放射筋	设置放射筋	
8	承台、筏形基础的钢筋设置	未明确	筏板上部钢筋贯通承台上部	
9	剪力墙施工缝	止水条	止水钢板	
10	剪力墙施工缝	无特殊处理	刷水泥基渗透结晶型涂料	适用于外剪力墙
11	消防水池爬梯	引用图集	常规市场做法	视施工条件及利润
12	排水沟	无沟内部建筑做法	找坡、防水、抹面、瓷砖等	视情况而设置
13	电缆沟	无防水	设置防水做法	也适用于集水坑
14	耐根穿刺防水	化学型	物理型	价格有优势
15	混凝土构件	无表面做法	加设防腐蚀做法	有腐蚀介质区域
16	超挖回填	毛石混凝土回填	普通混凝土回填	
17	基础形式	独立基础、上翻梁和防水板	统一标高的筏形基础	
18	地下室框架梁、板、柱、剪力墙混凝土强度等级	不统一	强度等级、抗渗等级均统一	
19	筏形基础梁	非抗震构件	抗震构件	
20	抗裂措施	后浇带	膨胀带	部分采用

续表

序号	部位	原设计	会审(变更)后	备注
21	基础垫层混凝土	强度等级 C15	强度等级 C20	
22	回填使用的 3:7 灰土	未明确	体积比	《建筑地基处理技术规范》JGJ 79-2012 中第 4.2.1 条第 3 点
23	肥槽回填	素土	灰土或者回填粗砂	
24	室内回填	素土	轻骨料或者人工级配砂石	
25	肥槽空间狭小区域的回填材料	素土	C15 混凝土	回填外边线距外墙不足 1m 处使用
26	地下室保温	复合岩棉板	EPS 板或无机喷涂	
27	地下室顶板	常规梁板式	采用膜壳或者 BDF 钢网镂现浇混凝土密肋复合空心楼板形式	视情况而设置

2）主体结构工程

主体结构会审参考点　　　　　　　　　表 8-2

序号	部位	原设计	会审(变更)后	备注
1	钢筋级别	HRB335	HRB400 或 HRB500	
2	抗震钢筋	适用范围小	增加使用范围	信息价有价差
3	钢筋直螺纹套筒	未明确	直径 16mm 以上全用	
4	马凳钢筋	未设计	明确规格型号排布	需要现场签证
5	梁多排筋的隔离	未设计	短钢筋间隔	
6	混凝土外加剂	未明确	抗裂剂、抗渗单独设置	
7	屋面结构梁板	普通混凝土	防水混凝土	
8	坡道与主体结构的分隔	伸缩缝	后浇带	对于防渗漏有优势
9	冬期施工	未明确	防冻、早强剂	
10	内、外剪力墙螺栓眼	未明确	封堵做法明确	
11	二次结构混凝土	普通混凝土	细石混凝土	
12	砌体拉结钢筋	预埋	植筋	
13	窗台混凝土压顶高度	固定值	可调值	为了适应加气混凝土块的高度模数
14	电梯井道圈梁	未明确	厂家确定	
15	医院病房内卫生间墙体	圆弧形墙体	八字形	
16	砂浆类型	普通砂浆	预拌类型	
17	墙体材料	加气混凝土砌块	ALC 板	视具体成本分析而定
18	抹灰三网	未明确	明确规格型号排布位置	玻纤网、钢丝网及钢筋网片
19	阳台	混合砂浆墙面	面砖内墙	
20	烟道	砌筑	成品	
21	配电室、设备房的上方楼面	未设计	楼面需要做防水	保证用电安全
22	内天井休息平台	未设计防水	防排水系统做法明确	

3）装饰装修工程

装饰装修工程会审参考点 表 8-3

序号	部位	原设计	会审（变更）后	备注
1	地下室细石混凝土地面	常规做法	增加钢筋网片,面层加耐磨或者防静电环氧地坪漆	增加预算收入
2	楼层地面	水泥砂浆找平层	细石混凝土找平	如管井、电井
3	设备机房地面	未设计	环氧地坪漆	
4	楼梯侧面	未明确	抹灰及滴水线做法明确	
5	抹灰覆盖范围	未明确	包含混凝土面	
6	内外墙抹灰界面剂	未明确	基层刷界面剂	种类范围明确
7	分隔供暖与非供暖空间的隔墙	未明确	20mm 厚玻化微珠	
8	地下室腻子及乳胶漆	未明确	防霉耐水材料	
9	地面基层处理	未明确	刷素水泥浆一道	
10	混凝土顶棚	未明确	增加打磨处理	
11	幕墙埋件	预埋	化学锚栓	视情况而定
12	外墙保温	未明确	满粘板材	

4）屋面工程

屋面工程会审参考点 表 8-4

序号	部位	原设计	会审（变更）后	备注
1	找坡、保温层	水泥珍珠岩	水泥发泡混凝土	
2	面层缸砖	未明确	分色,在设备基础及女儿墙上翻	评奖工程
3	排水分区	常规	向两侧大方向流水并设置排水沟	对评奖和使用都有益处
4	防水隔离层	土工布	砂浆	
5	嵌缝材料	砂加沥青油膏	优质密封胶	
6	外挑的屋面花架混凝土结构	混凝土构件	钢构件	考虑安全施工方面

以上表格的列举，提供的是一种思路。沿着这些分项工程、具体构件，可以根据自身工程特点，衍生出更多有利于创效的图纸会审或变更要点。再根据合同约定、管理要求，把图纸会审转化为签证单，最后在竣工图中显示出来。总之，要形成对结算有利的完整证据链条。

8.3.2 翻译图纸的三个境界

图纸翻译不是搬运，如果只是简单的问题搬运，把班组提来的问题直接转给设计师，等着设计师给答复后返给班组即可。这样的简单传递不产生价值，这不是对技术总工的要求标准。但"搬运工"也是技术总工成长的一个必经阶段，就看谁能够快速地度过这个阶段。

可以把看图的过程，比喻为翻译。翻译家严复首次提出翻译的三原则"信、达、雅"。"信"指意文不背离原文，即译文要准确，不歪曲、不遗漏。"达"指不拘泥于原文形式，译文通顺、明白。"雅"则指译文时选用的词语要得体，追求文章本身简明、优雅。

技术、造价人员最重要的核心技能之一，就是"翻译图纸"。准确、深入地理解图纸，才能结合施工情况、预算成本，对图纸进行优化、深化，甚至反向设计；才能使技术人员编制的方案有据可依、有的放矢；才能有效地指导现场施工。造价人员准确地翻译图纸，能使预算更全面、更深入，创效更有依据。

设计的几个阶段：规划设计、方案设计、初步设计、施工图设计、施工方设计、翻样设计。与施工阶段紧密的是后三个阶段，从施工图设计开始。翻译图纸的原则如下：

1. 信

"上兵伐谋"，核心要义是抓住主线、提纲挈领，方能水到渠成。准确领会设计意图，要从建筑的功能、布局，到其结构、装修、室外，贯彻建设方的目标，这是由设计者，通过设计技术反馈到图纸中的过程。

比如，做一个医院项目，首先从医院方的角度来讲，拟建一个什么档次的医院。关心的基本点是功能、便利，设计就是以技术为依托，以实现业主要求的功能为目标。

建造者要了解业主的思想，并反观设计的实现度，再关注设计技术与施工技术的结合。能够发现设计的某些明显不合理的部分，这也是施工方为业主的增值服务。

内部的功能分区，比如门诊四层东侧为手术室，那么就需要围绕这个手术室，把为其配套服务的功能科室安排到附近，如 ICU 室、病理检验室、血库、中心供应室、净化机房，都要能为其提供的方便服务，这是服务流线的问题。然后就是医疗流线的问题：动静、洁污、医护、感染等的分区。

在设计交底会上，设计师会交代已经固化到图纸上的建设方思想，以及基于设计技术本身，在施工中需要重点注意的事项。比如医院的系统多且复杂，在主体结构施工中就要考虑各专业的交叉问题。

2. 达

技术人员首先理解设计师的语言，并消化为工程师的语言，后转化为工匠的操作语言。这个过程就是"达"。基本要求就是在设计技术层面要到达于技术人员，技术人员再到达施工层、操作层。承接设计、施工、操作层面的转换。图纸设计是设计师的语言；施工设计是建造师的语言；翻样设计是操作者的语言。

发现了一个规律没有？施工技术人员处于这几种语言流向的枢纽位置，不做好这个中转站，不翻译好图纸，设计师的语言就无法顺利表达，不能顺利实现建造。

3. 雅

简洁是一种雅。把复杂的问题简约化，把方法做得简单、让操作更简便，就是施工中的"雅"。平法发明者陈青来教授说："把方法做得复杂并不复杂，而把方法做得简单却绝非简单。"

8.4 技术岗位年度测评总结

技术岗位的年度测评，分为本年度的工作总结和下年度的工作计划。技术考核分为两个层面：一是公司对技术部门的考核；二是公司对项目部的技术考核。由于两者内容大致相同，在此只列举公司对技术部门的考核，细则如下。

项目策划（10分）：未按要求进行项目策划，每个工程扣2分，共5分；项目策划内容无针对性，扣1~5分。

施工组织设计、专项施工方案（40分）：施工组织设计编制和审批完成时间未按合同约定和《施工组织设计编制指南》要求执行，每个工程扣2分，共10分；按《编制指南》要求需要报集团公司审批的施工组织设计或专项施工方案，未报审，每个工程扣5分，共10分；施工组织设计或专项施工方案未按照相应的《编制指南》要求编制、方案明显不合理和存有严重错误，每发现一处扣1~5分，共20分。

技术检查（30分）：技术检查频次未按要求执行，每少查一个工程扣1分，共15分；技术检查内容不真实，无针对性，扣1~15分。

管理平台（20分）：施工组织设计/方案履行台账中倒计时为负的，每项扣1分，共15分；技术检查信息未及时录入，每项扣1分，共5分。

技术岗是非常注重实践、思考、积累、总结的岗位，所谓"越老越吃香"指的是其知识技能的不断迭代、经年累月的沉淀所形成的优势。但凡事都不绝对，要以辩证的观点去看待。如果不注重充电更新、不随时代的变化而精进，加上年老体衰、精力不足、进取心退化，"越老就越不香"了。因此，要保持终身学习的理念，在工作中学习、在学习中工作，不断自我完善，方能立于不败之地。

8.4.1 本年度工作总结

年度的工作总结，包含了工作不足及提升措施、施工组织设计方案审核、技术资料、计量及标准管理、奖项申报、技术标编制等方面。本小结是以一个公司技术部门负责人，外派至某重点片区负责技术商务管理的角度，来总结得失。

1. 履行岗位职责情况

（1）在本年度，根据公司安排，派驻某区域重点项目部，负责全局性技术与商务工作。

（2）协助区域负责人，统筹指导区域三个项目的技术与商务工作。为领导提供商务、技术方面的建议，为决策提供依据。

（3）兼任项目管理公司技术部部长。

（4）组织并具体负责某市民活动中心泰山杯的评奖工作。

2. 完成重点工作情况

（1）某医院建设PPP项目。

技术总策划：对医院项目的二次设计、施工技术难点、招标和评奖四个方面进行总览性、全局性策划。事实证明，项目建设过程中遇到的大部分问题，均出自上述策划内容。

编制开源方案：从结算条件、图纸注意、招标批价、措施方略、定额套用五个方面，编制增加收入的项目策划。梳理了可能发生签证的事件，阐明证据链所需资料。

编制节流方案：围绕钢筋、模板两个主要分项，考虑规范负偏差、监理验收尺度、施工操作便利等要素，编制了从施工翻样设计，到安装操作各环节的节约措施。项目经理组织了措施贯彻会议。

（2）设计对接情况。

① 主动变更。选择有利润、工期快、施工方便的内容，提出主动变更申请，并以充分的理由说服各方同意。如加气混凝土砌块墙体变更为 ALC 板墙、抗拔桩变为抗浮锚杆、结构挑板变钢骨架等。

② 图纸错误。给设计指出图纸错误，并给出具体解决建议。此建议是在不违反设计规范及建筑物使用功能的前提下，锚定施工方便、增加利润的方向。不能只是做问题的"搬运工"，而是如何消化解决这些问题，并转化对施工及结算有利的局面。

③ 施工错误。监理发现的现场施工错误，需要设计给出意见。巧妙地描述问题，以让设计师更容易接受的角度，给出修改建议。平衡设计、施工和监理三方面的诉求。

（3）二次设计建议。装饰装修及后续工作由合作方施工，但有些二次设计的内容关联主体一次结构。例如，幕墙分包与外墙的交叉等。基于对各方都有利的角度，提出建议。

（4）审核施工图预算。报财评的施工图预算，根据之前的施工经验、造价经历、图纸理解，对施工图预算提出建议，完成项目层面的施工图预算审查。

（5）重要签证办理。对于涉及金额较大的签证，与项目经理讨论、亲自编制，并对接建设方人员进行签章，如模板周转次数等签证。

（6）技术难点操作。对于消能减震、型钢混凝土柱这两个新、难分项工程，从前期规划招标、施工图深化设计、施工难点解决，全程直接操作。融合商务、技术、施工、设计等各维度综合考虑，达成最有利的结果。

（7）日常技术工作。发现可能影响使用功能、结构安全以及后续装修交接的质量问题，及时提出整改措施。

（8）创奖方面。整体策划本项目需要创建的奖项，并给出具体的工法、QC、专利的选题。指导《螺旋喷灌挤压组合桩施工技术》某年度山东省建设科技创新成果。编制《国优创奖策划》《省绿色施工科技项目》内业策划及现场准备事项的策划。

（9）人才培养。带领项目有技术潜力的同事，共同深度参与图纸会审及验奖评奖工作，培养其技术工作思路及实践方法。

（10）其他工作。完成其他日常性工作，如控制性进度计划编制等。对 PPP 合同、总承包合同、设计图纸、技术规范进行深度研究，为项目经理的决策提供准确的基础信息，并给出个人建议。

3. 项目管理公司工作

（1）前期与设计对接：战略性介入，对设计工作的范围、内容提出指导意见。

（2）技术方案：对整个项目需要编制的方案进行指导，确定编制报审时间表，审核前期的专项施工方案。

（3）经济分析：对重要的变更提供咨询建议。

（4）成本测算：指导造价员对某学院工程进行标前成本测算。

4. 片区技术商务工作

（1）某厂房合同：提出合同中应注意的风险事项、施工图预算编制要点，并参与审核报财评的施工图预算。

（2）某学校技术工作：对EPC项目中主动影响设计的方面进行指导。对危大工程方案参与论证，并提出建议。对日常的图纸图集疑难问题咨询给予解决。

（3）某市民活动中心泰山杯验收：本次省泰山杯的验收，是停办两年后的首次恢复，一切都是急行军。从申报到复查，再到整改，都时间紧迫。利用之前的验收评奖经验，以及长久以来训练出的内业感，策划了整体评奖工作，并亲自负责从申报、复查到整改回复的内业组织、操作，顺利通过泰山杯验收。

5. 存在的问题

（1）沟通能力的欠缺。目前，与设计的沟通工作，已经掌握了比较成熟的思路与方法。与监理的技术性沟通，也能够实现"碾压式"全覆盖。但非技术性事务的沟通能力，需要提高加强。

（2）事必躬亲的习惯。组织思维、利用外力的思路不够开拓。常深入到具体的做事思维中，会削弱对事件的全局性、统揽性眼光。要尽量规避，提高提纲挈领的能力。

（3）融合多专业能力有待提高。从某医院的项目实践以及某学校准备泰山杯的验收过程来看，还有很多业务性的知识掌握得并不够充分。在此过程中，纠正了一直以来"学术式傲慢"的心理，以及故步自封的心态。即便是在技术领域的一枝独秀，也要让他秀出新境界、新高度，不断提升综合能力。从商务角度来看，在不断加强开源技能的同时，下力气补足节流的操作实施经验，为项目利润稳步增加提供智力支持和技术保障。

（4）现场感仍有欠缺。抄平放线多了，会对尺寸很敏感。模板验收多了，会对垂直度、平整度及位置信息敏感。数据量大了，会涌现智慧。这就是量变引起质变的过程。现场管理做多了，才会出现更多的现场感，才会正面作用于技术商务思维。

6. 改进计划

（1）认清形势、明确目标，充实经营管理知识，不断提升沟通能力。

（2）带领技术、造价人员不断实现学习进阶。以"创效年"为契机，加强自身实践，防范二次、三次经营风险。不断加强业务知识的学习与操作技能，时时精进，不断提高。

（3）加强对EPC、PPP模式的深度学习研究。对这两种模式的制度设计、操作规则和实施技巧，进行学习研究。

（4）设计、施工、商务深度融合，从纵向的逻辑思维到横向的发散思维，形成多维的拓扑结构。更本质地洞察问题、解决问题。最重要的是预判问题，做到思维更严密、措施更周全、执行更到位。

（5）换位思考的能力要提升。同一问题，从建设方、设计方、监理方、总承包方、分包方，各个层面都透视一遍，才能有更加立体的认识，得到更优质的解决方案。看似从各个角度去审视很麻烦，但是要掌握了这套思维，一旦遇到问题才会瞬间反应，行云流水般地浮现解决思路，真正达到水到渠成、游刃有余的境界，也能更大程度地实现多方共赢。

（6）更高阶的技术是无形的，是"治未病"的；是固化在实体质量中，保障在开源节流里，铸就在企业品牌内，内涵在个人气质里。多转现场、多沟通交流、多深度思考，这是今后的工作方向。

8.4.2　下年度工作计划

下年度工作计划，主要包含施工组织设计及方案审批、技术交底管理、图纸会审及设计变更管理、技术资料管理、体系及标准管理、计量、评奖、技术标、协调配合等内容，并提出了具体建议。

（1）施工组织设计及方案审批：研读集团新版施工组织设计、方案编制指南，严格按程序执行。利用平台流程，对审核工作加深、加细。突出审核关键部位、关键工序、安全措施做法。提高实用性，紧密地与工程实际和工程效益相结合，扣紧地质情况及建筑做法环节。对项目策划进行统一版式，结合具体工程特点，与合同交底相结合。

（2）技术交底管理：研读集团新版技术交底管理规定。紧密结合图纸要求、集团要求、地方规定、施工规范进行编制审核。把一级、二级交底做到位。

（3）图纸会审及设计变更管理：从程序上严格签字盖章检查，以及变更下发记录检查。对变更产生的造价变化所附属的资料严格检查，对施工安排及变更管理做好预测。

（4）技术资料管理：建立评比制度。利用好公司每月两次月检，详细检查工程技术资料、图纸会审变更、方案等内容。以竣工交付档案馆、集团公司的标准，平时的资料做到及时、有效，为最终的档案整理交付做好准备。与项目技术总工多沟通交流，了解现场最新的技术管理动态，共同提高技术水平。项目之间多做互相学习，沟通交流。

（5）体系及标准管理：通过国家工程建设标准化信息网、省工程建设标准造价信息网、市工程建设管理信息网等渠道，及时了解、学习、掌握最新工程建设标准和各类技术质量造价政策性文件。

（6）计量管理：进行计量仪器的检测鉴定、使用、维护方面的管理。使用台账清晰，责任明确。

（7）奖项申报：对于省新技术应用、省级工法等奖项，与集团技术部沟通，着手进行申报的准备工作。

（8）技术标：提高技术标的质量。在满足招标文件的要求下，突出投标工程的具体特点，多结合公司下发的各类技术标准、做法文件，如质量常见问题治理措施、安全文明施工等。

（9）深度了解设计知识：为适应工程总承包模式，必须深度了解、熟悉工程设计的相关知识，这对于提高工程技术和商务管理水平都很有必要。从设计规范入手，结合具体工程，从住宅到公共建筑甚至市政项目，多了解学习。

（10）协调配合：协助相关部门，做好需要多部门协同的工作。对劳务合同、材料计划等认真严格把关审核。

（11）建议：对于报奖工程，在从公司层面各部门参与，策划一个切实可行的创优方案，并在过程中严格监督实施。从建筑做法、过程照片和视频记录，到试验资料的系统性规划实施，都需要严格执行。多参观学习一些代表性的获奖工程，学习各方面先进的管理经验。

施工工序的安排，必须以对设计的整体掌控和成本把控为着眼点，避免造成浪费。资料员岗位需要在一个项目上固定，否则造成工程资料的不系统、不连续和不完整。新毕业的学生可以实习，但不能让其做负责人。施工技术人员必须多看图纸，管理时才能有的放矢。多学习研究各种标准图集及技术规范，无论对施工质量还是增加工程利润都有益处。

8.5 商务经理的核心竞争力

商务经理是项目大商务创效"铁三角"成员之一，地位举足轻重。职责所系、岗位所在、使命依托，其个人能力直接影响项目创效的结果。因此，提高自身的核心竞争力是永立不败之地的法宝，而施工方商务经理的核心竞争力，就是洞察成本的能力。对下游的成本了如指掌，才能更合理地控制分供商报价。对上游，有了清晰、明确的成本数据，才能进行有效的合同谈判。

随着建筑业的下行，行业竞争越来越激烈。市场大环境的趋势，在客观上增加了创效的难度，表现为建设方的管理水平越来越高，很多都要高于施工方的管理水平。从建设方那里增加预算收入，这个关口越收越紧，创效的途径就流向了成本控制，即降本增效。控制成本的水平，甚至会决定日后建筑企业的生死存亡。而成本管控的基本能力就是不能使成本无谓地流失。之前过惯了好日子的施工人，对大手大脚、大进大出习以为常，今后就要"勒紧裤腰带过日子了"。要坚决杜绝成本的跑、冒、滴、漏，才能谈更高阶的成本管理水平。

商务经理关注的点，除了本专业的业务之外，还要提升技术管理水平、管理能力的精进，法律知识、风险防范意识的培养。然而，有很多时候，在集中精力关注战术高层次、战略纵深的同时，往往会产生"灯下黑"的效应，这就是成本的流失。这就提醒我们，在前方"征战沙场"的同时，更要守好"大后方"，否则前功尽弃。坚固地守好底线、提高防范意识、内外兼顾，是成本管理中永远都要绷紧的弦。

本节主要讲述了施工方商务经理的核心竞争力，以及施工项目常见的成本流失通道及产生原因，为更高阶的成本管理做好基础性铺垫。

8.5.1 商务经理需要掌握的技能

洞察成本能力，是施工方商务经理的核心竞争力！

洞察成本能力，绝非仅是经验数据的 Excel 表格。它是融合了很多学科的一门学问，甚至是一种技术之上的艺术。

作为施工方的商务经理，在漫长的三次经营中是这样度过的：

投标阶段，往往是经验数据和询价占据了主导。当然，过去一定数据的积累十分必要。但是，怎么提炼、怎么使用，却存在着不同人之间的差异。

不把招标内容如庖丁解牛般游刃有余地分解分析，不把项目有机融合通盘考虑，何谈洞察成本。更不用说建设方特点、付款条件、质量标准、工期要求、文明施工做法，特殊地理及社会环境、经营费用，再加上企业老板的定位策略、预期利润、合作其他目的……又何谈洞察成本？

有人说，投标工作最多就短短二十天时间，怎么能考虑得如此周全？

疾风知劲草，板荡识诚臣。分组行动获得的信息，汇总于商务经理，快速分析、迅速决策，信手拈来、水到渠成，这才能体现商务经理在投标阶段的总控水平。

按照目前市场的交易习惯和形式，投标的综合单价是项目预算的基因，不把优良的基因根植于投标报价中，怎么能在二次经营显示出巨大威力，怎么能在三次经营中一锤定音、出奇制胜？

因为在投标阶段，已经根据图纸设计特点、清单工程量，分析出了可能的利润点，分析出可能会产生设计变更的关键点，所以在二次经营中才能胜券在握。

提出的设计变更，是有技术含量、有原则、有底线的。确保质量安全、方便施工、降低造价、加快工期，是多赢的结果。于建设方，能减少投资、加快工期；于设计方，能完善细节、开拓思路；于施工方，要能获取高于原来的利润。即便是在总造价降低的情况下，还能获取利润。

反过来讲，如果是建设方提出来一个设计变更事项，要能够瞬间反映出这对施工的利弊，包含是否方便施工、是否增加费用、是否延长工期，可否保证质量与安全。然后，全盘思考、从容面对，还包含进一步升级的意见，或者拒绝这个变更的理由。都因为有理有据，使对方心服口服。

提出的工序建议，是有成本目标的。如何能够降低措施费，尤其是模板、脚手架、大型机械及租赁器材，以及管理费用，甚至招待费用……要能轻松地用技术经济分析手段，说服老板是用铝模板还是用普通木模板，是用爬架还是普通的悬挑脚手架。要能把土方、降水、基坑支护、桩基的施工穿插，理顺得井井有条。要能对施工现场平面布置，做出最高效、最节约、最畅通的方案。

要能为工程出谋划策。针对工程具体特点，实实在在地降低成本，而不是口头地拒绝跑冒滴漏，现场却钢筋头成堆，废砌块成山，装饰材料四处破散。落地灰如"天女散花"，混凝土"漏洞百出"。也不是口头上的精细化管理，却放任报销乱贴乱粘、统计报表错误百出。

要对施工设计有很深的洞见。不管是钢筋翻样、各类措施筋设计、混凝土输送方式选择、砌体排砖、装饰材料排版、装饰工程细部节点做法，还是应用预制构件的部位，抑或"四新"技术的应用。

要具有建筑设计的基本知识，懂得防火、节能、绿建等常规设计以外的知识。要具有结构设计的基本知识，懂得概念设计，还知道岩土等常用但不易学懂的知识。分析问题，有很强的底层逻辑和高端势能，技术上能碾压任何相关方人员的狡辩。

收集归纳能力强，把可能引起争议的量、价内容，消化在技术核定单、设计变更单、图纸会审、工作联系单、隐蔽工程验收记录、施工组织设计、施工方案中。

对清单、定额、当地计价政策了如指掌，对算量、计价滚瓜烂熟，对签证、索赔信手拈来，对计税也熟稔于心，对涉及建设工程的法律法规熟知。对合同的理解，做到刨根问底、锚铢必较、说文解字。

对当地材料价格、机械器材租赁价格、各类专业分包的价格烂熟脑中，对他们的价格组成，因不同付款条件的价格变化，计算过人。对下游合同，了如指掌；对供应商全过程的惯用伎俩，有了然于心的洞察。

准备结算资料阶段，把招标文件、答疑文件、投标文件、合同及补充协议；把竣工图、图纸会审、设计变更、技术核定额单；把签证、批价、索赔、洽商；把工作联系单、会议纪要、往来文件；把施工组织设计、施工方案；把甲供材确认单、水电费确认单、分包配合费……有机结合融汇贯通。

8.5.2　商务经理现场管理的总结

项目成本的流失，是指不产生效益的成本支出，是项目管理中需严防死守的底线。成本的流失分为显性流失和隐性流失：显性流失即明眼看得见，如材料的浪费、工序的返工损失；隐性流失是肉眼看不见的，如技术能力不足产生的损失。

本小结从以下几个方面列举了成本流失的通道及产生原因：人工类浪费、材料类浪费、机械类浪费、管理类浪费、规费类浪费、财税类浪费，都是在大量的施工实践中观察、思考、总结出来的教训。这里面涉及了人性的问题、管理的问题、技术的问题、责任心的问题等。值得借鉴，力求有则改之，无则加勉。施工成本流失通道及产生原因如表8-5所示。

施工成本流失通道及产生原因　　　　　　　　　　表 8-5

流失类别	流失通道	流失原因
人工类浪费	班组价格及零工价格高于市场价	调研不够；存在中间环节
	班组结算虚高；班组间有重复结算现象	存在中间环节；过分依赖软件，不去现场
	零工利用利率低，出工不出力；不知道利用小型机具代替零工；盲目使用班组零工，单价高	管理不善；对工效不了解
	零工记录多于出勤人数；或者虚增门卫厨师电工等人员工资，转入小金库	存在中间环节
	管理人员使用零工做虚设班组的活，修改零工记录，将虚设班组费用结算出去，转入小金库	违规交易
	班组间、工序间的交叉界面处理不当、互相扯皮，如垃圾清理、成品保护等	班组合同约定不明确
材料类浪费	材料价格高于市场价	付款条件问题；存在中间环节
	材料收料开单不严谨，名不副实	责任心问题；存在中间环节
	废料处理随意，名不副实	责任心问题；存在中间环节
	材料保管水平差，造成仓库损失或者直接丢失；或者门卫管理差，监守自盗，尤其节假日	责任心问题；存在中间环节
	材料卸车位置不合理，多次搬运，造成浪费	管理水平问题
	各种工具、用具、设备、设施随意借用没有归还，随意丢弃，造成浪费	责任心问题
	有些部位施工错误，返工造成材料浪费	施工员管理水平问题
	材料进场质量把控不严，造成返工浪费	施工员管理水平问题
	钢筋翻样水平差，造成源头性的钢筋浪费	技术人员能力不够
	钢筋安装未按照翻样进行，使用错乱造成浪费	带班人员责任心不够
	钢筋工图方便，现场随意切割，造成浪费	工人素养问题
	机械连接套筒随意丢弃，浪费严重	管理水平问题

流失类别	流失通道	流失原因
材料类浪费	马凳焊接参数错误或者制作过多用不完	管理水平问题
	混凝土出厂即亏方、坍落度大,造成损失	合同结算条件未限制
	混凝土堵泵,造成浪费	机械故障或混凝土离析
	混凝土浇筑到最后估方不准确;模板支设截面尺寸过大,或者过振胀模,楼板和筏板浇筑厚度超过设计值,造成混凝土浪费	施工人员责任心不够
	没有排砖图,胡乱切割,造成加气块浪费	技术人员工作不到位
	材料本身质量或者装卸运输造成加气块缺棱掉角,监理要求严格不让使用	管理不严格
	现场搅拌砂浆或混凝土,水泥用量过大浪费。或者用量过小,质量不合格而返工浪费	技术管理水平问题
	模板周转方案不明确,造成进场数量多于实际需求量,工人图方便使用随意	技术管理和材料管理水平问题
	模板没有排版图,随意切割,造成浪费	技术人员水平问题
	暴力拆除模板,造成钢管、模板、木方的破损非常严重	管理水平问题
	周转下来的模板木方未妥当处置,随意乱丢弃,浪费材料	责任心问题
	砌筑、抹灰砂浆的落地灰不及时使用、不清理。袋装砂浆、水泥不覆盖受潮变质	管理水平和责任心不够
	因为混凝土墙面、砌体墙面基层条件差,造成抹灰及刮腻子的材料远超过设计值而浪费	施工管理水平问题
	装饰块状材料装卸不注意,破损严重	材料管理水平问题
	装饰块状材料未排版,随意切割	技术水平问题
	租赁器材进退场时间掌握不准,造成器材晚进场延误进度,晚退场徒增租赁费	计划水平问题
	钢管使用不当造成弯曲不修复、扣件不上油维护,造成退还时数量减少,损失严重	责任心问题
	回填土之前未清理肥槽内的钢管、扣件、木方、钢筋头,不回收利用	管理人员责任心问题
	低值易耗品目前都包给班组,否则满地的钉子、扎丝、螺母、螺栓易造成浪费	合同措施控制
	建设方专业分包随意使用总承包方材料,无人管理	责任心问题
	现场水电油气耗用无节制,浪费严重,无专人管理	管理人员责任心问题
机械类浪费	大型机械布置不当,造成机械利用率不高,或者配置不足而影响进度,造成项目固定费用增加	技术人员水平问题
	机械台班虚报数量	存在中间环节

流失类别	流失通道	流失原因
机械类浪费	进度缓慢,造成塔式起重机、施工电梯徒增租赁费	进度管理能力问题
	机械保养不规范,造成磨损严重,徒增成本	机械管理水平问题
	加工厂位置安排不合理,另用机械倒运	现场计划水平问题
	汽车式起重机、叉车使用效率不高,表现为现场还没有准备好,就让机械进场,徒增租赁费	施工水平问题
管理类浪费	管理人员数量配置过多,人浮于事;分工不明确、推诿扯皮、责权利不明,浪费资源	公司管理水平问题
	管理人员配置与合同不符,造成各类罚款	公司管理水平问题
	公司对项目干预过多,报表、平台、流程、检查、迎来送往、各种会议等,无益于创效的工作太多,严重浪费项目管理成本	公司管理水平问题
	招待费、差旅费过多,不是办公事项也纳入报销;无价值的各类旅游式考察,徒增成本	自身素质问题
	办公耗材使用随意,不注重节约	自身素质问题
	长明灯、长流水、空调不关,水电浪费严重	自身素质问题
	安全管理水平差,安全事故成本损失严重	管理能力问题
	质量管理水平差,或者工序颠倒,造成返工、后期维修费用增加,如治理渗漏水、裂缝处理,甚至结构问题,成本浪费严重;质量常见问题的预防和处理技能不足,组织参观学习流于形式,浪费成本	管理能力问题
	进度管理水平差,停工待料、延误工期,徒增管理费、租赁费、水电费、环保治理费用、贷款利息等成本	管理能力问题
	方案不合理,技术预测水平差,过度依赖劳务或者班组;比如模板支撑系统过于保守,造成租赁费增加,钢管切割浪费;降水措施不当,回填土方现场留置不足,徒增成本;在铝模和普通模板之间选择错误、整体提升架和普通脚手架之间选择错误,浪费成本;土方开挖放线错误,挖方和回填方、基坑护坡量增加又无对应收入,浪费成本;挖土方基槽底超过设计,浪费混凝土垫层,又无对应收入;抽水超过设计规定,无收入徒增成本;结构检测不合格,浪费大量成本做实体加固;后浇带封堵不严,混凝土流失严重,而后期剔凿费工;应预留洞口未做,后期剔凿;卫生间坎台位置不准,拆除重做	技术水平问题
	各专业管理人员之间无沟通、各自为政,图纸未深化就盲目施工,来了变更互相不通知,或者变更只有管理人员知道而未通知班组,造成工序交叉、建筑做法矛盾重重,浪费大量资源整改、重做、修复	管理水平差,责任心问题
	抄平放线错误、看错图纸造成返工,如楼层标高不准,造成装饰工序无法施工,进行大量剔凿,浪费成本	技术水平问题

续表

流失 类别	流失通道	流失原因
管理类 浪费	计划水平差,材料多进场、晚进场。提前进场和多进场增加资金成本,晚进场停工待料延误工期,增加固定成本支出	技术水平问题
	清单外应签证的未签证;可以对图纸进行优化而节约成本的,未优化	责任心问题,技术水平问题
	建设方、监理方现场隐蔽验收成本过高	管理人员沟通技巧有待提高
	评奖事先没有计划,后期随意决策。投入大量成本维修、补救	管理水平问题
	材料、试件试验无计划,制作粗劣不合格,重复试验造成运费、试验费用增加	责任心问题
	技术资料日常收集不及时、不整理,不全和丢失严重,后期请人整理徒增成本	责任心问题
	冬雨期、高温季节未采取对应措施,造成大量资源浪费或者工序返工	责任心问题
	盲目上马一些华而不实的平台系统	管理认知不够
规费类 浪费	临时道路基础未处理,造成道路混凝土沉陷、裂缝,重新施工,造成浪费	经验不够,责任心不足
	板房、围挡、大门、工具式设施、临时用电用水设施等,不维护,消耗严重,减少周转次数	经验不够,责任心不足
	临时用电布设没有计算,电缆使用型号过大,造成浪费	技术水平不够
	工人生活区水电随意使用,无限制措施	责任心不够
	夸大迎接检查的规格,随意布置造成浪费	责任心不够
	安排过多零工去搞扬尘治理,人浮于事	责任心不够
财税类 浪费	建设方未按合同付款,项目部催款能力差,造成贷款利息徒增	管理水平问题
	财务没有规划,造成重复纳税,或者应避税的未实施;抵扣不及时	管理水平问题
	项目与公司对账不较真,造成公司虚增项目摊销成本;备用金使用随意	管理水平问题
	保险未参保,造成风险转移失败,增加成本	风险意识不强
	应给下游付款而拖期,造成农民工上访或者材料商起诉,徒增处理成本	管理水平问题

明确了成本流失通道以及产生原因,就能够从制度设计、管理执行、水平提升等层面去下功夫。责、权、利的分配机制合理,要能使全员都有积极的意愿,全身心地投入项目创效中。人性动因、团队协作、科学策划、专业融合、强力执行,全面提高成本管理水平,做到"人尽其才、物尽其用",为达到高水平的创效而全力奋进!

参考文献

[1]　中华人民共和国工业和信息化部．屋面保温隔热用泡沫混凝土：JC/T 2125—2012[S]．北京：中国建材工业出版社，2013.

[2]　中华人民共和国住房和城乡建设部．泡沫混凝土：JG/T 266—2011[S]．北京：中国标准出版社，2011.

[3]　中华人民共和国住房和城乡建设部、国家质量监督检验检疫总局．建筑装饰装修工程质量验收规范：GB 50210—2018[S]．北京：中国建筑工业出版社，2018.

[4]　中华人民共和国住房和城乡建设部、中华人民共和国国家质量监督检验检疫总局．混凝土结构工程施工规范：GB 50666—2011[S]．北京：中国建筑工业出版社，2012.

[5]　中华人民共和国住房和城乡建设部．地下工程防水技术规范：GB 50108—2008[S]．北京：中国计划出版社，2008.

[6]　中华人民共和国住房和城乡建设部．地下防水工程质量验收规范：GB 50208—2011[S]．北京：中国建筑工业出版社，2012.

[7]　中华人民共和国住房和城乡建设部．高层建筑混凝土结构技术规程：JGJ 3—2010[S]．北京：中国建筑工业出版社，2011.

[8]　中华人民共和国住房和城乡建设部、中华人民共和国国家质量监督检验检疫总局．混凝土结构设计规范：GB 50010—2010[S]．北京：中国建筑工业出版社，2011.

[9]　中华人民共和国住房和城乡建设部．混凝土结构后锚固技术规程：JGJ 145—2013[S]．北京：中国建筑工业出版社，2013.

[10]　中华人民共和国住房和城乡建设部、中华人民共和国国家质量监督检验检疫总局．混凝土结构加固设计规范：GB 50367—2013[S]．北京：中国建筑工业出版社，2013.

[11]　中华人民共和国住房和城乡建设部．补偿收缩混凝土应用技术规程：JGJ/T 178—2009[S]．北京：中国建筑工业出版社，2009.

[12]　中华人民共和国国家质量监督检验检疫总局、中国国家标准化管理委员会．混凝土膨胀剂：GB/T 23439—2017[S]．北京：中国标准出版社，2017.

[13]　中华人民共和国住房和城乡建设部．砌体结构工程施工质量验收规范：GB 50203—2011[S]．北京：中国建筑工业出版社，2012.

[14]　中华人民共和国住房和城乡建设部．砌体填充墙结构构造：22G614—1[S]．北京：中国计划出版社，2013.

[15]　中华人民共和国住房和城乡建设部．自保温混凝土复合砌块墙体应用技术规程：JGJ/T 323—2014[S]．北京：中国建筑工业出版社，2014.

[16]　中华人民共和国住房和城乡建设部．蒸压加气混凝土制品应用技术标准：JGJ/T 17—2020[S]．北京：中国建筑工业出版社，2020.

[17]　中华人民共和国住房和城乡建设部．综合医院建筑设计规范：GB 51039—2014[S]．北京：中国标准出版社，2015.

[18]　中华人民共和国住房和城乡建设部．抹灰砂浆技术规程：JGJ/T 220—2010[S]．北京：中国建筑工业出版社，2011.

[19]　国家市场监督管理总局、国家标准化管理委员会．蒸压加气混凝土板：GB/T 15762—2020[S]．北京：中国标准出版社，2020.

[20]　中华人民共和国住房和城乡建设部．房屋建筑与装饰工程工程量计算规范：GB 50854—2013[S]．北京：中国计划出版社，2013.

[21]　中华人民共和国住房和城乡建设部、中华人民共和国国家质量监督检验检疫总局．建设工程工程量清单计价规范：GB 50500—2013[S]．北京：中国计划出版社，2013.

[22]　王铁梦．工程结构裂缝控制"抗与放"的设计原则及其在"跳仓法"施工中的应用[M]．北京：中国建筑工业出版社，2007.